ALBRECHT ROTHACHER

Okinawa

Die letzte Schlacht des Zweiten Weltkriegs

Vorgeschichte, Verlauf und Folgen

Albrecht Rothacher

OKINAWA

Die letzte Schlacht
des Zweiten Weltkriegs
Vorgeschichte, Verlauf
und Folgen

iudicium

OAG Eine Publikation der OAG Deutsche Gesellschaft für Natur- und Völkerkunde Ostasiens, Tokyo, im IUDICIUM Verlag.

Bibliografische Information
der Deutschen Nationalbibliothek

Die Deutsche Nationalbibliothek verzeichnet diese Publikation in der Deutschen Nationalbibliografie; detaillierte bibliografische Daten sind im Internet über http://dnb.d-nb.de abrufbar.

ISBN 978-3-86205-132-8

Druck: Totem, Inowrocław
Umschlaggestaltung: Eveline Gramer-Weichelt, Planegg

www.iudicium.de

Inhalt

Die Schreibung geographischer Begriffe erfolgt ohne Gewähr. Aus Gründen der besseren Lesbarkeit wurde auf Längungsstriche bei Orts- und Personennamen verzichtet.

1. Vorwort

Jene letzte Schlacht des Zweiten Weltkriegs, die vom 1. April bis zum 21. Juni 1945 82 Tage lang wütete, 240000 Menschenleben forderte und die jahrhundertealte Inselzivilisation Okinawas, das Erbe des Königreichs Ryukyu, nahezu spurlos auslöschte, ist in Deutschland wegen des gleichzeitigen Kriegsendes in Europa fast völlig unbekannt geblieben. Dabei nannte sie ein Bericht der US-Militärführung nach dem Krieg eine der härtesten in der Geschichte der US-Streitkräfte, und Winston Churchill hielt sie für eine der intensivst gefochtenen und berühmtesten der Militärgeschichte.

Die Schlacht von Okinawa war nicht nur die letzte, sondern zusammen mit Stalingrad auch eine der blutigsten und am grausamsten geführten des Zweiten Weltkriegs, bei der eine Viertelmillion Menschen – in der Mehrzahl Zivilisten – auf elendige Art und Weise ums Leben kamen. Sie ist in vielerlei Hinsicht von tragischem Interesse. Neben den schrecklichen Menschenopfern, die so gut wie alle Familien auf der Hauptinsel betrafen, und der Selbstopferung einer ganzen japanischen Armee – deren Überlebensquote von 7 % nicht besser war als jene der Kamikaze oder der Mannschaft der Yamato – wurde eine jahrtausendealte einzigartige Inselzivilisation – eine friedliche Symbiose einheimischer, japanischer, chinesischer und koreanischer Kulturelemente – nahezu restlos ausgelöscht – physisch wie mental.

Natürlich war die Schlacht für die japanische Seite von Anfang an, angesichts der massiven amerikanischen Überlegenheit und der Tatsache, dass die Insel schon Monate vor ihrer Invasion von jeglichem Nachschub und jeder Verstärkung abgeschnitten war, verloren, bevor sie begonnen hatte. Insofern kann das unvermeidliche Ergebnis nicht überraschen. Während aus westlicher Sicht der Kampf von Anfang an militärisch aussichtslos war, und die Idee einer baldigen Kapitulation nach hinhaltendem Widerstand sich deshalb aufdrängen musste, so gelang es der japanischen Seite dank des fanatischen Widerstandes bis zur letzten Kugel und der umsichtigen Befestigungsarbeiten und Vorbereitung eines asymmetrischen Kampfes aus dem vertunnelten Untergrund, die US-Bombenangriffe auf die japanischen Hauptinseln von okinawaischen Stützpunkten aus um drei Monate zu verzögern und die aus Okinawa geplante Invasion Kyushus ganz aufzuheben. Insofern ist angesichts ihrer massiven Unterlegenheit die Schlacht von japanischer Seite im Großen und Ganzen brillant geführt worden und war taktisch damit eigentlich ein Erfolg. Allerdings ist unbestreitbar, dass die große, oft absichtsvoll mörderische Rücksichtslosigkeit gegenüber der Zivilbevölkerung völlig entbehrlich und nicht nur aus heutiger Sicht kriminell war, dass die zwei Gegenoffensiven von Generalleutnant Cho, die dem defensiven Gesamtkonzept widersprachen, selbstzerstörerisch wirkten und der Rückzug aus Shuri außerordentlich chaotisch verlief. Dass sich die beiden japanischen Kommandeure am Ende selbst entleibten und ihre verbliebenen Truppen führungslos ihrem Schicksal überließen, statt geschlossen zu kapitulieren, entsprach der Bushido-Doktrin[1] des Heeres, ein dunkler Schatten, über den sie nicht springen konnten. Die Selbstmordfahrt der Yamato gehört ebenso in die Annalen des Irrsinns der Marinegeschichte. Für sie war eine kaum noch zurechnungsfähige Marineführung in Tokyo verantwortlich.

Auf amerikanischer Seite war die Invasionsentscheidung stimmig, falls eine Invasion der japanischen Hauptinseln wirklich nötig gewesen sein sollte. Taktisch wirkten jedoch die amerikanischen Angriffspläne viel unintelligenter als die der japanischen Verteidiger. Aus Unterschätzung des Gegners wurden drei Monate lang nach massivem Artilleriefeuer stets nur Frontalangriffe auf breiter Front gegen befestigte Tunnelstellungen geführt. Die schwache Ostflanke der doppelten japanischen Festungsfront vor Shuri wurde nicht für Umfassungen genutzt. Als dann dort der Durchbruch erfolgte, kam er zu spät. Es wurde keine Landung im Rücken der Japaner versucht, die die Front von hinten hätte aufrollen können. Und noch schlimmer, es wurde sinnlos bis zum bitteren Ende gekämpft, mit massiven vermeidbaren Menschenverlusten gerade in der Schlussphase. Stattdessen hätten die US-Truppen risikolos nach dem Fall von Oroku die Südspitze Okinawas, d. h. die Halbinsel Kiyan, in der der geschlagene, weitgehend entwaffnete Gegner wie in einer Mausefalle saß, unschwer abriegeln (ebenso wie sie jene 30000 japanischen Soldaten, die auf den südlichen Nebeninseln hungerten und an Malaria erkrankten, umgingen und weitgehend in Ruhe ließen) und ungestört die geplanten Stützpunkte in Zentralokinawa ausbauen und nutzen können. Da die Amerikaner mit ihren Kriegsgefangenen meist kurzen Prozess machten, waren sie über die Stärke und die Absichten ihrer Feinde geblendet. Jene massenhaft begangenen Kriegsverbrechen waren in der Tat kontraproduktiv, weil sie den verzweifelten Durchhaltewillen der Verteidiger stärkten. Ursächlich war die rassistische Propa-

---

[1] Bushido: die Samurai-Ethik der Tapferkeit und absoluten Loyalität, des Selbstopfers und der Missachtung der Nicht-Kämpfer.

ganda, die von der US-Regierung ausging, von den Medien verstärkt und von US-Militärkommandeuren und Truppenoffizieren vor Ort weitergegeben wurde, sowie natürlich die sich gegenseitig verstärkende mitleidlose Brutalität der Kampfführung auf beiden Seiten. Wurde im Zweiten Weltkrieg ein rassistisch motivierter Auslöschungskrieg geführt, so wurde dies von den Amerikanern auf Okinawa belegbar praktiziert.

Grundsätzlich stellt sich natürlich die Frage nach der Sinnhaftigkeit der Fortführung des Pazifikkrieges ab Ende 1944 (unabhängig einmal davon, ob man ihm insgesamt überhaupt eine Sinnhaftigkeit zumessen kann, was ich auch bezweifle), als die Abschnürung der japanischen Hauptinseln nicht nur vom chinesischen und koreanischen Festland und den besetzten Gebieten Südostasiens, sondern auch untereinander, sowie die systematische Bombardierung strategischer Ziele Wirkung zeigte. Im Wesentlichen brach nun durch die Unterbrechung jeglicher Seeversorgung durch U-Boote und Luftangriffe und die Zerstörung der Industrie- und Militäranlagen aus der Luft mit der Verknappung aller nötigen Ressourcen die japanische Rüstungs- und die Industrieproduktion zusammen. Japan stellte damit trotz eines großen ungeschlagenen Landheeres in China keine offensive Bedrohung mehr dar, auch weil es ohne Flotte (die mittlerweile größtenteils auf dem Grund des Pazifiks ruhte) und mit einer weit unterlegenen Luftwaffe nur noch zu punktuellen Aktionen ohne strategische Bedeutung fähig war. Anfang 1945 gelang es nicht einmal mehr, eine einzige Postkarte von Kyushu nach Okinawa zu bringen.

Japans Kapitulation war also nur noch eine Frage der Zeit, wobei eigentlich unerheblich ist, ob diese schon 1945 oder erst 1946 erfolgen würde. Insofern waren alle folgenden alliierten Militärunternehmungen, von der Rückeroberung Burmas durch Mountbatten und der Philippinen durch MacArthur (zwei geschlagene Feldherren, die dort persönliche Rechnungen zu begleichen hatten), über Iwojima und Okinawa bis zu den Flächenbombardierungen der Wohngebiete der Großstädte, den Atombomben auf Hiroshima und Nagasaki und dem sowjetischen Überfall auf Japan, völlig entbehrlich. Mit ihren Millionen unschuldiger überflüssiger Opfer waren sie ein krimineller Unfug eines monströsen militärbürokratischen Komplexes, der im Laufe des Krieges auf alliierter Seite mit immer mehr Waffen (die alle nach Einsatz schrien), mobilisierten Soldaten und propagandistischem Rückenwind in der agitatorisch erregten öffentlichen Meinung rationalen Strategien nicht länger zugänglich war. Ein General oder Admiral ohne siegreiche Schlacht wird nicht nur nicht befördert, er wird auch sehr schnell von der Geschichte vergessen. Politisch waren natürlich Roosevelt und Churchill für all jene Entscheidungen verantwortlich, die sie Ende 1943 in Kairo mit dem Grundsatz der bedingungslosen Kapitulation gemeinsam beschlossen hatten und in Folgekonferenzen weiter bestätigten.

Es ist interessant, sich die japanische Kapitulationsentscheidung vom August 1945 und ihren Verlauf, die trotz aller Komplexität gut dokumentiert ist, noch einmal vor Augen zu halten. Natürlich waren die Fanatiker in der Heeres- und Marineführung weiter in ihrem Wahn vom Endsieg oder dem totalen Menschenopfer aller Japaner gefangen. Doch hätte sich die Friedenspartei, die in Heer, Marine, der Ministerialbürokratie und dem Kaiserhaus ebenfalls sehr stark war, viel schneller und wesentlich leichter durchsetzen können, wenn die Alliierten nicht auf einer bedingungslosen Kapitulation bestanden hätten (eine nicht verhandelbare Forderung, die im Übrigen auch die deutschen Verschwörer vom 20. Juni 1944 stark schädigte und belastete), sondern auf einem Verhandlungsfrieden, der für die japanische Seite sehr schnell akzeptabel gewesen wäre, sofern er „*kokutai*", die kaiserliche Staatsidee Japans,[2] die persönliche Unversehrtheit des Kaisers sowie die fortgesetzte territoriale Integrität der japanischen Hauptinseln gewährleistet hätte. Aus guten Gründen hat MacArthur als oberster US-Besatzer Ende 1945 und der Friedensvertrag von San Francisco von 1951 diese Bedingungen später aus freien Stücken gewährt. So blieb der Kaiser weiter nominelles Staatsoberhaupt und wurde nicht in Sugano gehenkt, und im Gegensatz zu Deutschland (oder Ungarn und Österreich nach dem Ersten Weltkrieg) blieb Japan die Abtretung großer ethnisch japanisch besiedelter Landstriche erspart, sieht man von Südsachalin und den Kurilen einmal ab. Zudem wurde, im Gegensatz zu Deutschland, nicht einmal der Regierungsapparat aufgelöst, was MacArthur erlaubte, wie ein britischer Vizekönig im imperialen Indien, in großem Stil indirekt zu herrschen.

Es war also nachgerade absurd, auf einer bedingungslosen Kapitulation zu bestehen, die den Krieg nur sinnlos verlängerte. Und selbst wenn die Alliierten darauf weiter bestanden hätten, hätte Japan mit abgeschnittenen Ressourcen und zerbombten Industrien über kurz oder lang in die Knie gehen müssen. Taktisch mochte die Schlacht von Okinawa

---

[2] *Kokutai* ist laut Masao Murayama die besondere nationale Verfasstheit Japans als des Inbegriffs des Wahren, Schönen und Guten unter Führung des göttlichen Kaisers. Ders., *Freiheit und Nation in Japan*. München, 2007, S. 119ff.; siehe auch: Volker Stanzel. *Aus der Zeit gefallen. Der Tenno im 21. Jahrhundert*. Tokyo/München, 2016, S. 25

ihre Rechtfertigung haben – sowohl von Seiten der Verteidiger wie der Angreifer. Gesamtstrategisch war sie völlig entbehrlich, angesichts der Blutopfer, Entbehrungen und Zerstörungen eine kriminelle Dummheit, die den politischen Führungen der beiden Kriegsparteien und ihren Helfershelfern in den Militärführungen anzulasten ist. Wie die meisten Großverbrechen der Geschichte blieb sie ungesühnt, wenn man vom Tod der kommandierenden Generäle Buckner und Ushijima, die in jenem strategischen Dilemma wahrscheinlich die geringste Schuld traf, auf dem Schlachtfeld des Südens einmal absieht. Dass die Schlacht auf beiden Seiten mit so gnadenloser Grausamkeit geführt wurde, dass sie wahrscheinlich auch jener von Stalingrad oder Verdun gleicht, verleiht eine zusätzliche Tragik und berechtigt zu moralischer Empörung.

Heute wird Okinawa als eine entspannte idyllische Ferieninsel vermarktet. Urlaube auf Okinawa, das als friedliche, freundliche und lustige Ferieninsel für Liebespaare, Flitterwochen und junge Familien, kinderfreundlich, mit Tauchexkursionen, gutem Essen, Sonne (wenn nicht gerade Taifun herrscht) und Ausflügen zu Themenparks viel bietet, sind nicht nur in Japan, sondern zunehmend in ganz Ostasien populär. In der Tat ist Okinawa der einzige Ort in Japan, wo man sich angesichts der hilfsbereiten Offenheit und entspannten Freundlichkeit der Einwohner nicht wie auf den gestressten Hauptinseln Japans fühlt. Dabei fährt man dennoch unvermeidlich kilometerlang an stacheldrahtbewehrten US-Stützpunkten entlang, die mit ihrem verschwenderischen und abweisenden Landverbrauch eindeutig Fremdkörper auf dieser freundlichen Insel sind und waren. Natürlich gibt es einige Gedenkstätten auf Okinawa. Im Präfekturmuseum in Naha sieht man sehr eindrucksvolle bewegende Exponate, ebenso wie in der großflächigen Friedensgedenkstätte von Mabuni, wo die 32. Armee ihren Endkampf führte. In der Nähe befindet sich das Himeyuri-Friedensmuseum oberhalb der Höhle, in der sich das letzte große Feldlazarett der geschlagenen Armee befand und wo die meisten Verwundeten und die Sanitätshelferinnen der Okinawaer Eliteschulen ihr Leben durch US-Phosphorgranaten und im Infanteriefeuer lassen mussten. Die einzige Bunkerstellung, die wirklich allgemein zugänglich ist, ist das frühere Hauptquartier von Vizeadmiral Ota auf Oroku, unweit des heutigen internationalen Flughafens von Naha, ebenfalls mit einem angeschlossenen Museum. Jene musealen Darstellungen und Exponate sind sehr eindrücklich, von zerschossenen Stahlhelmen, blutigen Uniformteilen, Feldpostbriefen, die ihren Adressaten nie erreichten, Tagebüchern mit letzten Einträgen, den Habseligkeiten der gemordeten Sanitätshelferinnen bis zu selbstgefertigten Bambusspeeren und den primitiven Zangen und Sägen der Feldärzte. Das alles geht einigermaßen nahe. Doch das Umfeld ist wie stets bei öffentlichen Projekten in Japan unfassbar aseptisch und sauber geordnet: Große Parkplätze, ein sauber geschnittener Rasen, moderne Museumsgebäude, Imbiss- und Souvenirkioske. Der Schrecken eines Schlachtfeldes wird so nicht länger vermittelt – im Gegensatz etwa zu Verdun oder Ypern. Einheimische Schulklassen werden hauptsächlich durch jene Stätten geschleust. Für die meisten Festlandjapaner mit ihren fixen Touristenprogrammen und Werbebroschüren, die nur Essen, Trinken, Spaß und Spiele beinhalten, gibt es diese Stätten nicht. Sie besuchen sie deshalb auch kaum und trotz wiederholter Besuche geht die tragische Geschichte dieser Insel weitgehend an ihnen vorbei.

Da es auf Deutsch keinerlei Literatur zum Thema gibt, fand ich es sinnvoll, die verfügbaren Sekundärquellen meist amerikanischen Ursprungs kritisch zu sichten und auszuwerten. Das Opfer so vieler Menschen ist zu wertvoll und tragisch, um in Europa einfach nicht zur Kenntnis genommen zu werden. Mögen sie zum kritischen scharfen Nachdenken über echte strategische Prioritäten anregen, und den blinden Aktionismus, zu jedem gegebenen Anlass müsse man eine Truppe in ferne Weltgegenden schicken, wo wir keinerlei strategische Interessen haben, der heute so gängige Münze ist, abschrecken. Dann hätte dieses Buch seinen Zweck erfüllt.

Wie erwähnt, sind in Deutschland die Einzelheiten jener Schlacht nahezu unbekannt. Zu ihrem Beginn lag das Deutsche Reich im Todeskampf. Sein verbrecherischer Führer beging am 30. April 1945 feige Selbstmord. Mit der Kapitulation am 8. Mai endete der Schießkrieg. Doch begann für Millionen als Kriegsgefangene, Heimatvertriebene und Zwangsdeportierte ein neues jahrelanges Leid. Von einer „Befreiung" zu sprechen, war und ist für die meisten Betroffenen damals (abgesehen einmal von KZ-Insassen, Zwangsarbeitern und alliierten Kriegsgefangenen) sowohl in Deutschland wie in Japan reine Geschichtsklitterung, zumal die „Befreier" in beiden Ländern sich zunächst als Sieger und Rächer sahen und entsprechend aufführten. Man war also mit sich selbst und dem nackten Überleben beschäftigt, von internationalen Informationen weitgehend abgeschnitten und hatte weder Energie noch die Möglichkeit, sich mit dem weiteren Schicksal des einstigen Bundesgenossen näher zu befassen. Dies änderte sich seither kaum – von der Diskussion der Atombombenabwürfe vom 6. und 9. August und der japanischen Kapitulation am 15. August 1945 einmal abgesehen –, obwohl die Verhältnisse natürlich grundsätzlich andere wurden. Umso mehr erscheint mir, dass eine erstmalige deutschsprachige Darstellung jener Jahrhunderttragödie, ihrer Hintergründe, ihres Ablaufs und ihrer nachhaltigen Folgen 70 Jahre danach längst überfällig ist. Die heutige Politik Okinawas, die vom japanischen „Mainstream" stark abweicht, und die Schärfe der aktuellen Stützpunktproblematik bleiben sonst unverständlich.

Ich habe mich bemüht, in dieser Darstellung möglichst unparteiisch zu sein. Doch wird der Leser unschwer erkennen, dass ich die okinawaische Zivilbevölkerung und ihre tausendjährige Zivilisation für die hauptsächlichsten Opfer dieser tragischen Katastrophe halte, ebenso wie natürlich auch die koreanischen Zwangsarbeiter und die gefallenen, verstümmelten und lebenslang traumatisierten japanischen und amerikanischen Soldaten. Die Schuld für jene exzessiven Opferzahlen liegt, wie erwähnt, bei den kriminell anmutenden Fehlentscheidungen und Versäumnissen der japanischen und amerikanischen Politik, ihrer Generalität und Admiralität. Diese schlichten Schlussfolgerungen mögen sich wie triviale Klischees ausmachen, allein sie entsprechen der historischen Wahrheit. Natürlich haben die Brutalisierung, die Angst und die Entbehrungen der monatelang gnadenlos geführten Schlacht auch einfache Soldaten, Unteroffiziere und Truppenoffiziere – die später, sofern sie überlebten, wieder zu hilfsbereiten Nachbarn, liebevollen Vätern, lustigen Kollegen und gemütlichen Großvätern mutierten – teilweise zu pathologischen Mördern, Plünderern und Vergewaltigern werden lassen. Doch wären sie dies durch die strukturell angelegte Verrohung und Entmenschung der Kampfführung und ihrer Vorbereitung nicht geworden: die systematische rassistische Hasspropaganda auf beiden Seiten[3]; der Unwillen auf amerikanischer Seite, Gefangene zu machen, und auf japanischer Seite, sich zu ergeben; sowie die Art der Kriegsführung: auf amerikanischer Seite der Einsatz von Napalm speienden Flammenwerfern und von weißen Phosphorgranaten, die unlöschbar bis auf die Knochen durchbrannten, sowie der massive, praktisch unaufhörliche Einsatz von Fliegerbomben, Raketen, Feld- und Schiffsartillerie auf sämtliche vermuteten Ziele; die japanische Taktik des Kampfes bis zum letzten Mann, von Nachtinfiltrationen, um den Gegner mit dem Bajonett und mit Handgranaten niederzumachen, die Verwendung von Zivilisten im Kampf und die Neigung, Scheinübergaben zu inszenieren, um den Feind in letzter Minute noch mit versteckten Handgranaten oder Pistolen zu töten. Dazu waren die Lebensbedingungen selbst bei den sonst verwöhnten Amerikanern in ihren verschlammten Schützenlöchern mit

[3] Ausführlicher siehe: John W. Dower. *War without Merci. Race and Power in the Pacific*. New York, 1987, S. 77ff (für die US-Propaganda) und S. 203ff (für die japanische Propaganda)

kalten Rationen im Tropenregen und ständiger Scharfschützengefahr außerordentlich hart, und auf japanischer Seite in ihren Höhlen hundertmal schlimmer: im Trommelfeuer unterversorgt, oft tagelang ohne Wasser und Essen und mit einer absolut unzureichenden medizinischen Versorgung, die zu Todesraten von 97 % führten. All dies hat zu jener beispiellosen mitleidlosen und heute unvorstellbaren Brutalität geführt, die selbst die grausame Kampfführung an der Ostfront und des Partisanenkrieges in den Schatten stellt. Dazu trug auch die japanische Selbstmordtaktik bei, bei der nicht nur tausende von Kamikaze die amerikanische Marine in panische Angst und Schrecken versetzten, sondern auch – weniger bekannt – bemannte Raketen, Einmanntorpedos, sprengstoffgefüllte Sturmboote, eingeflogene Todeskommandos, sowie Panzerjäger, die sich mit ihren Sprengstoffpaketen selbst mit in die Luft sprengten. Nicht nur die Kamikaze-Piloten, kein japanischer Soldat noch die zwangsverpflichteten Zivilisten sollten nach der verlorenen Schlacht der Bushido-Doktrin zufolge nach Hause zurückkehren. Auch wurden auf Okinawa und einzelnen Nachbarinseln gelegentlich in aussichtsloser Lage Banzai-Attacken[4] auch unter Beteiligung von Frauen und Kindern ausgeführt, die mit Bambusspeeren und Handgranaten bewaffnet wurden. Dies führte zur amerikanischen Reaktion, zumal bei Nacht, aus den Schützenlöchern auf alles zu schießen, was sich bewegte – gelegentlich auch auf die eigenen Kameraden und oft genug auch auf völlig unbeteiligte, aus ihren zerschossenen, zerbombten und angezündeten Häusern und Unterständen flüchtende Zivilisten. Das Gros der Kämpfe, Beschießungen und Bombardierungen fand tragischerweise im dicht besiedelten Süden der Hauptinsel statt, wo 80 % der 400 000 Einwohner lebten. Dazu wurde den Inselbewohnern von der japanischen Kriegspropaganda eingeredet, die Amerikaner würden sie nach der Gefangennahme grausam foltern, vergewaltigen und anschließend mit Panzern niederwalzen. So brachten viele Familienväter ihre Familien und Frauen ihre Kinder um, bevor sie selbst Selbstmord begingen. Oft wurden sie in der Schlussphase auch von japanischen Soldaten ermordet, wenn sie okinawaischen Dialekt sprachen, mit der absurden Begründung, amerikanische Spione zu sein.

---

[4] Unter „Banzai“-Angriffen verstanden die Amerikaner den Sturmangriff aller überlebenden japanischen Truppen zum Beispiel auf ihre nach einer erfolgreichen Landung erzielten Brückenköpfe. Sie erfolgten unter lautem Geschrei („Banzai“) und konnten mühelos mit minimalen Verlusten für die US-Seite zusammengeschossen werden.

Militärtaktisch folgte die Kriegsführung der großen Schlachten im Süden dem klassischen Muster der Westfront des Ersten Weltkrieges: des Kampfes Bunker um Bunker, Bombentrichter um Bombentrichter, Festung um Festung – es gab keinen Bewegungskrieg, keine Umfassungen – mit den Waffen des Zweiten Weltkriegs: raketenspeiende Kampfflieger, Bombenteppiche mit Napalm und Phosphorbomben und dem Einsatz von Flammenwerferpanzern, deren Entwicklung für den Einsatz in Europa gottlob zu spät kam. Und all dies unter den Bedingungen der asymmetrischen Kriegsführung. Jene Waffen blieben ausschließlich den Amerikanern vorbehalten. Den Japanern blieb der Krieg des kleinen Mannes: Maschinengewehre, Mörser, Feldgeschütze, Handgranaten, Karabiner, Bajonette, Minen, Sprengsätze, Bambusspeere, Nachtangriffe. Was sie solange aushalten ließ, waren die unglaublichen monatelangen Anstrengungen, alle Stellungen unterirdisch zu verlegen (ähnlich wie teilweise der Vietcong und die Nordvietnamesen gegenüber dem gleichen, ebenso überlegenen Feind ein Vierteljahrhundert später).

Die Logik des japanischen Selbstopfers auf Okinawa – ebenso wie auf Iwojima im Februar 1945, wo General Kuribayashi wie auch General Ushijima auf Okinawa sich von der sinnlosen heroischen Geste der Banzai-Angriffe verabschiedete und gegen die Traditionalisten die rationellere Strategie einer Abnützungsschlacht durchsetzte – war jene, Tokyo damit einen Zeitgewinn für einen Verhandlungsfrieden zu ermöglichen und durch den Kampf bis zum letzten Mann und der letzten Patrone die amerikanischen Verluste zu maximieren und sie so zu einer Verhandlungslösung mit einem ehrenvollen Frieden zu zwingen. Diese Logik funktionierte in beider Hinsicht nicht. Die Kriegsclique in den Heeres- und Marineministerien verspielte mit ihren gewalttätigen Umtrieben und Phantasmen den Zeitgewinn, und die Amerikaner schlossen angesichts des fanatischen Widerstands ihrer japanischen Gegner einmal mehr einen Verhandlungsfrieden aus und setzten auf die möglichst vollständige Auslöschung ihres transpazifischen Rivalen durch systematische Brandbombenteppiche auf alle Groß- und Mittelstädte einschließlich des Einsatzes der Atomwaffen, die, da sie entwickclt waren (für den geplanten Einsatz in Deutschland zu spät) – einmal uranangereichert und einmal als Plutoniumbombe –, zu Test- und Demonstrationszwecken (auch gegenüber dem sowjetischen Verbündeten) am lebenden Objekt sich aus militärbürokratischer Logik nahezu zwingend anboten. Letztlich zeigt die Tragödie von Okinawa auch, was Kyushu und den anderen Hauptinseln 1945/46 geblüht hätte, wenn der Kaiser und die Friedensfraktion nicht doch in letzter Minute die bedingungslose Kapitulation akzeptiert hätten: Ein zig-millionenfaches Opfer der japanischen Bevölkerung, die weitgehende Vernichtung der japanischen Kultur und die jahrzehntelange Teilung – ähnlich Deutschlands und Koreas – in eine amerikanische und eine sowjetische Besatzungszone. Die Amerikaner hatten die eigenen Opfer einer Invasion der Hauptinseln auf eine Million Gefallene geschätzt. Legen wir die Opferratio von Okinawa von 20 toten Japanern – Soldaten und Zivilisten –, die auf einen getöteten Amerikaner kamen, zugrunde, so kommen wir unschwer auf eine gespenstische Zahl von 20 Millionen japanischen Todesopfern, die sogar die Gesamtzahlen der deutschen Todesopfer des Zweiten Weltkriegs von 8 Millionen weit übertroffen hätte.

Mit dem Verlust der See- und Lufthoheit nach den verheerenden Seeschlachten von Midway, Guadalcanal und Leyte hatte Japan bereits Mitte 1944 den Krieg verloren. Sämtliche weiteren militärischen Operationen von 1944/45 waren daher eigentlich sinnlos. Dass japanische Truppen weiter gut bewaffnet und unbesiegt in China, Indonesien, Malaya, Singapur, Indochina, auf Taiwan und auf allen beim „Inselspringen" umgangenen Pazifikinseln standen, war für die strategische Gesamtlage völlig unerheblich. Sie waren dort dank der US-See- und Lufthoheit isoliert, immobilisiert und damit effektiv neutralisiert (ähnlich wie die deutschen Truppen 1945 in Norwegen, auf Kreta, in Kurland und in den französischen Hafenstädten).

Eine fortgesetzte Bombardierung ausgewählter strategischer Ziele, d. h. von Kraftwerken, Industrieanlagen, Brücken, Verkehrsknotenpunkten, Häfen und militärischen Anlagen, anstelle der wahllosen Tötung der Zivilbevölkerung durch General Curtis LeMay (dem amerikanischen Äquivalent des britischen „Bomber Harris") sowie die Blockade sämtlicher japanischen Häfen und Meerengen durch Seeminen und U-Boote hätte mit der Unterbindung allen Nachschubs von Öl- und Rohstoffen sowie des Austausches zwischen den japanischen Inseln untereinander und zum Festland Japan über kurz oder lang wirtschaftlich erdrosselt und jegliche Rüstungsproduktion verunmöglicht, ohne die gebrachten Millionenopfer zu fordern. Wie wir heute wissen, hätte Japan – selbst die verbohrte Kriegsfraktion – unschwer jene Bedingungen akzeptiert, die ihnen die Amerikaner unter MacArthurs Einfluss nach dem Krieg dann doch gewährten. Stattdessen hatten die Alliierten bis zum Kriegsende auf einer bedingungslosen Kapitulation bestanden und alle die über die Schweiz und Schweden laufenden Verhandlungsangebote rüde abgewiesen, was auf japanischer Seite die schlimmsten Befürchtungen weckte, die Sache der Kriegspartei stärkte und den Krieg sinnlos verlängerte.

Nach der gründlichen Zerstörung der Hauptinsel Okinawa, der Hauptstadt Naha und des Kulturzentrums Shuri, der Verwüstung und Plünderung der meisten Grabanlagen, die für die Okinawaer eine besonders wichtige identitätsstiftende Rolle haben, und des Tods eines Drittels der Bevölkerung und der Zwangsinternierung des Rests in stacheldrahtumzäunte amerikanische Zeltlager, wurde Okinawa mit Planierraupen – die Trümmer der Königsburg von Shuri wurden dabei abgeräumt und für den Straßenbau verwendet – in eine Aufmarschbasis und einen Luftwaffenstützpunkt für die geplante Invasion Kyushus umgebaut. Mit der japanischen Kapitulation am 2. September 1945 wurde diese Rolle hinfällig. Okinawa wurde zu einer vernachlässigten amerikanischen Militärkolonie, die zwar mit dem Koreakrieg (1950–1953) und dem Vietnamkrieg (1965–1975) wieder neue strategische Bedeutung gewann, doch wirtschaftlich unterentwickelt blieb. Seit der Rückgabe an Japan 1972 ist sie Ferieninsel, Subventionsobjekt des japanischen Zentralstaats und weiterhin der wichtigste US-Stützpunkt im Westpazifik, wo gut ein Fünftel der besten Insellagen von US-Militäranlagen beansprucht werden und für die Einheimischen, die Landwirtschaft, Fischerei und den Fremdenverkehr weiter unzugänglich bleiben. Die Stützpunktproblematik mit ihren Härten, Sicherheits- und Umweltrisiken und den gelegentlichen Gewalttaten der Besatzer hält heute in Okinawa die Erinnerung an das im Kriege erlittene Leid und Unrecht am stärksten wach.

Das Thema ist von den Amerikanern mit Publikationen gut erschlossen. Sie reichen von den offiziellen Kriegsgeschichten uniformierter Historiker, die bald nach dem Krieg erschienen, über journalistisch geprägte Bücher mit Sensationscharakter und Bestsellerhoffnungen bis zu seriösen, kritischen militärhistorischen Analysen und umfassend dokumentierten Zeugnissen von Veteranen, der „oral history", und der Erinnerungsliteratur im Selbstverlag. Diese Arbeiten sind in Summe und cum grano salis genossen hilfreich und unverzichtbar. Auf japanischer Seite gab es wesentlich weniger Überlebende und damit kaum Memoirenliteratur (sehen wir einmal von Zivilisten ab, die keinen Überblick hatten). Die Einheiten verbrannten vor ihrem Untergang auch meist ihr schriftliches Material. Der Briefverkehr zu den Hauptinseln war schon lange zuvor unterbrochen worden. Doch sammelten die Amerikaner, schon aus ihrem ausgeprägten Souvenirinstinkt, alles, was sie an Tagebüchern, Briefen und Archivalien bei Toten und in eroberten Bunkern noch finden konnten, und werteten das Material nach dem Krieg zu Aufklärungs- und später zu Unterrichtszwecken an den Militärakademien gründlich aus. Sie wussten so nach dem Krieg wesentlich besser über die feindlichen Absichten, die Stimmungslage, die Dislozierungen und Bewaffnungen Bescheid als während der Schlacht, als sie in rassistischem Überlegenheitswahn und disziplinlosem Hass die Gefangenen meist lieber erschossen als sie zu verhören. Natürlich sind auch die Erinnerungen von Oberst Yahara als dem einzigen Überlebenden des Generalstabs der 32. Armee sehr aufschlussreich. Insofern ersparte mir der Reichtum an soliden Sekundärquellen den schwierigen Gang zum Primärmaterial, zumal es mittlerweile kaum noch Überlebende der aktiven Kriegsgeneration gibt.

Was ich dem Leser jedoch erspare, sind Episoden, die in den meisten amerikanischen Büchern dutzendfach immer dem gleichen Strickmuster folgend so verlaufen: Der Gefreite Joe Kowalski von der C-Kompanie liegt mit seinem besten Buddy Billy im Schützenloch (entweder unter glühender Sonne oder in strömendem Regen). Da trifft eine heimtückische Scharfschützenkugel den unglücklichen Billy ins Hirn. Er stirbt in Joes Armen, der sogleich Rache gelobt, Billys Maschinenpistole greift, aufspringt, auf die japanischen Stellungen zurennt, diese beim Frühstück überrascht und alle ausnahmslos niedermacht. Als ihm die Munition ausgeht, greift er sich die Gewehre der toten Japaner und schickt einen angreifenden Trupp der Feinde ebenfalls ins Jenseits. Schließlich packt er umherliegende Handgranaten und macht damit eine nahe Bunkerstellung unschädlich. Als schließlich eine ganze Kompanie angreift, zieht er sich, von Streifschüssen verwundet, rückwärtig feuernd in Richtung eigene Stellungen zurück. Unterwegs lädt er sich noch einen verwundeten Kameraden auf. Da rafft ihn kurz vor den rettenden Gräben eine Feindeskugel hinfort. Kowalski erhält ein Purple Heart, eine Ehrenurkunde des US-Kongresses und wird posthum zum Feldwebel befördert. Diese erbaulichen Märchen, die alle irgendwie den Eindruck erwecken, als seien sie zum Zweck einer Hollywood-Verfilmung erdichtet worden, haben den Nachteil, dass sie nicht zu erklären vermögen, warum, wenn es so leicht war, mit Ein-Mann-Unternehmen Japaner kompanieweise umzulegen, die Amerikaner dann vor diesen Hügelfestungen drei Monate lang aufgehalten wurden.

Die damaligen Schlachtfelder sind – im Gegensatz etwa zu Ypern, Verdun oder dem Argonnerwald – so gut wie unkenntlich geworden. Die mit zeitgenössischer japano-amerikanischer Hässlichkeit billig wiederaufgebauten Städte Naha und Shuri sind ununterscheidbar zusammengewachsen. Wohnsiedlungen, Einkaufszentren, Parkplätze, Militärstützpunkte und Golfplätze bedecken den stahl- und blutgetränkten Grund. Die restlos zerstörte Königsburg von Shuri wurde ab 1992 als sinojapanisches Neuschwanstein wiederaufgebaut und gibt so eine vage Ahnung von der Schönheit und Würde, die sie einst besaß. Der Zugang zu den nur teilweise gesprengten Führungsbunkern von General Ushijima ist mit Stahlgittern abgesperrt, der zu den Unterständen von Vizeadmiral Ota auf der Oroku-Halbinsel dagegen gut erschlossen und dokumentiert. Im Süden, wo der letzte organisierte Widerstand der Japaner gebrochen wurde und die grausamsten Massaker stattfanden, sind die Höhle der Himeyuri und das Stelenfeld von Mabuni, auf dem alle identifizierten zivilen und militärischen Opfer der Schlacht namentlich aufgeführt sind, würdevolle und bewegende Gedenkstätten. Mit ihren musealen Anti-Kriegsausstellungen sind sie sicherlich sehr instruktiv, volkspädagogisch wertvoll und anschaulich. Doch geht in der typisch japanischen Ordentlichkeit und aseptischen Aufgeräumtheit der Außenanlagen die Vorstellung des Schreckens eines verwüsteten, trümmerübersäten, blutigen und stinkenden Schlachtfeldes gründlich verloren.

Zugegeben ist es schwierig, sich als gewesener Friedenssoldat der Bundeswehr[5] auf Schreibtischen und sonnigen Balkonen in Tokyo, Naha, Nago und andernorts exzerpierend und schreibend, wohlgenährt, geduscht und gesund, in den unbeschreiblichen Horror des Lebens, Leidens, Hungerns, Verdurstens und Sterbens in Schützenlöchern, Häuserruinen, Höhlen und Granattrichtern einzufühlen. Der Leser möge beurteilen, ob dieser Versuch gelungen ist. Herzlich bedanken möchte ich mich bei meiner Frau Christine für die gemeinsame extensive Fahrt nach Okinawa und den dortigen Erinnerungsstätten und bei Viktoria Orban für die vielen anregenden Gespräche zum Thema in Tokyo. Mein nachdrücklicher Dank gilt dem Redaktionsausschuss der OAG, vor allem Josef Bohaczek, Prof. Sven Saaler, Frau Dr. Renate Herold und Dr. Peter Alexander für ihre wertvollen Anregungen und die mühevolle Korrekturarbeit.

Tokyo, im Juni 2018
Dr. Albrecht Rothacher

---

[5] Die Erinnerung an die in einer Panzerbrigade genossene Infanteriegefechtsausbildung und die entsprechende Manöverpraxis stellte sich zum Verständnis der Gefechte und Realitäten auf Okinawa als manchmal sehr nützlich heraus. Immerhin war damals anno 1974/75 der Krieg „erst“ 30 Jahre vorbei, war also noch Menschengedenken, und wir hatten das Gefühl – und erhielten auch die entsprechende drillmäßige Unterweisung –, kurz vor einer erneuten bewaffneten Auseinandersetzung zu stehen; diesmal jedoch mit einer globalen statt einer insularen Zivilisationsvernichtung als Folge.

2. Die Vorgeschichte: Vom Königreich der Ryukyu zur peripheren Präfektur

Die Vorgeschichte und Besiedlung Okinawas liegt weitgehend im Dunklen der Frühgeschichte vor 4000 Jahren. Ohne Zweifel sind die Inselbewohner mit den uralaltaischen Japanern der nördlichen Hauptinseln sprachlich, kulturell und ethnisch eng verwandt. Dabei sind die starken kulturellen Einflüsse Chinas, etwa in der Architektur, in der Grabgestaltung, dem Brücken- und Schlossbau, in der Textiltechnik und im taoistischen Ahnenkult, und Koreas, zum Beispiel im Schamanismus, im Eisenguss und in der Keramik, ebenso unübersehbar, wie die leichte ethnische Einmischung von melanesischen Südseevölkern, als deren wahrscheinliche Folge der Durchschnittsokinawaer heute etwas kleiner und dunklerer Hautfarbe ist als der Durchschnittsjapaner, er sich gleichzeitig allem Anschein nach trotz allen historischen Unglücks ein glücklicheres Gemüt, freundlichere Umgangsformen, ein ausgeglicheneres Temperament und nicht zuletzt deshalb auch die längste Lebenserwartung der Welt errungen und bewahrt hat. Angesichts der damaligen Navigationsmöglichkeiten und Meeresströmung können wir uns die Besiedlung von der japanischen Südinsel Kyushu aus am besten vorstellen. Abgesehen von der Saison der Taifune war es gut möglich, von Insel zu Insel segelnd entlang der nordsüdlich verlaufenden Inselkette die Hauptinsel Okinawas zu erreichen und von dort sich weiter auszubreiten. Auch linguistisch gibt es, wenig überraschend, viele Ähnlichkeiten zwischen der Sprache Okinawas und den auf Südkyushu gesprochenen japanischen Dialekten.[6] Mit den polynesischen Ureinwohnern Taiwans dagegen scheinen sie sprachlich und kulturell nichts gemein zu haben.

Die Geschichte der letzten eintausend Jahre ist demgegenüber wesentlich gesicherter überliefert. So konsolidierten sich nach und nach drei Kleinkönigreiche im Norden (Hokuzan), in der Mitte (Chuzan) und im Süden (Nanzan) der Hauptinsel, deren Herrscher von massiven Burganlagen, die gleichzeitig Kultzentren waren,[7] über ihre adeligen

---

[6] George H. Kerr. *Okinawa. The History of an Island People*. Tokyo, 2000 (1958), S. 27

[7] Heute geben die Ruinen von Nakiji auf der Halbinsel Motobu noch eindrucksvoll Zeugnis von den Ausmaßen und Inhalten der einstigen Königsburg von Hokuzan.

Gefolgsleute und ihre Untertanen, die als Bauern und Fischer ihr Auskommen finden mussten, herrschten. Alle drei sandten im 14. Jahrhundert Tribute an den chinesischen Kaiser und bemühten sich so um Anerkennung. Doch gelang es König Hashi Sho bereits während der Jahre 1416–1429, zuerst das nördliche Königreich und dann das südliche zu unterwerfen und die Insel zu einen. Unter seiner Sho-Dynastie begann eine lange 450 Jahre andauernde Phase des Friedens, in der das Königreich der Ryukyu – ähnlich wie die Hanse, Venedig und Genua 10000 km weiter westlich – den Fernhandel von Luxusgütern zwischen Indien und Südostasien (Siam, Sumatra, Malakka und Java) einerseits, und China, Korea und Japan andererseits ausbaute und kontrollierte und es trotz seiner Kleinheit, des kargen Bodens, der Wasserarmut, der kümmerlichen Wälder, des Fehlens jeglicher Bodenschätze, ständiger Naturkatastrophen und Epidemien zu einigem Wohlstand und zu kultureller Blüte brachte. Die Risiken jenes Fernhandels waren angesichts der vielen Taifune und Piraten groß. Die Schiffe bewegten sich meist nur in Sichtweite der Küste bis zum Indischen Ozean und zurück. Eine Reise dauerte mehr als fünf Monate. Doch erbrachte der erfolgreiche Verkauf jener Luxusgüter eine Gewinnspanne von 1000 %. Angesichts der armseligen Subsistenzlandwirtschaft gab es deshalb trotz der hohen Risiken für Kapital, Schiffe und Mannschaften keine Alternativen. Dabei entwickelten nicht nur die zu Reichtum gekommenen Fernhändler und die örtliche Nobilität (die Dorfbürgermeister wurden von den alten Häuptlingsfamilien gestellt) ein reiches kulturelles und soziales Leben. Es wurde in Gestalt von Musik, Dichtkunst, Gesang, Picknicks und Tänzen von der gesamten Bevölkerung dieses lebenslustigen Völkchens von meist nur 100000 Menschen mitgetragen und so oft wie möglich gefeiert. Anlässe waren Geburtstage, die Mondschau, die Aussaat, Ernte, Neujahr, der Hausputz, das Totengedenken an den Grabanlagen und die Vertreibung böser Geister. Andere Vergnügungen waren Pferderennen, Drachenbootfahrten, Karatewettkämpfe, Ringen und ein unblutiger Stierkampf. Ohnehin waren die Dorfgemeinschaften angesichts der häufigen Naturkatastrophen und späteren Krankheits- und Hungerepidemien stark von Nachbarschaftshilfe und Solidarität geprägt. So war der Ackerboden in Gemeinschaftsbesitz. Auch die ab 1611 schwer lastende Steuerschuld war gemeinsam aufzubringen. Der private Waffenbesitz war vom König verboten worden. Selbst die Waffen des Adels wurden in der Königsburg von Shuri weggeschlossen.

Im bilateralen Handel mit China lieferte Okinawa Textilien, Schwefel und Pferde, während China im Gegenzug Bücher, Eisenwaren und Keramik exportierte. Dabei kam es vor allem darauf an, den mächtigen chinesischen Nachbarn und Hauptkunden durch regelmäßige Tributdelegationen, die gleichzeitig als Handelsmissionen benutzt wurden, weiter gnädig zu stimmen und den misstrauischen mächtigen japanischen Nachbarn im Norden zu besänftigen. Bei der Inthronisierung des jeweils neuen Thronerben auf Shuri waren zu seiner Anerkennung stets das kaiserliche Siegel und die Dokumente Nankings vonnöten. Insofern unterschied sich das kleine Inselkönigreich, das der chinesische Kaiserhof auf seiner Liste „nicht eroberter barbarischer Länder" hielt, in keiner Weise von Korea, Annam, Champa (im heutigen Vietnam), Kambodscha, Siam, Tibet, Java, Molukka, Ceylon, Burma und Formosa. Gleichzeitig unternahm man in Shuri große Anstrengungen, die als überlegen empfundene chinesische Zivilisation in Okinawa nachzuahmen, so mit Hilfe der Ansiedlung chinesischer Gelehrter in einer besonderen Siedlung, dem Dorf Kume, nahe der Königsburg von Shuri, oder durch die Entsendung talentierter Studenten zum Studium der chinesischen Klassiker und Sitten auf das Festland, sei es nach Nanking, Peking oder in die kleine Handelskolonie der Okinawaer in Chuang-chou an der Küste von Fukien. Es wurden jede Menge buddhistischer Tempel (allerdings in japanischem Stil) gebaut, und die in Shuri ansässige Nobilität trat in gegenseitigen Wettbewerb, möglichst viele aufwändige Villen, Teiche, Brücken, Tempel, Pavillons und Lustgärten nach chinesischem Vorbild vor Ort zu errichten. Als am schönsten galt der Enkaku-ji Tempel am Fuße der Burg von Shuri, der heute nach der Zerstörung durch die Amerikaner 1945 nur noch ein schmutziger Sportplatz ist. Dazu wurden für das Totenreich und den enorm wichtigen Ahnenkult, der die Kontinuität der sozialen Institutionen und Familienbande gewährleisten sollte, umfangreiche Totenstädte und lyraförmige Grabanlagen (steinerne „Schildkröten", die jedoch den Mutterleib darstellen sollten, in den die Toten zur Wiedergeburt zurückkehren sollten) gebaut. Auch die nahe Hafenstadt Naha erfreute sich aufwändiger Lagerhäuser, kaufmännischer Residenzen und Empfangsquartiere für die kaiserlich-chinesischen Delegationen, die kultiviert bei Laune gehalten werden mussten. Kein Zweifel, der Reichtum von Ryukyu ging stark in den Verbrauch, die schönen Künste und in die Architektur von Shuri und Nara. Ebenso wie im seinerzeitigen Spanien und Portugal wurde das erworbene Handelskapital kaum produktiv investiert.

Das glückliche Leben auf den Ryukyu begann mit der portugiesischen Eroberung Malakkas im Jahr 1511, den zunehmenden Kriegen in Südostasien in Zusammenhang mit dem muslimischen Vormarsch in einstige Hindukönigreiche, sowie der wachsenden Nervosität in Peking und Kyoto über das Auftreten potentieller europäischer Kolonialmächte in Ostasien, denen ein kleines, gastfreundliches und ungeschütztes Inselkönigreich natürlich einen günstigen Stützpunkt geboten hätte, erst langsam überschattet zu werden. Kritischer war jedoch die Weigerung des Königs im Jahr 1592, den Shogun Hideyoshi bei der Invasion Koreas zu unterstützen. Das Argument, man wolle mit niemandem Streit – schließlich hatte man auch schon 1272 und 1276 die Forderung der Mongolen für die Unterstützung der Invasion Japans abgelehnt –, überzeugte den kampferprobten Hof des Shogun wenig. So kam es, dass nach der Einigung Japans durch das Tokugawa-Shogunat im Jahre 1603 dieses nach Betätigungsmöglichkeiten für die Samurai des feindselig gesonnenen Feudalfürstentums Satsuma suchte, der in Kagoshima im Süden Kyushus beheimatet und ebenfalls an Gewinnen aus dem Fernhandel interessiert war. Dazu hatte es Shuri verabsäumt, dem neuen siegreichen Shogun Tribut zu pflichten.[8] Im Jahre 1609 kam es dann zur Invasion der Ryukyu durch 3000 Krieger aus Satsuma, die mit 100 Kriegsdschunken landeten und mühelos die ungeübten Verteidiger – die letzten Kriegshandlungen auf Okinawa lagen 200 Jahre zurück – niedermachten. Die Königsburg von Shuri wurde besetzt und geplündert, der König drei Jahre lang nach Kagoshima verschleppt und der Führer der pro-China-Lobby enthauptet. Die nördlichen Inseln von Amami Oshima wurden direkt annektiert (sie sind heute noch Teil der Präfektur Kagoshima). Der Rest der Ryukyu wurde tributpflichtig gemacht und der Außenhandel hinfort von Satsuma kontrolliert und monopolistisch ausgebeutet. Das Tokugawa-Shogunat übte seine Herrschaft über die Ryukyu hinfort also immer nur sehr indirekt über das halb-autonome Satsuma-Fürstentum aus, das seinerseits das Abschließungsgebot des Shogunats (das allen Außenhandel nur mit holländischen Händlern über Deshima abwickeln wollte) diskret und profitabel umgehen konnte. Allerdings musste hier so vorsichtig wie möglich vorgegangen werden, um die privilegierte Rolle der Ryukyu-Händler in China nicht zu gefährden. Denn formal hatten nur sie – jederzeit widerrufbare – Handelsprivilegien, nicht jedoch die Japaner, die den Vorrang des chinesischen Kaisers nicht anerkannten. Der König blieb also nominell weiter im Amt, war für innere Angelegenheiten und das Eintreiben der Steuern zuständig, führte seine Hofrituale durch und ließ sich weiter von China nach fortgesetzten Tributsdelegationen im Amt bestätigen. Für die nächsten 250 Jahre mussten die Ryukyu also ein merkwürdiges Doppelspiel fortsetzen: So zu tun, als sei China weiter ihr Souverän, während

[8] Kerr, S. 157

die tatsächliche Macht und der Gewinn im Außenhandel von den Abgesandten des Daimyo aus Kagoshima ausgeübt und eingestrichen wurde. Um den doppelten Einfluss und die zweifachen Tribute zu erklären, wurde gerne die Metapher von „Vater“ (Japan) und „Mutter“ (China) verwendet, die man beide ehren müsse. Man war also angewiesen, die Waffen des Schwächeren zu nutzen: Höflichkeit, Täuschung, Verzögerung und passiver Widerstand. Aber Initiative und Durchsetzungsvermögen, die bisher die Grundlage von Handel und Wohlstand waren, schwanden nach und nach.[9] Die Städte Shuri und Naha verarmten sichtlich. Reiseberichte schreiben von ärmlichen öffentlichen Märkten, auf denen es nichts Attraktives zu kaufen gab. Es gab kaum noch Neubauten. Da gut ein Drittel der mittlerweile 200000 Einwohner vornehmer Herkunft waren und nicht produktiv arbeiten mussten, wurden sie Anfang des 18. Jahrhunderts ermutigt, als Handwerker zu arbeiten. Für die Ernährung der Bevölkerung war es ein Segen, dass 1606 die robuste nährstoffreiche Süßkartoffel ihren Weg von den Spaniern aus Lateinamerika über die Philippinen nach Okinawa fand. Sie war nicht zuletzt auch als Tierfutter und als fermentierbare Grundlage für den örtlichen Awamori-Schnaps verwertbar. Das 1623 eingeführte Zuckerrohr lieferte dagegen den Rohrzucker, der als Luxusgut nach Japan ausgeführt wurde (obwohl er natürlich auch zu vergären war). Gleichzeitig schränkte Satsuma die Möglichkeiten für Auslandsreisen der Okinawaer weiter ein und erhöhte die Steuerlast. Ein System von Informanten kontrollierte die Einhaltung der aus Kagoshima kommenden Vorschriften. Auch jene 18 Tributprozessionen, die bis 1850 die Reise von Okinawa zum Shogun nach Edo durchführen mussten, wurden streng von Satsuma kontrolliert. Von China, wo 1644 die Ming-Dynastie von den Manchu gestürzt wurde, war ohnehin keine Hilfe zu erwarten, da man sich um die inneren Angelegenheiten tributpflichtiger Barbaren grundsätzlich nicht scherte. Doch lag weiterhin die kulturelle Präferenz der Okinawaer Elite auf China. Die prunkvoll gekleideten chinesischen Gelehrten, die in Landhäusern Gedichte schrieben, waren ihnen sympathischer als die Befehle bellenden japanischen Samurai.

Ausländische Besucher, die nunmehr aus England, Frankreich, den Niederlanden, Russland und den USA immer häufiger auftauchten, machten nach allen überlieferten Berichten die einhellige Erfahrung, dass jene Einwohner der „Lewchew“ viel freundlicher, gastfreundlicher, liebenswürdiger, höflicher, reinlicher, unterwürfiger und nachgie-

[9] Kerr, S. 167

biger waren als die anderen bis dato in Asien oder im Pazifik erlebten Völkerschaften. Die Hilfsbereitschaft der Okinawaer war legendär. Als 1797 ein britisches Kriegschiff auf ein Riff fuhr, wurden die Schiffbrüchigen mit Wasser, Geflügel, Schweinefleisch, Kartoffeln, Weizen, Reis, Gemüse und Sake versorgt. Obwohl sie selbst arm waren, lehnten die Inselbewohner Gegengaben oder eine Bezahlung freundlich ab.[10] Den fremden Schiffsbesuchern, die selbst an rauen Umgang untereinander gewöhnt waren, fiel das Fehlen von Waffen, Gewalttaten und Diebstählen ebenso auf wie die Höflichkeit aller Klassen. Eine „wertvolle, freundliche und glückliche Rasse" zeige Intelligenz, eine „Geisstärke, die angesichts ihrer beschränkten Lebensumstände umso mehr erstaunlich war", und eine natürliche, ungekünstelte Freundlichkeit.[11] Bei aller zeitgenössischen Tendenz zur Romantisierung „edler Wilder" in einem arkadisch unverdorbenen Paradies werden sie über Jahrhunderte hinweg konsistent und damit glaubwürdig als einfache, ehrliche, gastfreundliche, gutgelaunte, lustige Menschen geschildert, deren größtes Vergnügen nach getaner Arbeit es sei, ein Glas Reiswein zu trinken und Musik zu spielen, zumal sie ihre Instrumente auch zur Feldarbeit mitbringen. Sie lebten ohne Waffen und Geld und lehnten Gewalt und Verbrechen ab.[12] Zu den Strafen, die seinerzeit in Asien mit barbarischer Härte vollzogen wurden, wurde berichtet: „ein scharfer Blick, ein leichtes Anstutzen mit dem Fächer, war das Härteste, was wir sehen konnten. Wenn sie Befehle gaben, waren die Chefs milde und fest und die Leute gehorchten immer fröhlich. Es schien großen Respekt und Vertrauen auf der einen Seite zu geben, und viel Rücksichtnahme und freundliches Gefühl auf der anderen".[13] Zwar stand auf Mord die Todesstrafe. Doch wurde erwartet, dass der Delinquent sie selbst vollzog und niemanden mit dem grausamen Vollzug behelligte. Schwere Körperverletzungen wurden mit der Verbannung auf eine abgelegene Insel geahndet, alle anderen Vergehen durch Strafzahlungen beziehungsweise das Anbinden an den Pranger. Oft wurde die Gastfreundschaft auch missbraucht. So schlachteten landende britische Seeleute einfach Rinder vor Ort. Während der Jahre 1846–54 hielt sich auf den Ryukyu ein britischer Missionar namens Bernard Bettelheim auf, ursprünglich ein jüdischer Konvertit aus Pressburg, der sich uneingela-

[10] Kerr, S. 232f

[11] Zitiert in: Kerr, S. 250ff

[12] Zitiert in: George Feifer. *Tennozan. The Battle of Okinawa and the Atomic Bomb*. New York, 1992, S. 61

[13] Kerr, S. 255

den in einem Tempel einquartierte und dennoch jahrelang unbedankt von der Regierung mit Dienern und Essen versorgt wurde – während Christen gleichzeitig in Japan noch gekreuzigt und in China vom Mob ermordet werden konnten.

Negativ wird lediglich die fehlende „Ehrlichkeit" bezüglich der Beziehungen zu Japan moniert, was zweifellos der dauernden Überwachung durch von Satsuma rekrutierte Spione geschuldet ist. In ihrer Gegenwart werden die Unterhaltungen steif, förmlich und unverbindlich. Das sonst starke Interesse an Informationen und Geräten aus dem Westen starb dann ab. Vor allem dann, wenn die Hofbeamten zu Vertragsabschlüssen für Marinestützpunkte genötigt werden sollten, flüchteten sie sich immer in die aberwitzigsten Ausflüchte und Formalitäten.

Als schließlich Commodore Matthew Perry von der US Navy 1851 unter Androhung von Artilleriebeschuss mit einem Kommando von Marines die Öffnung der Königsburg erzwang, fand er dort nur einen Regenten vor, den er mit maximaler Unhöflichkeit und Arroganz behandelte, der aber zur Unterzeichnung eines Vertrages nicht befugt war.[14] Nachdem schließlich auch ein russisches Kriegsschiff aufgetaucht war, unterzeichnete Ryukyu mit dem drei Jahre später wieder erscheinenden Perry dann doch noch ein Abkommen zur Errichtung einer Kohlestation für amerikanische Kriegs- und Handelsschiffe und Walfänger. Damals nahm Perry als Souvenir auch eine gusseiserne Glocke aus der Königsburg mit, ähnlich wie seine ebenso uneingeladenen Landsleute knapp einhundert Jahre später. In jenem Jahr 1854 leisteten Perrys schwarze Schiffe dann ihren geschichtsträchtigen Beitrag, um vor Edo das widerstandsunfähige Shogunat auf den japanischen Hauptinseln zu diskreditieren.

Nach dem gewaltsamen Sturz des Shogunats verloren die siegreichen Modernisierer, unter ihnen das Fürstentum Satsuma (das seine Rebellion gegen das Tokugawa-Shogunat aus dem Chinahandel Okinawas finanziert hatte), keine Zeit, das „Ryukyu-Problem" zu bereinigen. Als 1871 ein Tributschiff aus den Ryukyu vor Formosa kenterte und die dortigen Eingeborenen 54 Besatzungsmitglieder massakrierten, erklärte die japanische Regierung die getöteten Okinawaer zu japanischen Staatsbürgern, um die spätere Strafexpedition nach Südformosa zu rechtfertigen. China weigerte sich zunächst, die Verantwortung zu übernehmen, forderte dann aber 1874 doch volle Souveranität über Formosa und Ryukyu. Nach der Strafexpedition General Saigos erkannte es je-

[14] Kerr, S. 313ff

doch im Oktober 1874 die gemeuchelten Okinawaer als Bürger Japans an.[15]

Aus Sicht Tokyos waren die Ryukyu zu schwach, um ihre Unabhängigkeit zu behaupten. Es wurde befürchtet, fremde Mächte könnten sich ihrer durch einen Vertrag mit China bemächtigen, falls Japan nicht rechtzeitig handelte. So wurden im Oktober 1872 Prinz Ie und sein Erster Staatsminister nach Tokyo zitiert. Im Außenministerium wurde ihnen eröffnet, dass König Tai Sho als Dank für seine Loyalität zu Satsuma zum König des Ryukyu-han und zum Mitglied des japanischen Oberhauses ernannt würde.[16] Das Königreich wurde so als autonomer Staat formell abgeschafft und zunächst einmal zu einem „*han*", einem abhängigen japanischen Feudalfürstentum, umgewandelt. Alle außenpolitischen Beziehungen wurden fortan von Tokyo aus geführt. Alle Korrespondenzen und Verträge mit den USA, Frankreich und den Niederlanden waren dorthin auszuliefern. Die ausländischen Regierungen wurden entsprechend informiert, dass das Kaiserreich Japan künftig für das ehemalige Königreich verantwortlich sei. Auch wurden Tributmissionen nach China verboten. Ferner sollten alle Steuern statt nach Kagoshima nach Tokyo gezahlt werden.

Doch wurden die Anweisungen aus Tokyo, die nach Shuri erst mit großem zeitlichen Verzug mit dem seltenen Postschiff kamen, noch häufig ignoriert. Während Japans Gefängnisse mit rebellischen Samurai überfüllt waren, weigerte man sich auf den Ryukyu, politische Gegner einzusperren, und feierte stattdessen 1873 und 1874, dass alle Gefängnisse leer waren. Heimlich schickte man 1874 dann doch wieder eine Tributmission nach China, was die Chinesen den peinlich berührten Japanern jedoch nicht vorenthielten. Jetzt wurde Okinawa gezwungen, alle Beziehungen mit China abzubrechen und seinen jahrhundertealten Handelsposten an der Küste von Fukien zu schließen. Reisen nach China mussten ab sofort vom Innen- und Außenministerium in Tokyo genehmigt werden, und der Bescheid war fast immer negativ. Alle Beamten, der Regent und die Staatsräte wurden jetzt nur noch von Tokyo ernannt und ihre Ränge deutlich degradiert. Die Regierung in Shuri wurde reorganisiert, dem Innenministerium unterstellt und mit jener einer Präfekturverwaltung vereinheitlicht. Die japanische Strafgesetzgebung wurde eingeführt, die chinesischen Regentschaftsnamen abgeschafft und durch japanische ersetzt. Auch mussten ab sofort japanische Feiertage und kaiserliche Geburtstage gefeiert werden. Zwei Kompanien der

---

[15] Kerr, S. 360

[16] Kerr, S. 363

6. Division aus Kumamoto wurden auf der verlassenen Königsburg stationiert. Die prophetische Argumentation der Einheimischen, die Garnison würde nur die Feinde Japans anziehen, mit denen sie keine Händel hatten, verklang ungehört[17] und sollte 70 Jahre später tragische Folgen haben.

Schon sieben Jahre nach der Einverleibung wurde 1879 im Zuge der allgemeinen Verwaltungsmodernisierung und Zentralisierung Japans auch der Ryukyu-han zugunsten der Präfektur Okinawa (Okinawa-ken) abgeschafft, und die Präfektur von nun an von einem vom Innenministerium aus Tokyo ernannten Gouverneur geleitet. Der abgesetzte König Sho musste nach Tokyo ins Exil. Japan hatte das Königreich der Ryukyu nun endgültig annektiert.

China, das andere Sorgen hatte, hatte der schleichenden Einverleibung Okinawas zunächst desinteressiert zugeschaut. Erst mit der formellen Annektion im Jahr 1879 protestierte China und bat den besuchenden amerikanischen Ex-Präsidenten General Ulysses S. Grant, der gerade eine Weltreise absolvierte, um Vermittlung in der Okinawa-Frage: Die Inseln seien halb-unabhängig gewesen. China habe keine Souveränität über sie gehabt, der König und sein Volk seien zwar keine Chinesen, doch tributpflichtig gewesen. General Grant, der von den Japanern zuvor in Tokyo sehr beeindruckt worden war, hörte nur höflich zu, ohne sich festzulegen. Die Chinesen eröffneten nun eine PR-Kampagne, um die Inselfrage offen zu halten, und die Japaner taten alles, um sie zu schließen. Als letztes Angebot offerierte Tokyo 1880 China die beiden südlichsten Inselgruppen Miyako und Yaeshima (ein Territorium, das mutmaßlich auch die heute umstrittenen Senkaku-Inseln umfasste), nahe Formosa, im Gegenzug für die Meistbegünstigung im Chinahandel. Als China sich ein Jahr später weigerte, den ausgehandelten Vertragsentwurf zu unterschreiben, erklärte Japan die Ryukyu-Frage als geschlossen und betrachtete fortan die Inseln als Präfektur Okinawa und Teil Japans. Nach der chinesischen Niederlage im sino-japanischen Krieg von 1895 war sie dann für die nächsten 50 Jahre auch kein bilaterales Thema mehr.[18] Mit dem kolonialen Erwerb von Formosa war Okinawa auch nicht länger eine Grenzprovinz Japans und verlor so seinen damaligen strategischen Wert für beide Seiten.

Tokyos wirtschaftliches und emotionales Interesse an der neuen Präfektur hielt sich in engen Grenzen. Im Gegensatz zu Hokkaido gab es

---

[17] Kerr, S. 370

[18] Kerr, S. 392

weder Bodenschätze noch neues Siedlungsland. Die alte, an chinesischen Klassikern ausgebildete Aristokratie war aus ihren Posten verdrängt worden. Sie mussten sich um Posten in den Dorfverwaltungen, als Büroangestellte und als Schullehrer bewerben. Nur drei Familien konnten ihren Status halten und erhielten Sitze im Oberhaus: Die Prinzen Hakijin und Ie bekamen den Titel Freiherr (Baron) und Ex-König Sho den Titel Markgraf (Marquis). Der Rest erhielt wie die Samurai in Japan zunächst eine kleine Pension, die später in Staatsanleihen umgewandelt wurde. Geschäftsuntüchtig, wie die meisten in jener intransparenten frühen Marktwirtschaft waren, ging nach ihrem Verkauf das meiste Geld durch Fehlinvestitionen verloren. So musste in Shuri eine Werkstätte für mittel- und arbeitslose Adelige eingerichtet werden.

Die meisten Entsandkräfte aus den Hauptinseln – zunächst vor allem aus Satsuma, Leute die man nach ihrem Aufstandsversuch im Jahr 1877 aus Kagoshima loshaben wollte – sahen ihren Job in der schläfrigen, unterentwickelten Peripherie eher als Strafversetzung. So gab es in den ersten 13 Jahren nach 1879 acht verschiedene Gouverneure unterschiedlicher Motivation und Qualifikation. Naha wurde zum neuen Verwaltungszentrum, während die Residenzen und Gärten von Shuri verwahrlosten und die alten öffentlichen Gebäude, die buddhistischen Tempel und Monumente verfielen. In Shuri und Naha wurden viele historische Gebäude in der Folgezeit abgerissen – sie hätten den Krieg ohnehin nicht überleben können. Lediglich die als Kaserne und Schulen genutzten, verfallenden Palastgebäude auf Shuri wurden 1929/33 restauriert. Den damaligen Plänen und Fotografien verdanken wir die Möglichkeit zum halbwegs originalgetreuen Wiederaufbau. Im religiösen Bereich wurden nur die Schreine des Staats-Shinto gefördert, der mit den einheimischen animistisch-schamanistischen Traditionen durchaus vereinbar war.

Kaufleute aus Osaka und Kagoshima dominierten den Handel, insbesondere den mit Rohrzucker, und die Wirtschaft. Einheimisches Kapital war nicht vorhanden. Abgesehen von den Mitsui-Kohlegruben von Iriomote auf Yaeyama war auch das japanische Privatkapital an Okinawa kaum interessiert. Im Wesentlichen bestand die Wirtschaftsaktivität im Tauschhandel städtischer Handwerksfabrikate aus Naha, Shuri, Tomari und Kume gegen Nahrungsmittellieferungen der Dörfer und Inseln, die erst sehr langsam in den 1880er Jahren auf Geldbasis umgestellt wurde. Noch 1879 wurden nur zwei oder drei Einkaufsläden in Naha, der Hafen- und Präfekturhauptstadt mit damals 24000 Einwohnern gezählt.

Doch begann langsam in jenem entfernten, verarmten und rückständigen Außenposten des japanischen Kaiserreiches eine graduelle Modernisierungs- und Assimilierungspolitik zu greifen, die bis 1945 andauerte. Nachdem eine Cholara-Epidemie, die die Behörden 1879 weitgehend unvorbereitet und gelähmt traf, 6400 Tote gefordert hatte, standen zunächst Fragen der öffentlichen Hygiene und Volksgesundheit im Vordergrund, deren Einhaltung von der Polizei überwacht wurde. So wurde die Viehhaltung in den Städten verboten, es wurden öffentliche Toiletten eingeführt, sowie Lebensmittel, Quellen und Brunnen regelmäßig überprüft. 1885 wurde das erste Krankenhaus in der Präfektur eröffnet. Doch selbst 1939 gab es nur 178 Ärzte auf Okinawa. Malaria, Lepra und Tuberkulose waren weiter stark verbreitet. Bei Geschlechtskrankheiten hielt die Präfektur den Japanrekord. Im Bildungssystem begann der Fortschritt langsam, aber letztendlich gründlich. Etwa 30 Schulen hatten zum Zeitpunkt der Absetzung des Königs existiert. Sie hatten sich auf die Lehre chinesischer Kalligraphie und klassischer Texte und von japanischer Literatur beschränkt. Das qualifizierte für die Ausübung von Regierungsämtern im alten Königreich. 1885 gab es bereits 57 Grundschulen auf den Inseln sowie eine Mittelschule in Shuri (deren Absolventen meist Lehrer oder Beamte wurden). 1890 wurde eine private Oberschule für Mädchen eröffnet. Damals wurden die Schulen von nur 3 % der Kinder besucht. Der Unterricht erfolgte auf Hoch-Japanisch. Die Bauern scheuten die Kosten und misstrauten den fremden Lehrplänen. Weil die Schüler meist auf den Höfen, bei der Ernte und in der Fischerei mitarbeiten mussten, galten sie – meist übermüdet – als untermotiviert und faul. Doch gab es 1941 bereits 296 Grundschulen, sechs Mittelschulen für Jungen, acht Oberschulen für Mädchen und neun Berufsschulen. 99 % der Kinder wurden eingeschult. Analphabetismus war nur noch bei der älteren Generation verbreitet.

1898 wurde begonnen, das Gemeinschaftsland der Dörfer – 76 % der Landfläche, der Rest war Adelsbesitz – in den Privatbesitz der Bauern zu überführen. Das Land war bislang immer langfristig, bis zu zehn Jahren, Familien zur Nutzung zugeteilt worden. Oft lag es weit vom Hof entfernt, und weil die Nutzung rotierte, wurde wenig für die Be- und Entwässerung und die Bodenfruchtbarkeit getan. Weil die Bauern auch keine Sicherheiten für Kredite anbieten konnten, mussten sie entsprechende Wucherzinsen zahlen. Die 1903 abgeschlossene Bodenreform ermöglichte dann eine rationellere Landnutzung mit Bodenmeliorationen und gab Anreize zur Landgewinnung und eine höhere Agrarproduktivität – auch dank besseren Saatguts und einer modernen Landwirtschaftausbildung. Es wurden Zuckerraffinerien errichtet, die später meist von der von Mitsui kontrollierten Taiwan Sugar Corporation übernommen wurden.

Naha wurde zum Zentrum der Transportwege der Hauptinsel ausgebaut. Mussten vordem die meisten Lasten von der Küstenschifffahrt transportiert werden, wurde 1915 eine Straße entlang der Westküste von Naha in das nördliche Agrarzentrum Nago gebaut. Im Jahr 1940 gab es auf ganz Okinawa gerade einmal 250 Kraftwagen (ein Viertel davon Busse): also einen für 2000 Einwohner. 1945 würden die Amerikaner feststellen, die Insel verfüge über ein gutes Netzwerk schlechter, einspuriger Straßen (die von ihren schweren Militärfahrzeugen schnell zerstört wurden). Quer durch die Insel von Naha an der Ostküste nach Yonabaru an der Westküste fuhr eine zunächst pferdegezogene Straßenbahn, die in den 20er Jahren nach Itoman im Süden und Kadena im Norden erweitert wurde. Diese Strecke sollte später als zeitweise Hauptkampflinie eine traurige Berühmtheit erlangen und in den Kämpfen spurenlos untergehen. Darüber hinaus wurde die Seeschifffahrt durch den Bau von Leuchttürmen und Wetterstationen sicherer gemacht. Kleine Flugplätze wurden gebaut und Post-, Telegraphen- und Radiodienste eingeführt. So wuchs die Einwohnerzahl stetig von 350000 (1879) über 480000 (1903) auf 750000 (1940), eigentlich ein sicherer Indikator der verbesserten Lebens- und Wirtschaftsbedingungen. Doch gab es wegen der fehlenden Industrialisierung gleichzeitig eine starke Auswanderung auf die japanischen Hauptinseln, wo die in aller Regel schlecht ausgebildeten Okinawaer in den überfüllten Großstädten mit den Landflüchtigen anderer armer Agrarpräfekturen um schlecht bezahlte Hilfsarbeiterstellen konkurrieren mussten, sowie in die japanischen Siedlungskolonien Korea und Mandschurei und nach Nord- und Südamerika. Schon 1899 waren die ersten Arbeiter nach den Zuckerrohrplantagen auf Hawaii ausgewandert. 1908 setzte die Auswanderung Okinawaer Bauern zunächst als Arbeiter auf Kaffeeplantagen in Brasilien in großem Stil ein.[19] Insgesamt wanderten 60000 Okinawaer dorthin aus, zumeist unter sehr harten Lebensbedingungen als landwirtschaftliche Neusiedler im Rodungsland.

Doppelt interessant ist ein sehr ausführlicher Reisebericht des Berliner Botanikprofessors Goldschmidt aus dem Jahre 1926: Zum einen weil er eine gut beobachtete Momentaufnahme jener Zeit gibt, zu der es auf Okinawa so gut wie keine ausländischen Besucher und nur auf der Nordinsel Oshima fremde Missionare als Dauerbewohner gab (dies erklärt auch die Probleme der Amerikaner bei der Beschaffung von Kar-

---

[19] Kozy Amemiya. „Being ‚Japanese‘ in Brazil and Okinawa“ in: Chalmers Johnson (Hg.). *Okinawa: Cold War Island.* Cardiff, CA 1999, S. 149–170, S. 150ff

ten und Fotografien), zum anderen weil die Welt, die er beschreibt und auf schönen Fotografien festhielt, nahezu restlos untergegangen ist.

Die Reise beginnt mit der Überfahrt auf einem Dampfer der Osaka Shosen, wo auf den völlig verschmutzten Zwischendecks junge Frauen, die zu zehntausenden als Saisonarbeiterinnen in japanischen Webereien arbeiteten, sowie junge Männer, die sich auf Hawaii und in Brasilien auf Zuckerplantagen verdingt hatten, mit ihren Ersparnissen zeitweise nach Hause zu ihren Familien zurückkehrten. Der menschenleere Norden ist von bis 400 Meter hohen steilen bewaldeten kammartigen Bergzügen bedeckt, der Süden von ausgewitterten, scharfzackigen Kliffen ehemaliger Korallenbänke umgeben, mit steilen Bergen und tiefen Schluchten. Das Schiff lief durch eine enge und gefährliche Einfahrt in den „bescheidenen" Hafen von Naha ein.[20] Okinawa verfüge über aus Sandstein und Korallenkalk gefertigte gute, harte Straßen, die von Shuri ausgehend auf beiden Seiten als Alleen mit Kiefern bepflanzt sind. 35 Fordwagen gebe es auf der Insel. Es waren Zweisitzer, die mit bis zu acht Personen beladen würden. Das Gepäck wurde an die Seiten und auf den Kühler gebunden. Dann ging es in wilder Fahrt über die steilen Straßen. Am Ende waren die Autos „furchtbar zusammengefahren".[21] Weiter gab es sehr niedrige und enge Pferde-Omnibusse, eine Schmalspureisenbahn, die eigentlich nur für den Zuckerrohrtransport gedacht sei und häufig entgleiste, eine elektrische Straßenbahn zwischen Naha und Shuri und die Pferdebahn von Naha zur Fischerstadt Itoman im Süden. Die Süßkartoffel sei das Grundnahrungsmittel. Nur wenige Reisfelder gäbe es in Küstennähe. In den Städten – außer Naha – betrieben fast alle für den Eigenbedarf eine Nebenerwerbslandwirtschaft als Ackerbürger. Nur der Süden wird intensiv bewirtschaftet. Auch die Zuckerrohrfelder werden von Kleinbauern bewirtschaftet. Der Zucker wird oft auf den Höfen in offenen Scheunen in Lehmöfen gesiedet, um dann als schwarzer Rohrzucker zu den in Japan populären billigen Süßwaren verarbeitet zu werden. Obst- und Teeanbau gebe es keinen. Doch sei die Schweinehaltung sehr populär. Die landwirtschaftlichen Fachschulen seien voller wissbegieriger Jugend. Doch wollten, statt praktisch unternehmerisch

---

[20] Richard Goldschmidt. *Neu-Japan. Reisebilder aus Formosa, den Ryukyuinseln, Bonininseln, Korea und dem südmandschurischen Pachtgebiet.* Berlin, 1927, S. 115. Goldschmidt (1878–1958) war damals Professor am Kaiser-Wilhelm-Institut für Biologie in Berlin-Dahlem. Er wurde später nach seiner wegen seiner jüdischen Herkunft erzwungenen Emigration in Kalifornien ein berühmter, wenngleich umstrittener Genetiker.

[21] Goldschmidt, S. 126

zu arbeiten, alle Beamte werden: das „halbakademische Proletariat, an dem Japan krankt".[22]

Die meisten Bauern und Fischer lebten in malayischen Hütten, einem mit Strohdach gedeckten Holzgestell auf Pfahlrosten. Ein roher Bretterboden wurde mit Strohmatten gedeckt. Die Wände bestanden aus geflochtenen Matten, Holz oder Lehm. Die Einzäunungen der Anwesen waren aus Korallensteinen getürmte Mauern, oft meist nur zur Straße hin. Um die Hütten der Bewohner lagen die Ställe. Alle waren malerisch von Bambushecken, Bananensträuchern, Fikusbäumen, Hibiskussträuchern sowie Agaven und Kakteenbewuchs auf den Mauern umgeben. Bessere Häuser sah man eigentlich nur in Shuri. Sie gehörten der Nobilität und den Awamori-Brauern und hatten kleine Vorgärten, große Umfassungsmauern, massive Ziegeldächer zum Schutz gegen Taifune und löwenartige Dachreiter gegen böse Geister. Im Wesentlichen gab es auf dem Lande nur Streusiedlungen mit Einzelgehöften und kleinen Weilern. Auch die Städte Nago und Itoman seien eigentlich nur „große Dörfer", in denen die neuen Schul- und Verwaltungsgebäude das Dorfbild verschandelten. Naha mit seinen 60000 Einwohnern sei sehr geschäftig mit seinen zweirädrigen Ponykarren. Malerisch sei die ehemalige Faktorei der chinesischen Kaufleute auf einem Felsen im Hafen, die Ruinen eines alten Forts zum Schutz gegen Seeräuber, die Mangrovenwälder vor der Küste und die alten Brücken.[23] Dagegen erschrecke ein geschmackloser Gouverneurspalast und das neue Parlamentsgebäude.[24] Die Königsstadt Shuri dagegen sei „köstlich durch ihre Lage, durch ihre unberührte Altertümlichkeit und aristokratische Verschlafenheit".[25] Sie liege als ausgedehnte Gartenstadt auf einer Gruppe von Korallenklippen und dazwischenliegenden Tälern. Die Gassen seien mit Korallenblöcken gepflastert, die Häuser von hohen Mauern eingefasst, die mit Agaven, Kakteen und Hibiskus bepflanzt waren. Die Gassen seien gelegentlich um gemauerte Ziehbrunnen und Betstellen erweitert. Die eintausend Jahre alte Königsburg, das meiste stamme aus dem 14. bis 16. Jahrhundert, biete einen eindrucksvollen Schlosspark mit uralten Bäumen und ein gut erhaltenes Steintor sowie eine Sammlung alter Ryukyu-Kunst – und dies ohne die sonst üblichen Waffensammlungen! Den vorderen Burghof ziere jetzt ein hässliches japanisches Schulge-

---

[22] Goldschmidt, S. 133

[23] Goldschmidt, S. 153. All dies ist mittlerweile spurlos verschwunden!

[24] Wobei die aktuellen Nachkriegsgebäude ihnen an abgrundtiefer Scheußlichkeit sicherlich in nichts nachstehen.

[25] Goldschmidt, S. 162

bäude. Das Hauptgebäude des Palastes sei 90 Jahre alt und (wie auf den Fotografien angesichts eines durchhängenden Daches und defekter Wände deutlich sichtbar) „fürchterlich baufällig".[26] Dort sei jetzt eine Berufschule für Weberinnen untergebracht. Sie habe nichts „königliches" mehr, doch käme jetzt eine Restaurierung in Gang. Dahinter befänden sich verwilderte Gärten (heute: sterile Grasflächen), gefolgt von der Bastion und einem weiten Blick auf die Brandung der Ostküste und einer tiefen Bucht (Nakagusuku), wo gelegentlich japanische Kriegsschiffe ankerten. Am Fuße der Burg befänden sich die schwarzen Schornsteine zahlloser Awamori-Brauereien.

Die Bevölkerung zeichne sich durch eine besondere Freundlichkeit und Sanftmut aus. Man sehe dabei mehr schwer arbeitende Frauen als Männer. „Da die Männer, mit Ausnahme der Ackerbauern, nach guter alter Sitte wenig arbeiten und umso mehr Zeit beim Awamori verschwatzen, so haben sie reichlich Zeit, sich bei politischen Streitfragen zu erhitzen."[27] Die Bevölkerung sei weiterhin meist barfuß und trage indigoblaue Baumwolltrachten. Die traditionellen Handtätowierungen seien mittlerweile verboten. Im Viertel Tsuji von Naha gäbe es 3–4000 Mädchen, die auch in den besseren Gaststätten und Teehäusern ihre Dienste anböten, die jedoch sozial und bei öffentlichen Festen völlig akzeptiert würden. Die alten Naturreligionen seien weiter dominant. Die Okinawaer seien weder am Buddhismus, noch am Shinto oder am Christentum interessiert.[28] Insgesamt schien der Entwicklungsrückstand zu den japanischen Hauptinseln auch für den von Sympathien bewegten Beobachter weiter unübersehbar.

Auch die seinerzeitigen US-Analysen betonten den Mangel der Okinawaer an industrieller Disziplin. Die Inseln seien von Malaria, Tuberkulose und Geschlechtskrankheiten durchseucht. Die Bauern liefen barfuß einher. Ihr Essen bestünde im Wesentlichen aus Süßkartoffeln, Bohnensuppe, gelegentlich Gartengemüse, selten dagegen Schweinefleisch oder Fisch. Exkremente würden (wie in Korea) als Dünger verwendet und seien eine Quelle von Typhus. Positiv dagegen sei die starke Gemeinschaftsorientierung, die nach der Katastrophe von 1945 emotionale Stabilität ermöglicht habe, und im Vergleich zu Rest-Japan der höhere Status der Frauen, die in der schamanistischen Tradition der Inseln seit je her eine wichtige spirituelle und zeremo-

---

[26] Goldschmidt, S. 163
[27] Goldschmidt, S. 166
[28] Goldschmidt, S. 192

nielle Rolle spielten.[29] Das geringe Bildungsniveau der Okinawaer und ihre abgeschottete Insularität habe es jedoch der japanischen Kriegspropaganda ermöglicht, glaubhaft zu vermitteln, die teuflischen Amerikaner wollten alle Asiaten foltern und vergewaltigen, um sie dann entweder zu versklaven oder mit Panzern zu überrollen.[30] Zweifellos hat auch die wochenlange US-Feuerwalze auf die schutzlose Zivilbevölkerung zu diesem Eindruck beigetragen und die gelegentlichen Massenselbstmorde zusätzlich begünstigt.

Der Status der Okinawaer als Peripherie-Japaner und Bürger 2. Klasse ist auch an ihrer verzögerten politischen Gleichstellung sichtbar. So konnte erst 1909 – 30 Jahre nach der Schaffung der Präfektur – das erste Präfekturparlament gewählt werden. Es konnte sich freilich nur beratend mit lokalpolitischen Themen befassen. 1912 – 33 Jahre nach der Annektion des Königreiches – wurden die ersten beiden Unterhausabgeordneten ins Parlament nach Tokyo gewählt, wo sie als Jungabgeordnete zunächst ziemlich einflusslos waren. 1920 wurde ihre Zahl der Bevölkerungzahl entsprechend auf fünf erhöht und so eine formale politische Gleichstellung erreicht.

Interessant ist die Parallele zu Hawaii, einem anderen ehemaligen unabhängigen Königreich im Pazifik. 1893 wurde nach amerikanischen Intrigen die Monarchie gestürzt und 1898 gegen den Widerstand vieler Eingeborener die Annektion vollzogen. Erst 1959, mehr als 60 Jahre nach der Annektion, erfolgte die politische Gleichstellung als 50. Staat der USA. 1993 unterschrieb Bill Clinton eine Entschuldigung des US-Kongresses für den 100 Jahre zuvor erfolgten Putsch und die spätere Annektion. In Tokyo hat sich bislang niemand bei den Okinawaern entschuldigt. Es gibt noch eine zweite Parallele: Weder das US-Militär 1941 auf Hawaii noch das japanische Militär 1945 auf Okinawa scherten sich einen Deut um den Schutz der zivilen Bevölkerung. Man führte sich auf, als sei man in einem teilbesetzten Gebiet mit fremden Staatsbürgern. Auch stand Hawaii nach dem Angriff auf Pearl Harbor 1941 als einziges Territorium der USA bis Kriegsende unter Kriegsrecht.

Die Wehrpflicht wurde erst 1898 auf Okinawa, einer Insel ohne Militärtradition, eingeführt. Die meisten Rekruten waren jedoch zu kleinwüchsig, um eingezogen zu werden und landeten während des Krieges hauptsächlich in Arbeitsbataillonen. Schon 1935 kritisierte der örtliche Garnisonskommandant die Inseljugend wegen ihrer unkriegerischen und leichtlebigen Einstellungen. 1939 begann die vormilitärische Aus-

[29] Feifer, S. 65
[30] Feifer, S. 75

bildung als Teil des Schullehrplanes. 1940 wurden die okinawaische Volkskunst und der Gebrauch der einheimischen Sprachen verboten, was umso problematischer war, als viele Angehörige der älteren Generation Japanisch weder verstanden noch korrekt sprechen konnten. 1945 riskierten viele, die es dennoch taten, von paranoiden Festlands-Truppen als Spione erschossen zu werden.[31] 1940 wurden wie auf dem Festland auch alle einheimischen Verbände, Vereine und Parteien zur Hilfsvereinigung für die Kaiserherrschaft zwangsvereinigt. Die faktische Regierungsmacht ging nach und nach vom Zivilgouverneur der Präfektur auf den Inselkommandanten über. Ohnehin setzte sich der vorletzte Gouverneur bei einer „Dienstreise" am 25. Dezember 1944 nach Tokyo ab, um in Naha nicht mehr aufzutauchen. Sein pflichtbewussterer Nachfolger kam spurlos in den Wirren des Endkampfes im Juni 1945 im Süden ums Leben.

Okinawa, das weder Nahrungsmittelüberschüsse erwirtschaftete noch über nennenswerte Industrie verfügte, wurde bis Anfang 1944 keinerlei strategischer Wert beigemessen. Seine Häfen waren als Marinestützpunkte zu klein. Die Flughäfen waren nur Zwischenstationen auf dem Weg nach Taiwan. Lediglich die beiden Südinseln Miyako und Yaeyama waren als Stützpunkte stärker besetzt (sie sollten bei der Schlacht auf Okinawa keinerlei Rolle spielen und überlebten, abgesehen von Bombardierungen, unbeschadet). Dazu gab es in Unten-Ko auf der Motobu-Halbinsel eine im Oktober 1944 von US-Bomben zerstörte Klein-U-Boot-Basis. Bis 1944 war Okinawa – im Gegensatz zu den Hauptinseln – auf eine Invasion nicht vorbereitet. Doch auch als nach der US-Invasion der Philippinen fieberhaft Kampfstellungen ausgebaut wurden, war es weiter nur als Schlachtfeld interessant. Es gab kein Konzept für die Zivilverteidigung. Die Zivilisten wurden nur in unzureichender Zahl aus den vorgesehenen Kampfzonen des Südens evakuiert (140000 von 445000, d. h. knapp 31 %). Die historischen Monumente und Archive wurden nicht geschützt, da ihnen die kaiserliche Armee keinerlei Wert beimaß. Lediglich die in allen öffentlichen Gebäuden hängenden Kaiserportraits wurden als schutzwürdig angesehen. Im Gegenteil benutzte man gerne die umfänglichen Grabanlagen der Okinawaer, die in die für die landwirtschaftliche Nutzung untauglichen Berghänge tief eingegraben waren und für ihre Ahnenverehrung eine zentrale Bedeutung hatten, als Tunneleingänge und Artilleriestellungen und grub die Tunnelanlagen für das Hauptquartier der 38. Armee direkt un-

[31] Masahide Ota. „Re-examining the History of the Battle of Okinawa" in: Johnson (Hg.). S. 13–37, S. 30

ter dem früheren Königspalast, in der Erwartung, die Amerikaner würden solch historisch-religiöse Stätten schonen. Das taten sie aber keine Sekunde lang.

Die Burg von Shuri war bisher erst zweimal besetzt worden: 1609 von den Samurai aus Satsuma und 1853 von Commodore Perry und seinen Marines. Damals ließ er die Schiffsgeschütze seiner „Mississippi“ bedrohlich auf die Burg richten. Knapp 100 Jahre später, am 24. Mai 1945, richtete ein anderes Schlachtschiff namens Mississippi seine 14-Inch-Geschütze auf die Burg und schoss sie in drei Tagen zu einer formlosen Ruinenlandschaft zusammen. Nach dem Rückzug von General Ushijima am 31. Mai 1945 befanden US-Pioniere die Trümmer der schweren Kalksteine, nachdem sie mechanisch noch weiter zermahlen wurden, als für den Straßenbau sehr geeignet. Eine von zwei unversehrt gebliebenen Gusseisenglocken nahmen die Amerikaner, wie weiland Perry, als Souvenir mit nach West Point, wo sie bei Sportveranstaltungen angegongt wurde. Mittlerweile hängt dort nur noch ein Duplikat, denn das geraubte Original wurde zurückerstattet.

Nach dem Krieg errichteten die US-Besatzer auf dem abgeräumten Königshügel, dem erloschenen Zentrum der Zivilisation Okinawas – in gut (?) gemeinter Absicht – den amerikanisch anmutenden Campus der neugegründeten Ryukyu-Universität als erster Hochschule der Insel. Nach der Rückgabe Okinawas 1972 wurde die Universität relogiert und ihre unansehnlichen Gebäude wurden abgerissen. Nach der 1992 offiziell erfolgten Wiedereröffnung ist mittlerweile gut die Hälfte aller historischen Gebäude der Palastanlage wiedererstanden.[32] Während die Absicht und das Unterfangen sicher löblich sind, ist angesichts ihrer Bauweise der Charakter vieler Bauten als Replikat unübersehbar. Im Jahr 2000 wurde hier ein G 7-Gipfel im Beisein eines gelangweilt aussehenden Bundeskanzlers Schröder abgehalten. Dazu ist auch die Nutzung als touristischer Themenpark gewöhnungsbedürftig. In der weiteren Umgebung freilich ist von den meisten historischen Tempeln, Gartenanlagen und Residenzen in der zersiedelt zusammengewachsenen Großstadt Naha-Shuri keine Spur mehr zu sehen, genauso wenig übrigens wie von den seinerzeitigen Schlachtfeldern.

---

[32] Ocean Exposition Commemorative Park Management Association. *Shuri-jo. The Kingdom of the Ryukyus Reborn.* Naha, 2006, S. 16f

3. Der Vorlauf zur Schlacht: Die japanischen Verteidiger

Zu Beginn des Pazifikkrieges war Okinawa militärisch völlig irrelevant gewesen. Von 1941 bis 1944 gab es an der Nakagusuku-Bucht im Westen drei Batterien der Küstenartillerie, die mit 600 Mann die Bucht und ihre Ankergründe nur sehr unvollkommen schützen konnten. Dazu gab es drei leicht bewaffnete Wachkompanien, eine minimale Hafenwache und etwas Personal für einen kleinen Flughafen während der nächsten drei Jahre. Sicherlich wäre die Insel bis Mitte 1944 im Handstreich binnen weniger Stunden sehr leicht zu nehmen gewesen. Doch hätte man damals noch mit einer machtvollen Reaktion der japanischen Luftwaffe rechnen müssen.[33]

Für die Amerikaner begann die Schlacht um Okinawa am Ostersonntag, dem 1. April 1945, ihrem „L-Day". Für das japanische Oberkommando begannen die Vorbereitungen zur Verteidigung der Insel schon mehr als ein Jahr zuvor. Die amerikanischen Luftangriffe auf Truk im Februar 1944 machten ihm deutlich, dass die japanische Verteidigungslinie an den Marianen eines Tages fallen würde und danach Okinawa die Hauptverteidigungszone werden würde. Nun begann eine intensive planerische Vorarbeit bezüglich der als wahrscheinlich angenommenen feindlichen Absichten, der operativen Vorarbeiten, der Bauten der Verteidigungsstellungen, der Stationierung der Truppen und der Waffen- und Munitionsvorräte. Mit dem Terrain des künftigen Schlachtfeldes waren die Verteidiger bald bestens vertraut. Die knapp 100 km lange, sich von Nordost nach Südwest schlauchförmig erstreckende Hauptinsel ist horizontal nur maximal 30 km, und an der engen Mitteltaille nur 3 km breit. Es war also ein für ein modernes Schlachtfeld sehr eng bemessener Raum, auf dem sich die beiden Kräfte mit massiver Feuerstärke messen würden. Das musste unter der zunehmend als wahrscheinlich stark angenommenen Überlegenheit der Amerikaner zu Wasser, in der Luft und der Feuerkraft ihrer Artillerie und Panzerwaffe die japanische operative Antwort prägen. Und dies tat sie dann letztlich auch in einer für die Angreifer überraschend radikalen Weise.

---

[33] Chas S. Nichols, Henry I. Shaw. *Okinawa: Victory in the Pacific*. Washington, DC, 1955, S. 11

Strategie und Dislozierungen

Ursprünglich hatten die Japaner der Doktrin der „uneinnehmbaren Festung“ angehangen. Der Feind sollte an der Küste, beim vermeintlich verletzlichsten Moment der Invasion, empfangen und ins Meer zurückgeworfen werden. Folglich wurden alle Befestigungen auf den Pazifikinseln mit Bunkern an den Stränden angelegt und alle Truppen dorthin verlegt. Das erleichterte den Amerikanern ihre blutige Arbeit sehr. Sie brauchten mit ihrer überlegenen Schiffsartillerie und Luftwaffe nur die Strände mit schwerem Feuer zu belegen. Nach der Invasion würde der überlebende Gegner sich dann mit einem Banzai-Selbstmordangriff auf die Brückenköpfe der Invasoren stürzen und konnte so fast ohne eigene Verluste restlos eliminiert werden. Nach dem Scheitern dieser einigermaßen idiotischen Strategie auf Papua-Neuguinea, den Solomon-, Gilbert-, Marshall- und Marianeninseln im Südpazifik setzte auch in japanischen Generalstäben (die offiziell immer nur mit verlogenen Erfolgsmeldungen – so hatte die Marine lange auch intern verschwiegen, dass sie bei Midway vier Flugzeugträger verloren hatte – gefüttert wurden, was das kritische Nachdenken erschwerte) ein Umdenken ein.[34]

Oberst Yahara war auf Okinawa nicht der Erfinder der tiefgestaffelten Verteidigung, aber er hat sie dort sicher perfektioniert. Als Erfinder mag wohl ein Oberst namens Kuzume Naoyuki gelten, der auf Biak, einer großen Insel westlich von Papua-Neuguinea, die Amerikaner am 27. Mai 1944 ohne Widerstand landen ließ und sie dann in einen Hinterhalt ins Landesinnere lockte. Ebenso wie auf Peleliu (Palau) oder Iwojima gab es auch keine Banzai-Angriffe mehr. Statt einiger Tage oder maximal einer Woche zogen sich die Inselkämpfe nun wochenlang hin,[35] mit entsprechend erhöhten US-Verlusten.

So beschloss das Oberkommando des Heeres in einem ersten Rahmenerlass im Februar 1944 die „Operation Teigo“ zur Verteidigung des Raumes Taiwan/Okinawa mit verstärkten Kräften. Zu diesem Zwecke wurde mit Sitz in Naha der Generalstab der neuen 32. Armee gegründet, dessen Führung am 1. April 1944 zunächst Generalleutnant Masao Watanabe, einem vormaligen Divisionskommandeur im Burma-Feldzug, übertragen wurde. Zunächst kamen die Stabsoffiziere in Hotels und Villen in Naha und Shuri unter. Der Stab der 32. Armee arbeitete in einer ehemaligen Seidenraupenfabrik zwischen Shuri und Naha. Die Offizie-

---

[34] Nichols, Shaw, S. 48

[35] Robert Leckie. *Okinawa. The Last Battle of World War II.* New York, 1995, S. 21

re waren nach ihren Erfahrungen im kriegsverwüsteten China und im zerbombten Tokyo ob der entspannten Atmosphäre in Okinawas Hauptstadt mit ihren zahlreichen tropischen Gärten und pittoresken Ansichten positiv überrascht.[36] Das sollte sich, nicht zuletzt dank ihrer eigenen Befehle, bald ändern. Bis zum großen Bombenangriff auf Naha am 10. Oktober 1944 konnten sich die höheren Offiziere noch bei den Geisha im Rotlichtviertel Tsuji-machi amüsieren. Für Mannschaften und Unteroffiziere gab es als einzige Zerstreuung nur die wesentlich billigeren Feldbordelle der mutmaßlich oft, aber nicht immer, zwangsrekrutierten „Trostfrauen".

Zunächst jedoch beschränkte man sich auf den Flughafenbau. Insgesamt wurden auf der ganzen Inselkette 18 große und kleine Flugfelder angelegt. Vor der Ankunft der Kampftruppen wurde die Arbeit ausschließlich von örtlichen Zivilisten im Masseneinsatz mit Schaufeln und Hacken bewältigt: 2000 Mann auf Tokunoshima, 25 000 auf Okinawa, 5000 auf Miyakojima, 3000 auf Ishigakijima. Bezüglich der Luftverteidigung, die vor einer eigentlichen Invasion am wichtigsten war, sollten nach der ursprünglich ersten Planung Taiwan und Okinawa eine langgestreckte Zone verbundener Militärflughäfen bilden, von denen aus feindliche Luft- oder Seestreitkräfte, die sich in die Region wagen sollten, abgewehrt und vernichtet werden sollten. Die japanische Militärdoktrin im Pazifik ging davon aus, dass es ohne Lufthoheit keine Seehoheit geben könnte, und ohne Seehoheit keine effektive Verteidigung der Pazifikinseln.[37] Diese Annahme erwies sich als stimmig. Nur wollte man den Verlust der Lufthoheit nach 1943 nicht wahrhaben und steckte weiterhin alle immer knapper werdenden Ressourcen in den Flughafen- und Flugzeugbau und in die Pilotenausbildung. Um die schnelle Zerstörung aus der Luft zu vermeiden, sollten die jeweiligen Luftwaffenstützpunkte aus verschiedenen Feldflughäfen bestehen, so dass bei der Zerstörung eines Flugfeldes schnell ein anderes benutzt werden konnte, bis die Bombenschäden wieder instand gesetzt wurden. Dies war eine Lehre aus dem US-Erfolg in Port Moresby auf Papua-Neuguinea, als es den Japanern nicht gelang, einen US-Fliegerhorst zu vernichten, weil jener aus sechs verschiedenen Start- und Landebahnen bestand, von denen trotz intensiver Luftangriffe immer einige in Betrieb blieben. Nach den extravaganten Planungen der Heeresleitung sollten 13 solcher Megaluftstützpunkte vom Norden der Okinawa-Inselkette bis zum Süden Taiwans errichtet werden. Nach jenen

---

[36] Hiromichi Yahara. *The Battle for Okinawa*. New York, 1995, S. 6

[37] Yahara, S. 4

ersten Plänen war es die Aufgabe der Bodentruppen lediglich, diese Flugplätze zu bauen und zu verteidigen.[38] Wie schon auf Iwojima, wo die Marine auf dem Flugplatzbau bestand, würde auch auf Okinawa ein Gutteil des Schweißes und der Energie der 32. Armee bis zum Invasionstag auf diese Bauarbeiten verwendet werden. Dies war umso mühsamer, als die 32. Armee auf ganz Okinawa nur zwei Planierraupen der Marke Komatsu und eine Dampfwalze auftreiben konnte. Die Bausoldaten mussten also mit Spaten, Schaufeln und Hacken arbeiten und den Abraum mit Flechtkörben und Pferdefuhrwerken wegschaffen. Deshalb war der Fortschritt der Arbeiten mühsam und langsam. Zudem verunmöglichten amerikanische Jagd-U-Boote die Lieferung der notwendigen großen Mengen an Flugbenzin, Munition und Flak-Geschützen, um diese Stützpunkte zu unterhalten. Es gab auch nicht einmal mehr die dafür nötigen Flugzeuge.

Im Mai 1944 war sich der Generalstab der 32. Armee darüber im Klaren, dass man sich angesichts fehlender Mittel nur noch gegen sehr begrenzte Luftangriffe verteidigen konnte. Insofern musste ab sofort die Invasionsgefahr als akut eingeschätzt werden.

Nachdem Saipan mit seiner 31. Armee im Juli 1944 gefallen[39] und damit der „uneinnehmbare“ Ring der Marianen gesprengt worden war, erließ die Oberste Heeresleitung den neuen „Shogo 2“-Plan für Okinawa. Weil man für Bodenkämpfe zu diesem Zeitpunkt völlig unvorbereitet war, sah er vor, dass bei einem amerikanischen Eindringen in die Inselkette von Taiwan, den Philippinen und China aus sofort 1500 japanische Flugzeuge einschwärmen und angreifen würden. Wichtiger war, dass die Bodentruppen verstärkt werden sollten. So wurde das 15. Regiment, das später in der 44. Brigade aufging, sofort eingeflogen. Während Juli und August 1944 wurden auch die 9., die 24. und die 62. Division, sowie die 44. Brigade, sämtlich Infanterieeinheiten, nach Okinawa geschickt. Die ursprüngliche Annahme für die Truppendislozierung war, dass die meisten US-Truppen schon vor ihrer Landung vernichtet

[38] Thomas M. Huber. *Japan's Battle of Okinawa, April–June 1945*. Leavenworth Paper 18, 1990, S. 7

[39] Während der Kämpfe vom 15. Juni bis 9. Juli fielen auf Saipan 22.000 Japaner – viele in einer letzten Banzai-Attacke. Etwa 5000 begingen Selbstmord. 921 gingen in Gefangenschaft. Etwa 25000 Zivilisten kamen ums Leben, hauptsächlich durch die massiven Bomben- und Artillerieangriffe, durch die Vermengung von Kämpfern und Zivilisten in den Höhlensystemen, bei denen die Angreifer nicht differenzieren konnten oder wollten, teils durch Massenselbstmord, etwa durch Sprünge von den heute noch so genannten „Banzai-Klippen“. Auf amerikanischer Seite fielen 3400 Mann.

werden würden und die Japaner so auf Okinawa über genügend Truppen verfügen würden. Deshalb wurde die 32. Armee auf der gesamten Haupt- und einigen Nebeninseln verteilt, um den überlebenden Gegner, wo auch immer er landen würde, sofort am Strand zu treffen und zurückzuwerfen. So wurde die 44. Brigade auf der Halbinsel Motobu und auf der Insel Ie („Iejima") eingesetzt, die 24. Division auf den Ebenen an den Haguchi-Stränden (wo die Invasion später stattfinden sollte), die 62. Division südlich davon bis knapp nördlich Naha und die 9. Division auf dem restlichen Südteil Okinawas. Ab dem Herbst 1944 wurden die Truppen jedoch mehr und mehr auf der Südhälfte Okinawas konzentriert, wo sich die meisten Städte und Siedlungen befanden und das Gelände für die Angreifer strategisch interessanter und für eine Defensivstrategie nutzbarer war.

Letztendlich wurden am 1. April 1945 nur zwei Bataillone einheimischer Boeitai-Hilfstruppen an den Haguchi-Stränden eingesetzt, die, unzulänglich bewaffnet und ausgebildet, beim Einsetzen der US-Schiffsartillerie bald Reißaus nahmen. Die erste ernsthafte Verteidigungsstellung wurde von der 63. Brigade 10 km weiter südlich an der schmalsten Stelle der Südhalbinsel zwischen Chatan (im Westen) und Toguchi (im Osten) bemannt. Die Landschlacht sollte erst geschlagen werden, nachdem die Feuerwalze der Invasoren ins Leere gegangen wäre, die Kamikaze-Angriffe und die Marine die US-Invasionsflotte geschlagen und versenkt hätten.[40]

Als die Amerikaner unter MacArthur dann auf Palau und Leyte landeten, wurde klar, dass zunächst einmal die Philippinen und nicht Japan das nächste Ziel waren. Die Heftigkeit jener Kämpfe veranlasste die Armeeführung, Manöver und Übungen aller Truppenteile gegenüber jedem erdenklichen Landungsort, die auch mit scharfer Artilleriemunition beschossen wurden, deutlich zu verstärken. Da entschied das Oberkommando in Tokyo Mitte November 1944, die 9. Division, eine Eliteeinheit aus der Mandschurei, die schon im Russisch-Japanischen Krieg von 1904/05 sich mit Ruhm und Ehren bedeckt hatte, müsse in die Kämpfe bei Leyte eingreifen. Zwar protestierte die 32. Armee gegen den Abzug ihrer besten Division mit ihren 14000 Männern, die wegen des zu gefährlichen Seetransports dann letztlich doch nur nach Taiwan verschifft wurde, wo sie den Krieg unbehelligt überlebte. Mit dem Abzug der 9. Division, für die kein Ersatz kam (die dafür eigentlich vorgesehene 84. Division aus Himeji verblieb dann doch auf Honshu, wo sie

[40] Roy E. Appleman et al. *Okinawa: The Last Battle WW II.* New York, 1948, S. 93

das japanische Kernland verteidigen sollte), musste der Verteidigungsplan umgestellt werden, da die Truppen sonst zu dünn verteilt waren. Auf Empfehlung des Chefs des Planungsstabes, Oberst Hiromichi Yahara, entschied der Armeekommandeur, nur den strategisch wichtigen Süden zu verteidigen, und den stark bewaldeten, von Bergrücken zerklüfteten, strategisch wertlosen und unbewohnten Norden faktisch aufzugeben. Auch riet Yahara von der Vorneverteidigung der wahrscheinlichen Invasionsfront, der Küstenebene von Hayashi mit den dort befindlichen Flugfeldern von Yontan und Kadena ab, weil dort die amerikanische Schiffsartillerie und ihre Luftangriffe wie schon auf Saipan die Verteidiger schnell pulverisieren würden. Statt, wie es die traditionelle japanische Militärdoktrin wollte, alles auf eine Entscheidungsschlacht zu setzen, wollte man eine defensive Abnützungsschlacht führen, die auf einer Insel ohne Rückzugsmöglichkeiten zwar von Anfang an verloren war, doch dem Gegner maximale Verluste zufügen, die Invasion der Hauptinseln Japans entscheidend verzögern und überdies Zeit für mögliche Friedensverhandlungen gewinnen sollte, deren Hauptziel die Bewahrung von Japans *„kokutai"* sein würde, die Idee der kaiserlichen Staatsnation. Generalleutnant Mitsuru Ushijima, der im August 1944 den schwer erkrankten Watanabe abgelöst hatte, billigte diesen Plan ohne große Debatte. Die 24. Division wurde anstelle der 9. ID in den Süden geschickt. Die 62. Division blieb da, wo sie war, und die 44. Brigade erhielt den Befehl, die Flugfelder Yontan und Kadena, auf die das Oberkommando so viel Wert legte, sowie die dortige Küste zu besetzen, sich bei der Ankunft der Invasionsflotte aber in Richtung 62. Division in den Süden abzusetzen. Einige kleinere Einheiten wurden in den Norden, auf die Motobu-Halbinsel und nach Iejima geschickt, um dort hinhaltenden Widerstand zu leisten. Auf Motobu und Iejima, wo auch ein großer Flugplatz gebaut worden war, kamen zusammengewürfelte Einheiten unter dem Kommando von Oberst Takehiko Udo. Er ließ seine geringe Artillerie so eingraben, dass sie jeweils auch den anderen Gefechtsort bestreichen konnte, weil er Landungen an den jeweils gegenüberliegenden Küsten erwartete. Die Amerikaner sollten jedoch über den Landweg auf Motobu vorstoßen und seine Artillerie dort von hinten ausheben. Nur bei einer Landung im Süden (infrage kamen die Strände bei Minatoga, Itoman oder Machinato) wollte man mit einer sofortigen Abwehrschlacht reagieren. Für die erwartete zweite Landung bei Minatoga im Rücken der Front wurde die 24. Division auch später noch lange zurückgehalten.

Ursprünglich waren im Sommer 1944 der 32. Armee 5 Divisionen und jede Menge schwerer Artillerie versprochen worden. Neben der 9.

Division, die nach Taiwan abgezogen wurde, wurden auch die 28. Division und die 45. Brigade auf die strategisch marginalen Südinseln Miyakojima und Ishigakijima verlegt, wo sie die Schlacht weitgehend unbehelligt überlebten. Unter der Annahme jener großzügigen Ausstattung von nahezu 180 000 Mann sah der ursprüngliche Verteidigungsplan in der zweiten Nacht den Feuerüberfall der schweren Artillerie auf die schutzlos in ihrem Brückenkopf lagernden Invasoren vor, gefolgt vom Infanterieangriff durch zwei Divisionen. Gleichzeitig sollten Meeresüberfallkommandos die vor den Haguchi-Stränden ankernde Invasionsflotte stoppen und so die Schiffsartillerie ablenken bzw. unschädlich machen. Der Mangel an Personal und Gerät ließ diesen schönen Plan nie zur Ausführung kommen.

Tatsächlich fühlte sich in der Folge der Generalstab der 32. Armee bereits vor den Landungen von Tokyo abgeschrieben, da Okinawa ab September 1944 die nötigen Ressourcen an Menschen und Material vorenthalten wurden. Er erwartete die Landung von 6 bis 10 amerikanischen Divisionen gegenüber ihren zweieinhalb. Dazu hatte in seinem Kalkül mit besserem Gerät und mehr Munition jede amerikanische Division die fünf- bis sechsfache Feuerkraft einer japanischen Division. Damit hätten die US-Bodentruppen insgesamt die zwölf- bis vierundzwanzigfache Feuerkraft der Verteidiger, ohne dabei die massive Schiffsartillerie und den Einsatz der Bomber- und Jägergeschwader mitzurechnen. Deshalb begann man sich massiv in Tunnelsystemen, die Artilleriebeschuss und Bombenabwürfen trotzen sollten, einzugraben. Jede Division hatte die Anlagen in dem Bereich zu schaffen, in dem sie Anfang 1945 stationiert war. Für die Soldaten war nach dem verheerenden Bombenangriff auf Naha und seinen Hafen am 10. Oktober 1944 klar, dass die einzige Hoffnung auf Überleben und Sieg in tiefgestaffelten verbundenen Bunkerkomplexen, die sie selbst nutzen würden, liegen konnte. So machten sie sich mit Leidenschaft und Feuereifer an die Arbeit. Gearbeitet wurde ohne Unterlass, auch an Sonntagen. Einzig der Neujahrstag 1945 war arbeitsfrei. Diese Motivation war angesichts der Schwere der Arbeit ohne mechanisches Gerät auch nötig. Als Werkzeuge standen wie bei dem Flughafenbau nur Spaten, Schaufeln und Spitzhacken zur Verfügung. Oft mussten sie roh aus Eisenbahnschienen der Zuckerrohrbahnen gefertigt werden. Außer an Dynamit fehlte es auch an elementarem Baumaterial wie Zement, Stahl und Stacheldraht. Um die Schächte und Gänge abzustützen, war überdies Grubenholz nötig. Im landwirtschaftlich genutzten Süden, wo die Truppen lagen, gab es jedoch keine Wälder, weshalb das Holz im Norden geschlagen werden musste. Also wurde jeder Einheit dort ein Waldstück zum Fällen zugeteilt und jede Division unterhielt ein paar hundert Mann als Holzfäller. Die Aufgabe, tausende Stämme und Bretter nun 50 km in den Süden zu schaffen, erwies sich allerdings als äußerst schwer zu lösendes Transportproblem. Es gab keine Eisenbahn, und das meiste Benzin war bei dem Bombenangriff vom 10. Oktober in Naha verbrannt. Mit Hilfe von Booten wurde das Holz schließlich die Küsten entlang transportiert. Als die Transporte ab Januar 1945 von B-24-Bombern aus Leyte beschossen wurden, musste man auf Nachtfahrten umstellen, was wesentlich mühsamer war.

Der Boden selbst war im Süden von einem 10–20 m dicken Korallenfels bedeckt, der hart wie Zement war: Einerseits war er mit den Hauptarbeitsgeräten, Spitz- und Pflanzhacken, ungeheuer schwer zu bearbeiten, andererseits war er ein hervorragender Bunkerschutz, fast so gut wie Stahlbeton. Unter der Korallenkruste lag jedoch roter Lehmboden, der relativ leicht zu bearbeiten war. Dazu gab es im Süden viele Naturhöhlen, die von den Soldaten übernommen und ausgeweitet wurden. Manche konnten dann bis zu 1000 Mann beherbergen. Das Ziel war, die gesamte 32. Armee samt Waffen, Munition, Vorräten und allem Gerät in den Untergrund zu bringen. Die einzelnen oft unterirdisch verbundenen Verteidigungsanlagen waren häufig 60–90 km lang und in den Bergen und Hügeln bis zu fünf Stockwerke hoch. Sie hatten eine Vielzahl sich gegenseitig deckender Feuerstellungen und jede Menge rückwärtiger, gut getarnter Ausgänge und Stellungen für Mörser, mit denen die auf den Vorderhängen anstürmenden Feinde gefahrlos beschossen werden konnten. Gelegentlich kamen in manchen Höhlen bis zu 1000 Mann sowie Panzer und Lkw unter. Jene „defensiven Meisterwerke" waren der einzige Aspekt der japanischen Verteidigung, über den sich sämtliche US-Berichterstatter lobend äußerten. So enthielt ein 500 m² großer Sektor der Hauptfestung vor Shuri 16 leichte Mörser, 83 leichte MG, 4 schwere MG, 7 PAK, 6 Feldgeschütze, 2 Mörser und 2 Haubitzen. Vom Asakawa im Osten über die Shuri-Berge bis nach Yonabaru gab es in einer 15 km breiten Zone bomben- und artilleriesichere Unterstände für 70000 Mann. Ein Marine wird zitiert: „Doppelstöckige Unterkünfte, laufendes Wasser, wunderbar ausgebaut".[41] Deshalb blieben die Japaner meistens unsichtbar. Die Höhlen hatten minimalistisch kleine Ausgänge ihrer Feuerstellungen. Größere Geschütze waren oft auf Gleise

[41] Feifer, S. 233

gestellt. An den Ausgang geschoben, gaben sie zwei Schuss vorregistriertes Feuer ab und konnten vor dem Einsetzen des Gegenfeuers, das dann ins Leere ging, wieder ins Innere zurückgeschoben werden. Alle Geschütze waren auf die wahrscheinlichen Zufahrtswege sorgsam eingeschossen. Die Zugänge waren vermint und oft mit Stacheldrahtverhauen und Sprengfallen gesichert. Gleichzeitig waren sie so angelegt worden, dass sie von der Küste von der dort drohenden Schiffartillerie, aus der Luft mit ihrer Bombengefahr und von der feindlichen Feldartillerie von vorne nicht einsehbar waren. Fast unsichtbare „Spinnenlöcher" erlaubten Scharfschützen Überraschungsfeuer. Dank der großen Tunnelanlagen konnten Soldaten ihre Position unter gezieltem Feindfeuer schnell verändern. In der Hauptfestung Shuri führten gekrümmte Tunnel zu den Höhleneingängen, um das Eindringen von Feindfeuer zu verhindern. Wie stark das feindliche Feuer war, zeigt die US-Verbrauchsstatistik: Insgesamt wurden 1,8 Millionen Granaten, Bomben und Raketen verfeuert, d. h. 18 pro Verteidiger.

In der Hauptfestung Shuri war ein historischer Höhlenkomplex unter der alten Burg ausgebaut und erweitert worden. Der Haupttunnel lag mindestens 20 m unter der Oberfläche. 32 Hohlräume wurden auf 1,3 km Länge angelegt, von denen Seitenausgänge abgingen. Mit 1000 Mann in der Zentrale wird der Komplex manchmal wie eine unterirdische Kaserne beschrieben. Die einzelnen Etagen waren mit Leitern verbunden. Anfangs funktionierte auch noch ein internes Telefonsystem. Nach seiner Zerstörung durch das dauernde Artilleriefeuer und seinen Erschütterungen mussten Meldegänger die Arbeit übernehmen. Obwohl die Küche als gut beschrieben wird, wurde nach und nach das Wasser knapp. Die Luft war stickig und heiß, die Wände wurden nie trocken. Der Reis gärte in den Säcken.[42] Weil die Uniformen nie gesäubert werden konnten und Waschen unmöglich war, breiteten sich Hautkrankheiten aus. Wenn unter Beschuss die Generatoren ausfielen, breitete sich in der jähen Dunkelheit durch den Streik der Ventilatoren bald ein unsäglicher Gestank aus. Wir müssen uns trotz seiner relativen Sicherheit den längeren Aufenthalt in jenem Bunkerkomplex als sehr bedrückend und aufreibend vorstellen. Dies vor allem, weil die Funktion jenes Bunkers und die Lage seiner Haupteingänge den Angreifern nicht verborgen geblieben waren und sie entsprechend unter intensivem Dau-

---

[42] Gerald Astor. *Operation Iceberg*. New York, 1995, S. 11

erfeuer lagen. Viele bezahlten ihr seltenes Luftschnappen im Freien mit dem Leben.

Dazu wurde vor den meisten Festungsanlagen ein komplexes System von Panzergräben ausgehoben und Minenfelder, Schützenlöcher und Panzersperren an den wahrscheinlichen Panzerrouten angelegt. Gleichzeitig musste weiter an der Fertigstellung der Feldflughäfen gebaut werden. Das Terrain Okinawas ist außerordentlich zerklüftet und unübersichtlich, voll steiler Anstiege, tiefer Schluchten und Berge, die keinem geographischen Muster folgen. Es war damit für Verteidiger ideal, die sich eingruben und über ausreichend Infanteriewaffen und Feldartillerie verfügten. Geschütze und Mörser konnten in aller Ruhe in ihren Bunkerstellungen auf die wahrscheinlichen, verminten Angriffsziele und Einfallrouten der Amerikaner eingeschossen werden. In einem tiefgestaffelten Verteidigungssystem würden rückwärtige Stellungen frischeroberte Positionen des Feindes sofort weiter unter Feuer nehmen. Gleichzeitig ermöglichte ein verbundenes Tunnel- und Grabensystem im Notfall ein Ausweichen der Verteidiger und ihre uneinsehbare Versorgung.

80000 der 435000 Menschen umfassenden Zivilbevölkerung Okinawas wurden auf Initiative der Präfekturverwaltung auf leeren Munitionsschiffen nach Kyushu verbracht, auch um weniger Esser auf der Insel zu haben, wenn die Blockade einsetzte. Als erstes kehrten viele der japanischen Entsandtkräfte aus der Präfekturbehörde auf die Hauptinseln zurück. Die Einheimischen wurden als Fabrikarbeiter in der Präfektur Kumamoto eingesetzt. Am 21. August 1944 jedoch wurde ein Frachtschiff, die Tsushima Maru, von dem U-Boot USS Bowfin auf halbem Weg zwischen Naha und Kagoshima angegriffen und bei Akuishijima versenkt. 1484 Frauen und Kinder ertranken. Den 177 Überlebenden wurde verboten, von der Katastrophe zu sprechen. Sie mussten vielmehr Postkarten nach Okinawa schreiben, dass alles in Ordnung war.[43] Wegen des hohen Versenkungsrisikos wurden jedoch weitere 60000, hauptsächlich Alte und Kinder, im März 1945 dann nur noch vom Süden in den relativ sicheren Norden verbracht. Wegen der schlechten Versorgungslage und dem Mangel an Unterkünften in der dortigen Wildnis weigerten sich allerdings auch viele, der Evakuierung nachzukommen und blieben auf ihren Höfen.[44] Es blieben also noch knapp 300000 im Süden, von denen mindestens ein Drittel umkommen sollte. Mitte 1944 wurden 20000 Okinawaer im Alter zwischen 20 und 40 Jahren zur Bo-

---

[43] Feifer, S. 92f

[44] Nichols, Shaw, S. 56

eitai-Heimwehr eingezogen, wo sie rückwärtige und Baudienste leisten mussten. Im Januar 1945 wurde die totale Mobilmachung angeordnet. Zusätzlich wurden 39000 Männer im Alter von 17 bis 45 Jahren, die als wehrfähig gemustert wurden, eingezogen: 15000 mussten in Zivil militärischen Arbeitsdienst leisten, zumeist Bau- und Hilfsarbeiten, und 24000 wurden als rückwärtiger Heimatschutz eingesetzt, wo sie meist Nachschubeinheiten ablösten, die an die Front kamen. Zusätzlich wurden 1500 ältere Oberschüler in „Eisen und Blut"-Freiwilligeneinheiten aufgenommen – wie freiwillig, ist nicht immer ganz klar. 750 von ihnen wurden für den Infiltrations- und Guerillakampf ausgebildet, als Werwölfe sozusagen, um im Hinterland US-Einrichtungen und Panzer zu zerstören. 600 wurden im Stabsdienst als Boten, Helfer und Meldegänger eingesetzt. Dazu mussten 600 Oberschülerinnen als Sanitätshelferinnen dienen. Fast alle sollten tragisch umkommen.

Alle Schweine und Kühe, deren man habhaft werden konnte, ließ das Militär schlachten. Die Süßkartoffeln, die man bislang als Tierfutter verwendet hatte, wurden so für den menschlichen Genuss frei. Für die Versorgung der Zivilbevölkerung gab es ansonsten keine Vorsorge. Weil die meisten Bauern und Fischer als Hilfstruppen eingezogen waren, die Feldbestellung und der Fischfang kaum noch möglich waren, gab es bald auch keine frischen Nahrungsmittel mehr, weder Gemüse, noch Fleisch, Eier oder Fisch. Das Militär hatte Vorrang auch bei den Unterständen, im Transportwesen und in der medizinischen Versorgung – die schließlich für alle katastrophal wurde.

Die japanischen Truppen

Wie erwähnt, bestanden die Hauptkräfte der 32. Armee aus zwei Infanteriedivisionen. Unter ihnen war die 14400 Mann starke 24. Division, die im Dezember 1939 in Toan in der Mandschurei aufgestellt und im August 1944 von dort transportiert worden war, die weitaus besser ausgerüstete. Mit zusätzlich 1200 Rekruten aus Okinawa war sie die größte Einheit auf der Insel. Sie war ursprünglich für den Kampf gegen wohlgerüstete Sowjettruppen vorgesehen gewesen, nachdem Japan aus seiner Niederlage in der Grenzschlacht von Nomohan 1939 gelernt hatte. Die Division hatte zwar keine Kampferfahrung, galt jedoch als gut ausgebildet. Sie wurde von Generalleutnant Tatsumi Amamiya kommandiert und war in ihren drei Regimentern mit Artillerie, Pioniergerät, Transport- und Aufklärungseinheiten gut ausgerüstet. Jedes der neun Bataillone verfügte über eine Panzerabwehrkompanie. Ein zusätzliches Transportregiment hatte drei motorisierte Nachschubkompanien. Kurz, die 24. Division war für den Bewegungskrieg gegen eine mechanisierte Armee ausgestattet und ausgebildet – und deshalb für den kommenden Festungskrieg eigentlich fehl am Platze. Das galt – aus anderen Gründen – auch für die 11600 Mann starke 62. Division, die im Juni 1943 in Shansi in China aufgestellt worden war und im Sommer 1944 in der nördlichen Honan-Provinz gekämpft hatte. Sie wurde von Generalleutnant Takeo Fujioka geführt und bestand aus zwei ursprünglich autonom operierenden Brigaden, die ihrerseits aus fünf Schützenbataillonen zusammengesetzt waren. Es gab zwar auf Divisionsebene eine Pionier-, eine Nachrichten- und eine Sanitätseinheit. Aber ansonsten bestand die 62. Division ausschließlich aus leicht bewaffneten Infanteriekompanien ohne nennenswerte eigene Artillerieunterstützung. Die Division hatte lediglich eine Feldartilleriekompanie mit zwei 75 mm-Geschützen und zwei 70 mm-Haubitzen. Ihre Aufgabe in Zentralchina war die Bandenbekämpfung gewesen. Sie war die einzige Einheit auf Okinawa mit tatsächlicher Gefechtserfahrung. Doch war die Erfahrung im Kampf gegen leicht bewaffnete chinesische Partisanen auf dem Lande für die Materialschlacht in Okinawa eigentlich unerheblich.

Eine weitere Einheit war die 4500 Mann starke 44. Brigade, die von Generalmajor Shigeki Suzuki kommandiert wurde. Sie war ursprünglich als eine Elitetruppe in Kumamoto auf Kyushu aufgestellt worden. Bei ihrem Seetransport wurde ein großes Truppenschiff, ein ehemaliger Frachter, die völlig überfüllte Toyama Maru, am 29. Juni 1944 bei Tokunoshima, einer der nördlichsten Inseln der Inselkette, von einem U-Boot, der USS Sturgeon, von vier Torpedos getroffen, so dass ihr Stab, das 2. Infanterieregiment, einschließlich der Kommandeure, Oberst Shibata und Oberstleutnant Tanaka, die Brigadeartillerie und die Pioniereinheiten alle mit sämtlichem Gerät untergingen. 5000 Mann kamen ums Leben.[45] Sie verbrannten entweder im Rumpf durch explodierende Ölfässer oder ertranken beim Untergang[46], nur 600

---

[45] Bei der Abfahrt in Kagoshima waren von allen auf Anordnung Militärpostkarten abgeschickt worden, die ihre sichere Ankunft auf Okinawa meldeten. Da die Postverbindung nach Okinawa ab August 1944 weitgehend abriss, wussten viele ihrer Angehörigen bis zum Kriegsende nicht, dass sie schon so bald ums Leben gekommen waren.

[46] Insgesamt ertranken im Pazifikkrieg auf japanischer Seite 70000 Mann bei torpedierten Truppentransporten.

überlebten.[47] Diese Verluste konnten während Juli und September 1944 nur teilweise durch das Einfliegen des 15. Regiments aus Tokyo wieder aufgefüllt werden. Immerhin hatte jedes Bataillon seine eigene Artillerieeinheit. Dem 2. IR jedoch gelang es trotz Personalauffüllung nie, sein auf der Toyama Maru verlorenes Gerät ersetzt zu bekommen. Es galt fortan mit seinen 5000 Mann als *„Bimbotai"*, als Armutstruppe im Heer auf Okinawa.

Das Gros der Artillerie wurde jedoch unter dem 5. Artilleriekommando konzentriert. Mit 5300 Mann hatte es Brigadegröße und bestand aus vier Artillerieregimentern und drei Mörserbataillonen. Die Artillerieregimenter hatten 105 mm-Haubitzen und 150 mm-Geschütze, die Mörserbataillone 24 ultraschwere 320 mm-Mörser, deren 330 kg-Geschosse von den Amerikanern „fliegende Ascheneimer" genannt, jedoch mehr Lärm und Schrecken verbreiteten als Schaden anrichteten (außer bei seltenen Direkttreffern). Die schwere Fernartillerie wurde so in Bunkern im Süden konzentriert, dass sie jeden Punkt der wahrscheinlichen Front bestreichen konnte. Ein tüchtiger Artillerist, Generalmajor Kojo Wada führte hier das Kommando. Die Artilleristen galten als kriegserfahren und zählten angeblich zu den besten der japanischen Armee.[48] Zwar verfügten die Japaner nur über Bruchteile des Artillerieparks der Amerikaner, doch waren sie artilleristisch im Vergleich zu anderen Kriegsschauplätzen auf Okinawa relativ gut ausgestattet. Dies war zum einen der Initiative des Planungschefs Oberst Yahara zu danken, anderseits blieben viele der für die Philippinen vorgesehenen Lieferungen mangels Schiffsraum und der erhöhten U-Bootgefahr weiter südlich in Okinawa hängen. Die 150 Männer im Stab des 5. Artilleriekommandos waren auf Okinawa im Oktober 1944 eingetroffen. Die restlichen Einheiten kamen aus Japan und der Mandschurei zwischen Juli und Dezember.

Da das Schlachtfeld als eines der statischen Verteidigung angenommen wurde, war die einzige Panzereinheit der 32. Armee das 27. Panzerregiment mit 750 Mann. Es hatte 14 mittelschwere und 13 leichte Panzer,[49] eine Artilleriebatterie mit Zugmaschinen, eine Infanterie- und Instandhaltungskompanie und einen Zug Pioniere. Jenes Regiment, das in Wahrheit nur Bataillonsstärke hatte, traf im Juli 1944 aus der Mand-

---

[47] Feifer, S. 81

[48] Appleman, S. 85

[49] Also aus zwei Panzerkompanien bestehend, wobei die „leichten Panzer" eher Bonsai-Format hatten. Sie reichten einem US-Soldaten gerade mal bis zur Hüfte.

schurei ein. Faktisch sollten jene wenigen Panzer bei der Verteidigung Okinawas nach General Chos gescheiterten Gegenoffensiven vom 12./13. April und 4./6. Mai keine Rolle mehr spielen. Sie wurden, sofern unzerstört, in der zweiten Hälfte der Schlacht nur noch eingegraben als gebunkerte Geschütze verwendet.

Dazu besaß das Hauptquartier der 32. Armee mit 7000 Mann eine beträchtliche Stärke. Davon arbeiteten knapp 1000 Mann im Höhlensystem unter der Königsburg Shuri direkt als Stab von General Mitsuru Ushijima. 2000 Mann dienten als Nachrichtenregiment, 200 in einem Feldlazarett und 1200 Mann in Nachschublagern. Weiter gab es kleinere Spezialeinheiten, die ebenfalls dem Hauptquartier direkt unterstellt waren: das 21. Flugabwehr-Kommando mit sieben Flakbataillonen, die 11. Schiffsgruppe mit etlichen Schiffspionierregimentern und Meeresüberfallbataillonen, das 19. Luftkommando, das die verschiedenen Flughafenmannschaften überwachte, und das 49. Kommunikationskommando, das motorisierte Nachschubkompanien befehligte. Weiter gab es vier unabhängige MG-Bataillone, vier Panzerabwehrbattaillone und ein Pionierbataillon. Sie alle wurden je nach Bedarf an der ganzen Front unabhängig von den Divisionsgrenzen eingesetzt.

Die sieben *Renrakutei*-(„Liaisonboot"-)Einheiten sind besonders interessant. Ihre Existenz war streng geheim. Sie bestanden aus jeweils einhundert Mann[50] mit einhundert Sturmbooten,[51] die vollgestopft mit Explosivstoffen (zwei Sprengstoffpakete zu je 130 kg) feindliche Schiffe rammen und versenken sollten. Sie wurden von 900 Mann unterstützt, die die Boote und ihre in Küstennähe meist in Höhlen oder Bunkern befindlichen Unterstände unterhalten und verteidigen mussten. Drei jener Bataillone lagen auf den Kerama-Inseln, von wo sie sich auf die Invasionsflotte vor den Haguchi-Stränden stürzen sollten. Die Amerikaner kamen ihnen auf der Suche nach einem guten rückwärtigen Ankergrund jedoch zuvor und besetzten die Kerama-Inseln bereits am 26.–29. März. Die Verstecke der Sturmboote erkannten sie leicht an den Bootsgeleisen, die vom Strand in die Unterstände führten. Bei Volltref-

---

50 Der jeweilige Sturmbootführer war Mittelschulabsolvent und galt als Offiziersanwärter. Wenn er nach einer Selbstmordmission nicht zurückkehrte, wurde er posthum zum Leutnant befördert.

51 Eines davon ist im Museum des Yasukuni-Schreines in Tokyo zusammen mit anderen abartigen Selbstmordwaffen wie Ein-Mann-Torpedos, Zwerg-U-Boote und menschengesteuerten Propellerbomben etc. ausgestellt. Sie alle kamen vor Okinawa zum meist vergeblichen Einsatz.

fern gab es große Explosionen. Die geheime Wunderwaffe bewährte sich also nicht.

Schließlich gab es noch 9000 Marinesoldaten auf dem Oroku-Marineflughafen, einer Halbinsel südlich von Naha (auf der sich heute der internationale Flughafen von Naha befindet) unter dem Befehl von Konteradmiral Minoru Ota. Die meisten waren ursprünglich mit Bau- und Wartungsarbeiten befasst. Nur die 150 Artilleristen der 81 mm-Mörserbatterie der Küstenartillerie waren eigentlich für den Erdkampf ausgebildet gewesen.

Die auf Okinawa befindlichen Einheiten stellten also in Summe eine recht eklektische Mischung dar, von höchst unterschiedlicher Bewaffnung, Ausbildung, Erfahrung und Motivation. Sie schienen auch von der Heeresleitung in Tokyo nach dem Zufallsprinzip ausgewählt und nach Okinawa befohlen worden zu sein. Die 32. Armee hatte keine Ahnung, wann welche Einheit eintreffen würde. Deshalb mussten die Einsatzorte oft verändert werden, allein im Fall der 44. Brigade siebenmal in den zehn Monaten vor der Schlacht, wie Yahara kritisch vermerkt. Erstaunlicherweise machte auch die 32. Armee keine sichtbaren Anstrengungen, die unterschiedlichen Bewaffnungsstärken ihrer Einheiten jemals auszugleichen.

Die Vorbereitungen auf die Schlacht

Die Gesamtstärke der japanischen Streitkräfte auf Okinawa betrug 100000 Mann. 67000 davon dienten in der Armee, 9000 in der Marine und 24000 waren einheimische Hilfstruppen (Boeitai), die rückwärtige Dienste verrichteten. Es fiel dem Oberkommando auf, dass nur 38000 der Heeressoldaten tatsächlich bei den Kampfeinheiten der 24. und 92. Division und der 44. Brigade dienten, 29000 Mann dagegen in Spezialeinheiten, wie der Flugabwehr, im Flughafenbetrieb und in den Meeresüberfalleinheiten. Jene mit Personal verschwenderisch ausgestattete Sondertruppen wurden mit Blick auf die künftigen Bodenkämpfe im Februar 1945 ausgekämmt. 4500 Mann der Meeresbataillone wurden in leichte Infanteriekompanien umorganisiert, mit Gewehren und Granaten, je vier leichten MGs und zwei schweren Granatwerfern ausgerüstet und ausgebildet und den Kampfabteilungen zugeteilt. Im März 1945 wurden schließlich allen Bau- und Wartungseinheiten Kampfaufträge gegeben. So wurden die Flughafenmannschaften, die die Feldflugplätze Yontan und Kadena gebaut und unterhalten hatten, jetzt unter dem Kommando der 62. Division als Sonderregiment für ihre Verteidigung zuständig. Aus den Schiffsgruppen und Teilen der Okinawaer Hilfstruppen wurde im Südwesten Okinawas eine Sonderbrigade unter dem Kommando der 24. Division gebildet. Insgesamt wurden so 14000 Mann aus Sonderfunktionen in reguläre infanteristische Kämpfer umorganisiert und geschult. Wiewohl von minderem Kampfwert, schlecht ausgerüstet und nur oberflächlich ausgebildet, konnte so das Ausbleiben von Personalnachschub ab Anfang 1945 teilweise ausgeglichen werden. Auch wurden die Flakbataillone mit ihren 70 7,5 mm-Flakgeschützen und 100 automatischen Flugabwehrkanonen nach der Invasion vermehrt erfolgreich als Feldartillerie und in der Panzerabwehr eingesetzt. Das Marinepersonal auf Oroku wurde ebenfalls für die Bodenkämpfe in Infanteriebataillone unter Führung von Marineleutnants umorganisiert. Zwar konnte auch ihre 13 mm- und 25 mm-Flak leicht als Feldartillerie eingesetzt werden, doch fehlte es letztlich an genügend Infanteriewaffen und der Kampfausbildung. Die in dem Höhlenkomplex von Oroku heute museal gezeigten selbstbastelten Totschläger und Bambusspieße disqualifizieren sich selbst. Ursprünglich hatten Ota und seine Offiziere vorgehabt, nach Marinetradition den Feind an der Küste zu treffen. Das konnte ihnen der Stab der 32. Armee jedoch ausreden. Zu eigentlichen Abwehrkämpfen durch Seefahrzeuge kam es vor Okinawa nicht. Die Zwerg-U-Boote waren alle bei Luftangriffen auf ihrer Basis bei Unten-Ko zerstört worden. Jene Torpedo-Boote, die die Bombardierung des Hafens von Naha am 10. Oktober 1944 noch überlebt hatten, wurden am 28. März 1945 bei einer unglücklichen Begegnung mit dem US-Zerstörer Tolman versenkt. Das Schicksal der Meeresüberfallkommandos wurde bereits erwähnt.

Für die angreifenden Amerikaner, die mit knapp über zwei Divisionen, d. h. 48600 Mann (im Oktober 1944) und 53000–56000 Mann (März 1945) an feindlichen Kämpfern rechneten,[52] war die unerwartete doppelt so hohe Zahl der Verteidiger mit über 100000 Mann eine unangenehme Überraschung.

Insgesamt waren die japanischen Truppen bis zum letzten Kampfmonat, als es an allem – außer an Handgranaten – zu fehlen begann, mit Munition, Minen, Handgranaten und Sprengladungen trotz ihrer ungleichen Verteilung relativ gut ausgestattet. Man besaß 287 Geschütze und Haubitzen mit einem Durchmesser von 70 mm oder größer. Als leichte Infanteriewaffe hatten alle Einheiten den sogenannten 50 mm-„Knie-Mörser“ (der so hieß, weil ein Mann ihn im Knien bedienen konnte).

[52] Appleman, S. 15

Insgesamt gab es 1100 davon. Dazu verfügten die Einheiten über 330 schwere und 1200 leichte Maschinengewehre. Für die Panzerabwehr wurden 47 mm-PAK eingesetzt, und in Ermangelung von Panzerfäusten Sprengstoffpakete gegen die relativ ungesicherten Panzerbodenplatten geschleudert. Obwohl den Amerikanern massiv unterlegen, war diese Bewaffnung im Vergleich zu anderen japanischen Pazifikinseln relativ großzügig, aus dem erwähnten Grund, dass der beabsichtigte Weitertransport nach den Philippinen mangels Schiffsraum meist unterbleiben musste.

Die Zerstörung Nahas am 10. Oktober 1944

Der Angriff von 1400 Bombern und Kampffliegern, die von den neun Flugzeugträgern und acht Begleitträgern der Task Force 38 aufstiegen und von 5 Schlachtschiffen, 14 Kreuzern und 58 Zerstörern begleitet waren, kam für die Japaner in den Morgenstunden des 10. Oktober überraschend. Am Abend zuvor hatte General Cho beim Garnisonsball im besten Hotel Nahas bei der Festrede verkündet, man werde die Feinde bei ihrer Ankunft restlos vernichten. Jetzt versagte in Naha der Radar und die Alarmsirenen gingen erst los, als die ersten Bomben fielen. Zuerst wurden die Flugplätze bombardiert und mit Raketen beschossen. Auf dem Flugplatz Yomitan glaubte man bei den ersten Feindfliegern, es handle sich um eigene Rückkehrer, die am frühen Morgen nach Taiwan gestartet waren. Die Flak setzte zu spät ein. Nur fünf Abfangjägern gelang der Start. Von ihnen kehrte keiner zurück. 600 Tonnen Bomben und tausende von Raketen wurden auf die Flugplätze, die Inselhäfen und die Stadt Naha geworfen und gefeuert. Neben der erwähnten Versenkung der meisten Schiffe – 65 an der Zahl, darunter 30 Frachter, vier Klein-U-Boote, zwei Minensucher, ein Trägerschiff für Seeflieger, sechs Patrouillenboote, acht Luftabwehrboote und ein Zerstörer, die verzweifelt, aber vergebens, dem Hafen im Zickzackkurs zu entkommen versuchten – wurden 88 Flugzeuge auf dem Boden zerstört, 23 wurden abgeschossen. Bei Yomitan wurden Lagerhäuser, eine Maschinenfabrik und das Benzinlager in Brand gesteckt. Am Hafen von Naha flogen 20000 Artilleriegranaten und 5 Millionen Schuss Infanteriemunition in einem brennenden Munitionsdepot in die Luft. Die genauso unvorsichtig gelagerten Nahrungsmittelvorräte von 300000 Sack Reis, die die 32. Armee einen Monat lang hätten ernähren können, verbrannten ebenso wie die meisten Treibstofflager. Von 6 Uhr bis abends um 18 Uhr wurde pausenlos bombardiert, bis die letzten Staffeln keine lohnenden Ziele mehr fanden.[53] Naha selbst wurde absichtsvoll mit Brandbomben belegt.[54] Die eng mit Holzhäusern bebaute Stadt Naha mit ihren damals 65 000 Einwohnern stand noch tagelang in Flammen und wurde zu 80–90 % zerstört. 1000 Zivilisten und etwa 500 Soldaten kamen elendig ums Leben. Die meisten erstickten oder verbrannten am lebendigen Leibe. Der Zivilschutz[55] hatte – wie auch sonst in Japan – lediglich darin bestanden, dass den Einwohnern aufgetragen war, in ihren kleinen Hausgärten Erdlöcher anzulegen, sie mit feuchten Bastmatten abzudecken und gefüllte Wassereimer bereitzuhalten. Das war in der entstehenden Feuersbrunst der Brandbomben entschieden zu wenig. Insgesamt hatte die Flugabwehr komplett versagt. Ihre altmodische dreistufige Feuermethode und die defekte Aufklärung, Kommunikation und Koordinierung fügte der Terrorbomberflotte so gut wie keine Verluste zu. Am Ende drehten viele Flieger ab, weil sie keine lohnenden Ziele mehr fanden. Als von einem weiter entfernten japanischen Flugfeld dann noch drei japanische Abwehrjäger aufstiegen und, kaum waren sie in der Luft, gleich abgeschossen wurden, war allen Beobachtern auf dem Boden klar, dass sie von der luftgestützten Verteidigung der Insel nichts erwarten konnten. Dazu war es der US-Luftwaffe an diesem Tag gelungen, erstmals die Insel vollständig aus der Luft zu fotografieren, was die Herstellung von verlässlichem Kartenmaterial ermöglichte. Die amerikanischen Verluste waren minimal: Fünf Piloten und vier weitere Besatzungsmitglieder wurden vermisst. 21 Flugzeuge gingen verloren.[56] Im Januar 1945 wurde der Angriff tagelang wiederholt.

Eine weitere Tragödie ereignete sich am späten Abend dieses schrecklichen Tages. Als ein Schiff etwa 500 Zivilarbeiter, die bislang auf Yaeyama einen Militärflughafen gebaut hatten, nach Naha zurückbringen sollte, wurde auch dieses von einem US-U-Boot torpediert. Alle an Bord Befindlichen ertranken.[57]

---

[53] Appleman, S. 45; Bill Sloan. *The Ultimate Battle. Okinawa 1945*, New York, 2007, S. 19

[54] Sloan, S. 19

[55] Auch im heutigen Japan ist bei Zivilschutz Fehlanzeige! In Deutschland mittlerweile übrigens auch.

[56] Leckie, S. 40

[57] Feifer, S. 90

Die Diskussionen im Generalstab der 32. Armee

Kommandeur der 32. Armee war seit August 1944 der aus Kagoshima stammende Generalleutnant Mitsuru Ushijima. Er löste seinen Vorgänger Masao Watanabe, der die Aufstellung der Armee ab März durchgeführt, aber sich sonst durch keinerlei Initiativen ausgezeichnet hatte und wegen Gastritis krankheitshalber ausfiel, nach nur fünf Monaten ab. Ushijima hatte 1908 die Militärakademie in Zama absolviert und war früher Vizeminister im Heeresministerium gewesen. In der Schlacht um Nanking war er Brigadekommandeur – wo er jedoch im Gegensatz zu anderen höheren japanischen Offizieren in der Tradition der Krieger aus Satsuma als sehr milde und freundlich zu gefangenen Gegnern galt[58] – und zu Beginn des Pazifikkrieges Kommandeur einer Infanteriedivision in Burma gewesen. 1944 war Ushijima Kommandeur der Militärakademie. Wäre er nicht nach Okinawa versetzt worden, hätte er – wie die meisten seiner Tokyoter Generalstabskollegen – in Ruhe und Frieden den Krieg überleben können. Von ruhigem und freundlichem Naturell, grüßte er junge Soldaten und, für einen General ebenso unerhört, bedankte sich öffentlich bei den jungen studentischen Freiwilligen, die für das Militär von früh bis spät Gräben und Tunnel schaufelten. Ushijima akzeptierte die Empfehlungen seiner Stabsoffiziere ohne große Debatten, unterschrieb ihm vorgelegte Befehlsentwürfe, ohne sie zu lesen und verstand wie viele traditionelle japanischen Chefs seine Rolle eher als ermutigend für die Truppenmoral und sah sich als ausgleichender Vermittler zwischen unterschiedlichen Meinungen und Persönlichkeiten.

Es gab in seinem Stab zwei sehr unterschiedliche Ansichten zur künftigen Gefechtsplanung. Da war einmal sein Stabschef, Generalleutnant Isamu Cho, der 1916 die Militärakademie absolviert hatte. Als Hauptmann war er 1930 in der rechtsradikalen *Sakurakai* („Kirschblütengesellschaft") aktiv und in den damals häufig versuchten Militärputschen involviert gewesen, einschließlich einem im Oktober 1931, bei dessen Gelingen er als einer der elf Haupträdelsführer nach der geplanten Ermordung des Premierministers als Polizeipräsident von Tokyo vorgesehen war. Statt nach seiner Verhaftung in einem Geisha-Quartier namens Golden Dragon Tea House vor ein Kriegsgericht gestellt zu werden, wurde Cho stattdessen in die Mandschurei geschickt, wo er sich 1938 als Regimentskommandeur bei Grenzgefechten mit den Sowjets beim Chassan-See, nahe der

[58] Feifer, S. 97

Nordgrenze Koreas, durch Aggressivität, Verhandlungsgeschick und große Nervenstärke auszeichnete. Cho hatte sich einmal auf einem Hügel an der mongolischen Grenze bei voller Feindeinsicht zum Schlafen gelegt und so allgemeine Bewunderung errungen. Dass Cho, wie Frank Gibney und George Feifer behaupten, an dem Massaker in Nanjing 1938 beteiligt war, erscheint eher als eine Behauptung, zumal beide keinerlei Beweise dafür vorlegen.[59] 1941 war Cho als Stabschef in dem mit der Achse verbündeten Thailand und zwang die Vichy-Behörden von Cochinchina, kambodschanisches Territorium an den Verbündeten abzutreten. Auch sein späterer Kollege Yahara war damals im Stab des Militärattachés in Thailand geheimdienstlich unterwegs. Anfang 1944 war Cho aus dem Stab der Kwantung-Armee nach Tokyo zurückbeordert worden, um an der damals beabsichtigten Rückeroberung von Saipan mitzuwirken. Nachdem diese Idee im Juni 1944 aufgegeben worden war, wurde er nach Okinawa zur Analyse der strategischen Situation geschickt. Schon fünf Tage später kabelte er nach Tokyo, man brauche drei Divisionen und 30000 Sack Zement zum Bau eines umfassenden Befestigungssystems in Höhlen. Im Juli 1944 wurde Cho zum Stabschef der 32. Armee ernannt. Cho trank gerne über den Durst, führte im Rausch Schwerttänze auf, konnte sich aber auch dabei mit Kameraden prügeln, war bis zu seinen letzten Stunden hübschen Heereshelferinnen zugetan, liebte gutes Essen und hatte neben gutem Sake trotz seines Patriotismus eine Flasche Scotch des Kriegsgegners stets in Reichweite. Er war emotional und begeisterungsfähig und konnte gegenüber Untergebenen ebenso aggressiv wie paternalistisch fürsorglich sein. Oft ließen ihn seine Emotionen, einschließlich des festen Glaubens an die Überlegenheit der japanischen moralischen Stärke über die materiellen Ressourcen und die Feuerkraft der Amerikaner, auch zu irrationalen und illusorischen Urteilen verleiten. Es gelang ihm dabei auch, seine Generalskollegen und Stabsoffiziere zu begeistern. Wenn Widerspruch erfolgte, konnte er jähzornig werden, ein Zorn, der jedoch bald verrauchte und bei ihm keine nachhaltigen Verstimmungen auslöste.[60] Berüchtigt war Chos Notizbuch, in dem er seine sämtlichen Befehle und ihre Fälligkeitstermine verzeichnete. Doch war, wie es so schön heißt, sein Bellen schlimmer als sein Beißen.[61]

---

[59] Frank B. Gibney. „Two Views of Battle“ in: Yahara, XV-XXV, S. XVIII, Feifer, S. 100

[60] Yahara, S. 17f

[61] Feifer, S. 97

Chos Gegenspieler und direkter Untergebener, Oberst Hiromichi Yahara, war als Persönlichkeit und Charakter das genaue Gegenteil: ein kühler, rationeller Planer, methodisch, introvertiert und distanziert. Er hatte 1923 die Militärakademie absolviert und zehn Monate in Fort Moultrie, einer historischen Küstenfestung vor Charleston in South Carolina, sowie nach Kriegsausbruch als Stabsoffizier in China, Malaya und Burma gedient. Bevor er im März 1944 nach Okinawa versetzt wurde, hatte Yahara an der Militärakademie gelehrt. Während Yahara in aller Regel eine strenge Defensivstrategie verfolgte, bei der die knappen japanischen Ressourcen an Personal, Waffen und Munition geschont werden sollten, um das unausweichliche Ende so lange wie möglich hinauszuzögern, dem Gegner damit die Nutzung Okinawas für die Bombardierung und Invasion der Hauptinseln zu vereiteln und seine Verluste dabei zu maximieren, so war für Cho die Unausweichlichkeit der Niederlage schwer zu verdauen. Immer wieder versuchte er, Offensivaktionen durchzusetzen, um den Feind doch noch wieder zu vertreiben, Taktiken, die wertvolle Ressourcen verschwendeten und angesichts der US-Feuerkraft im offenen Gelände notwendig und vorhersehbar scheitern mussten (und deshalb das Ende eher beschleunigten als verlangsamten). In der Planungsabteilung des Armeehauptquartiers arbeiteten noch weitere elf höhere Stabsoffiziere: Obristen, Oberstleutnants und Majore, die das dauernde Drama zwischen Cho und Yahara mitverfolgen konnten. In Summe meinte der US-Militärhistoriker Roy Appleman schon kurz nach dem Krieg: der ruhige und kompetente Ushijima mit seinem reifen Urteil, Cho mit seiner aggressiven Energie und Yahara als brillanter, kühl rechnender Stratege hätten in der Kombination ein „ausgewogenes, eindrucksvoll fähiges Oberkommando" abgegeben.[62]

Während in einem deutschen Generalstab der kommandierende General erst nach Anhörung seiner Stabsoffiziere und Kommandeure seine Entscheidungen trifft und seine Befehle skizziert, war die Rolle eines japanischen Kommandeurs nur, die moralische Verantwortung zu tragen, die Beziehungen zum vorgesetzten Hauptquartier zu leiten und seine Untergebenen zu ermutigen. Die praktische Verantwortung für die Führung seiner Einheit lag bei seinem Planungsoffizier, der für alle operativen Entscheidungen und ihre Umsetzung zuständig war. Bevor eine solche Entscheidung getroffen wurde, diskutierten die anwesenden Stabsoffiziere das Thema offen und steuerten ihre Beobachtungen und

[62] Appleman, S. 85

Einschätzungen bei, bis schließlich eine gemeinsame Meinung als Konsens erreicht war. Der wurde dann dem kommandierenden General zur Absegnung vorgetragen. So hatten, wie im deutschen Generalstab auch, die Meinungen von jüngeren Offizieren, die angehört wurden, Gewicht. In alliierten Armeen, wo die Neigungen, Vorurteile und Wünsche der kommandierenden Generäle bekannt waren, wurden die Entscheidungen von oben mit wesentlich weniger Federlesen gefällt. So fielen auf Okinawa Entscheidungen zur japanischen Strategie und Taktik weniger durch Beschlüsse von Ushijima, sondern entstanden in den dauernden Debatten zwischen Cho und Yahara.[63] Yahara, der als einziger in Ushijimas Stab den Krieg überlebte,[64] berichtet von den taktischen Einsichten, die ihm das Tokyoter Hauptquartier zum „Krieg des armen Mannes" mit auf den Weg gegeben hatte: Da man zu Wasser, zu Lande und in der Luft unterlegen sei, müsse der Kampf aus dem Untergrund geführt werden. Nachts sollten die feindlichen Linien durchbrochen werden, um im Rücken des Gegners Verwirrung zu stiften, da er in der Dunkelheit Freund und Feind nicht mehr unterscheiden könne. In Ermangelung von genügend Panzerabwehrwaffen[65] sollten infanteristische Panzerjäger selbstgebastelte, etwa 10 kg schwere Pioniersprengladungen an die übermächtigen Feindpanzer werfen. Da sie diesen Angriff nicht überleben würden, sollten sie posthum drei Ränge befördert werden.[66] Einen genaueren Schlachtplan hatte man in Tokyo nicht. Immerhin gaben die Amerikaner nach dem Fall von Saipan und der folgenden Invasion der Philippinen (einen Umweg, über dessen strategischen Wert man geteilter Meinung sein kann) den Verteidigern genug Zeit, um auf Okinawa angesichts der Schwäche der japanischen Luftwaffe und Marine die Bodentruppen rechtzeitig zu verstärken (was sonst auf anderen Pazifikinseln meist zu spät erfolgte bzw. unterblieben war).

---

[63] Huber, S. 18

[64] Nach amerikanischer Kriegsgefangenschaft ging er, damals 42 Jahre alt, in seine Heimatstadt Yonago in der Präfektur Tottori am Japanischen Meer zurück, betrieb dort zunächst den Bauernhof seiner Eltern, wurde später Textilvertreter und eröffnete einen kleinen Laden. Nachdem Yahara 1972 sein Buch *Okinawa kessen* (Die Schlacht von Okinawa) veröffentlicht hatte und das Buch ein Bestseller wurde, konnte er sich in Kamakura zur Ruhe setzten, wo er 1981 im Alter von 78 Jahren starb.

[65] Japan hatte die deutschen Modelle und Baupläne für Panzerfäuste rechtzeitig erhalten, unverständlicherweise jedoch keine gebaut.

[66] Yahara, S. 12f

Das Ende der japanischen Flugplätze

Im März 1945 bat die 32. Armee das Oberkommando in Tokyo um die Genehmigung zur Zerstörung der Flugfelder von Yontan und Kadena mit der Begründung, es sei unmöglich, sie zu verteidigen. Eine Brigade könne ihre Besetzung höchstens um ein paar Tage herauszögern, und dies um den Preis tausender Menschenleben. Deshalb sei es besser, die Flugplätze jetzt ohne Verluste zu zerstören und dem Gegner die Nutzung für mindestens zehn Tage zu verunmöglichen und sie später durch Fernartillerie zu stören. Ähnlich wurde für die Flugfelder von Oroku und Iejima argumentiert, obwohl diese verteidigt werden sollten. Erstaunlicherweise stimmte Tokyo zu. Ab dem 10. März erhielten die Einheiten, die bislang die Flugplätze bauen und warten mussten, den Auftrag zum Beginn des Zerstörungswerks, das sie bis zum Beginn der Invasion am 1. April erfolgreich abschlossen.

Bis dato hatte das Oberkommando in Tokyo noch immer die Illusion gepflegt, man würde Okinawa hauptsächlich aus der Luft verteidigen und wollte die Insel deshalb als großen Luftwaffenstützpunkt nützen. Die 32. Armee, die mit der baldigen Invasion rechnete, sah die Verteidigung jedoch eher als landgestützt an und hatte realistischerweise kein Vertrauen in die rapide abnehmenden Fähigkeiten der eigenen Luftwaffe. Wie schon General Tadamichi Kuribayashi, der Kommandeur der Insel Iwojima, die zu diesem Zeitpunkt, 1400 km entfernt, nach wochenlangen blutigen Kämpfen fiel, bemerkte, erfüllte der Bau von Flugplätzen (auf dem die Marine auf Iwojima bis zuletzt bestand) in Ermangelung eigener Flugzeuge nur den absurden Zweck, sie für die spätere Nutzung des Feindes zu bauen.[67] Diese Meinung wurde auch von der 32. Armee geteilt.

Im Juli und August 1944 ließen Cho und Yahara von den frisch eintreffenden Verstärkungen hauptsächlich Bunker und Befestigungen im Binnenland bauen und überließen den Flughafenbau den okinawaischen Arbeitstrupps. Als das Hauptquartier dann im August Inspekteure im Generalsrang schickten, um den Fortgang der aus seiner Sicht vorrangigen Flugplatzarbeiten zu begutachten und deren Fortschritt zu langsam befand, wurde der Stab der 32. Armee wütend kritisiert und mit seiner Auflösung bedroht. Schließlich wurden die Flugplätze dann doch bis Ende September 1944 fertiggestellt. Als die 32. Armee darum bat, 300 Kampfflieger sollten auf Kadena und Yontan stationiert werden, um bei

---

[67] Kumiko Kakehashi. *Lettres d'Iwojima*. Paris, 2005 [2011], S. 201f

einem Auftauchen der US-Invasionsflotte diese anzugreifen, kamen so gut wie keine Flugzeuge. Die Flughäfen waren also einigermaßen sinnlos für die Verteidiger. Die etwa 30 Flugzeuge, die Anfang März noch auf den Flughäfen stationiert waren, waren sämtlich bei eigenen Selbstmordattacken abgeschossen worden oder feindlichen Luftangriffen zum Opfer gefallen. Dagegen wurden die Flugplätze nach der kampflosen Besetzung durch die US-Angreifer mit Planierraupen für Notlandungen binnen zwölf Stunden und für den Dauerbetrieb binnen acht Tagen wieder hergestellt. Während Yontan 1996 vom US-Militär aufgelassen und Okinawa zur zivilen Entwicklung zurückgegeben wurde, ist das massiv erweiterte Kadena mit einem Betrieb von 20000 Mann heute der größte und wichtigste US-Luftwaffenstützpunkt im Westpazifik.

Die japanische Militärdoktrin und die Rekrutenausbildung in der Kaiserlichen Armee

Zu den erstaunlichsten und bestürzendsten Entdeckungen bei der Lektüre japanischer Militärerinnerungen zählt das Ausmaß, in dem im japanischen Heer und in der Marine geprügelt wurde. Körperliche Strafen hatte es außer in der britischen Armee im Ersten Weltkrieg, wo damals Delinquenten noch tagelang an sich drehende Geschützräder gebunden wurden, in zivilisierten Armeen schon seit langem nicht mehr gegeben. Eine Ausnahme ist natürlich die russische bzw. sowjetische Armee. Im japanischen Heer ohrfeigte der Hauptmann seine Leutnants, die Feldwebel traten ihre Gefreiten und denen stand es wieder frei, die Rekruten des ersten Jahres zu prügeln. Die Schläge wurden sozusagen durchgereicht, mit der flachen Hand, der Faust, mit Stecken oder Riemen. Alles war erlaubt und die Anlässe waren meist nichtig. Beim abendlichen Antreten schlug der diensthabende Unteroffizier den Mannschaftsdienstgraden regelmäßig ins Gesicht. Denen blieb nur übrig, die Zähne zusammenzubeißen, damit sie nicht ausgeschlagen wurden. Wer seine Ohrfeige hinterfragte oder gar Widerworte wagte, der bekam eine noch stärkere Abfuhr. Jene barbarische Methode sollte die Soldaten abhärten und zum absoluten Gehorsam, zur Aufgabe des Selbsterhaltungsinstinkts und zur absoluten Furcht vor jedem Vorgesetzten erziehen. Diese empfanden sich gegenüber ihren Untergebenen als Repräsentanten des kaiserlichen Willens, und jedweder nachlässig oder schlecht ausgeführte Befehl, und sei es beim Latrinenschrubben oder das Einschlafen im Unterricht, konnte und sollte deshalb als Respektlosigkeit gegenüber seiner kaiserlichen Hoheit und als Ausdruck einer schlechten Einstellung streng geahndet werden. Wer eingezogen wurde, hatte von seiner zivilen Umwelt und seiner Familie gründlich Abschied genommen. Heimaturlaube gab es für Mannschaftsdienstgrade nicht. Die Korrespondenz mit Familie und Freunden war streng – meist auf Postkartenformat – beschränkt, wurde von Vorgesetzten zensiert und auf eine Botschaft pro Woche limitiert.[68] Verpflegungspakete der Familien wurden regelmäßig geöffnet und ihr Inhalt meist von den Offizieren konfisziert und verzehrt.[69] Nach den Pazifikinseln, darunter Okinawa, brach der Postverkehr während des Jahres 1944 ohnehin fast zur Gänze ab. Wer zu Kriegszeiten eingezogen wurde, dem wurde aufgetragen, sich von seiner Familie so zu verabschieden und seine Angelegenheiten so zu regeln, als sei es für immer. Deshalb hatte die Militärführung keine Skrupel, nicht nur die berühmten Kamikaze-Flieger, Ein-Mann-Torpedos und Propellerbomber, sondern auch jedweden Panzerjäger, Infanteristen und Matrosen mit Selbstmordkommandos und Banzai-Angriffen in den sicheren Tod zu schicken. Die Versorgung von Schwerverwundeten, die absehbar keinen Kampfwert mehr hatten, wurde als ebenso entbehrlich angesehen wie in der Marine die Ausrüstung der Schiffe mit Rettungsbooten oder Schwimmwesten. Der selbstlose Beitrag zur Ehre Japans, zur Verteidigung der kaiserlichen Staatsidee und das Wiedersehen der reinen Seelen am Yasukuni-Schrein[70] sollte das Opfer rechtfertigten.

So bestand auch die Rekrutenausbildung selbst aus einer endlosen Serie von Waffendrill, Exerzieren, Bajonettübungen, Nachtalarmen und Gewaltmärschen, je härter, mit möglichst schwerem Gepäck[71], bei möglichst kaltem Winter- oder heißestem Sommerwetter, desto lieber.[72] Die

---

[68] Hiroyuki Agawa. *Buriel in the Clouds*. Tokyo, 2006 [1956], S. 28

[69] Agawa, S. 38

[70] Ernst Lokowandt. *Der Tenno*. München, 2012, S. 59ff. S. auch Saaler. „Ein Ersatz für den Yasukuni-Schrein? Die Diskussion um eine neue Gedenkstätte für Japans Kriegsopfer“ in: *NOAG* 175–176 (2004), S. 59–91

[71] Zusätzlich zum normalen Feldgepäck und dem Karabiner mussten Munitionskisten, die 20–30 kg schwer waren, oder wahlweise ein schweres MG mit 29 kg Gewicht, eine 37 mm-PAK von 90 kg (von mehreren Mann), ein 70 mm-Feldgeschütz von 204 kg – entweder von zwei Mann gezogen oder auseinandergebaut von fünf Mann getragen werden. (Nakanishi, 2007 [1998] S. 26ff)

[72] Das erklärt (aber rechtfertigt nicht) die „Todesmärsche“, wie jenen von Bataan, die die Japaner alliierten Kriegsgefangenen bei glühender Hitze ohne Wasser zumuteten. Ihre eigenen Leute behandelten sie bei solchen Märschen auch nicht viel besser, noch weniger die „entehrten“ Kriegsgefangenen.

Todesraten waren während der Ausbildung hoch. Bücher, Ausgang und Freizeitbelustigungen waren meist verboten. Stattdessen gab es nach dem langen, aufreibenden Dienst Putz- und Flickstunden, Gewehr- und Stiefelreinigen, sowie bestenfalls die Lektüre von Militärvorschriften. Unter dauernder Überwachung gab es keine Freiräume. Zudem stellten sich die zahllosen Marschübungen im Stellungskampf von Okinawa und andernorts als ebenso nutzlos heraus wie die vielen Nahkampfübungen: Die Amerikaner ließen den Gegner selten nahe genug herankommen, und oft genug waren die größeren, kräftigeren, besser genährten und oft auch nervenstärkeren, reaktionsstärkeren und umsichtigeren GIs und Marines („Ledernacken") ihren Feinden auch im Kampf Mann gegen Mann überlegen.

Dennoch meinte der Bataillonskommandeur Hauptmann Tadeshi Kojo: „Unsere Ausbildung zahlte sich aus. Trotz aller überwältigenden Feuerkraft des Feindes gerieten meine Leute niemals in Panik. Ich selbst fühlte mich wirklich ruhig. Aber unsere Ausbildung enthielt auch viel, was völlig irrelevant für die moderne Kriegsführung war und uns von der Wirklichkeit entfremdet hat."[73] In der Tat gab es bei den Japanern, im Gegensatz zu jenem Massenphänomen der Amerikaner, keine Nervenzusammenbrüche, solange die Einheiten, ihre Hierarchien und ihr Zusammenhalt intakt blieben. Erst nach dem Ende des organisierten Widerstandes, als ab Mitte Juni 1945 die meisten Verbände zerschlagen waren, verbreiten sich unter den versprengten Soldaten untrügliche Zeichen des Wahnsinns und „Shell Shocks".

Die japanischen Militärakademien für den Berufsoffiziernachwuchs waren weniger Hohe Schulen des Lernens, sondern funktionierten als Kadettenanstalten eher als Unteroffiziersschulen. Taktik, Waffendrill, Disziplin und Kampfgeist wurden vorrangig gelehrt. Die meist aus armen Bauernfamilien stammenden Offiziersanwärter erhielten eine enge militärische Ausbildung. Als Lektüre waren nur militärische Lehrbücher erlaubt. Große Bildungserlebnisse, kritisches selbständiges Denken oder Kenntnisse der Welt außerhalb Japans wurden nicht vermittelt.[74]

Japans taktische Doktrin des schnellen Vordringens mit kühnen Flankenbewegungen und aggressiven Tag- und Nachtangriffen, wegen des Überraschungsmoments oder Nachschubproblemen oft ohne Artillerievorbereitungen, unter Einsatz aller Reserven und bei minimalem Tross, war gegen leicht bewaffnete Chinesen und schlecht geführte Kolonial-

[73] Zitiert in: Feifer, S. 379

[74] Feifer, S. 53

truppen zunächst erfolgreich. Gegen die massive Feuerkraft der USA zu Wasser, zu Lande und in der Luft war sie jedoch sinnlos. Solange die Truppen im Freien waren, waren sie schutzlos und binnen kurzem erkannt und abgeschlachtet. Dazu tat sich das Heer wegen seiner traditionalistischen Offensivorientierung (die Durchführung schändlicher Rückzüge wurde an den Militärakademien selbstverständlich nie gelehrt) trotz der Bemühungen Oberst Yaharas schwer mit einer rationellen Defensivstrategie. So berichtet Hauptmann Kojo: Das Regiment habe ihm so gut wie keine Anweisungen gegeben. Er sollte als Bataillonskommandeur einfach nur so lange wie möglich am Kochi Ridge bis zum Ende kämpfen. Es gab keine Verstärkungen. Seine Einheit war komplett ausgeblutet und erschöpft. Eine Kompanie bestand nur noch aus einem Mann. Seine 30 Mann waren zu wenig, um Mörserfeuer aufrecht zu erhalten. Die Stellungen hätten mit frischen Verstärkungen noch gehalten werden können.[75]

Es fiel den amerikanischen Vernehmern auch auf, wie bereitwillig japanische Gefangene – so sie sich denn ergaben und am Leben gelassen wurden – ihnen (fast) alles erzählten. Sie hatten nämlich nie Instruktionen erhalten, wie sie sich in Gefangenschaft verhalten sollten, da sie sich ohnehin nicht ergeben sollten.[76]

---

[75] Feifer, S. 385

[76] Gibney, S. XXIII

4. Die Amerikanischen Angreifer und die Landung am 1. April 1945

Der Plan Iceberg

Bevor sich die amerikanische Militärführung am 3. Oktober 1944 definitiv entschloss, sich Okinawas zu bemächtigen, gingen dieser Entscheidung längere strategische Debatten und Kehrtwendungen voraus. General Douglas MacArthur, der 1942 von den Philippinen vor Yamashitas siegreichen Truppen geflüchtet war, war entschlossen, seinen einstigen Machtbereich mit überlegenen Kräften vom Südpazifik, beginnend mit Neuguinea, aus zurückzuerobern und lehnte daher den Ansatz der US-Marine, über den Mittelpazifik und die Marianen vorzustoßen, ab. Dieser hätte nämlich die ganze oder teilweise Rückeroberung der Philippinen möglicherweise überflüssig gemacht. Aus Sicht von Flottenadmiral Ernest King, dem Leiter aller Pazifikoperationen, war dagegen die Eroberung wichtiger Marianeninseln, wie Guam, Saipan und Tinian (die im Sommer 1944 erfolgte), entscheidend, um dann Taiwan zu erobern und danach bei Shanghai auf das chinesische Festland überzusetzen, um zu verhindern, dass Chiang Kai-shek, der damals in Chungking von einem japanischen Vorstoß hart bedrängt wurde, einen Separatfrieden abschloss.[77] Dabei wäre wichtig gewesen, Taiwan, das auch eine wichtige Basis für Langstreckenbomber geworden wäre, möglichst bald anzugreifen, bevor Verstärkungen eintrafen. Alternativ wurde auch, um die strategische Überraschung zu nutzen, eine direkte Invasion Kyushus vorgeschlagen.

Im Juli 1944 legten King und MacArthur ihre unterschiedlichen Konzepte Präsident Roosevelt vor, der Pearl Harbor besuchte. Schließlich wurde als Kompromiss beides unternommen: die Rückeroberung der nördlichen Hauptinsel Luzon mit der Hauptstadt Manila durch die Armee und die Eroberung der Marianeninseln durch die Marine. Schließlich wurde nach dem Fall der Marianen gegen die Eroberung Taiwans argumentiert: Die Eroberung Luzons mit seinen günstigen Ankerplätzen und Flugfeldern reiche, um es von Japan abzuschneiden und zu neutralisieren, und die Flugentfernung nach Japan sei genausoweit

[77] Nichols, Shaw, S. 13

wie von den Marianen, wo die Bomberflotten nach der später zu erfolgenden Eroberung von Iwojima als günstigstem Stützpunkt der Bonin-Inseln auf halber Strecke dann von Jagdstaffeln betreut werden könnten. Dazu meinte General Buckner, der für die Führung der Bodenoperationen vorgesehen war, er habe nicht genug Truppen für die Eroberung des wesentlich größeren und besser befestigten Taiwan, für das mindestens 9 Divisionen nötig gewesen wären (und die nicht vorhanden waren[78]), sehr wohl aber für Okinawa, wo die Feindstärke auf nur 50000 Mann geschätzt wurde.[79] So erhielt General MacArthur den Befehl, Luzon am 20. Dezember 1944 zu besetzen – ein Datum, das später auf den 20. Oktober vorverlegt wurde – und Admiral Chester Nimitz den Befehl, auf Iwojima[80] am 20. Januar 1945 zu landen. Es ging nur noch darum, solche Angriffe durchzuführen, die schnellstmöglich die Invasion Japans vorbereiten und keinen Umweg mehr darstellen würden. Bei einer Konferenz in San Francisco am 3. Oktober 1944 überzeugten auch die anderen US-Admirale ihren Vorgesetzten King, dass für die Invasion Taiwans zu wenig Truppen vorhanden seien. Erst müsste das Ende des Krieges in Europa abgewartet werden.[81] Auf Taiwan seien angesichts der Stärke der Japaner und des schwierigen Terrains – eine Invasion der steilen Ostküste verbot sich von selbst – 150000 US-Verluste an Toten und Verwundeten zu erwarten, zu viele für die amerikanische öffentliche Meinung. Admiral Nimitz argumentierte, der Besitz von Iwojima und Okinawa würde Japan völlig von Südostasien abschneiden. Okinawa sei ein guter Bomberstützpunkt für die B-29 und als Invasionsbasis „wie England".[82] Obwohl King ein schwer zu überzeugender Chef war, wurde die Operation Causeway, die Eroberung Taiwans, deshalb abgesagt, und stattdessen die Operation Iceberg, die Eroberung Okinawas, beschlossen.

Auf Okinawa sollte nach dem Sieg eine Flotte von 780 Bombern und das Invasionsheer für die Besetzung Kyushus mit allen notwendigen

---

[78] Astor, S. 3

[79] Nichols, Shaw, S. 17

[80] Die Eroberung Iwojimas mit ihren 21000 japanischen und 7000 amerikanischen Toten erwies sich später als völlig nutzlos für einen Luftwaffenstützpunkt für B-29-Bomberstaffeln. Die kurzen Start- und Landebahnen der kleinen Vulkaninsel taugten nur für Notlandungen und für Begleitjäger. Entsprechend bald (1968) wurde die seit dem Krieg unbewohnte Insel als Iwo-To (Ioto) an Japan zurückgegeben.

[81] Feifer, S. 88

[82] Leckie, S. 5

Vorratslagern angelegt werden. Die entsprechenden Hafenanlagen sollten bei Naha angelegt bzw. repariert und ausgebaut werden.

Kommandiert wurden die Invasionstruppen, sowohl die GIs des Heeres wie die Marines als 10. Armee, von General Simon Bolivar Buckner Jr. (1886–1945), der zuvor die Territorialverteidigung Alaskas organisiert hatte und außer kurzzeitigen Gefechten auf den Aleuten bei der unproblematischen Rückeroberung der Inseln Attu und Kiska 1942 weder über nennenswerte Gefechtserfahrungen verfügte, noch jemals mit der Führung einer so großen Truppe betraut worden war. Im Ersten Weltkrieg war er auf den Philippinen, einer damaligen US-Kolonie, stationiert gewesen und hatte danach ausschließlich Lehr- und Ausbildungsaufgaben wahrgenommen. In West Point war er als streng geltender Leiter der Militärakademie wahrgenommen worden. Sein Vater Simon Bolivar Buckner (1823–1914) hatte im Krieg gegen Mexiko und auf Seiten der Konföderierten als General im amerikanischen Bürgerkrieg gekämpft. Später war er Gouverneur von Kentucky geworden. Auf seinen Wunsch und dank einer Intervention von Präsident Theodore Roosevelt konnte sein Sohn West Point besuchen. Auch Buckners spätere Karriere schien vom politischen Rückenwind beflügelt. Buckner galt als General, der an der Front führen wollte. So befahl er einmal einem Sherman Panzer der 1. Marines vor Kunishi Ridge, das Feuer zu eröffnen. Prompt wurde der Panzer von einer 105 mm-Haubitze abgeschossen.[83] Unklar bleibt, ob bei einem solchen Treffer die Besatzung eine Überlebenschance hatte. Buckners Stellvertreter war der Marine-Generalmajor Roy Geiger, der die blutige Kampagne auf Peleliu (Palau) vom September/Oktober 1944 befehligt hatte. Er mischte sich in Buckners kontroverse strategische Entscheidungen nicht ein und überließ das operative Geschäft der beiden Marinedivisionen ihren zwei Kommandeuren. Nach Buckners Tod Ende Juni 1945 übernahm Geiger nur wenige Tage das Kommando über die 10. Armee, um es dann an Joseph (Joe) Stilwell („Vinegar Joe"), den Erzfeind Chiang Kai-sheks, abzugeben.

Ursprünglich war der 1. März als Invasionstag vorgesehen gewesen. Drei Phasen sollte es geben: Zunächst sollten der Süden der Hauptinsel sowie die Keisei- und Kerama-Inseln besetzt und militärisch entwickelt werden. Danach sollten Iejima und der Norden folgen und schließlich alle übrigen Inseln der Inselkette. Bis dahin sollte die Eroberung von Iwojima und der Philippinen abgeschlossen und die entsprechenden Truppen, Luft- und Seestreitkräfte, so im

---

[83] Sloan, S. 4

Einsatzraum konzentriert werden, dass absolute Luft- und Seehoheit herrschte. Dazu sollten nach den Planungen im Stab von Admiral Nimitz, dem Oberkommandierenden des Pazifischen Raumes, auch sämtliche 55 bzw. 65 Flugplätze auf Kyushu und Taiwan ausgeschaltet und zerstört werden. Eine Flugzeugträgergruppe, die Task Force 58 der 5. Flotte, hatte die Aufgabe, die japanische Luftwaffe im Norden zu vernichten. Sie bestand aus zehn Flugzeugträgern, sechs Schlachtschiffen, acht Begleitträgern, fünf leichten Kreuzern und über 60 Zerstörern. Eine kleinere britische Flugzeugträgergruppe, die Task Force 57, hatte die gleiche Aufgabe im Süden von Okinawa, wo sie in die Sakishima-Inselgruppe segelte. Dort schalteten sie auch die Flugplätze auf Sakishima aus. Jener Einsatz der Briten sollte ihr einziger in der Schlussphase des Pazifikkrieges gegen Japan bleiben – abgesehen von der Wiederbesetzung Hongkongs, das die Amerikaner eigentlich Chiang Kai-shek überlassen wollten. Drei weitere Task Forces (52, 53 und 55) hatten die Truppentransporte, einschließlich ihres Schutzes und der amphibischen Landungen, durchzuführen. Auch die Invasionsarmee selbst wurde unter dem Kommando von Generalleutnant Buckner als Task Force 56 organisiert. Sie bestand im Wesentlichen zunächst aus zwei Heeresdivisionen, der 7. ID und der 96. ID, sowie zwei Divisionen der Marines, der 1. und der 6. Sie wurden nach der Landung als 10. Armee geführt. Die beiden Heeresdivisionen waren jeweils 22000 Mann stark, die der Marines betrugen 26000 bzw. 24000 Mann. Dazu gab es noch weitere vier Divisionen, die zunächst noch in Reserve gehalten werden sollten: die 27. ID, die stets auf Schiffen in der Nähe kreuzte, die 77. ID und die 81. ID, die noch auf Neukaledonien blieben, sowie die 2. Division der Marines. Weiter waren das Inselkommando, das nach der Eroberung die Militärverwaltung Okinawas übernehmen sollte, sowie Luftwaffen- und Marineeinheiten Bestandteil jener Task Force von insgesamt 183000 Mann in der Landungsphase unter Buckners Kommando. Generalleutnant Simon Bolivar Buckner hatte die letzten vier Jahre als Kommandeur Alaskas verbracht, wo er die Territorialverteidigung organisiert hatte – ein relativ stressfreier Job in der sicheren Etappe also. Obwohl die 10. Armee in dieser Formation neu war, hatten sämtliche Divisionen vorherige Kampferfahrungen, in Guam, Leyte, auf Saipan, Peleliu, Tinian, Tarawa, den Gilbert- und den Marshall-Inseln. Typischerweise bestanden jene Kämpfe aus recht kurzzeitigen Feuergefechten nach den Landungen am Strand und Infanteriestürmen (nach denen sich die unterlegenen Japaner durch Banzai-Angriffe meist selbst entsorgten) – ganz im Gegensatz zu der bevorstehenden wochenlangen, im Stil des Ersten Weltkriegs mit den Waffen des Zweiten Weltkriegs gefochtenen Kampagne auf Okinawa. So waren sie im Prinzip zwar kampferfahren, doch dominierten die vielen jungen Auffrischungen, die die verwundeten oder abgekämpften Veteranen ablösen sollten. Viele von ihnen waren nur sehr unzulänglich ausgebildet worden. So konnten viele Unteroffiziere nicht einmal Karten lesen.

Von den Infanteriedivisionen war die 27. ID von den vorherigen Kämpfen auf Saipan noch schwer angeschlagen und verfügte trotz vieler unerfahrener Auffrischungen nur über 16000 Mann, während die anderen Divisionen von den üblichen 15000 Mann durch zusätzliche Pionierbataillone, Panzer- und Artillerieeinheiten auf 22000 bis 24000 Mann verstärkt worden waren.[84] Sie entstammte der New Yorker Nationalgarde und war wegen ihrer schlechten militärischen Leistungen eigentlich als Besatzungstruppe vorgesehen. Ihre politisch ernannten Offiziere hatten beim Zwischenstopp auf Honolulu in Hotelzimmern gefeiert, während die Mannschaften draußen biwakieren mussten. Zunächst kam sie in dem schrecklichen „Höllenloch" der Neuen Hebriden zum Einsatz. Auf Makiu war die Division bei einem japanischen Nachtangriff im November 1944 in Panik geraten, und auf Saipan zwischen zwei Marinedivisionen so langsam vorgerückt, dass beider Flanken gefährdet waren. Wegen schlechter Führung und ungenügender Ausbildung waren ihre Verluste entsprechend hoch gewesen.[85] Auf Okinawa wurde sie von Generalmajor George Griner kommandiert und schlug sich bis zu ihrer Ablösung an einem schwierigen Südabschnitt vor Kakazu Ridge, Item Pocket und Urasoe-Mura mit Anstand.

Die 77. ID war eine zweite Problemdivision. Hastig aufgestellt, hatte sie nur wenige Berufsoffiziere an der Spitze. Sie war eigentlich für den gemütlichen Einsatz auf Neukaledonien vorgesehen gewesen und wurde dann zum Dschungelkampf nach Leyte auf den Philippinen umdirigiert. Dort konnte sie dank ihrer materiellen Überlegenheit die angebliche Meisterschaft der Japaner im Dschungelkampf entmythologisieren.[86] Die 96. ID war schon auf Leyte im Einsatz gewesen und konnte dort bereits ihren Ersatz eingliedern.

Dagegen waren die 1. Marines schon seit Guadalcanal im August 1942 im Kampfeinsatz, und die 6. Marines waren im Kern aus vier Ba-

---

[84] Astor, S. 23

[85] Leckie, S. 61

[86] Astor, S. 48

taillonen, die Kommandounternehmen („Marine Raiders“) durchführten, gebildet worden. Beide pflegten einen entsprechenden Heldennimbus. Alle führten von Januar bis März 1945 intensive Landeübungen aus.[87]

Mit dieser Reputation war es ein Leichtes, den Überlegenheitsdünkel der Marines, die sich dank ihres aggressiven und schnellen Vorgehens (um die Schiffe der Marines bei Landungen aus der feindlichen Feuerzone zu befreien) als Elite für die weitaus bessere Truppe hielten, zu kitzeln. Die materiell besser ausgerüstete Armee ging demgegenüber stets wesentlich langsamer vor und wartete bei Angriffen in der Regel auf Panzer- und Artillerieunterstützung, um ihre Männer zu schonen.[88] Folglich gab es auf Okinawa auch nie Überraschungsangriffe der Armee, weil die Japaner schon am Aufmarsch der Panzer- und Artillerieparks (dem ein entsprechender Brücken- und Wegebau und die Anlage von Parkplätzen und Logistikzentren in geschützten Zonen voranging) merkten, was ihnen an welchem Frontabschnitt in Bälde blühen würde.[89] Bezeichnenderweise wies der Armeegeneral Buckner in Unkenntnis der feindlichen Dislozierungen den Marines zunächst den zerklüfteten, bewaldeten Norden, wo er damals den Hauptwiderstand vermutete,[90] als Operationsgebiet zu und seinen eigenen Armeedivisionen den tatsächlich wesentlich härteren Süden. Das erlaubte den Marines im April, im Norden einen leichten Sieg zu feiern und zu glauben, die Schlacht sei vorbei, bis auch sie zur Ablösung abgekämpfter Armeedivisionen, u. a. der verachteten 27. ID, in den Süden beordert wurden. Da die US-Aufklärung im Wesentlichen nur mit Luftaufnahmen operierte, erkannten sie den raffiniert getarnten Festungskomplex von Shuri, ebenso wie die vorgeschalteten Verteidigungslinien in jenen unansehnlichen Hügeln eigentlich erst, als sie buchstäblich davor standen. Auch die Zahl der Gegner wurde sträflich unterschätzt. Im Oktober 1944 rechnete man mit 48600 Mann (zwei Infanteriedivisionen und einem Panzerregiment). Im Januar wurden zwischen 66000 Mann (2 1/2 Infanteriedivisionen) bis 87000 Mann (vier Infanteriedivisionen) geschätzt. Diese Zahl wurde nach dem Abzug der 9. Division auf 37500/39500 Mann reduziert.[91] Nicht berücksichtigt wurde vor allem, dass durch die totale Mobilmachung und Wehrpflicht die okinawaische

[87] Nichols, Shaw, S. 37
[88] Astor, S. 21
[89] Feifer, S. 363
[90] Astor, S. 152
[91] Nichols, Shaw, S. 30

männliche Bevölkerung weitgehend eingezogen werden würde. Bei der Landung erwartete die US-Führung keine Küstenverteidigung mehr. Ihre Hauptsorge war, wie mit den Fahrzeugen die bis zu 3 m hohen Küstenmauern zu überqueren seien. Nach der Landung in Haguchi erwartete man jedoch starke Gegenangriffe. Nach ihrer Zerschlagung würde man mit schnellen Bewegungen in den Süden vorstoßen, die japanischen Truppen zerschlagen und feste Plätze, die an der Nakagusuku-Bucht erwartet wurden, umgehen.[92]

Da die vor Shuri liegenden Festungsketten unerkannt geblieben waren, kam es freilich ganz anders, vom schnellen Vorgehen und Umgehen im Süden keine Spur. Ein alternativer Plan einer Landung an der Ostküste bei Minatoga, der die japanischen Stellungen von Shuri von hinten aufgerollt hätte (und den die Führung der 32. Armee von Anfang an befürchtet hatte), kam jedoch nie zur Ausführung, auch nachdem die umfangreichen Riegelstellungen der Verteidiger erkannt worden waren.

12000 Bomber und Kampfflugzeuge standen zur Verfügung – mit einer Überlegenheit von 30 zu 1 gegenüber den Japanern. Bei Eisenhowers Landung in der Normandie im Juni 1944 hatte er nur 150000 Mann zur Verfügung gehabt, von denen die meisten nur jene 50 km des Ärmelkanals überqueren mussten.

Die wochenlange Überfahrt auf den Truppenschiffen war zweifellos beschwerlich. Viele Truppenschiffe schwammen von der US-Westküste, also ab Seattle, San Diego und San Francisco, 6200 Meilen einen Monat lang in der vollen Tropenhitze. Oft gab es nur einmal täglich Mahlzeiten in Gestalt von C-Rationen. Auf den Schiffen wurde vom unerträglichen Gestank von Urin, Erbrochenem und Schweiß geklagt.[93] Obwohl sich die Militärführung bemühte, militärische und sportliche Übungen auf den Schiffen zu veranstalten, war nach 50 Tagen auf hoher See in tropischer Hitze die körperliche Verfassung vieler angesichts der Seekrankheit oft schlecht. Erschwert wurden die Fahrten auch durch die dauernden Reibereien zwischen den Marinebesatzungen, die das Kommando über die Schiffe führten, und ihren Passagieren vom Heer, die sich über die als schikanös und diskriminierend empfundene Behandlung sowie die Dienstvorschriften beschwerten. Die Spannungen zwischen Heer und Marine waren also kein Privileg der Japaner. Oft wurden die Truppen auch auf anderen pazifischen Kriegsschauplätzen wie Pearl Harbor, den Marianen, Leyte, Espiritu Santo und Guadalcanal ein-

---

92 Nichols, Shaw, S. 26; Appleman, S. 33
93 Feifer, S. 139

geschifft. Sammlungsort jener 430 Truppenschiffe waren die Ulithi-Atolle, 3700 Meilen westlich von Pearl Harbor.

Die Truppen wurden aus Geheimhaltungsgründen über das Ziel ihrer Reise bis fast zum Ende ihrer Fahrt im Dunkeln gelassen. Die wildesten Gerüchte waren im Umlauf. Erst in den letzten Tagen wurden Broschüren verteilt, die ihnen den Unterschied zwischen den „guten“ Okinawaern („Okis“) und den bösen Japanern („Japs“) erklären sollten. Hauptsächlich bestand der Unterschied darin, dass die ersten dunkler und kleiner waren als die zweiten und besser behandelt werden sollten. Darüber hinaus gab es einige phonetische Handreichungen, was bei Übergabeverhandlungen gesagt werden sollte. Die Broschüren wurden jedoch kaum gelesen. Ein Problem der Autoren war, dass sich trotz monatelanger Recherchen in amerikanischen Bibliotheken außer einigen historisch-anthropologischen Darstellungen und touristischen Postkarten so gut wie kein auswertbares Material über Okinawa hatte auftreiben lassen. In der Vorkriegszeit hatten fast keine Ausländer Okinawa mehr besucht, und die wenigen hatten nichts Berichtenswertes überliefert. So hatten im Jahr 1930 nur 280 Ausländer auf Okinawa gelebt, die meisten Taiwanesen, Chinesen und Koreaner, und nur zwei Amerikaner.[94] Immerhin hatte die Angst über die angeblich allgegenwärtige nachtaktive Giftschlange Habu dazu geführt, dass alle Soldaten mit Gamaschen ausgerüstet wurden, die gegen Bisse in die Unterschenkel schützen sollten, zumal die Amerikaner zu diesem Zeitpunkt noch über kein Serum verfügten. Tatsächlich aber starb in der Folge niemand an Schlangenbissen. Vielleicht waren alle Habu wegen des dauernden Feuerns und Kampflärmes geflüchtet. Die unpraktischen Gamaschen wurden in der Sommerhitze sämtlich weggeworfen. Die wenigen Habu, deren die Soldaten habhaft werden konnten, landeten zur Bereicherung der Rationenkost auf dem Grill. Auch hatte man Angst vor giftigen Mikroben im Wasser, denen mit Tabletten zu Leibe gerückt wurde, sowie vor der Typhusgefahr, weil die Bauern ihre Felder (wie in Korea damals) mit menschlichen Exkrementen düngten. Deshalb wurde der Genuss des lokalen Feldgemüses verboten. Typhus hatten dann nur die Einheimischen.

Letztendlich ließ sich die Einstellung der US-Soldaten vielleicht mit einem Zitat von John Lardner im *The New Yorker* vom 19. Mai 1945 zusammenfassen: „Jeder Marine betrachtete Okinawaer als Japs und er würde keine orientalischen Haare spalten, außer zuzugeben, dass diese Japs sehr harmlos und niedergeschlagen aussahen. Die Okinawaer, die

[94] Feifer, S. 59

wir zuerst sahen, die in den strohbedeckten chinesisch-artigen Dörfern Deckung suchten, denn die Okinawaer sind eher chinesische Bauern als irgendjemand sonst, oder sich in nahen Höhlen versteckten, waren alle Frauen, alte Männer und Kinder.“[95]

Die militärische Sozialisation der US-Soldaten

Was heute angesichts der Zusammensetzung der US-Armee erstaunen mag: Die eingesetzten Kampftruppen waren alle weiß und entstammten, meist etwa 19 Jahre alt, den Mittel- und Unterschichten der Groß- und Mittelstädte und des flachen Landes Nordamerikas. Mit ihrer praktisch orientierten High School-Ausbildung waren sie hinsichtlich des Einsatzes von technischem militärischem Gerät sowie auch im umsichtig improvisierenden Vorgehen („resourcefulness“) ihren rigide indoktrinierten japanischen Feinden nach eigener Einschätzung überlegen. Dazu waren sie physisch auch meist doppelt so kräftig, ausgeruhter und wesentlich besser ernährt. Und es hilft der Eigeninitiative des Soldaten auf dem meist chaotischen Gefechtsfeld, wenn er nicht nur wie der japanische Soldat aus manischer Angst vor seinen Vorgesetzten mehr oder minder sinnlose Befehle ausführt, sondern mitdenkt und Gelegenheiten, die sich plötzlich bieten, furchtlos am Schopfe ergreift. Mit jenem Mangel an Disziplin konnte er natürlich ebenso zum Plündern abgelenkt werden oder aber unvorstellbare Heldentaten (die später natürlich reichlich übertrieben wurden) als Einzelkämpfer vollbringen.

Wir dürfen uns das US-Militär aus Nachkriegs-, Hollywood- und Vietnamkriegsklischees jedoch nicht als ein lustiges Pfadfinderlager vorstellen. Die Brutalisierung jener jungen Männer erfolgte absichtsvoll und war effektiv, nicht anders als im japanischen Militär. In den Ausbildungslagern in den USA wurden den Rekruten die Köpfe geschoren. Sie wurden wie Tiere behandelt, angebrüllt, von Ausbildern getreten, in Zeltlager gesperrt und mussten offenkundig idiotische Befehle kritiklos ausführen. Die üblichen Techniken der militärischen Sozialisation (die auch in der militärischen Grundausbildung von Bundeswehr und NVA verwendet wurden): die klassische Normenfalle – alle bisherigen zivilen Normen (Privatheit und autonomes Verhalten, höfliche Umgangsformen, die Sprechweise und Ausdrucksform, die Bekleidung und die Gangart) sind falsch und werden bestraft. In der rigiden

[95] Zitiert in: Sloan, S. 299

hierarchischen Hackordnung sind die Rekruten, unabhängig von ihrer zivilen Qualifikation, ganz unten angesiedelt. Dazu kommt die physische Belastung der intensiven körperlichen Ertüchtigung durch tägliche militärische Drills und sportliche Übungen, mit langen Dienstzeiten, Nachtalarmen, Schlafmangel durch frühes Wecken und minimaler Freizeit. Ziel ist die mentale und physische Rekonstruktion der Rekruten. Aus Zivilisten sollten Soldaten werden. Für die Marines lag die Zielschnur noch höher: Sie sollten die besten Soldaten der Welt werden. Nie von einer Verteidigungsstellung gestoppt werden, nie einen Kameraden im tödlichen Feindfeuer im Stich lassen.[96] Dabei galt die Redensart: „Deine Seele mag Jesus gehören, aber Dein Arsch gehört den Marines“. Jene Grundsätze wurden in intensivem Waffentraining, körperlichen Übungen und Bajonetttraining sowie ideologischer Agitation durchgesetzt: „Amerika war Güte und Tugend, alles so schön und rein. Das glaubten wir aus vollem Herzen. Dagegen waren die Japs kleinwüchsige Monster, die in allem, vor allem in der Intelligenz, völlig minderwertig waren. In der Oberschule wurde uns gesagt, eine einzige Bombe könnte ganz Tokyo abfackeln, weil diese Kreaturen meist in Bambushütten wohnten – die wie Wilde kämpften und furchtbare Gräueltaten verübten.“[97] Aufgrund der bisherigen Erfahrungen auf den Südpazifikinseln hielt man sie für „Dschungelratten“, die dort in ihrem natürlichen Habitat lebten und kämpften. Dazu seien sie „natürliche Verteidiger“.[98] Beides ist natürlich Unfug. Der Dschungel war den Japanern genauso fremd und feindlich wie den Amerikanern. Und gelehrt und gedrillt wurde einzig der Angriff unter Einsatz aller Reserven. Denn der Rückzug galt als schändlich, und reservenschonende Defensivtaktiken galten deshalb als unnütz und unwert.

Erst Jahrzehnte nach der Schlacht setzte sich bei manchen US-Veteranen eine gewisse Anerkennung des japanischen Gegners durch. So meinte ein ehemaliger Marine im Blick auf die massive US-Überlegenheit: „Wir haben nicht gewonnen, weil unsere Kämpfer überlegen waren. Die Japaner waren genauso gut oder besser“; und ein anderer: „Der japanische Soldat war ein bemerkenswerter Mann. So gut wie ohne Luftdeckung, ohne Marine- und sonstige Unterstützung so gut gekämpft zu haben, brauchte man enorme Stärke und Fähigkeiten.“[99]

---

[96] Feifer, S. 38
[97] Feifer, S. 43
[98] Feifer, S. 359
[99] Feifer, S. 357

Die Besetzung der Kerama-Inseln

Weil die Marine in Gestalt von Admiral Turner darauf bestand, das Landungsziel tagelang vorher zu beschießen, benötigte sie einen sturmfreien sicheren Ankerplatz für ihre Flotte mit entsprechenden Treibstofflagern und Instandsetzungsmöglichkeiten. Hier boten sich die der Hauptinsel Okinawas 20 km westlich vorgelagerten Keramas deutlich an. Dort lebten 1940 6000 Einwohner auf schmalen Stränden und in schluchtartigen Tälern von der Fischerei. Die Steilhänge waren mit Gestrüpp und Wald bewachsen. Die Japaner hatten, wie erwähnt, jene idyllischen neun Berginseln als Standort für ihre Marine-Selbstmordkommandos vorgesehen und mit ihrer Invasion durch die Amerikaner nicht gerechnet. Die 77. Division sollte ihre Besetzung eine Woche vor dem eigentlichen Landungstag durchführen. Am 19. März brachen die Truppentransporter in der San Pedro Bay auf Leyte auf, um die 77. Division und ihre Landungsfahrzeuge und Amphibischen Panzer (Amphtracks) zu den Keramas zu bringen. Die Fahrt mit jenen unförmigen Kastenschiffen dauerte eine Woche und war denkbar unangenehm. Dort kamen sie an dem geplanten Landungstag M, am 26. März 1945 um 8 Uhr morgens an. Die Japaner hatten mit keiner Landung gerechnet. Tatsächlich war die ursprüngliche Besatzung auf den vier größeren Kerama-Inseln von 2300 Mann in den Vormonaten auf 975 Mann, plus 700 koreanischen dienstverpflichteten Arbeitssoldaten *(romusha)* von zweifelhaftem Kampfwert ausgedünnt worden. Dazu gab es die Reste der Selbstmordkommandos der Sturmboote *(tokkotai)*. Bis dahin hatte die Führung der 32. Armee noch der eigenen Propaganda geglaubt, die Kamikaze hätten die Invasionsflotte entscheidend geschwächt, und rechnete mit keiner Besetzung der Keramas.[100] So waren die Strände unbefestigt und keine Abwehr vorbereitet.

Zunächst wurden die Inseln und ihre wenigen Siedlungen gründlich bombardiert und von den 12 Inch-Granaten des 30 Jahre alten Schlachtschiffs Arkansas beschossen. Bis 9 Uhr landete je ein Sturmbataillon mit Amphibienpanzern auf den vier Inseln Aka, Zamami, Tokashiki und Geruma. Dabei entdeckte man viele der Sturmbootverstecke. Die Verteidiger wehrten sich mit MG und Mörserfeuer und zogen sich vor der Übermacht dann in die steilen Berge im Inselinnern zurück. Die Gegenwehr war jedoch so gering, dass das 5. Bataillon, das in Reserve gehalten worden war, noch am gleichen Tag zusätzlich die Insel Yakabi nehmen konn-

---

[100] Leckie, S. 63

te. Auf Aka mit seinen 200 Verteidigern hatten die Amerikaner bis 5 Uhr abends zwei Drittel der Insel besetzt und die meisten Gegner mit Sprengstoffladungen in ihren Höhlen getötet. 58 Leichen wurden gezählt. Auf Zamami waren 400 japanische Soldaten. Hier wartete ihr Kommandeur die Dunkelheit ab und ließ in der Nacht angreifen, oft im Nahkampf, Mann gegen Mann. Am nächsten Morgen zählte man 27 Gefallene. Obwohl in den nächsten neun Nächten weitere Angriffe mit weiteren 100 Toten stattfanden, galten beide Inseln am nächsten Tag als weitgehend gesichert. Auf den anderen drei Inseln war der Widerstand unwesentlich gewesen. Am 27. März schließlich wurde die größte Kerama-Insel Tokashiki von zwei Bataillonen besetzt. Die 100 Sturmbootsoldaten und die 400 Koreaner wurden binnen drei Tagen zerstreut. Allerdings gelang es auf Tokashiki 300 Mann, sich bis zur japanischen Kapitulation im August zu verstecken. Sie waren freilich mit dem Überleben beschäftigt und führten keinerlei Kampfhandlungen aus.[101]

Den 6000 Zivilisten auf den Keramas war vom japanischen Militär erzählt worden, die Amerikaner würden alle Frauen vergewaltigen, die Kinder vergiften und jedermann auf das Grausamste abschlachten. So kam es dann zu vereinzelten Massenselbstmorden, etwa an der Nordspitze von Tokashiki, wo die Amerikaner 150 tote und verwundete Zivilisten fanden, die untereinander Handgranaten, die sie für diesen Zweck von japanischen Soldaten erhalten hatten, gezündet hatten. Oft brachten Männer ihre eigenen Frauen und Kinder um. Und wie waren sie entsetzt, wenn der eigene Selbstmordversuch nicht geklappt hatte, sie von US-Sanitätern statt gefoltert anständig verpflegt wurden, aber die von ihnen sinnlos gemordeten Angehörigen nicht wieder lebendig werden wollten. Die 77. Division nahm insgesamt 1195 Zivilisten und 121 Soldaten, die meisten waren Koreaner, gefangen und steckte sie in Internierungslager hinter Stacheldraht. Tausende andere versteckten sich noch in Höhlen in den Bergen. 530 Gegner waren gefallen. Die eigenen Verluste betrugen 31 Tote und 81 Verwundete.[102] 291 Selbstmordboote waren auf den Inseln entdeckt und zerstört worden. Drei waren bei dem Versuch zu flüchten versenkt worden. Nur vier hatten – erfolglos – Angriffe auf die Invasionsflotte unternommen. Auch gab es eine kleine Kampfschwimmereinheit. Fünfzehn Mann von ihnen griffen frühmorgens auf einem Paddelboot und einem Floß einen Zerstörer an, den sie mit Sprengstoff versenken wollten. Als sie entdeckt wurden,

---

[101] Appleman, S. 57

[102] James und William Belote. *Typhoon of Steel. The Battle for Okinawa*. New York, 1970 (1984), S. 48

sprengten sie sich mit Handgranaten selbst in die Luft.[103] Am 29. März wurden die Anker- und Umschlagplätze für Munition und Benzin auf den Keramas errichtet. Später wurden Reparaturwerften und ein großer Schiffsfriedhof für nicht reparable Kamikaze-Opfer errichtet. Auch Anti-U-Bootfliegerstaffeln und Patrouillenflugzeuge wurden hier stationiert sowie Radar und Flakgeschütze zur Kamikaze-Abwehr auf die Inseln gebracht.

Ferner wurden die flachen, 12 km westlich von Naha liegenden vier kleinen Sandinseln der Keisei ohne Widerstand besetzt. Hier ließ General Buckner 24 schwere 155 mm-Geschütze aufstellen, die die Invasion artilleristisch unterstützen sollten. Um jene schweren Geschütze auf die unbewohnten Inseln zu bringen, musste eine Fahrrinne durch die Korallenriffe gesprengt werden. Am 31. März, einen Tag vor dem Landungstag, waren sie feuerbereit. Mit 300 bis 400 Salven pro Tag und Geschütz auf Ziele in Südokinawa erhielten die 600 Mann bald Gegenbatteriefeuer, bei dem ein Volltreffer einen Batteriegefechtsstab samt Insassen tötete. Ein früher Rückeroberungsversuch, der mit einer Flottille von Kleinbooten unternommen worden war, hätte angesichts des mangelnden Infanterieschutzes der Artilleristen fast Aussicht auf Erfolg gehabt, ging jedoch nach der knapp gelungenen Abwehr im Feuer der Schiffsartillerie unter.[104]

Heute werben die Kerama-Inseln mit ihren weißen Stränden, dem kristallklaren Meer und Tauchtouren zu Korallenriffen. Von Schiffswracks ist nirgendwo die Rede.

Love Day

Die amerikanischen Planer hatten die Haguchi-Strände an der Westküste für die Invasion der Hauptinsel ausgewählt. Die Strände waren breit und das Hinterland relativ flach. Dort lagen in unmittelbarer Nähe die Flugfelder von Yontan und Kadena als erste Kriegsbeute, bevor im weiteren Hinterland Hügel- und Bergketten bedrohlich aufragten. In diesem Gebiet nahm die versammelte Schiffsartillerie der größten Ansammlung von Kampfschiffen der Marinegeschichte (40 Flugzeugträger mit 1500 Kampfflugzeugen, 18 Schlachtschiffen und 150 Zerstörern), unterstützt von 300 B-29-Bombern des 21. Bomberkommandos, neben den Stränden jede erdenkliche Höhle und Artilleriestellung der

---

[103] Feifer, S. 155

[104] Sloan, S. 35

8 km breiten Landungszone 500 bis 1000 Meter landeinwärts sechs Tage und Nächte lang unter schweres Feuer. Da jedoch fast alle unbesetzt und geräumt waren, ging das Feuer – in den Stunden vor der Landung allein mehr als 100 000 großkalibrige Schiffsgranaten und Raketen – zur Erheiterung und Erleichterung der japanischen Beobachter aus dem Süden, darunter General Ushijima und sein Stab mit Ferngläsern auf der Burg Shuri, restlos ins Leere.[105] Die Gegend wurde mit 25 Granaten pro 100 m^2 pulverisiert. Allerdings löste der Anblick jener Armada bei vollem Tageslicht bei den Japanern die bittere Frage aus: Wie hatten ihre Flotte und Luftwaffe dies zulassen können?[106]

Trotz jener Feuerwalze meint Feifer, es seien nur zivile Gebäude und die Ufermauer zerstört worden. Die verlassenen japanischen Bunker und Feuerstellungen seien intakt geblieben. Aus ihnen hätte man Landungsschiffe, die auf Korallenriffe aufgelaufen waren, unschwer abschießen und auch sonst den bei der Landung höchst verwundbaren Invasionstruppen empfindliche Verluste zufügen können. So landeten bis zum Einbruch der Nacht 60 000 Kampftruppen und 15 000 Nachschubsoldaten mit dem meisten Gerät weitgehend unbehelligt.

Als alternative Landungszone war auch die Küste von Minatoga im Südosten in Betracht gezogen worden. Dort lag in Höhlenbunkern damals noch die 24. Division in Stellung. Jetzt, am L-Tag, unternahm die 2. Marinedivision einen Scheinlandungsversuch vor Minatoga, dessen Abwehr von den Japanern nach eigenem, wirkungslosen Artilleriefeuer als Sieg gefeiert wurde. Ein Kamikaze-Angriff auf das Transportschiff Hinsdale und das Landungsschiff LST 884 forderte dort 8 Tote, 8 Vermisste und 37 Verwundete. Es war tragisch, dass jene Verluste der 2. Marinedivision, die ersten jenes Invasionstages, vor einem Strand erfolgten, auf dem sie nicht einmal landen sollten. Die Hinsdale wurde so schwer beschädigt, dass sie als erstes von vielen Schiffen zu den Keramas zur Reparatur geschleppt wurde.

In der Vorbereitung der Invasion räumten 90 Minensuchboote sämtliche Seeminen, und Kampftaucher beseitigten alle physischen Landhindernisse vor den vorgesehenen Stränden von Higashi. Es waren jedoch lediglich 2900 in den Meeresboden gerammte gespitzte Holzpfähle und Korallenriffe, die den flachen Landungsfahrzeugen hätten gefährlich werden können. Kein Vergleich zu den deutschen Hindernissen vor der Küste der Normandie, die im Vorjahr eine ähnlich große Armada erlebt hatte. Keiner der Kampfschwimmer wurde bei seinen Spren-

---

[105] Leckie, S. 71

[106] Feifer, S. 143

gungen von der Küste aus behelligt, obwohl japanische Beobachter ihre Tätigkeit mit Interesse verfolgten. Viele gingen noch davon aus, die versprochenen Kamikaze-Wellen würden sich demnächst auf die Angreifer stürzen.

Ab dem 26. März deckten zehn Schlachtschiffe – viele von ihnen waren aus dem Atlantik abgezogen worden, wo sie nicht mehr gebraucht wurden – die 12 km Strandfront systematisch mit Artilleriefeuer aus 12- bis 16-Inch-Geschützen (d. h. Granaten mit dem Durchmesser von 36 bis 42 cm) ein. Unterstützt wurden sie von acht Schweren, drei Leichten Kreuzern und 23 Zerstörern. Die meisten stammten aus der Vorkriegszeit und standen vor Pearl Harbor kurz vor der Verschrottung, weil sie zu langsam waren, um den Flugzeugträgergruppen zu folgen. Zu Beginn des Pazifikkrieges waren sie mit höheren Geschossbahnen zu schwimmenden Batterien für den Küstenbeschuss umgebaut worden (anstelle der flacheren, die für Seegefechte nötig waren). Dann folgten Angriffswellen von Sturzkampfbombern, die von den Flugzeugträgern aufgestiegen waren. Sie belegten die Strände und das Hinterland mit Napalmteppichen und MG-Feuer. Gelegentlich explodierte ein getroffener japanischer Öltank.

Die US-Militärführung hatte zwar erwartet, dass die Küste selbst nicht nennenswert verteidigt werden würde. Doch hatte man auf Iwojima, wo sich die Marinetruppen eingegraben hatten, bei der Beschießung der Küste gespart und sich so der Kritik ausgesetzt. Deshalb entschied man sich jetzt für jenes militärisch nutzlose Feuerwerk, auch weil man glaubte, es würde die Invasionssoldaten moralisch ermuntern. Am Vortag hatte es auf den Landungsschiffen ein großes Truthahn-Abendessen gegeben. Wie immer wurden die US-Soldaten am Vorabend eines großen Gefechtes bestens verköstigt.

Als am 1. April 1945, einem Ostersonntag, um 6.20 Uhr der Landebefehl erfolgte und die Schiffsartillerie und die Bombenangriffe weiter ins Inselinnere verlegt wurden, griffen aus über 4000 m Entfernung vom Strand zunächst Wellen von 800 Schwimmpanzern („Amphtrack“) an. Anfangs gab es noch vereinzeltes ineffektives Feindfeuer. Ab 8.30 Uhr, an einem sonnigen und kühlen Morgen, landeten die Marines der 1. und 6. Marinedivision in ihren Landungsbooten und Schwimmtraktoren im nördlichen Abschnitt vor Yontan und die GIs („General Infantry“) der 7. und 96. Armeedivisionen im südlichen Abschnitt vor Kadena wie bei einer Manöverübung bei nur minimaler Gegenwehr an den Stränden und skalierten die Strandmauer bzw. ihre Trümmer. Schon nach einer Stunde standen 16000 Mann auf den unvermint gebliebenen Stränden von Haguchi. Damit konnten von den flachen Landungsschiffen auch Kampfpanzer und auf schwimmenden Transportern, „Ducks"[107] genannt, Munition und anderer Nachschub angelandet werden.

Die Seemauer war gründlich zerschossen. Man fand Bunker und Artilleriestellungen, die alle leer waren. Viele hatten das Gefühl, auf der falschen Insel gelandet zu sein. Wo waren die Leichen und die zerschossenen Landungsfahrzeuge, fragten sich die Veteranen von Peleliu, wo Dutzende von Landungsschiffen abgeschossen worden waren, bevor sie den Strand erreichten. Abgesehen von den Granat- und Bombentrichtern des eigenen Beschusses war alles friedlich. Das feindliche Mörserfeuer hatte längst aufgehört. Dazu machte Okinawa einen ausgesprochen einladenden klimatischen und landschaftlich anmutigen Eindruck – im Gegensatz zu den bisherigen Rattenlöchern im Pazifik.[108]

Insgesamt gab es bei den 60000 Männern, die am ersten Tag an Land gingen, nur 28 Tote, 27 Vermisste und 104 Verletzte, die meisten als Folge von Unfällen, als zum Beispiel ein Panzer in ein unbemerktes Korallenloch fiel und die Besatzung ertrank, oder von Selbstverstümmelungen. Ein vollbesetztes Landungsboot wurde von einer vereinzelten Mörsergranate voll getroffen. Andere waren einem Kamikaze-Angriff oder dem eigenen Feuer zum Opfer gefallen. So tötete eine Corsair fünf Mann und verwundete 17.[109] Auch auf der 50 Meilen nördlich von Okinawa gelegenen Insel Iheya wurden zur gleichen Zeit Marines, die bereits den Strand genommen hatten, von der eigenen Schiffsartillerie getroffen.

Zwar verfehlten gelegentlich die Landungsboote ihre vorgesehene Anlegestelle und die betroffenen Einheiten mussten sich in dem wilden Getriebe mühsam ihren Truppenteil suchen. Ein fehlgeleitetes Landungsschiff hatte seine Schwimmpanzer an der falschen Stelle entladen. Erst nach fünf Stunden kamen sie an Land. Zwei gingen dabei verloren.[110] Doch was normalerweise ein tödliches Risiko darstellte, konnte nun unaufgeregt wie im tiefsten Frieden erfolgen. Massiv rollte in den nächsten Tagen und Nächten der Nachschub an. Selbst das Scheinwerferlicht, das die schönsten Ziele beleuchtete, lockte die japanische Artillerie nicht (weil sie wohl auch sofortiges, massives Gegenfeuer ausgelöst hätte). Lediglich die Ebbe verursachte eine Verlangsa-

---

[107] Jene „Ducks" sehen wie übergroße Badewannen auf Rädern aus und werden noch heute auf Guam zur Touristenbelustigung eingesetzt.

[108] Sloan, S. 34

[109] Feifer, S. 151

[110] Nichols, Shaw, S. 66

mung, weil die Landungsfahrzeuge nur noch mit viel Mühe über die Riffe kamen.

Die Hauptbrücke über den zwischen den beiden Invasionszonen der Armee und der Marines liegenden Fluss Bishi war, ebenso wie viele kleinere Brücken, intakt geblieben. Das Hauptproblem für den US-Vorstoß waren schon jetzt die engen und schlechten Straßen. Schon am Abend des 1. April hatte der mit Panzern, Artillerie und Flak bestückte Brückenkopf eine Ausdehnung von 15 km Breite entlang der Küste und 4 bis 6 km Tiefe. Ein GI wird mit der Beobachtung zitiert, er habe schon länger gelebt, als er es je erwartet hätte.[111]

Die japanischen Flugfeldbauer und ihre okinawaischen Bausoldaten *(romusha)* hatten in den wenigen Tagen, die ihnen zur Verfügung standen, ihre Flugplätze nur oberflächlich zerstören können. Nur wenige Tage zuvor hatte ein zusammengewürfeltes, unzureichend ausgebildetes und nur zur Hälfte mit Karabinern, MG und Mörsern bewaffnetes Regiment okinawaischer Hilfstruppen (Boeitai) von 3500 Mann – hauptsächlich Flughafenbausoldaten, Wartungspersonal und Oberschüler – den Befehl erhalten, die Landungsstelle und die Flugfelder doch noch zu verteidigen – weil Tokyo darauf bestand. Beim Einsetzen der Schiffsartillerie und der Bombenangriffe hatten sie schnell Reißaus genommen, waren in die nördlichen Berge gelaufen oder zu den befestigten Stellungen im Süden. Wahrscheinlich hätten sie sogar in ihren Bunkerstellungen östlich der Flughäfen einigen Widerstand leisten können, hatten jedoch, schlecht geführt, unzulänglich ausgebildet und unerfahren, beim Einsetzen des schweren Beschusses die Nerven verloren. Sie führten bei ihrem Rückzug nur desorganisierte Schießereien durch. Flüchtende Soldaten erleiden oft sehr hohe Todesraten. Allein im Bereich der 1. Marines wurden in den nächsten Tagen in ihrem Landungsbereich 600 gefallene Boeitai gezählt. Soweit ersichtlich, haben nur 30 Mann, die sich in den Bergen unter Führung eines Hauptmannes versteckt hatten, wo sie sich von Süßkartoffeln und Grünzeug ernährten, die nächsten 90 Tage der Schlacht überlebt.[112]

Binnen weniger Stunden besetzten die Amerikaner die beiden Flugplätze ohne Verluste. Die Flakstellungen enthielten nur Attrappen. Schon am nächsten Tag konnten die Angreifer dank zahlreicher mitgebrachter Planierraupen die Bombentrichter füllen, die japanischen Wracks abräumen und den Platz für Notlandungen in Gang setzen. Als eines der ersten Flugzeuge landete auf dem von Flugzeugwracks ge-

[111] Leckie, S. 71
[112] Belote, S. 64

räumten Flugplatz von Yomitan angeblich ein Zero-Fighter, dessen Pilot von den überraschten GIs prompt erschossen wurde. Dieser Vorfall wird in der Literatur jedoch mit so viel unterschiedlichen Ausschmückungen erzählt (mal greift der erschrockene Japaner zur Pistole, mal gibt er lässig den Befehl zum Auftanken etc.), dass Zweifel an der Authentizität angebracht sind. Nach acht Tagen ist normaler militärischer Flugbetrieb möglich.

Das Tagesziel von „Love-Day" ist übererreicht, als noch große Teile des rückwärtigen Geländes bis zum Einbruch der Dunkelheit besetzt werden. Viele GIs und Marines hatten nichts zu tun, jagten Schweine, Ziegen, Kaninchen und Kleinpferde und plünderten die Gemüsegärten in den verlassenen Bauerndörfern. Ein Marine beschrieb sein Leben in der Etappe im Landungsbereich: „Wir gingen Souvenirs jagen, töteten Hühner, schossen Schweine und amüsierten uns nur."[113] Die Beute wurde dann im Lager gegrillt. Sie fingen Ponys ein und machten mit ihnen Wettrennen. Eine Handvoll überraschter Boeitai-Soldaten sperrten sie in eine Pferdekoppel. Auch wurden die ersten verängstigten Zivilisten aus ihren Grabanlagen geholt. Die GIs riefen „Okinawa, Okinawa?" – die einzigen japanischen Worte, die sie kannten und machten sich zu diesem Zeitpunkt noch die Mühe, Zivilisten aus ihren Verstecken zu locken, bevor sie Handgranaten hinein warfen, um sie mit Zigaretten und Schokoriegeln zu gewinnen. Das war nicht so leicht, da den Kindern in den Schulen erzählt worden war, die Amerikaner würden sie vergiften. Die Soldaten mussten also stets erst einmal selbst in den Riegel beißen, bevor ihre Kundschaft Vertrauen fasste. Doch nicht alle Okinawaer waren wie die auf den Keramas zu Tode erschreckt. Manche schienen froh, dass der Krieg für sie vorbei war und wollten sich mit den Amerikanern anfreunden, zuerst schüchtern, dann freundlich und hilfsbereit. Da alle wehr- und arbeitsfähigen Männer eingezogen waren, bestanden die Zivilistengruppen immer nur aus Kindern, Frauen, Alten und Kranken.[114]

Die Truppenärzte, die auf das Schlimmste vorbereitet waren, hatten auf ihren Spitalschiffen und in ihren neuerrichteten Feldlazaretten Zeit zum Kartenspielen und kümmerten sich um Seekranke und verstauchte Knöchel. Auf einem Rotkreuzschiff war eine abgeschossene Fingerkuppe die einzige Verwundung, die man zu verarzten hatte.[115]

---

[113] Sloan, S. 54
[114] Sloan, S. 60
[115] Leckie, S. 75

Nachts gab es einen vereinzelten Überfall von Infiltratoren, die Marines in ihren Schützenlöchern erstachen. Vier Mann fielen und 12 wurden verwundet. Die Japaner ließen 71 Gefallene zurück.[116]

Ausrüstung und Versorgung

Das Gepäck eines US-Infanteristen an der Front in Okinawa bestand aus dem M1-Gewehr, einem Bajonett, einer vollen Patronentasche, zwei Munitionsgurten (mit 200 Schuss), zwei Wasserflaschen, einem Erste-Hilfe-Päckchen, einem Serum gegen Schlangenbisse, Wassertabletten und dem leichten Kampfgepäck (Umhang, Decke, Esszeug, Fußpulver, Zahnbürste, Seife, Rasierzeug, einem Stahlspiegel, zwei Paar trockenen Socken, einem aufblasbaren Kopfkissen, extra K- und D-Rationen, vier Handgranaten, Walkie-Talkie-Batterien und helle Markierungspanele für die Orientierung der Luftwaffe. An der Front hatte er also einiges zu schleppen. Für den Transport ins Hinterland standen freilich Militärlaster bereit. Im Laufe der Zeit verbesserte sich die Verpflegung auf Okinawa. Es gab bald genügend Speck, Zucker, Oleo-Kekse, Zigaretten, Hühnerfleisch in Dosen, Fruchtsaft-, Kaffee- und Eipulver. Mit kleinen Öfen konnte das Essen verflüssigt und aufgewärmt werden.

Mit ihrem privilegierten Zugang zu „Souvenirs" konnten die Fronttruppen ihren Sold und ihre Verpflegung durch einen schwunghaften Handel mit der Etappe, der Luftwaffe und der Marine, die diesen Zugang naturgemäß nicht hatten, deutlich verbessern: „Wir durchsuchten die Körper nach Material zur Auswertung. Um die Hüfte hatten sich die Japsen ihre Fahnen gebunden, die als Souvenirs am wertvollsten waren. Waffen und Schwerter waren auch wertvoll. Feldwebel Rose sammelte fünf Schwerter, die er mit sich schleppen musste, da wir keinen rückwärtigen Sammelpunkt zur Aufbewahrung hatten".[117] Das 96. ID berichtet nach der Rückkehr in eine rückwärtige Ruhestellung: Wir hatten Bajonette, Gewehre, japanische Flaggen, Fotos, Füller, Währung. Dies wurde entweder an die begierigen Etappenkrieger verkauft oder gegen Pfirsichkonserven, Kaffee und Mehl eingetauscht.[118] Seeleute und Piloten hatten ein Whiskey-Kontingent, das sich auch gut gegen Souvenirs eintauschen ließ. Den Japanern war die US-Sucht nach Mementos so gut bekannt, dass sie Leichen oder vermeintliche Schatzkisten mit

[116] Sloan, S. 64
[117] Astor, S. 442
[118] Astor, S. 328

Sprengfallen versahen, die die unvorsichtigen Plünderer und Fledderer dann ins Jenseits beförderten. Entsprechende Verbote der US-Militärführung wurden stets souverän missachtet, zumal sich auch die meisten Offiziere, je nach Neigung, eifrig an dem Spiel beteiligten.

Waren im schwer zerstörten Süden nur noch militärische Souvenirs erhältlich, so lieferte im weniger zerschossenen, wenn auch verarmten Norden beim Vormarsch der Marines die Plünderung von Privatwohnungen noch Erträge. Ernie Pyle berichtet von Fotoalben, Flechtkörben, Lacktabletts, Schallplatten und Uniformteilen, die die Marines aus den verlassenen Häusern schleppten und einsteckten.[119] Weil sie sich gestohlene japanische Uniformen anzuziehen begannen, bestand schließlich das Risiko, von den eigenen Leuten erschossen zu werden. Erst als die Divisionsführung die Warnung erließ, jeder, der mit japanischen Uniformteilen erwischt würde, werde sofort zur Leichenbergung und zu Bestattungskommandos abgeordnet, hörte der Mummenschanz auf.

Natürlich plünderten auch die Japaner tote Amerikaner aus. Und wie aufrichtig empört reagierten die US-Soldaten, wenn sie an gefallenen Japanern US-Armbanduhren und Brieftaschen mit Dollar-Scheinen fanden. Dessenungeachtet fledderten die Amerikaner gelegentlich auch die eigenen Toten und stahlen sich gegenseitig die Souvenirs.

Einstellungen zum Feind

Der Krieg, den die Amerikaner fochten, war eindeutig ein Rassenkrieg. US-Propagandafilme wie „Why we fight“ dämonisierten den Gegner und erzogen zum Hass.[120] Jene antijapanische Propaganda begann unmittelbar nach Pearl Harbor. Sie wurde mit dem Argument von den GIs und Marines rationalisiert, es sei besser zu töten, bevor man selbst getötet wird.[121] Die „dirty Japs“ wurden als wahnsinnig angesehen.[122] Das prägte das Verhalten schon bei den vorhergegangenen Kampfhandlungen. So wurden auf Saipan angeblich 5 ermordete gefesselte US-Kriegsgefangene gefunden.[123] Auch die auf den Philippinen befreiten, zu Skeletten abgemagerten und misshandelten US-Gefangenen verbitterten die Truppe. Die Japaner wurden als inhuman und der Gnade nicht

---

[119] Astor, S. 255

[120] Astor, S. 57, Dower 1986, S. 77ff

[121] Astor, S. 112

[122] Astor, S. 128 und 135

[123] Astor, S. 291

würdig angesehen. Einige Zitate: „Uns wurde gesagt, dass die Japsen sich nicht ergeben würden, und das taten sehr wenige, und sie zu töten, bevor sie Dich umlegen, und dass sie eher sterben würden als sich zu ergeben, solange sie Dich mit ins Jenseits mitnehmen können;“[124] „Es war eine Frage von uns oder ihnen. Wir dachten, sie sind ein Haufen Arschlöcher. Je schneller wir sie umlegen, desto schneller ist der Krieg vorbei … Niemand hatte irgendwelches Mitleid mit den Japanern.“[125] Ein weiteres Zitat: „Vielleicht war es ihre Ausbildung – oder Gehirnwäsche. Unsere Jungs kamen herüber [nach Okinawa] und wollten wirklich kämpfen. Sie waren ein Haufen Draufgänger, die scharf darauf waren, an die Front zu kommen und den schmutzigen Japs den Arsch zu versohlen.“[126] Natürlich wird es auf den Truppenschiffen viel prahlerische Großsprecherei gegeben haben, die bei dem Elend der Bunkerstürme sicherlich schnell verging.

Der Ton wurde von der obersten Militärführung vorgegeben. Der häufig betrunkene Admiral William („Bull“) F. Halsey ließ an der Kajüte seines Hauptquartiers folgenden Sinnspruch anbringen: „Töte Japs, töte Japs, töte mehr Japs. Du wirst dabei helfen, die gelben Bastarde zu töten, wenn Du Deine Arbeit gut ausführst.“[127] Das war auch die offizielle Propagandalinie: Die Zeitschrift *Leatherneck* lieferte als Bildunterschrift für einen Haufen toter Japaner: „Good Japs. Keep’em Dying.“[128]

Die Einstellung wurde von mittleren Truppenoffizieren geteilt. Ein Kompaniechef: „Die Einstellung der Marines zu den Japanern war: ‚Töte die Hurensöhne‘. Das einzige gute Wort, das ich je über die Japsen gehört hatte, war, dass sie für ihren Kaiser sterben wollten. Dabei wollten wir ihnen helfen.“[129] Ein weiterer Kompaniechef der 77. ID: „Für mich und die Leute, die ich kannte, waren die Japaner verräterische, brutale, unoriginelle und vulgäre Leute, so abstoßend wie es ein angeblich zivilisiertes Volk nur sein kann. Durch ihre Behandlung der amerikanischen Gefangenen bewiesen sie später, dass ich Recht hatte. Ich hatte Freunde, die an Misshandlungen und Hunger gestorben waren. Ich und meine Leute glaubten, was Admiral Halsey sagte: Der einzige gute Japs war ein Toter“.[130] Die Haltung der Offiziere mag auch davon ge-

124 Astor, S. 43
125 Astor, S. 194
126 Feifer, S. 35
127 Feifer, S. vi
128 Feifer, S. 127
129 Astor, S. 521
130 Astor, S. 26

prägt worden sein, dass sie, sofern sie je in Frontnähe gerieten, von japanischen Scharfschützen bevorzugt abgeschossen wurden.

Das färbte dann natürlich das Verhalten der Frontsoldaten. Ein Reservist der 96. ID: „Meine Leute betrachteten die Japaner als Untermenschen und verübten Untaten, die wir heute als Scheußlichkeiten bezeichnen würden.“[131] Ein Zugführer der 96. ID: „Den Feind zu töten, war kein Problem für mich, obwohl es mir weder Spaß machte oder ich stolz darauf war. Man fühlte keine Verantwortung für den Tod des Feindes. Es war einfach eine Aufgabe, die durchgeführt werden musste. Andererseits war der Tod eines der eigenen Leute eine schwere Bürde für mich. Ich habe jene Gefühle nie überwinden können.“[132] Ein Marine-Feldwebel: „Einigen machte es einfach Spaß, Japse zu töten. Einige schnitten Ohren ab, andere sammelten Goldzähne. Wir hatten einen, der Schädel sammelte, was bei der Führung nicht auf große Zustimmung stieß.“[133] Ohnehin machten die Marines schon aus ihrer Truppentradition und wegen ihres Prinzips des schnellen Vorgehens ungern Gefangene, die sie für wertlos hielten[134] (auch in Vietnam hielten sie es mit dem Wahlspruch: „Tötet alle und lasst Gott sie aussortieren“). Gelegentlich gab es auch Missverständnisse: Auf dem Kreuzer Suffolk entdeckte man einen Schiffbrüchigen: „Wir dachten, er sei ein japanischer Pilot und wollten ihn erschießen. Da schrie er: ich bin ein amerikanischer GI von der 77. ID.“[135]

Die Dehumanisierung des Gegners als offizielle US-Politik beeinflusste auch die US-Gefangenenpolitik, die nicht erst auf Okinawa die meisten ermorden ließ: „Mein Regiment machte auf Leyte keinen einzigen Gefangenen. Du konntest Deine eigenen Verwundeten kaum aus dem Dschungel herausholen, und wir würden mit tödlicher Sicherheit nicht unsere Zeit für ihre Verwundeten verschwenden“. Und auf Okinawa: „Befehle kamen, wir sollten keine Gefangenen machen, wenn sie sich ohne triftigen Grund ergeben sollten. ‚Einfach erschießen‘, so hieß das … Dann war das Problem von Zivilisten, die durch die Front wollten, und manche Feindsoldaten haben sich als Zivilisten verkleidet. Deshalb wurde uns befohlen, die Leute zu erschießen. Tut mir leid, manche Amerikaner haben Kinder erschossen“[136]. „Es gab keine Dis-

---

131 Astor, S. 121
132 Astor, S. 444
133 Feifer, S. 520
134 Astor, S. 335
135 Astor, S. 186
136 Astor, S. 308

kussionen über die Behandlung von Gefangenen. Wir nahmen keine. Wir waren misstrauisch gegenüber Zivilisten, die uns oft als Japs bekämpft hatten".[137] „Ich erinnere mich nicht an irgendeine Instruktion, wie wir Zivilisten, oder japanische Soldaten, die sich ergeben wollten, behandeln sollten. Die Soldaten ergaben sich so gut wie nie, aber einen oder zwei haben wir gefangen"[138]. Ein Truppführer der 96. ID: „Zur Hölle. Nur ein toter Jap ist ein guter Jap. Bis zum 18. Juni haben wir keine Gefangenen gemacht, als sie sich in größeren Zahlen zu ergeben begannen". Ein Stabsoffizier der 96. ID: „Mein Regiment nahm nur einen Gefangenen. Die anderen haben wir nicht genommen. Für die hatten wir einen anderen Ausgang, vor allem da sich ein paar von ihnen mit erhobenen Händen, in denen sie Handgranaten trugen, ergeben wollten. Wir hielten die Japse einfach für Affen. Du konntest Dich auf einen toten Japs setzen und Dein Mittagessen einnehmen". Ein Veteran berichtet: „Ich war in einer großen Höhle, in der viele Tunnel von der ‚Haupthalle' abgingen. Alles lag voller Leichen, aber plötzlich sah ich einen atmen, obwohl seine Augen geschlossen waren. ‚Hey, wir haben einen lebenden Poggie hier' rief ich, schieße ihm mit der MP eine Salve in die Brust – und habe mir nichts dabei gedacht. Das ist ziemlich grauenhaft. Aber so war es" und erzählt weiter vom Jubel, der ausbrach, als sie brennende Japaner aus einer Höhle fliehen sahen: „Wir wurden auch Wilde."[139] Ein Feldwebel der 77. ID beschreibt eine gescheiterte Gefangennahme kritisch: „Vor Shuri wollte sich ein offenkundig unbewaffneter Japaner ergeben … Aber einer von uns schoss ihm eine Karabinerkugel zwischen die Augen. Er war ein Junge, nicht mehr als 18. Das war eine kriminelle Dummheit, wenn es nicht schon einfacher Mord war. Er fand in voller Sicht seiner Kameraden statt, die diesen Teil der Festung verteidigten und hat ohne Zweifel ihren Willen verstärkt, bis zum Tode zu kämpfen. Jede Höhle, die wir angriffen, kostete Leben. Wir fluchten, dass dieser Idiot uns alle auf dem Gewissen haben würde."[140] Ein Zugführer der 96. ID: „Niemand informierte uns, wie wir japanische Gefangene behandeln sollten. Gelegentlich bot unser Generalstab einen Kasten Bier oder harten Alkohol im Tausch für einen japanischen Gefangenen an … Gefangene gaben uns wichtige Informationen. Wir haben sie gut behandelt, sie nicht herumgestoßen, verprügelt oder misshandelt." Das schien bis Ende Juni 1945 die Ausnahme gewesen zu sein. Tatsäch-

---

137 Astor, S. 303
138 Astor, S. 308
139 Feifer, S. 353
140 Astor, S. 524

lich wurden einmal zwei Mann vor ein Kriegsgericht gestellt, weil sie einen Major, der einen Flugzeugabsturz überlebte und eine Aktentasche voller Karten dabei hatte, einfach per Kopfschuss ermordeten. Die Marineführung war wütend, weil er, wie sie es ausdrückte, „sein Gewicht in Gold für die zusätzlichen Informationen wert gewesen wäre".[141] Manche Einheiten legten auf Informationen keinen Wert. So zählte die 77. ID bis zum 6. Mai vor ihren Stellungen 3500 tote Japaner und machte keinen einzigen Gefangenen.[142] Da kann man sich vorstellen, was sie mit allen Verwundeten gemacht haben, die ihnen in die Hände gefallen waren. Ein Truppführer der 1. Marines: „Wir haben nie Gefangene gemacht … Ich sah Typen, die zu Zivilisten übertrieben hilfsbereit waren. Sie gaben ihnen Essen, Zigaretten, Süßigkeiten und zeigten viel Mitgefühl. Aber denen konnte nicht getraut werden. Also wurde jede Fraternisierung verboten."[143]

Eugene Sledge (der später Biologieprofessor wurde) von den 1. Marines beschrieb den „bestialischen, primitiven Hass" seiner Kameraden in einem „Vernichtungskrieg, der durch eine politische, kulturelle und rassistische Abscheu noch weiter geschürt wurde". So beschreibt er z. B. Szenen, in denen Marines gefangenen Japanern noch bei lebendigem Leib die Goldzähne ausschnitten, bevor sie sie schließlich erschossen.[144]

Dass die US-Kriegsführung gegen Japan als Rassenkrieg angelegt war, wird auch aus Präsident Franklin Roosevelts Dekret deutlich, 122000 US-Bürger japanischer Herkunft 1941 vier Jahre lang in Konzentrationslager in der Wüste einzusperren – mit einer Todesrate von 25 % – und ihren Besitz zu konfiszieren. Deutsch-Amerikaner und Italiener dagegen blieben unbehelligt. Zweifellos hatte die US-Militärführung auf und um Okinawa die Genfer Konventionen souverän ignoriert und massive Menschenrechtsverletzungen nicht nur toleriert, sondern auch dazu ermuntert.[145] Nach den Standards von Nürnberg oder Tokyo hätte sie dies bei einem verlorenen Krieg zu Recht an den Galgen gebracht. Dass die japanische Militärführung mit ihrer selbstmörderischen Hasspropaganda und ihrer Brutalität

---

[141] Astor, S. 374

[142] Astor, S. 380

[143] Alstor, S. 525

[144] Eugene B. Sledge. *With the Old Breed: At Peleliu and Okinawa*. New York, 1981, S. 120

[145] Für eine ausführlichere Diskussion und Dokumentation siehe: John W. Dower. *War without Mercy. Race and Power in the Pacific War.* New York, 1986, S. 77ff

gegenüber den eigenen Soldaten und Rücksichtslosigkeit gegenüber der Zivilbevölkerung von Okinawa nicht viel besser war, ist keine Rechtfertigung. Weil 40 % der US-Kriegsgefangenen in japanischen Lagern starben – im Gegensatz zu nur 1 % in deutschem Gewahrsam – und es zusätzlich endlose Geschichten, ob real oder erfunden, über japanische Gräueltaten und zu ihren äußerst befremdlichen Selbstmordtaktiken gab, wurde der Glaube bestätigt, die Japaner seien, im Gegensatz zu den Deutschen, Italienern und den anderen Achsenmächten, ein einzigartig scheußlicher Gegner, der keine Gnade verdiene und seine Auslöschung nahezu verlangte.[146]

Die krude Logik und Obsession des „Body Counts" war, jenseits des Hasses, auch jene: Da die Zahl der japanischen Kämpfer endlich war, bedeutete jeder tote Japaner einen Schritt weiter zur Befriedung der Insel, zum Ende der Kämpfe und zur möglichen Rückkehr in die Heimat. Wenn also bei einem Gefecht 1000 Leichen gezählt oder (inflationär) geschätzt wurden, hieß dies, man habe von Ushijimas verbliebener Truppe von, sagen wir, 50000 Mann 2 % eliminiert und war dem Ziel der Schlacht entsprechend näher gekommen. Ein „schöner" Erfolg also. Es geht im Krieg aber auch anders. So etwa in Gestalt der Einstellung des deutschen kaiserlichen Heeres im Ersten Weltkrieg: Gefangene galten, ebenso wie Feindwaffen und -vorräte, als wertvolle Kriegsbeute, die nach Möglichkeit pfleglich behandelt und als Symbol des Sieges stolz gezählt wurden, weil sie als Informanten und als Arbeitskräfte hinter der Front und in der Heimat unentbehrlich waren. Feindliche Tote dagegen waren uninteressant und als stinkende Kadaver eher eine Plage, die ungezählt „in großen Haufen" vor den eigenen Gräben lagen und (wie auf Okinawa) nur die Ratten, Maden und Schmeißfliegen mästeten.[147] Dazu fehlte auf deutscher Seite damals weiter auch jede Hasspropaganda. Der deutsche Soldat hatte stets das Gefühl, die Kameraden gegenüber erlitten das gleiche Schicksal und Elend in Matsch, Kälte, Regen, Unterversorgung und Feindfeuer. Deshalb gab es bei Gefangennahmen auch häufig offene Gefühle von Empathie, das halb neidig, halb freudige Mitgefühl, für die sei der Krieg vorbei.[148]

---

[146] Feifer, S. 112

[147] Albrecht Rothacher. *Die Feldgrauen. Leben, Kämpfen und Sterben an der Westfront 1914–1918*. Beltheim-Schnellbach, 2014, S. 119

[148] Rothacher, S. 106ff

Die Logistik

Die logistischen Anstrengungen jener Wochen und Monate waren historisch einzigartig. Auf 1600 Schiffen wurden insgesamt 545 000 amerikanische Truppen über den Pazifik mit einer Entfernung von 10 000 km gebracht. Die Invasionsstreitmacht selbst betrug, wie erwähnt, 184 000 GIs und Marines. Sie wurden von insgesamt 115 000 Matrosen auf den Schiffen und in den Nachschublagern unterstützt. Während 450 Schiffe bei der direkten Invasion im Einsatz waren, so dienten 1150 der notwendigen Versorgung auf Zwischenlagern im Pazifik bis zur Endstation. 120 Tage vergingen normalerweise zwischen der Planung, Anforderung und Lieferung des Nachschubs. 26 bis 30 Tage dauerte allein der Schiffstransport über jene 6000 Meilen. So wurden 750 000 Tonnen auf 430 Schiffen nach Okinawa gebracht. Man dachte auch an die Zivilbevölkerung und die Aufgabe, geschätzte 300 000 Zivilisten zu versorgen. So wurden jeder Division 70 000 Rationen an Reis, Sojabohnen und Fischkonserven geliefert.[149] In zwei Monaten wurden für die Truppe u. a. auch 2,7 Millionen Zigarettenpackungen und 1,2 Millionen Schokoriegel geliefert und 24 Millionen Postsendungen in beiden Richtungen verteilt. Schiffe, Flugzeuge, Fahrzeuge und Panzer benötigten jeden Monat 6 Millionen Fass Benzin. Auch sie mussten in Tankern über den Pazifik geschafft und in Fässer umgefüllt und verteilt werden. Die Flotte vor Okinawa musste alle drei Tage von zwei Großtankern aus Guam versorgt werden. Der Verbrauch auf Okinawa selbst betrug 167 000 Fass Treibstoff und 1,5 Millionen Liter Flugbenzin täglich in der Hauptkampfzeit vom April 1945. 850 Flugzeuge mussten ersetzt werden. Aus diesem Grund mussten vier Begleitträger stets von Guam und Ulithi nach Okinawa kreuzen, und 17 von ihnen zwischen den Marianen und der US-Westküste. Erstaunlicherweise störten die Japaner – abgesehen von den zwei am 6. April von Kamikaze versenkten Munitionsschiffen Hobbs Victory und Logan Victory (die zu einer zeitweisen Verknappung der Mörsermunition führte, die dann aus Guam eingeflogen werden musste) und einem beschädigten Tanker – jene verletzlichen überdehnten Nachschublinien über den Pazifik nicht.[150]

Tatsächlich waren die Hauptprobleme nicht der Feind, sondern die Taifunbedingungen, unter denen z. B. am 4./5. April und 10./11. April

---

[149] Applemam, S. 35

[150] Belote, S. 174

entladen werden musste. Sturmwinde und drei Meter hohe Wellen versenkten oder beschädigten 220 Landungsboote,[151] die auf die Korallenriffe geworfen wurden. Priorität hatte stets die Munitionsversorgung. Für den laufenden Bedarf wurden 3000 Tonnen täglich benötigt. Ponton-Landestege wurden vom Strand bis zum Ende der flachen Riffe ins Meer gelegt. Dort wurde die Ladung direkt von den Ladungsschiffen auf Lkw verfrachtet. Aufgrund des raschen Vormarsches im Norden kam wegen der schlechten Straßen, die bald von den schweren Lkw und dem Regen zerstört wurden, der Nachschub dann auf der Straße nicht nach. Oft wurden dann im Norden an kleinen Häfen wie in Nago Notlager errichtet, bis der Straßenbau mit Korallenschotter, Häusertrümmern und Sand nachkam. Ab Juni lag der Hauptakzent des Nachschubs dann bei der logistischen und infrastrukturellen Invasionsvorbereitung.

[151] Belote, S. 172

5. Die Kamikaze in der Operation Ten-Go

Der Militärschriftsteller Hiroyuki Agawa, der selbst im Marinefliegerkorps auf Taiwan ausgebildet wurde, hat seine Erfahrungen und die seiner Kameraden in romanhafter Tagebuchform in der Zeit vom Dezember 1943 bis Juni 1945 eindrucksvoll beschrieben.[152] Es zeigt, wie junge Hochschulabsolventen, die die studentische Reserveoffiziersprüfung bestanden haben, in Kasernen isoliert, misshandelt und brutalisiert werden, mit dem einzigen Zweck, in den sicheren Tod zu fliegen. Da sie ohnehin sterben sollen, sieht die Marineführung auch keinen Sinn darin, ihr verbliebenes Leben irgendwie angenehm oder erfreulich zu machen. Pakete aus der Heimat werden unterschlagen und besuchende Verwandte am Kasernentor abgewiesen. Nicht nur erhalten sie wegen ziviler Ausdrücke Kopfnüsse und wegen schlecht gefalteter Decken Ohrfeigen und Stockschläge. Bei brutalen Kampfsportwettbewerben sterben Kadetten. Auch müssen sich die Fähnriche zur Abhärtung unter Aufsicht prügeln. Privater Ausgang ist verboten. Rund um die Uhr sind sie unter totaler Überwachung. Offiziell wird von den Ausbildern der Todeskult des Bushido gepredigt. Dennoch diskutieren die Fähnriche untereinander den Fortgang des Krieges, bei denen ihnen der Ausgang der Schlacht von Midway, bei der vier der größten Flugzeugträger Japans sanken, die besten Kampfpiloten fast alle ums Leben kamen und die Japans Niederlage besiegelte, nicht verborgen bleibt. Viele wollen lieber für den Wiederaufbau Japans leben, als in der offenkundig werdenden Niederlage sinnlos sterben. Während in der Anfangsphase das Kamikaze-Korps tatsächlich aus Freiwilligen bestand, wird in jener Schlussphase ein brutaler hierarchischer Gruppenzwang ausgeübt, dem sich letztlich niemand entziehen konnte. So kommen alle jene vielversprechenden, hoffnungsfrohen jungen Männer tragisch ums Leben. Die meisten waren Studenten der Humanwissenschaften und etwa 20 bis 21 Jahre alt (und damit den Seeleuten der US-Marine im Schnitt sicherlich intellektuell überlegen). Die Absolventen der Militärakademien mussten sich im Gegensatz zu den Reserve-Fähnrichen nicht beteiligen. Sie wurden unter dem Vorwand der Schonung von Flugzeugen und Mannschaften für den Endkampf um Honshu zurückbehalten. Das Gleiche

[152] Hiroyuki Agawa. *Burial in the Clouds*. North Clarendon, VT 2006 (1956)

gilt natürlich für die Ausbilder und die höhere Militärhierarchie. In den Flugzeugen wurden die wichtigen Navigationsinstrumente ausgebaut. Sie wurden mit Bomben vollgestopft und nur mit Sprit für den Einweg-Flug ausgerüstet. Vor dem Abflug gab es einen zeremoniellen Schluck Sake, der für echte Krieger wirklich nicht reichte.

Der erste Kamikaze-Angriff erfolgte am 15. Oktober 1944 durch Vizeadmiral Masafumi Arima, der vor Leyte den Flugzeugträger Franklin versenken wollte. Obwohl er vorher abgeschossen wurde, wurde sein Opfer von der japanischen Propaganda wie üblich als Sieg gefeiert. Hunderte von Freiwilligen eiferten nun in den nächsten Wochen dem Selbstopfer des hohen Offiziers nach. Auf den Philippinen versenkten 1230 Kamikaze 34 US-Schiffe und beschädigten 288, darunter die Flugzeugträger Enterprise, Intrepid, Yorktown und Wasp. Ein Problem der US-Flugzeugträger und Zerstörer war ihre dünne Armierung, die es – im Gegensatz zu derjenigen von Kreuzern und Schlachtschiffen – erlaubte, ihre Decken meist problemlos zu durchschlagen.

Schon vor der Invasion Okinawas gab es vereinzelte Kamikaze-Aktionen. So warf sich am 19. März ein Sturzbomber, von niedrigen Wolken getarnt, mit zwei 225 kg-Bomben auf den Flugzeugträger Franklin. Sie durchschlugen das Deck und lösten ein massives Feuer unter den frisch betankten und aufmunitionierten Flugzeugen darunter aus, mit den entsprechenden Sekundärexplosionen. Es gab 724 Tote und 1428 Verwundete.[153] Am 26. März wurden Minensuchboote, die die Zufahrten vor Haguchi räumten, von Kamikaze angegriffen. Zwei trafen die Skylark. Sie sank innerhalb von acht Minuten. 88 ihrer 91 Mann starken Besatzung konnten gerettet werden, viele allerdings schwer verwundet.[154] Am 27. März krachte ein Kamikaze in das Achterdeck des leichten Kreuzers Biloxi, ohne dass jedoch seine Bomben explodierten. Dann wurden das Schlachtschiff Nevada (zwei Geschütztürme zerstört, elf Tote), der Minenräumer Dorsey und der Zerstörer O'Brien getroffen. Tags darauf war es ein Landungsschiff. Am 31. März wurde das Flaggschiff von Admiral Raymond Spruance, dem Kommandanten der Task Force um Okinawa, von vier Kamikaze angegriffen. Beim Treffer auf den Ölbunker verbrannten neun Mann. Spruance war gezwungen, sein Hauptquartier auf das Schlachtschiff New Mexico zu verlegen.[155] Obwohl die Angriffe einige Schäden anrichteten, haben sie jedoch die Invasion weder verhindern noch zu verzögern gewusst. Am

---

[153] Sloan, S. 89

[154] Sloan, S. 22

[155] Sloan, S. 94

2. April wurde das Truppenschiff Henrico getroffen, das Soldaten der 77. Division frisch aus dem Einsatz in den Keramas transportierte. Es gab 30 Tote, 6 Vermisste und 50 Verwundete. Einer von ihnen war Major Winthrop Rockefeller, der später Gouverneur von Arkansas werden sollte.

Kikusui 1

Im Februar 1945 trafen Armee- und Marine-Führung ein Abkommen für die Operation Ten-Go („Göttliche Operation"). Bei der bevorstehenden Invasion Okinawas sollten ab 1. April 4085 Flugzeuge als Kamikaze bereitstehen, um den Angriff abzuwehren. Dazu sollten auf Taiwan die 8. Luftdivision der Armee und die 1. Luftwaffenflotte der Marine und auf Kyushu die 5. Luftwaffenflotte unter Admiral Ugaki sowie die 6. Luftarmee mit 2000 Maschinen die nötigen Flugzeuge und Flieger stellen. Weitere Maschinen und Personal sollten die 3. und die 10. Luftwaffenflotten stellen, die eigentlich Ausbildungseinheiten waren. Ihre Maschinen waren vorsintflutlich und die Piloten völlig unerfahren. Unter jenen disparaten Armee- und Marinefliegereinheiten gab es keinen gemeinsamen Oberbefehl und keine echte Koordinierung, die für einen effektiven Massenangriff, der die US-Schiffe und ihre Luftabwehr überwältig hätte, nötig gewesen wäre. Auf Taiwan machten die Geschwader ohnehin, was sie wollten. Sie hörten weder auf Tokyo, noch auf Kyushu, noch sprachen sie sich untereinander ab.[156] Auch konnte auf Kyushu Ugaki der 6. Luftarmee keine direkten Befehle geben. Tatsächlich wurde der ganze Einsatz von seinem Planungschef Vizeadmiral Toshiyuki Yokoi, dem völliges Ermessen für die Einsatzbefehle eingeräumt wurde, geplant. Weil zum 1. April die meisten Maschinen noch nicht einsatzbereit waren, befahl er für den 6. April die Angriffswelle Kikusui 1 („Fließende Chrysanthemen"). Zweifellos wäre Ten-Go vor oder während der Invasion effektiver gewesen, als die US-Flotte vollgestopft mit Material und Menschen am verwundbarsten war. Doch hatten die Amerikaner den japanischen Code geknackt, waren gewarnt und konnten durch das Dauerbombardement der Flughäfen auf Kyushu die Sammlung der tausende von Flugzeugen verzögern, jedoch nicht unterbinden, wie sie eigentlich angenommen hatten. Schon in der Nacht zuvor, am 5. April, sollten sich 29 Angriffsflugzeuge auf die Schiffe vor

[156] Belote, S. 97

dem Strand von Haguchi stürzen. Sie beschossen das Flugfeld von Yomitan und griffen den Zerstörer Colhoun an, richteten dabei jedoch wenig Schaden an. Admiral Turner ließ nun 16 Zerstörer als schwimmende Radarstationen rund um Okinawa stationieren, die vor den erwarteten Kamikaze-Angriffen warnen sollten. Die meisten waren um die Nordspitze Okinawas stationiert, da man aus abgehörten Funksprüchen dank des gebrochenen Codes zu Recht den Hauptangriff aus Kyushu erwartete. Tatsächlich wurden die Zerstörer, die im Gegensatz zu Transportschiffen über eine starke Luftabwehr verfügten, dann zu Hauptzielen der Kamikaze. Für den Laien scheint es einfach vorstellbar zu sein, dass sich auch ein Anfangspilot mit einem alten Flugzeug auf ein Schiff stürzen könnte, leichter jedenfalls als einen Bombentreffer gezielt zu landen. Tatsächlich verloren viele durch schlechtes Wetter mit niedrigen Wolken, damit schlechter Sicht und starken Winden die Orientierung und kehrten zurück – oder stürzten sich auf das erstbeste Feindschiff, das sie zufällig sahen, in diesem Fall statt der attraktiveren Flugzeugträger die Radarschiffe.

Den Angreifern von Kikusui 1 gelang es jedoch, die Task Force 58, die 100 Meilen nordöstlich von Okinawa schwamm, ausfindig zu machen und mit 120 Flugzeugen anzugreifen. Die Hälfte waren Kamikaze, die anderen konventionelle Bomber. Der Flugzeugträger Bennington wurde beinahe von einem Sturzbomber getroffen, der 20 Meter knapp vor dem Schiff noch abgeschossen wurde, so dass nur Wrackteile auf das Deck stürzten. Das gleiche passierte wenig später dem leichten Flugzeugträger Belleau Wood. Die meisten Angreifer wurden von der Schiffsflak und von Abfangjägern in Luftkämpfen abgeschossen.[157] Bei einer zweiten Angriffswelle wurden zuerst 104 moderne Zero Fighter vorgeschickt, mit der Aufgabe, den Himmel von US-Jagdmaschinen für die folgende Welle von 150 langsam fliegenden Bombern unterschiedlichen Typs zu säubern. Auch aus Taiwan starteten 37 Flieger. Zwar musste gut ein Viertel aller Maschinen bald wegen Motorschadens zurückkehren. Doch blieb der Rest, einschließlich 180 Kamikaze, eine echte Bedrohung. Als erstes wurden drei in der Flugbahn liegende Radarschiffe angegriffen. Ein Bomber krachte in den Zerstörer Bush, zerstörte das Deck, die Schiffsmaschinen, die Torpedorohre und setzte das Schiff in Brand. Der Zerstörer Colhoun, der der manövrierunfähigen Bush zu Hilfe kommen wollte, wurde dann ebenfalls getroffen, seine Geschützaufbauten und Schiffsmotoren zerstört. Weitere Kamikaze-At-

[157] Belote, S. 102

tacken lösten auf beiden neue Feuer und Explosionen aus. Beide sanken, die Colhoun mit 35 Toten und die Bush mit 94. Die Überlebenden wurden von anderen Zerstörern aus dem Wasser gefischt. Nördlich Okinawas wurden vor der Insel Iheya zwei Zerstörer, die am Minenräumen waren, angegriffen. Bei der Emmons und Rodman zerschlugen Bomber die Aufbauten und lösten Brände aus. US-Abfangjägern gelang es, 36 Gegner abzuschießen und die Angreifer zu vertreiben. Während die Emmons sank[158], gelang es der Rodman, sich noch mit eigener Kraft zu den Keramas zu schleppen. Über Iejima kam es dann wieder zu recht einseitigen Luftkämpfen der wendigen und feuerstarken Thunderbolts, Corsairs und Hell Cats gegen jene japanischen Flieger, die sich, wie beabsichtigt, zur Invasionsflotte durchschlagen wollten. Die meisten jener obsoleten Maschinen wurden von schlecht ausgebildeten Piloten gesteuert und in jenem „Gemetzel der Unschuldigen“ durch die überlegenen US-Flieger eine leichte Beute. Dennoch wurden im Umfeld zwei US-Schiffe, die Hyman und die Howarth getroffen und mussten zu den Keramas geschleppt werden. Beim folgenden Angriff auf die Transportschiffe veranstaltete die Schiffsflak dann ein solches Feuerwerk, dass drei eigene Flugzeuge, die die Japaner zu nah verfolgt hatten, abgeschossen wurden, dass am Ufer ein Munitionslager in Brand geschossen und eigene Schiffe von abstürzenden Flugabwehrgranaten getroffen wurden. Dabei wurden vier Mann getötet und 34 verwundet.[159] Auf den Keramas wurde von den Kamikaze ein Landungsschiff mit einer Ladung Flugzeugbenzin an Bord getroffen und explodierte, wobei fünf Mann ums Leben kamen. Auch die Munitionsschiffe Logan Victory und Hobbs Victory wurden getroffen und mussten versenkt werden.[160] Die Dämmerung, wegen der die US-Jäger auf ihre Träger zurückkehren mussten, war am gefährlichsten. So stürzte sich noch ein Kampfflieger auf den Zerstörer Mullany und löste dort Explosionen und ein Feuer aus. Mit 30 Toten wurde er zuerst zu den Keramas und später nach San Francisco geschleppt. Ein Kampfverband der Marine hatte sich gerade von einem Tag des Küstenbeschusses in Richtung Iejima zurückgezogen, als Kamikaze das Flaggschiff von Admiral Deyo, die Newcomb und ihr Begleitschiff, den Zerstörer Leutze angriffen. Von fünf Kamikaze getroffen, schleppten sie sich brennend zu den Keramas und waren

[158] Die USS Emmons scheint das einzige Kriegsschiff der damaligen Schlacht zu sein, das heute noch von Sporttauchern erreicht werden kann. In diesem Fall von der Insel Kouri im Norden Okinawas.

[159] Nichols, Shaw, S. 84

[160] Belote, S. 111

im Krieg nicht mehr einsatzfähig. Schließlich wurde noch ein kleiner Zerstörer, die Morris, getroffen und musste zu den Keramas. Die meisten jener schwer beschädigten Schiffe verblieben dort und gelangten im Krieg nicht mehr zum Einsatz. Von den etwa 289 in Kyushu und Taiwan gestarteten Kamikaze waren 223 tatsächlich im Luftraum Okinawas angekommen. Sie wurden von einer mindestens gleichen Anzahl konventioneller Bomber, Aufklärer und Abfangjäger begleitet. Die meisten wurden von US-Jägern abgeschossen, bevor sie zum Sturzflug ansetzen konnten. 19 Schiffe wurden von insgesamt 33 Kamikaze getroffen. Jeder von ihnen hatte eine Bombe von 250 kg geladen, die er natürlich viel besser als ein konventioneller Bomber ins Ziel führen konnte. Das entspricht einer Trefferquote von 15 %, die weit besser ist als jene konventioneller Bomben- und Torpedoangriffe. Die folgenden Siegesmeldungen beider Seiten waren wie üblich hemmungslos übertrieben. Die von den USA angegebenen Abschusszahlen lagen um einiges über den Zahlen der gestarteten japanischen Flugzeuge. Piloten und die Schiffsartillerie machten alle ihre eigenen Abschussstatistiken. Japan wiederum behauptete, 2 Schlachtschiffe, 3 Kreuzer, 8 Zerstörer und 5 Transportschiffe versenkt und 7 US-Kampfflieger abgeschossen zu haben. Tatsächlich hatten die Amerikaner nur zwei Flugzeuge verloren. Aus Sicht des japanischen Generalstabs war Kikusui 1 trotz der hohen Verluste ein voller Erfolg. Soldaten hatten sich im Lichte der Bushido-Doktrin ohnehin zu opfern, gleich ob sie mit der Yamato untergingen, Sprengstoffpakete auf Panzer warfen, Nachtangriffe unternahmen, in Ein-Mann-Torpedos saßen, einen Bunker bis zur letzten Patrone verteidigten oder sich in Banzai-Angriffen opfern mussten. Insofern waren die Kamikaze nur eine spektakuläre und dabei relativ erfolgreiche Variante dieses Wahns. Aus Sicht der Tokyoter Stäbe erheischte er eine Fortsetzung.

Die Amerikaner hatten gegen die Kamikaze eigentlich keine taktische Entgegnung. Es gab nur eine Antwort: zu feuern, was die Schnellfeuergeschütze und die MGs hergaben und einen Feuervorhang zu legen, durch den möglichst keiner kam. Die amerikanischen Besatzungen reagierten auf solche Angriffe mit absolutem Horror und empfanden sie als persönlich beabsichtigte Bedrohung. Manchmal wurden die Geschütze so heiß, dass die Farbe absprang.[161] Zunächst umflogen etwa 20 oder 30 Maschinen ihr Ziel, um sich dann eine nach der anderen auf das Schiff zu stürzen. Später verbesserten die Japaner ihre Taktik, indem sie

[161] Astor, S. 199

sich rudelweise, aus verschiedenen Richtungen kommend, auf ein Schiff warfen. Das neutralisierte die Schiffsbewegungen, verwirrte die US-Feuerleitung und verbesserte die Chancen, dass eine oder zwei durchkamen. Die US-Antwort war, durch vorgeschobene Radarschiffe Luftpatrouillen auf die einfliegenden Kamikaze-Geschwader zu lenken, um sie möglichst weit vor ihren Zielen vom Himmel zu holen. Einem schwer beschädigten Zerstörer, der Hadley, gelang es, 23 Kamikaze abzuschießen. Die große Gefahr für ihre Flotte zwang das US-Oberkommando, ab April bis Mitte Mai, Generalmajor Curtis LeMay, seine Strategie der Flächenbombardierung und Einäscherung japanischer Städte vorübergehend abzubrechen und wieder zur Bombardierung militärischer Ziele, der Flugplätze auf Kyushu, überzugehen. LeMay hatte erst im Februar 1945 genug B-29 „Fliegende Festungen", um den ersten großen Brandbombenangriff auf Kobe experimentell auszuführen. Er war von den Ergebnissen seiner Beimischung von 75 % Brandbomben so begeistert, dass er den großen Terrorangriff von 334 „Fliegenden Festungen" auf Tokyo für den 9. März befahl. 197000 Menschen wurden damals in LeMays Worten „zu Tode gebacken, gebraten und gekocht"[162]. Er und seine „Bomberbarone" glaubten, mit ihren Angriffen könnten sie Japan, wie er es formulierte, „ins Mittelalter zurückzubomben" und allein in die Knie zwingen. Deshalb war er über den neuen Befehl zur Vernichtung der Flughäfen auf Kyushu denkbar unglücklich. Hunderte von Abfangjägern, oft der neuesten japanischen Modelle, stiegen auf, hatten jedoch nicht die Geschwindigkeit und die Feuerkraft, die B-29 abzuschießen. So wurden alle erkannten 36 Flugplätze Kyushus gründlich zerstört, die Landebahnen zertrichtert, die gebunkerten Hallen und Reparaturwerkstätten verwüstet. Nur die in Höhlen und Stollen versteckten Flugzeuge überlebten. So wurde der für den Invasionstag geplante Einsatz um 6 Tage verzögert.[163]

Die weiteren Kikusui-Angriffe

Waren bei Kikusui 1 noch 355 Maschinen im Einsatz, so waren es bei Kikusui 2 am 12./13. April 185 Kamikaze, bei Kikusui 3 am 15./16. April 165, bei Kikusui 4 am 27./28. April 115, bei Kikusui 5 am 3./4. Mai 125, bei Kikusui 6 am 10./11. Mai nochmals 150 Flugzeuge. Bei Kikusui 7 am 24./25. Mai waren es wieder 165 Flugzeuge und bei Ki-

[162] Zitiert in: Feifer, S. 15

[163] Leckie, S. 143

kusui 8 am 27./28. Mai 110. Die Zahl der eingesetzten Flugzeuge nahm mit Kikusui 9 (3.–7. Juni) mit 50 Flugzeugen (von denen 35 abgeschossen wurden, der Rest flog nach Kyushu zurück) und Kikusui 10 mit 45 Fliegern am 21./22. Juni weiter ab.[164] Damit war ihr Einsatz in und um Okinawa beendet. Die verbliebenen noch etwa 5000 Flugzeuge in Japan wurden ab nun für die Verteidigung der Hauptinseln gehortet. Sie sollten sich mit 250 kg-Bomben bestückt auf die auf 500 Schiffe geschätzte Invasionsflotte stürzen. Nach den Berechnungen Tokyos reichten neun Kamikaze für einen Flugzeugträger und sechs für ein Truppenschiff.[165]

Die eingesetzten Maschinen waren eine eklektische Mischung. Sie reichten von modernen Kawanishi-Kampffliegern über Ausbildungsflieger bis zu Propellerflugzeugen aus der Zeit des ersten Weltkriegs. Auf Kyushu waren am Ende der Kampagne nur noch 570 Flugzeuge übrig. Sie wurden dann von der Marine- und Heeresführung für die Verteidigung der Hauptinseln in sorgfältig getarnten Verstecken, Bunkern und eingegrabenen Hallen gehortet. Die Mannschaften lebten wie auf Okinawa bereits in Kasernen im Untergrund, meist unter recht elenden Bedingungen. Wenn sie wegen Spritmangels keine Flugausbildung hatten, mussten die Kamikaze-Kandidaten in der Landwirtschaft Hilfsdienste leisten. Von einer glorreichen privilegierten Existenz in der Vorzeit des erzwungenen Selbstopfers keine Spur!

Die US-Luftwaffe hatte eigentlich schon im April erwartet, alle Flugzeuge auf dem Boden von Kyushu ausgeschaltet zu haben. Wie immer war die US-Aufklärung schlecht und unterschätzte den Feind.

Am 27. März hatte Curtis LeMay 151 B-29 „Fliegende Festungen" auf Kyushu angesetzt. Am 31. März nochmals 137 B-29. Die Amerikaner gingen davon aus, dass diese Bombardierungen den Start von Kikusui 1 am Invasionstag entscheidend verzögert haben.[166] Von April bis Anfang Mai erfolgten weitere systematische Bombardierungen. Letztendlich behauptete die US-Luftwaffe, 500 Flugzeuge am Boden vernichtet zu haben. Erst am 11. Mai wurde von LeMay die systematische Zerstörung der japanischen Städte wiederaufgenommen, obwohl schon am 13. und 15. April auch Tokyo, Kawasaki und Yokohama wieder schwer bombardiert worden waren. 500 Bomber waren nun jeden Tag im Einsatz und löschten Osaka, Kobe und Nagoya ebenfalls weitgehend aus. Die B-29 starteten von Guam, Saipan und Timian. Die Bahnen von

[164] Appleman, S. 364

[165] Russell Spurr. *A Glorious Way to Die. The Kamikaze Mission of the Battleship Yamato*. New York, 1981, S. 137

[166] Sloan, S. 238

Iwojima auf halber Strecke taugten nur für Notlandungen. Die Landebahnen von Yontan und Kadena waren für alle Flieger tauglich, nur nicht für die B-29. Bis dahin wurden sie hauptsächlich von Kampffliegern, die die Kamikaze abwehren und die Bodentruppen unterstützen sollten, genutzt. Auf den Flugfeldern von Iejima wurden kleinere B-24-Bomber gegen Kyushu und gegen japanische Schiffe im Ostchinesischen Meer eingesetzt. Die Nutzung der Flugplätze von Yontan und Kadena war insofern eingeschränkt, als sie jede Nacht von der japanischen Artillerie beschossen wurden und erst nach dem Ende der Kämpfe bei Shuri an eine Ausdehnung der Landebahnen zu denken war.

Als Begleitprogramm für Kikusui 1 wurde noch die Yamato geopfert. Sie sollte die US-Jagdflugzeuge ablenken. Luftschutz wurde ihr bekanntlich versagt.[167] Bevor sie am 7. April versenkt wurde, gelang es einem Zero-Fighter, den Flugzeugträger Hancock, der die Yamato angegriffen hatte, zu treffen. Seine Bombe löste ein Feuer unter Deck aus, das 20 Flugzeuge explodieren ließ. Es gab 72 Tote und 82 Verwundete. Bei späteren Angriffen ging der Flugzeugträger Bunker Hill in Flammen auf. Es gab dort 396 Tote und 264 Verwundete. Das Schiff war nicht mehr einsatzfähig. Auch krachte die Maschine eines japanischen Bombers in das Hauptquartier von Admiral Mitscher. Drei Stabsoffiziere und elf Mann fielen. Der unverwundete Admiral zog daraufhin auf die Enterprise. Bei Kikusui 4 Ende April wurden das Munitionsschiff Canada Victory versenkt und sieben Zerstörer und zwei Landungsschiffe beschädigt. Ein brennendes Flugzeug stürzte auf das Lazarettschiff Comfort, möglicherweise ohne Absicht, da der Pilot wahrscheinlich die Kontrolle bereits verloren hatte. Es war klar als Rotkreuzschiff gekennzeichnet. Es gab 28 Tote, darunter sechs Krankenschwestern.[168] 22 Verwundete wurden erneut verletzt. Doch nahm die Effektivität der japanischen Angriffe zunehmend ab. Bei der Operation Kikusui 9 am 6. Juni wurde beispielsweise nur der Minenleger J. William Ditter getroffen (zehn Tote und 27 Verwundete).

Es gab natürlich auch Unfälle: So kollidierten beim schlecht koordinierten Abflug zweier japanischer Geschwader in Kokuba im Dunkeln 15 Flugzeuge und stürzten ab. Für die US-Flieger lag die Hauptgefahr ohnehin in Zusammenstößen oder darin, in die Feuerlinie der eigenen Kameraden zu kommen.[169] So wurden am Ende der Kampagne zwei eigene Grumman-Flieger abgeschossen.

---

[167] Feifer, S. 195

[168] Feifer, S. 224

[169] Sloan, S. 110

Am 11. Mai unternahmen die Japaner mit zwölf Mitsubishi Sally Bombern einen Selbstmordangriff auf den Flughafen Yomitan. Vier jener Bomber mussten nach Kyushu umkehren. Sieben andere wurden von Nachtjägern und der Flughafenflak abgeschossen. Nur ein Flieger kam durch und landete auf dem Rücken. Den meisten Kommandos an Bord gelang es, herauszuspringen. Sie eröffneten mit Granaten, Gewehren und Sprengstoffpaketen das Feuer auf das überraschte und oft unbewaffnete Flughafenpersonal. Sie zerstörten neun US-Flugzeuge am Boden, beschädigten 29 andere und setzten 200000 Liter Flugzeugbenzin in zwei Depots in Brand. Eine wilde Schießerei entstand, auch zwischen US-Einheiten, bis schließlich alle Angreifer getötet waren.

Es gab natürlich noch andere Selbstmordeinheiten, deren Artefakte heute noch im Museum des Yasukuni-Schreins aufbewahrt werden und die nach wie vor Erschrecken auslösen. Neben den sprengstoffgefüllten Sturmbooten (*Shinyo*), den menschlichen Torpedos (*Kaiten*) und den Ein-Mann U-Booten (*Koryu*), die sich in der Schlacht von Okinawa als allesamt unwirksam herausgestellt hatten, gab es eine fast noch monströsere Erfindung. Dies waren die *Ohka*. Eine raketengelenkte Bombe, die von einem Piloten mit einem Düsenmotor und einer Geschwindigkeit von 800 km/h und 1300 kg Sprengstoff ins Ziel gelenkt wurde. Sie starteten aus umgebauten Bombern kurz vor ihrem Ziel und hatten nur den nötigen Treibstoff und eine geringe Manövrierfähigkeit. Es war für die Amerikaner fast unmöglich, diese von ihnen „*Baka*“ (Idiot) genannten menschlichen Raketenbomben abzuschießen. Aber die meisten Bomber waren im Anflug wegen ihrer Last zu langsam, so dass es ein Leichtes war, sie vorzeitig vom Himmel zu holen. Insgesamt wurden anscheinend 185 Bomber mit Ohka ausgerüstet, von denen 118 abgeschossen wurden.[170] Wirkliche Erfolgsgeschichten dieser Mordwaffe wurden nicht bekannt. Lediglich auf dem Minenleger Shea brach am 4. Mai nach einem *Baka*-Treffer ein Brand aus, der bald unter Kontrolle gebracht wurde.[171]

Es gab natürlich neben jenem Wahn auch eine konventionelle Seekriegsführung vor Okinawa. So hatten die Japaner sechs große Minenfelder vor und um Okinawa angelegt. Die Amerikaner setzten 90 Minensucher ein, um sie zu klären. Einer, der Minensucher Skylark, wurde von zwei Minen getroffen (fünf Tote), bevor er den Kamikaze zum Opfer fiel. Bei den Keramas sank der Zerstörer Halligan mit 150 Mann, der Hälfte der Besatzung.

---

170 Feifer, S. 209

171 Leckie, S. 152

Wegen des psychologischen Einflusses blendete die US-Kriegszensur das Thema Kamikaze bis zum Ende der Schlacht von Okinawa komplett aus. Ende Juli gaben sie zu: In jener Zeit waren 33 Schiffe versenkt, 368 beschädigt worden, mehr als 50 von ihnen ernsthaft, die meisten davon von Kamikaze. 539 Flugzeuge wurden auf den Flugzeugträgern zerstört. Insgesamt erlitt die US-Marine 4900 Gefallene und 4820 verwundete Seeleute. Eine im Krieg ganz ungewöhnliche hohe Todesfrequenz. Normalerweise gibt es vier Verwundete auf einen Gefallenen. Es waren selbst viel höhere Sterbezahlen als in Pearl Harbor, als die Kampfbeziehungen dank Roosevelts fehlender Vorwarnung der Truppen recht einseitig gewesen waren.

Die Japaner behaupteten, sie hätten 49 Flugzeugträger, Schlachtschiffe und Kreuzer versenkt. Diese unglaubwürdigen Propagandameldungen lösten Jubel in den Höhlen von Okinawa aus. Zumal man dort glaubte, die realiter nicht mehr existierende U-Bootwaffe würde der Invasionsflotte noch den Garaus machen.[172] Sie selbst verloren in jenen drei Monaten nach US-Angaben 7830 Flugzeuge. Damit wären 90 % der angreifenden Flugzeuge immer abgeschossen worden, das heißt sowohl der Kamikaze wie der konventionellen. Insgesamt wurden 80 % der US-Flottenverluste in jener Zeit, als es keine ernsthafte japanische Marine mehr gab, von den Kamikaze verursacht. Trotz jener Verluste blieben die Kamikaze strategisch gesehen nur schmerzhafte Nadelstiche. Im Jahr 1945 produzierten die USA die 40fache Schiffstonnage Japans: einen Flugzeugträger pro Woche und ein Liberty-Frachtschiff pro Tag.[173] Auf die US-Kampfführung hatte die Drohung der Kamikaze insofern einen Einfluss, als Admiral Mitscher auf seinen nominellen Untergebenen General Buckner großen Druck ausübte, den Fortgang der Schlacht zu beschleunigen, um seine Schiffe aus der Gefahrenzone holen zu können. So wurden der erschöpften Truppe ab Mitte April bis Ende Mai ständig neue Frontalangriffe zugemutet.

Interessanterweise gab es die Briten noch im Lande bzw. auf hoher See. Sie bildeten die Task Force 57. Die amerikanische Militärführung hasste sie im Pazifik aus postkolonialen und sprachlich-kulturellen Gründen fast ebenso wie die Japaner. Auf Churchills Wunsch hatte Roosevelt einer britischen Nebenrolle doch noch zugestimmt. Sie durften mit zwei neuen Schlachtschiffen, fünf Kreuzern und fünfzehn Zerstörern zwischen Taiwan und Okinawa patrouillieren und die befestigte Insel Sakishima Shota beschießen. Die Briten hatten in ihren vier Flug-

---

[172] Feifer, S. 219
[173] Feifer, S. 5

zeugträgern Stahldecken statt Teakholz, wie die Amerikaner, und waren deshalb erstaunlich abwehrfähig. Andererseits verringerten jene gewichtigen Strukturen ihre Kapazitäten für Flugzeuge. Sie erlitten insgesamt fünf Kamikaze-Treffer. Die folgenlos auf dem Deck zerschellten Wracks brauchten bloß ins Meer gefegt zu werden, das war alles. Strategisch gelang es den Briten, die Verbindung nach Taiwan zu kappen und später mit ihrer Trägergruppe Hongkong zu befreien, und zwar gegen den Willen der Amerikaner, welche dieses eigentlich Chiang Kaishek versprochen hatten.[174]

Ähnlich wie die Verteidigungstrategie Japans für die eigenen Inseln, auf Okinawa, Iwojima und den anderen Inseln, einschließlich aller Selbstmordattacken, war die Logik: Wir zwingen die Amerikaner durch den erhöhten Blutzoll ihrer Soldaten zu einem überlebenswerten Verhandlungsfrieden mit einer intakten *Kokutai*, der imperialen Staatsidee mit dem Kaiser im Mittelpunkt. Ähnlich absurd wie in Europa, wo man sich ebenfalls Friedensverhandlungen vor dem bitteren Ende hätten vorstellen können, empfand die von der Kriegspropaganda und im Fall von Japan auch vom Rassenhass aufgestachelte alliierte öffentliche Meinung nur eines: Jene Wahnsinnigen seien nur durch einen totalen Sieg niederzuringen. Und die Kamikaze, die, aus japanischer Sicht, durch ihr Selbstopfer und die Megazahl ihrer Opfer eigentlich einen früheren Friedenschluss hätten befördern sollen, erreichten, wie die Verteidiger Iwojimas und Okinawas, eigentlich nur das Gegenteil: die Fortsetzung der amerikanischen Kriegshandlungen bis zur bedingungslosen Kapitulation, einschließlich der beiden Atombombenabwürfe im August 1945, als die japanische Kapitulation für alle informierten Beobachter nur noch eine Frage der Zeit war.

174 Spurr, S. 131

6. Die letzte Fahrt der Yamato

Als sich die bevorstehende Invasion Okinawas im Frühjahr 1945 immer stärker abzeichnete, wollte die japanische Marineführung dem Heer den verlorenen Kampf nicht alleine überlassen. Ihr Problem war jedoch, dass die einst stolze und machtvolle Flotte nach der Serie von Dauerniederlagen seit 1942 und der massiven US-Überlegenheit zu Wasser und in der Luft auf zehn Kriegsschiffe zusammengeschrumpft war und für ein Auslaufen Luftschutz nicht mehr bereitstand, da alle Jäger und Bomber für Kamikaze-Einsätze verplant waren.

Zu den bislang wundersam überlebenden Schiffen zählte die Yamato, das damals (und bis zur Stunde) größte jemals gebaute Schlachtschiff der Welt. Es galt mit seiner 8-Inch (24 cm) Panzerung als unsinkbar und mit seinen 18-Inch (54 cm) Geschützen, die ihre Granaten im Gewicht von 1,5 Tonnen 35 km weit feuern konnten, als unbesiegbar. In einer klassischen Seeschlacht – wie jener von Tsushima 1905 und von Jütland 1916 – würde die Yamato ihre Gegner bereits getroffen und versenkt haben, bevor jene ihrerseits überhaupt die Reichweite zum Feuern erreicht haben würden. Allein, solche Schlachten wurden nicht mehr geschlagen. Japan hatte beim Angriff auf Pearl Harbor und bei der Versenkung der ungeschützten Prince of Wales und der Repulse vor der malayischen Küste 1941 die Überlegenheit träger- und landgestützter Luftangriffe vorgeführt. Doch die eigene Admiralität (abgesehen vom genialen Admiral Yamashita, der 1942 von den Amerikanern nach dem Knacken seines Codes im Wissen um seine Flugroute gezielt abgeschossen wurde) glaubte ebenso wie die Briten weiter an die Doktrin des kurzen Seekriegs mit der Großen Entscheidungsschlacht.[175] Sie verlangte Großschiffe wie die Yamato, die jedoch im Jahr 1941 bei ihrer mit großer Heimlichkeit (durch die viele Konstruktionsfehler verursacht wurden) im Kriegshafen Kure bei Hiroshima vorgenommenen Fertigstellung bereits obsolet war. Auch das Schwesterschiff, die Musashi, die ebenfalls unsinkbar sein sollte, wurde vor Mindanao 1944 auf den Grund des Pazifiks geschickt.

Der Plan des Marineministeriums war in aller Schlichtheit der Gedanken der folgende: Die zehn Schiffe der neuformierten „2. Flotte“

---

[175] Spurr, S. 34

sollten von Kure aus unbemerkt aus dem Inlandmeer auslaufen, zwischen Shikoku und Kyushu die Meerenge von Bungo passieren (wo stets amerikanische U-Boote lauerten – die alternative Straße von Shimonoseki zum Chinesischen Meer war wegen abgeworfener Seeminen unpassierbar geworden), dann aus nordöstlicher Richtung kommend die vor den Stränden von Hagashi ankernde, mit dem Beschießen des Binnenlandes und dem Auslanden beschäftigte US-Flotte – die Task Force 54 – rückwärtig überraschen, Tod und Verderben bringend zerschlagen, sodann die eigenen Schiffe anlanden, die Geschütze abmontieren, in Stellung bringen und mit den überlebenden Mannschaften den Kampf der Landstreitkräfte verstärken. Luftdeckung sei nicht nötig, denn die gleichzeitig stattfindenden Kamikaze-Angriffe würden die 15 US-Flugzeugträgerverbände mit ihren eintausend Flugzeugen, die östlich vor Okinawa kreuzten, empfindlich schwächen und ablenken. Der Plan des Tokyoter Marineoberkommandos war so haarsträubend irrsinnig und amateurhaft schwachsinnig, dass er nur dem kollektiven Wahn der Kriegsclique um den wankelmütigen Oberbefehlshaber Admiral Soemu Toyoda entsprungen sein konnte, die sich in Ermangelung einer richtigen Flotte und realistischer Einsatzpläne nur noch mit gewalttätigen Intrigen und suizidalen Hirngespinsten beschäftigte. Dazu wollte man dem Schicksal der deutschen Kriegsflotte von 1918 entgehen, die dem Feind ausgeliefert werden musste. Der gängige Slogan war, 100 Millionen Japaner seien bereit zu sterben, um eine Million Amerikaner bei der Invasion der Hauptinseln mit in den Tod zu reißen. Die Einwände des Oberkommandos der 2. Flotte, Vizeadmiral Seichi Ito, und der Kapitäne der zum Untergang verdammten Schiffe wurden weggewischt. Ihr Vorschlag, statt sich sinnlos zu opfern lieber einen Kaperkrieg gegen die ungeschützten, überdehnten Nachschublinien der Amerikaner in den Weiten des Pazifiks zu führen, wurde ignoriert.[176] Die Amerikaner konnten sich weiter sicher fühlen, denn die japanische Seekriegsführung hatte es zugunsten der Oberflächenschiffe und zahlloser Experimentaltypen mit Mini-U-Booten, Riesen-U-Booten und superschnellen U-Booten verabsäumt, eine Massenproduktion für den Abnutzungskrieg, der seit 1942 tobte, in Gang zu setzen (das Gleiche passierte übrigens auch im Flugzeugbau, wo der ursprüngliche technische Vorsprung von 1941 verspielt wurde). Auch Admiral Yonai, der Marineminister, hielt den Operationsplan *Tenichigo* für Wahnsinn, wurde aber von seinem Marineoberkommandeur Admiral Soemu Toyoda und

[176] Spurr, S. 77; Feifer, S. 17

dessen Stabsoffizieren ignoriert, weil man ihn zur Friedensfraktion zählte.[177] Auch General Ushijima hielt die Operation *Tenichigo* für sinnlos, mit zehn Schiffen gegen 1400 Schiffe und 1000 Flugzeuge der US-Flotte zu ziehen und appellierte für seine Annullierung.[178]

Tatsächlich gab es eine Debatte, ob die Schiffe tatsächlich für Okinawa geopfert werden oder nicht doch – wie später die meisten Kamikaze – für die Verteidigung des Mutterlandes in Reserve gehalten werden sollten. Man befürchtete jedoch, sie würden bis dahin früher oder später amerikanischen Luftangriffen an ihren wenig ruhmreichen Ankerplätzen zum Opfer fallen. Deshalb der Befehl zum gesichtswahrenden Opfer mit voller Mannschaftsstärke auf hoher See.[179] Selbst ohne Luftangriffe hätte die Yamato bestenfalls zwei bis vier Schlachtschiffe oder Kreuzer versenken können, bis die geballte Feuerkraft der US-Flotte sie versenken würde. Da es zu keinem Seegefecht kam, ging die meiste Munition unbenützt mit unter.

Vor dem Auslaufen befahl Kosaku Ariga, der Kapitän der Yamato, alles überzählige Personal sowie die sich noch in jugendlichem Alter befindlichen Seekadetten zu ihrer großen Enttäuschung von Bord. Auch alles überflüssige Gerät wurde in Kure an Land gebracht. Mit insgesamt 3332 Mann stach die Yamato dann am Abend des 6. April 1945 in See. Sie wurde von einem leichten Kreuzer, der Yahagi,[180] und acht Zerstörern begleitet. Das war alles, was von der japanischen Kriegsflotte noch übrig war. Zum Teil waren die Schiffe noch aus früheren Gefechten angeschlagen. Auch waren die Mannschaften oft junger, nur knapp ausgebildeter Ersatz. Bereits am Ausgang des Inlandmeeres wurde der Konvoi von dem dort kreuzenden US-U-Boot Threadfin erspäht, das aus bürokratischen Gründen jedoch keinen Feuerbefehl erhielt. Immerhin war die US-Admiralität gewarnt. Als sie die Zusammensetzung, den Kurs, das offensichtliche Ziel und den Mangel an Flugbegleitung des Konvois erkannte, fiel der folgende Kommentar: „Dem Todeswunsch der Japs kann entsprochen werden“. Admiral Raymond Spruance wollte die Yamato ursprünglich in einem klassischen Seegefecht versenken, doch Admiral Marc Mitscher, der Kommandeur der Flugzeugträger-Task Force kam ihm zuvor. Bereits am Morgen des 7. April stiegen zwei

---

[177] Spurr, S. 115

[178] Spurr, S. 117

[179] Spurr, S. 4

[180] Flussname. Schlachtschiffe erhielten alte Provinznamen wie Yamato und Musashi, Flugzeugträger den mythischer Vögel und Drachen, und die Zerstörer lyrische Naturbilder.

Angriffswellen auf: zunächst 280 Bomber und Kampfflieger, gefolgt von einer zweiten Welle von 106 Flugzeugen. Der Angriffsplan sah im Wesentlichen vor, von Sturzbombern aus etwa 100 Metern Höhe so viele Torpedos wie möglich als Teppich abzuwerfen, damit die Yamato nicht mehr ausweichen konnte. Als erstes wurde der Zerstörer Asashimo (Morgenfrost), der wegen eines Motorenschadens umdrehen musste, um 12.30 Uhr durch Bombentreffer versenkt. Fünf Minuten später erhielten die Yamato und die Yahagi die ersten Bombentreffer. Das Problem der Yamato war, dass die meisten ihrer Geschütze für einen Oberflächenkampf gebaut worden waren, d. h., mit flachen Geschossbahnen, die nicht die für die Flugabwehr nötige Steilheit erreichten. Die Yahagi wurde bald unbeweglich. Die einzige Hoffnung bestand auf dem baldigen Einbruch der Dunkelheit. Die Yamato erhielt zwei Torpedotreffer vorne und zwei Bombentreffer hinten. MG-Stellungen und der Sanitätsraum, voll mit Verwundeten, wurden ausgelöscht. Von anderen Flugzeugen wurde das Deck mit MG-Feuer bestrichen. US-Flugzeuge konnten aber dank ihrer robusten Bauweise meist auch dann noch ihren Träger erreichen, wenn sie Flaktreffer erhalten hatten.

Als die Yahagi schließlich um 14.05 Uhr sank, zerschossen US-Flugzeuge absichtlich das einzige Rettungsboot. Beim Versenken des Zerstörers Isokaze (Küstenwind) um 12.40 Uhr wurden die Überlebenden im Wasser systematisch mit MGs beschossen, bis, wie es hieß, „kaum noch Köpfe im Wasser zu sehen waren".[181] In der rassistischen US-Militärdoktrin war die Tötung von Japanern nichts anderes als die Eliminierung von Ungeziefer. Wer noch im Wasser schwamm, wurde potentiell als ein aktiver Kriegsgegner angesehen, sobald er wieder herausgefischt worden war. Zumindest wurde jenes Kriegsverbrechen am hilflosen Feind damit gerechtfertigt. Mit weiteren 12 Tornado- und 10 Bombentreffern sank schließlich nach 102 Minuten Agonie auch die Yamato mit mehr als 3000 Mann. Der Rauch der Explosionen war bis Okinawa sichtbar. Auch ihre im brennenden Öl schwimmenden Überlebenden wurden von US-Jagdfliegern beschossen.[182] An Zerstörern wurden neben der Asashimo auch die Hamakaze (Strandwind) um 12.43 Uhr durch Torpedotreffer versenkt. Die Isokaze und die Kasumi (Nebel) wurden nach schweren Beschädigungen selbst versenkt, da angesichts der US-Luftherrschaft an ein Abschleppen nach Kyushu nicht zu denken war. Doch war es in der japanischen Marine ohnehin nicht üblich, beschädigte Schiffe zu bergen. Vier der zehn Schiffe überdauerten. Die

[181] Spurr, S. 285
[182] Feifer, S. 31

Hatsushimo (Erster Frost) fischte 257 Überlebende der Hamakaze aus dem Wasser und die Yukikaze (Schneewind) 285 Mann der Yamato. Auf der Asashimo gab es keine Überlebenden. Die geringe Zahl der Überlebenden wurde von der Praxis der Marine verursacht, weder Schwimmwesten noch Rettungsschiffe und -flöße und viel zu wenig Sanitätspersonal an Bord zu haben. Wie immer zählte ausschließlich der Offensivgeist. Mit Menschen glaubte man in der Tradition des Bushido verschwenderisch umgehen zu können.

Das Marine-Oberkommando in Tokyo hatte schließlich genug von der verhängnisvollen Operation und befahl sang- und klanglos ihren Abbruch. Am 8. April kehrten die Zerstörer Fuyutsuki, Yukikaze, Hatsushimo sowie die noch brennende Suzutsuki (Mondglocke) nach Sasebo zurück, wo sie als schwimmende Flugabwehrbatterien zum Einsatz kamen. Die Hatsushimo fiel vor Kriegsende noch einer Seemine zum Opfer. Die Fuyutsuki und die Suzutsuki wurden als Wellenbrecher und Küstenschutz nach Kriegsende versenkt. Der modernste Zerstörer, die Yukikaze, wurde von den Amerikanern als „Tan Tang“ den Nationalchinesen geschenkt. Auf der Yamato waren 3063 Mann und auf den Begleitschiffen 1187 Mann umgekommen. Admiral Yonai musste dem Kaiser das Ende seiner Flotte berichten. Die amerikanischen Verluste beliefen sich auf gerade einmal 10 Flugzeuge und 12 Mann. Die Verluste waren auch deshalb so gering, weil die Amerikaner große Anstrengungen machten, abgeschossene oder bruchgelandete Flugbesatzungen wieder zu retten – ausschließlich ihre eigenen Leute, wohlgemerkt.

Bei der gleichzeitigen Kamikaze-Operation Kikusui 1 starteten, wie erwähnt, 230 Kamikaze sowie 175 Begleitflieger und Bomber. Davon kamen 48 zurück. Viele stürzten wegen Motorschäden und defekter Ersatzteile ab. Die meisten der jungen Piloten hatten wegen des allgemeinen Treibstoffmangels knapp 40 Stunden Flugzeit als Ausbildung, während die amerikanischen Piloten in der Regel bereits zwei Jahre Kampferfahrung hatten. Mit ihren stärkeren und feuerkräftigeren Maschinen war es bei allen Begegnungen in der Luft klar, wer Sieger bleiben würde. Die meisten wurden somit bereits im Anflug von US-Jagdfliegern vom Himmel geholt. Angesichts ihrer schlechten Navigationssysteme mussten die Kamikaze auch zu ihren Zielen geleitet werden. Eigentlich sollten dies die Kommandobrücken der Flugzeugträger sein, in die sich das Flugzeug samt Benzin und Bomben stürzen sollte, um die gelagerte Munition und den Treibstoff des Trägers durch einen Großbrand zur Explosion zu bringen. Doch nervös und unerfahren wie sie waren, warfen sich die meisten Kamikaze auf die erstbesten der sichtbaren US-Schiffe, die Zerstörer, die die äußere Radarkette der US-Flotte bildeten und im Gegensatz zu den vielen Treibstoff- und Munitionsschiffen, die bei den Keramas ankerten, über eine ausgezeichnete Flugabwehr verfügten. So gelang es nur, den Träger Hancock zu beschädigen. Wie im Vorkapitel beschrieben, wurden drei Zerstörer versenkt. Oft explodierten ihre Munitions- oder Treibstoffdepots. Meist aber konnten sie sich dank effizienter Löschanlagen selbst dann noch über Wasser halten, wenn sie beschädigt waren. Weiter wurden ein Landungsschiff und zwei Munitionsschiffe versenkt. 286 amerikanische Soldaten verloren ihr Leben, 200 wurden verwundet. Die Bilanz jener grauenvollen Aktion Kikusui 1 war also „erfolgreicher" als jene des letzten Auslaufens der japanischen Flotte. Doch verstärkte sie als Fehlkalkulation jene japanische Idee, durch fanatischen Widerstand und Zufügen hoher Verluste die Amerikaner zum Einlenken und zum Frieden zu zwingen. Stattdessen wurde durch die panische Angst der angegriffenen Schiffsbesatzungen vor den Kamikaze die Neigung bestärkt, diesen Feind gnadenlos vernichten zu müssen, einschließlich der Entscheidung zum Einsatz der Atombomben.

Als letzter Triumph der japanischen Kriegsmarine wurde im Juli 1945 der Kreuzer Indianapolis von einem U-Boot versenkt.

7. Die Kämpfe im Norden

Am Folgetag der Invasion, dem 2. April, stießen am linken Flügel der Invasionsfront die Ledernacken der 6. Marines die Westküste nach Norden vor. Ihr erstes Ziel war das unbesetzte Kap Zampa, wo die US-Marine eine Radarstation errichten wollte, die vor Feindflügen aus dem Norden warnen sollte. Gleichzeitig stießen die 1. Marines nach Osten vor, mit dem Ziel, an der gegenüberliegenden Nakagusuku-Bucht an der Ostküste die Insel entzweizuschneiden und um die Bucht als Ankerplatz zu nutzen. Man beobachtete, wie sich Boeitai zunehmend ihrer Uniformen entledigten, um unter Zivilisten unterzutauchen. Doch auch versprengte japanische Soldaten zogen sich die blauen Baumwollkimonos der Insulaner an, um ihrerseits einen Guerillakrieg zu führen. Die absichtsvolle, fatale Vermengung von Zivilisten mit Kämpfern setzte also schon sehr früh ein.

Schon nach zwei Tagen kamen die jubelnden Marines der 1. Division weitgehend unbehelligt an der Ostküste an. Ursprünglich ging man von drei Wochen schwerer Kämpfe für diesen Durchbruch aus, doch hatten die tatsächlich erlittenen Verluste bloß drei Gefallene und 18 Verwundete betragen.[183] Die Durchbruchstelle wurde schnell ausgeweitet, vor allem um die weit in den Pazifik hinausragende Katchin-Halbinsel, die von Patrouillen durchstreift wurden, ohne auf Widerstand zu treffen. Es war in den ersten drei Tagen gelungen, nahezu kampflos die wichtigste logistische Basis für die Invasion zu erweitern und gegen Gegenangriffe effektiv zu sichern. Außerdem war die Inselfront dauerhaft entzweigeschnitten worden.

Der Gegner der beiden Marinedivisionen bestand aus einem Regiment von 3500 Mann von Boeitai und Flughafenpersonal, das trotz Planungen seit Januar erst vier (!!) Tage vor der Landung zusammengestellt worden war. Nur die Hälfte hatten Gewehre. Sie verfügten über 55 leichte MG, 10 schwere MG, 20 Flakgeschütze und 18 Granatwerfer, die sie jedoch nicht zu bedienen wussten, da niemand an ihnen ausgebildet worden war. Manche der späteren Gefangenen wussten nicht einmal, dass sie zu diesem Regiment gehörten. Führungslos, schlecht bewaffnet und ohne Nachrichten flüchteten die meisten in den Norden, oft wie

---

[183] Leckie, S. 78

erwähnt in Zivilkleidung.[184] So kam es, dass im Lichte der Ereignisse Buckners ursprünglicher Invasionsplan umgebaut werden musste. Zuerst hatte die Eroberung des wichtigeren Südens durch die Armee erfolgen sollten, dann erst die des strategisch entbehrlich, doch aber auch stark befestigt und verteidigt geglaubten Nordens durch die Marines. Nun kam es genau umgekehrt.

Die gleichzeitig nach Norden vorstoßenden 6. Marines erfuhren dagegen wachsenden Widerstand in Form von Feuer aus dem Hinterhalt und Gegenangriffen auf die vorrückenden Truppen, doch konnte das ihren Vormarsch nicht wirklich verlangsamen. Dabei wurden große Flüchtlingskolonnen verängstigter Zivilisten überholt und eingesammelt: Mütter mit Kleinkindern, Kinder ohne Eltern und Alte mit ihren wenigen zu Bündeln geschnürten Habseligkeiten. Sie waren auch voller Angst, weil in Zivil verkleidete japanische Soldaten unter ihnen waren. Alle Männer zwischen 15 und 45 wurden deshalb gründlich durchsucht und meist – vor allem wenn Messer oder Patronen gefunden wurden –, in Gefangenenlager gesperrt, wenn mit ihnen nicht doch ein kürzerer Prozess gemacht wurde. Die Zivilisten hatten ihren Besitz in Höhlen oder Gräbern gegen Luftangriffe versteckt. Sie wussten nicht viel über die militärische Lage, bestätigten aber das Bild eines Rückzugs in den Süden. Bald begann der US-Militärgeheimdienst („Counterintelligence Corps“ – CIC), Okinawaer in jedem Dorf als Informanten und als Helfer bei Gefangenenbefragungen zu rekrutieren.[185]

Bald rückten die 6. und 1. Marines nahezu parallel nach Norden vor, die 6. an der Westküste und die 1. an der Ostküste. Im Osten stießen die Marines mittlerweile auch gelegentlich auf härteren Widerstand. So wurde bei einem heftigen Feuergefecht ein Zug des 3. Bataillons des 4. Marineregiments bis auf zehn Mann nahezu aufgerieben. Dabei fielen 150 Gegner. Vor der Stadt Ishikawa wurden angeblich weitere 250 Japaner getötet.[186] Wie immer sind jene amerikanischen (ebenso wie die japanischen) Opfer- und Siegeszahlen mit Vorsicht zu genießen. Bei ihrem weiteren Vorstoß nach Norden klärten Patrouillen das bergige, weglose und dicht bewaldete Umland auf. Verlassene Geschütze wurden gesprengt und Bunkerstellungen mit Napalm angezündet. Befanden sich in ihnen noch Munitionslager, wurden durch die Explosionen oft ganze Hügel gesprengt. Ab und zu wurden die Kolonnen von japanischen Fliegern beschossen, die jedoch, sobald amerikanische Jäger auf-

---

[184] Nichols, Shaw, S. 71

[185] Nichols, Shaw, S. 72

[186] Astor, S. 242; Sloan, S. 115

tauchten, bald vom Himmel geholt wurden.[187] Gelegentlich gab es Tote und Verwundete durch feindliche Scharfschützen. Als eine Patrouille in einen Hinterhalt geraten und restlos aufgerieben worden war, gab es einen Gegenstoß: „Wir fanden zehn Japs, die um ein Feuer saßen und ihr Frühstück zubereiteten. Aus Sicherheitsgründen mussten wir alle diese Leute eliminieren."[188] Der Versuch, sie gefangen zu nehmen, wurde offenkundig nicht unternommen. Ansonsten plünderten die Marines aus den wenigen, zumeist unzerstört gebliebenen armen Kleinsiedlungen der nördlichen Ostküste alles, was nicht niet- und nagelfest war: Urnen und Grabbeigaben, Fotoalben, Lackwaren, Keramik, Reklametafeln und Schallplatten. Als sie anfingen, Kimonos, japanische Uniformteile und Waffen zu tragen, drohte der Divisionskommandeur General del Valle den Übeltätern mit einer Dienstzuteilung zu den Bestattungstrupps, denn das Risiko, dass die japanisch kostümierten Marines von ihren eigenen Kameraden beschossen würden, war zu groß.[189] Weil sie wenig zu tun hatten, gewann bald ein selbstgemischter „Dschungelsaft" aus medizinischem Alkohol und Traubensaft große Beliebtheit.[190]

Die wenigen Straßen waren schmal und ungeteert. Hastig errichtete unverteidigte Straßensperren wurden von Panzern oder Planierraupen beiseitegeschoben, frisch vergrabene Straßenminen mit Gewehrschüssen unschädlich gemacht, gesprengte Brücken durch neue Pionierbrücken ersetzt (was oft zu den längsten Verzögerungen des Vormarsches führte) und am Fuße von Klippen oder inmitten sumpfiger Reisfelder als Panzerfallen gedachte Sprenglöcher möglichst schnell mit Lkw-Ladungen von Trümmern und Schotter aufgefüllt. Dies zeigte einmal mehr, dass solche unverteidigten Straßensperren und Hindernisse militärisch völlig zwecklos sind. An der Spitze der entlang der Straßen vorstoßenden aufgesessenen Infanterie befand sich eine Aufklärungskompanie („Recon Company") von 150 Mann, die über sechs Sherman-Panzer verfügte, fünf davon mit 75 mm-Kanonen, einer als Bergepanzer mit einer Planierschaufel ausgestattet. Gegen acht Uhr brachen die Truppen täglich zu ihren Fußmärschen auf, auf den Straßen auch auf Lkw und Panzern aufgesessen. Der Vormarsch wurde häufig unterbrochen, um die eigene Lage klarzustellen und sie der Luftwaffe und Marine mitzuteilen, mit den Flanken Verbindung aufzunehmen und gelegentlich vereinzelte feindliche Höhlenstellungen und Bunker mit Hilfe von Flam-

187 Astor S. 253
188 Astor, S. 255
189 Astor, S. 256
190 Sloan, S. 112

menwerfern und Panzern auszuschalten. Da der Vorstoß entlang der Küstenstraßen erfolgte, wurden von dort jeweils Patrouillen in das unzugängliche, unbewohnte und meist weglose Binnenland ausgeschickt. Außer Zufallsbegegnungen mit Boeitai und versprengten Marinesoldaten gab es so gut wie keine Vorkommnisse. Bei ihrer Rückkehr an die Küste schlossen sie sich der Nachhut ihrer Bataillone an. Da die körperliche Verfassung der Truppe nach dem wochenlangen Schiffstransport nicht die beste war, wurde jene intensive Patrouillentätigkeit als eine gute Übung zur Körperertüchtigung, für das Selbstvertrauen und den Zusammenhalt der Soldaten und zur Sammlung von Führungserfahrungen der oft jungen Unterführer angesehen.[191] Vor Anbruch der Dunkelheit gruben sich die Fronttruppen in Schützenlöchern für die Nacht ein. Je zwei Mann teilten sich jeweils ein Loch. Einer durfte unter einem Poncho schlafen, während der andere turnusmäßig wachen musste. Schlief er auch ein, war das Risiko hoch, dass beide nicht mehr aufwachen würden.[192]

Mit einer Tagesleistung von etwa fünf Kilometern erreichten beide Divisionen die Linie Yadaka – Kin-Bucht, wo der Ishikawa-Isthmus die schmalste Hüfte Okinawas darstellt, am 5. April die Linie Atsubaru – Kin, am 6. April Chuda und am 7. April das Landstädtchen Nago, das, obwohl dort kaum Widerstand geleistet wurde, von Granaten und Bomben fast völlig dem Erdboden gleichgemacht worden war.[193]

Beim Vormarsch lief das Zusammenspiel zwischen den Marines und ihrer Marine vorbildlich. Jedem Bataillon war an der Küste ein Schiff zugeteilt worden, das potentielle Feindstellungen mit Feuer belegte, und jedes Regiment hatte eines, das nachts dauernd Leuchtmunition[194] abfeuerte, um die Umgebung in kurzen Abständen taghell zu beleuchten.[195] Die überlasteten, überfüllten, engen Küstenstraßen schufen Nachschubprobleme, zu deren Vermeidung die Marine nun je nach Fortschritt des Vormarsches mit ihren Landungsschiffen immer weiter nördlich in jeder möglichen Bucht und jedem kleinen Küstenhafen anlegte und sozusagen kundennah zustellte.[196]

Die Hauptarbeit des schwierigen Vormarsches lag jedoch bei den Pionieren. Stets begleitete eine Pionierkompanie das Sturmregiment an

---

[191] Nichols, Shaw, S. 74
[192] Sloan, S. 64
[193] Nichols, Shaw, S. 90
[194] Jede jener Granaten beleuchtete das Schlachtfeld 50 Sekunden lang taghell.
[195] Nichols, Shaw, S. 93
[196] Belote, S. 93

dessen Spitze, einer ihrer Pionierzüge war mit der Vorhut ganz vorne. Während die japanischen Brückensprengungen oft unvollkommen waren und deshalb oft in ganz kurzer Zeit Ersatzbrücken errichtet werden konnten, hatten US-Bomber oft ganze Arbeit geleistet. Unter enormem Zeitdruck galt es, entweder Notbrücken zu bauen oder mit Planierraupen belastbare Umgehungswege zu baggern.

Als die 6. Marines Nago am Eingang der Halbinsel Motobu besetzt hatten und am 8. April mit dem Vorstoß auf die Linie Awa–Taira die Halbinsel von Osten her zu besetzen begannen, wurde jedoch ein neues Kapitel aufgeschlagen. Alle Brücken waren gesprengt. Straßen, Minen und Panzerfallen befanden sich an Straßenengen, die nicht umfahren werden konnten – entweder weil sie unter Klippen an der Küste lagen oder inmitten sumpfiger Reisfelder. Lkw mussten weit hinter die Front fahren, um genügend Material zum Auffüllen der Sprengkrater zu finden. Erst am 10. April fiel der verlassene und zerstörte U-Boot-Hafen von Unten-Ko an der Nordküste von Motobu. Die Halbinsel war damit von der Hauptinsel abgeschnitten. Auf jener Halbinsel hatten sich in der 400 Meter hohen zerklüfteten Hügelkette des Yaetake unter dem Kommando von Oberst Udo 2000 Mann verschanzt. Die folgenden schweren Kämpfe vom 8. bis 15. April sollten einen Vorgeschmack dessen liefern, was die Amerikaner im Süden noch in überreichem Maß erleben würden. Zunächst geriet das ungestüm vorwärts drängende 29. Regiment in einen größeren Hinterhalt. Dies wurde als Führungsfehler seines Kommandeurs Oberst Bleasdale angesehen, der prompt abgelöst wurde.

In dem Maße, in dem die Gefechtsintensität zunahm, vermehrten sich die amerikanischen Kriegsverbrechen. (Der spätere) Oberst Tony Walker: „Uns wurde befohlen, Gefangene aus Aufklärungsgründen zu machen, sofern möglich. Wir hatten einen Japanisch-kundigen Mann bei uns in der Recon-Kompanie. Die Zivilisten sollten zurück in die Etappe geschickt werden, damit sich die Militäradministration mit ihnen befassen konnte. Wir machten nur sehr wenige Gefangene. Ich kann mich nur an einen einzigen erinnern. Unsere Leute waren keine Engel und sie töteten gelegentlich Zivilisten. Jap-Soldaten wurden sofort erschossen (‚killed on sight‘).“ Der Scharfschütze („scout-shooter“) Jim Smith berichtet von einer Patrouille, die zwei Japaner aufbrachte, die über ihren Uniformen Kimonos zur Tarnung getragen hatten: „Der Vorschlag, dass wir sie zum Verhör bringen sollten, wurde vom Schnellfeuer-Mann („BAR-man“) Ray Miller abgelehnt. Er erschoss beide. Miller war der kaltblütigste Mörder der Kompanie. Schon früher hatten wir bei einer Patrouille zwei japanische Soldaten gefangen. Während wir diskutierten, was wir mit ihnen tun sollten, wurden wir von einem einzelnen Infanteristen beschossen, der in die Berge flüchtete. Als wir aus der Deckung kamen, wurden die beiden durch einen Feuerstoß von Miller erledigt. Das beendete das Problem, wie mit ihnen zu verfahren sei.“ Der Meldegänger Chick d'Angelo berichtet über das Schicksal eines Gefangenen, den er bewachen sollte: „Ich machte den Fehler, ihn mit an die Front zu nehmen. Leutnant Smith sagte zu mir ‚Leg ihn um‘. Ich sagte, das kann ich nicht tun, einen Menschen ermorden. Zwei andere meldeten sich freiwillig, das zu machen. Man sollte nicht einen Gefangenen zu Leuten bringen, die vielleicht gerade erlebt hatten, wie einer ihrer Kameraden getötet wurde.“[197] Dabei muss man berücksichtigen, dass diese Verbrechen bereits knapp zwei Wochen nach einer unblutigen Landung passierten, und nicht erst nach Monaten und Jahren eines blutigen gnadenlosen Feldzuges – wie an der deutsch-sowjetischen Ostfront –, wo man eher eine mentale Verrohung hätte annehmen können.

Die Besetzung von Tsukenjima

Admiral Turner suchte nach einem geeigneten Ankerplatz in Küstennähe für die schwimmende Reserve der Invasionsstreitmacht, die 27. Division. Dafür kam ganz offensichtlich die große Nakagusuku-Bucht im Südosten mit ihren Naturhäfen am ehesten in Frage. Deshalb mussten die dortigen sechs kleinen Inseln gesichert werden. Die Aufklärung hatte ergeben, dass nur die größte, Tsukenjima (in der US-Literatur „Tsugen Shima“ geschrieben), besetzt war. Sie ist 2,5 km lang und 1,5 km breit und zumeist flach. Nur im Süden befindet sich ein Dorf bei einem Berghügel, der den Amerikanern befestigt schien.[198] Dort bemannten 250 Mann je zwei 6- und 5-Inch-Geschütze zur Küstenverteidigung. Eine erste Erkundung kostete zwei Tote und acht Verwundete. Unter dem Feuer der Pensacola, eines schweren Kreuzers, landete dann am 10. April ein Bataillon der 27. Division in heftigem Regen, der den ganzen Tag über anhielt. Die Hälfte dieser Division bestand aus Angehörigen der New Yorker Nationalgarde – älteren Freizeitsoldaten also, deren Kampfwert allgemein als gering eingeschätzt wurde und deren Offiziere zumeist politisch ernannt wurden, oft als Ehrentitel für verdiente Lokalpolitiker, und die deshalb eher für Besatzungszwecke im Hinterland vorgesehen gewesen waren.

---

[197] Astor, S. 244

[198] Nichols, Shaw, S. 87

Am zweiten Tag gelang es, die ganze Insel zu besetzen, außer jenem befestigten Bergrücken. Da das Bataillon die vier Geschütze zerstört und 234 tote Gegner gezählt hatte – bei eigenen Verlusten von elf Gefallenen, drei Vermissten und 80 Verwundeten –, fasste man den klugen Entschluss, den Kampf abzubrechen und von der Insel wieder abzuziehen. Der japanische Kommandeur kam mit seinen überlebenden 30 Mann zur gleichen Schlussfolgerung. Er hatte nichts mehr, womit er auf die feindlichen Schiffe schießen konnte. So setzten sie sich nach Südokinawa ab, um dort den Kampf fortzusetzen.[199]

Während des Beschusses und der Kämpfe wurde das Dorf an der Südspitze der Insel völlig zerstört und die Palmenhaine wurden verbrannt. Heute hat Tsukenjima 485 Einwohner, die vom Karottenanbau und dem Fremdenverkehr leben. 1970 hatte es noch 1200 Bewohner gehabt. Und die Amerikaner waren zurückgekommen. 1959 errichteten die Marines an der Westküste einen Truppenübungsplatz von 16000 m^2, den sie seither weiter besetzt halten.

Die Kämpfe auf der Motobu-Halbinsel

General Lemuel Shepherd, der Kommandeur der 6. Marinedivision, wollte ursprünglich nur sein 29. Regiment auf die Motobu-Halbinsel schicken. Seine beiden anderen Regimenter sollten weiter nach Norden vorstoßen. Doch berichteten okinawaische Zivilisten, die auf Hawaii gelebt hatten, den Amerikanern, die japanischen Truppen des Nordens (es handele sich um Teile der 44. Brigade unter dem Kommando von Oberst Takehiko Udo und eine Artilleriebatterie unter Hauptmann Hiruyama) hätten sich nach Motobu zurückgezogen.[200] Ferner zeigten jüngste Luftaufnahmen vor allem im Bereich des Yaetake, eines zentralen, etwa 500 Meter hohen Bergmassivs mit drei Gipfeln, viele Höhleneingänge und frische Grabungen. Bis dato waren jene Befestigungen der US-Aufklärung völlig unbekannt geblieben. Shepherd ließ deshalb sein 22. Regiment stoppen, um Motobu im Osten weiter abzuriegeln und für das 29. Regiment Rückendeckung zu geben. Er ließ dann das Bergmassiv mittels weitgehender Umfassung der vermuteten Bergfestung durch die Besetzung der Uferstraßen und dortigen Fischerdörfer durch je ein Bataillon im Norden, Süden und schließlich auch im Westen umzingeln. Abgesehen von härterem Widerstand vor der Stadt Itomi

---

[199] Belote, S. 176

[200] Nichols, Shaw, S. 96

ging dies recht problemfrei voran. An der Nordostspitze Motobus, in Bisa Seki, wurde am 14. April bereits eine Radarstation errichtet.[201] Die Japaner waren nun in ihrem Höhlensystem im Innern der Halbinsel weitgehend eingeschlossen. Zwei Tage lang wurden von allen Seiten Patrouillen in das weglose Bergmassiv geschickt, in dem es hauptsächlich Gestrüpp, Krüppelkiefern, Geröllhalden, Klippen, tiefe Schluchten und Steilhänge gab, um die feindlichen Stellungen auszukundschaften. Von Luftangriffen, Feld- und Schiffsartillerie wurden vermutete Stellungen von allen Seiten beschossen. Für den Einsatz von Panzern war das steile und abweisende Yaetake-Massiv denkbar ungeeignet. Alle strohgedeckten Häuser, die die Amerikaner fanden, wurden von ihnen (wie 25 Jahre später in Vietnam) sogleich angezündet. General Shepherd kam zu der Überzeugung, die Festung müsse genommen werden, denn solange Oberst Udo auf dem Yaetake war, könne Motobu nicht als gesichert gelten. Udo würde sonst mit seinen Leuten im amerikanischen Rücken zum Guerillakampf übergehen. Eine Alternative wäre natürlich gewesen, die Halbinsel an ihrem Hals bei Nago im Osten mit Stacheldrahtverhauen, Minenfeldern und Panzerstellungen abzuriegeln, und die Verteidiger in ihrem eigenen Saft schmoren zu lassen. Dies wurde erfolgreich auf den übergangenen Südinseln Okinawas praktiziert, doch nie auf der Hauptinsel selbst.

Oberst Udos Truppe bestand vor Ort aus zwei Bataillonen Infanterie, zwei Batterien mit 150 mm- und mit 75 mm-Geschützen und jener Marineeinheit, die die Torpedoboote und Zwerg-U Boote in dem zerbombten Unten-Ko bemannt hatte. Sie hatten aus ihren zerstörten Schiffen noch zwei 6-Inch (18 cm)-Geschütze retten können, die bis zu 16 km weit schießen konnten. Dazu gab es noch zwei Boeitai-Einheiten, insgesamt etwa 2000 Mann. Sie waren wie im Süden in einem Höhlensystem, das mit Tunneln verbunden war, tief eingegraben. Es war mit Telefonkabeln gut vernetzt. Das japanische Transportmittel beruhte auf einheimischen Packpferden, die in der Wildnis geeigneter waren als die Lkws und Jeeps der Amerikaner. Bewaffnet war Udos Truppe mit schweren Hotchkiss-MGs, leichten Nambu-MGs und einer großzügigen Ausstattung an Mörsern. 20 mm- und 25 mm-Flakgeschütze und Flugzeugkanonen kamen für den Bodenkampf umgebaut ebenfalls zum Einsatz. Insgesamt hatten die Japaner für den Infanteriekampf damit eine sehr starke Feuerkraft.[202]

---

[201] Heute befindet sich dort in der Nähe das sehr beliebte Okinawa Churumi Aquarium inmitten des Ozean Expo Memorial Parks.

[202] Belote, S. 176

Shepherds Strategie sah vor, eigentlich sehr unorthodox von Westen wie von Osten gleichzeitig anzugreifen. Das Bergmassiv würde das Feuer von beiden Seiten absorbieren, so dass sich beide Angreifer nicht gegenseitig beschössen. Zunächst begann eine Art Phantomkampf. Wenn die Amerikaner eine feindliche MG oder Artilleriestellung stürmten, fanden sie sie nach dem System „shoot and run“ verlassen vor.[203] Ähnlich versteckten sich japanische Trupps mit leichten Nambu-Maschinenpistolen im Unterholz, griffen aus dem Hinterhalt mit plötzlichen Feuerüberfällen an und verschwanden dann wieder.[204] Sie kannten das Gelände und alle Pfade, benutzten Ponys für Transporte und unterhielten gute Telefon- und Funkverbindungen auch zu ihren Vorposten. Sobald ein Zugführer eine Karte ausbreitete, wurde er als Offizier unter gezieltes Feuer genommen. Auch eine Pistole statt eines Karabiners oder ein kommandierendes Handzeichen waren gut genug für einen Kopfschuss. Die Feuerdisziplin der Japaner war sehr hoch. Oft warteten sie versteckt, bis eine halbe Kompanie vorbei marschiert war, bis sie das Feuer auf den Kompaniechef eröffneten. So wartete ein Trupp nachweislich 30 Minuten, bis er einen Bataillonskommandeur identifizieren konnten. Dann töteten sie Major Bernard Green vom 1. Bataillon des 4. Marine-Regiments mit einem gezielten Feuerstoß.[205] Wenn der Kommandeur einer Einheit fällt, gerät die Truppe zumindest anfangs in eine möglicherweise fatale Verwirrung. Teilweise wurden Patrouillen auch stundenlang beschossen. Um die Hügel Hill 200 und Greenhill verstärkte sich schließlich der japanische Widerstand. Die US-Stellungen mussten sehr präzises Artilleriefeuer einstecken. Drei ihrer Batterien wurden von japanischem Feuer getroffen. Die Volltreffer zerstörten zwei Haubitzen, brachten das Munitionslager zur Explosion und töteten 32 Mann, darunter zwei Batteriechefs.[206] Die Geschütze wurden aus ihren Tunneln in Feuerstellungen gebracht, drei bis vier Granaten abgefeuert, um noch vor Einsetzen des Gegenfeuers schnell genug wieder zurückgeschoben zu werden.[207]

---

203 Leckie, S. 81

204 Sloan, S. 117

205 Belote, S. 178

206 Nichols, Shaw, S. 96

207 Eine Taktik, die Nordkorea mit seiner in Höhlen steckenden Artillerie auch gegenüber dem Süden planen dürfte. Bei den Selbstmordeinsätzen nordkoreanischer Kommandos dürften sie gleichfalls Anleihen bei der damaligen japanischen Militärdoktrin gemacht haben.

Sobald die Kampfziele eingeengt waren, ließen die Amerikaner ihr ganzes Arsenal auf sie niederregnen. Massive Schiffsartillerie, Feldartillerie, 250 kg-Bomben und Napalmfässer schafften die Ausschaltung des Gegners jedoch nicht sofort. Er zog sich vielmehr in seine Höhlen zurück und kam erst dann mit seinen MGs und Geschützen heraus, wenn der Artillerie- und Bombenangriff vorbei war, und – wie im Ersten Weltkrieg – die Infanterie angriff. Dabei verlor eine einzige Marine-Kompanie 65 Mann, d. h. gut die Hälfte ihrer Kampfstärke, und drei ihrer Kommandeure durch ein einziges Geschütz auf Hügel 200.[208] Je näher sich die Marines den japanischen Kernstellungen, vor allem entlang der zentralen Straße zwischen Itomi in Mittel-Motobu und Toguchi an der Westküste näherten, desto härter wurde trotz des Einsatzes von Napalm und 250 kg-Bomben der Widerstand. Im Osten lief der amerikanische Angriff zweier Bataillone im Abwehrfeuer vor den feindlichen Sperrriegeln bald fest.

Fieberhaft wurde an der Verbesserung der Nachschubsituation gearbeitet und es wurden Straßenverbreiterungen vorgenommen, um vorgeschobene Nachschubbasen zu schaffen. Doch die letzten 500 bis 1500 Meter mussten Munition, Wasser und Essen über unwegsames, steiles Gelände getragen werden. Auf dem Rückweg mussten die Träger die Verwundeten zurückschaffen.[209]

Shepherd nahm an, dass Udo nicht genug Truppen hatte, um seine Hügel nach allen Richtungen verteidigen zu können, und befahl seinem erschöpften und mittlerweile anderweitig verstärkten Regiment einen erneuten Angriff von allen Seiten, um unverteidigte Flanken auszunützen. Das gelang schließlich mit einem Flankenangriff aus nördlicher Richtung. Das Geheimnis des amerikanischen Sieges bestand letztlich darin, die japanische Infanterie und die Geschützmannschaften durch gezielten Artilleriebeschuss so lange niederzuhalten, bis die eigenen Leute so nahe an den Bunker- und Höhleneingängen waren, dass sie diese mit Handgranaten, Sprengladungen und Flammenwerfern auszuschalten vermochten.[210]

Am Abend des letzten Angriffstages wurde ein japanischer Gegenangriff im Banzai-Stil abgewendet. 350 tote Japaner blieben auf dem Schlachtfeld zurück. Am nächsten Morgen, dem 19. April, schien der Yaetake verlassen. Die meisten Überlebenden versuchten, sich mit Oberst Udo über Itomi nach Nordokinawa durchzuschlagen. Ihr Durch-

[208] Belote, S. 178
[209] Nichols, Shaw, S. 101
[210] Belote, S. 179

bruchsversuch war im Osten erwartet worden und wurde vom Schiffsfeuer der Tennessee begleitet, die allein durch ihre Schiffsartillerie 100 Mann tötete.

Die intensive Phase der Gefechte hatte zwischen dem 8. und 16. April stattgefunden. In der Zeit vom 17. bis 20. April wurde der Rest der Halbinsel besetzt und „gesäubert“. Dabei wurden viele Höhlen verschlossen. 75 Mann versuchten aus der letzten Stellung noch einen Banzai-Angriff. Sie wurden allesamt erschossen. Auch mit Kriegshunden wurde auf fliehende Japaner Jagd gemacht: Sie sollten diese durch ihren Geruch aufstöbern und verbellen.[211] Hunderte von Toten wurden gefunden, allesamt Opfer der Luftangriffe und der Schiffsartillerie. Die eigenen Verluste betrugen 213 Gefallene und Vermisste sowie 757 Verwundete. Etlichen hundert Mann, darunter Oberst Udo, gelang es, sich aus der Halbinsel nach Nordokinawa durchzuschlagen, um dort, wie befohlen, einen Guerillakrieg zu führen. Als sie dort ankamen, waren freilich alle Dörfer und Straßen bereits von den Amerikanern besetzt. Bei ihrem weiteren Vormarsch hatten die Marines alle erreichbaren Gräber zerstört, die Höhleneingänge gesprengt und die Straßen erweitert. Es war für die Flüchtigen also schwierig, Deckung und Unterschlupf zu finden. So wurden westlich Nago am 22. April eine Gruppe von 103 Mann „zerstört“ und bei Kawada im Norden nahe der Westküste am 27. April weitere 123 Mann. Doch blieben die Amerikaner sehr nervös. So „interviewten“ sie beim weiteren Vormarsch 500 bis 1500 Zivilisten, die sie verdächtigten, japanischen Soldaten zu helfen oder Sabotageakte, wie z. B. Brandstiftungen, zu verüben.[212]

Außer gelegentlichen Scharmützeln mit US-Patrouillen kam in der Folge jedoch kaum ein rechter Guerillakampf zustande, zumal die Japaner dafür keinerlei Vorkehrungen getroffen hatten und ihre versprengten Einheiten in ihren hastig errichteten Verstecken hauptsächlich mit dem nackten Überleben befasst waren. Boeitai kannten das Gelände, waren aber oft nur mit Handgranaten und Bambusspeeren bewaffnet. Oft schnitten sie Telefonleitungen durch und griffen dann Reparaturtrupps aus dem Hinterhalt an. Ebenso gefährdet waren Nachschubdepots. Gelegentlich legten japanische Guerillatrupps Hinterhalte für Jeeps oder Patrouillen. Ihnen war zwar kein militärischer Erfolg beschieden. Doch band allein ihre Existenz bis zum Ende des Krieges eine volle US-Division im Norden für Sicherungsaufgaben.[213]

---

[211] Leckie, S. 83

[212] Nichols, Shaw, S. 106

[213] Belote, S. 180

Bei nächtlichen tatsächlichen oder vermeintlichen Guerrilla-Angriffen wurden oft am anderen Morgen erschossene Zivilisten gefunden, die nachts versucht hatten, sich durch die Front zu schlagen. Die amerikanische Seite behauptete, japanische Soldaten hätten Zivilisten nach dem Anstimmen von Kriegsgeschrei gegen die amerikanischen Linien getrieben, damit sie ihre Munition verschwendeten und ihre Moral erschüttert würde, wenn sie dann die toten Frauen und Kinder sahen.[214] Diese Anschuldigungen scheinen nicht recht glaubwürdig und sind auf alle Fälle nicht mehr nachprüfbar. Feststeht, dass oft auch die eigenen Leute erschossen wurden, typischerweise, wenn sie zu nächtlichem Pinkeln ihr Schützenloch verließen und in der Dunkelheit für Japaner gehalten wurden. Für die Art der Verrohung beim Vormarsch an die Nordspitze Okinawas stehe das Zitat eines Marines, der gerade einen Scharfschützen von einem Baum geschossen hat: „Ich habe ihm genau durch die Nase geschossen. Da war nur noch ein Loch. Warte bis Du einen tötest, dann weißt Du, wie gut man sich danach fühlt. Ich hoffe, ich erwische täglich einen."[215]

Beide Divisionen verbrachten einen Monat mit der Besetzung Nordokinawas. Die 6. Marines, die mit den Kämpfen auf Motobu ein härteres Los gezogen hatten, hatten in ihrem Bereich 2500 japanische Gefallene gezählt und 46 Gefangene gemacht (eine Zahl, die in jeder Hinsicht für sich selbst spricht!). Sie selbst erlitten 236 Tote, sieben Vermisste und 1060 Verwundete. Bei den 1. Marines, die es an der Ostküste sehr viel leichter hatten, waren die Verlustzahlen wesentlich geringer.

Die Soldaten erwarteten, dass der Krieg auf Okinawa für sie damit vorbei sei und richteten sich in ihren Zeltstädten mit Schotterwegen, Duschen, Kantinen und aus einheimischen Häusern gestohlenem Inventar häuslich ein.[216] Oft wurden erbeutete Ponys, Ziegen oder Kaninchen als Haustiere gehalten, an die dann die weniger schmackhaften Teile der Rationen verfüttert wurden. In Nago errichteten die 6. Marines sogar ein Feldbordell, in das sie einheimische Frauen, deren Männer tot, vermisst oder eingezogen waren, mehr oder minder zwangsverpflichteten.

---

[214] Astor, S. 249

[215] Astor, S. 250

[216] Leckie, S. 84

Die Kämpfe auf Iejima

5 km nordöstlich der Halbinsel Motobu und von dort mit dem bloßen Auge gut sichtbar, befindet sich die Insel Iejima (von den Amerikanern „Ie no Shima" genannt). Sie ist weitgehend flach. Nur im Osten befinden sich eine steile vulkanische Erhebung, der 200 m hohe Gusuku Yama, und der Hauptort der Insel, die Kleinstadt Ie mit etwa 300 Häusern. Das flache Terrain der Insel hatte das japanische Militär dazu verführt, in Iejima ebenfalls einen unsinkbaren Flugzeugträger zu sehen und dort einen jener höchst überflüssigen Feldflughäfen mit drei Landebahnen anzulegen. Das war den Amerikanern nicht entgangen, die ihrerseits ein begehrliches Auge auf die Insel warfen. Das nördliche und nordwestliche Ufer war von hohen Klippen geschützt. Doch an der Südostküste befand sich ein flacher Sandstrand ohne Riffe und mit Wegen, die ins Inland führten.

Ursprünglich hatte General Buckner, Kommandeur der 10. Armee, die Insel erst nach der Eroberung des Südens nehmen wollen. Doch in dem Maße, in dem sein Angriff dort festlief und der Norden sich als weitgehend unverteidigt herausstellte, befahl er der 77. Division die Vorbereitung des Angriffs. Bereits ab dem 24. März waren die vermuteten Stellungen der Japaner, d. h. vor allem der Gusuku Yama und die Stadt Ie, intensiv mit Schiffsartillerie, Bomben, Raketen und Napalm beschossen worden. Allerdings ließ sich Buckner mit der Festlegung des Angriffstermins Zeit. Die drei für die Invasion vorgesehenen Regimenter kreuzten tagelang ziellos in Landungsbooten in den Gewässern südlich Okinawas umher und bekamen zunehmend Angst vor den Kamikaze; denn schon am 2. April hatte ein Kamikaze-Bomber das Truppenschiff Henrico getroffen, das Soldaten und den Stab des 305. Regiments ihrer Division von den Keramas als schwimmende Reserve abgeholt hatte. Der Kamikaze zerstörte die Kommandobrücke und zerschlug die Aufbauten. Seine Bomben explodierten unter Deck, wo 70 Mann ums Leben kamen, darunter der Regimentskommandeur, dessen Stellvertreter und der Kapitän. Zehn Mann wurden vermisst und 196 verwundet. Unter ihnen befand sich, wie bereits erwähnt, ein Major namens Winthrop Rockefeller, der später Gouverneur von Arkansas werden sollte. Diese Verluste entsprachen jenen der 77. ID bei ihrer vorherigen Besetzung der Keramas. Bei der Fahrt nach Iejima wurden die Transportschiffe von weiteren acht Kamikaze angegriffen, die allerdings keinen Schaden anrichteten.

Schließlich befahl Buckner den Angriff für den 16. April. Nach der Besetzung der kleinen, Motobu westlich vorgelagerten Sandinsel Minnajima wurden dort zur weiteren artilleristischen Vorbereitung der Landung auf der nördlich gelegenen Iejima zwei Artilleriebatterien von 105 mm-Haubitzen in Stellung gebracht.

Iejima war 4 km breit und in West-Ost Richtung 7 km lang. Der Inselkommandant Major Masashi Igawa war als Kommandeur des 2. Bataillons der 44. Brigade eigentlich Untergebener von Oberst Udo, dem Brigadekommandeur. Doch war er hier auf sich allein gestellt. Es gab für ihn und seine Truppen kein Entkommen. Die Amerikaner erkannten später an, dass er das Wunder vollbrachte, seine regulären 930 Infanteristen auf etwa 3500 Mann bzw. Frauen zu vervielfachen und auch seine Hilfstruppen und Zivilisten gut auszubilden, sorgfältig zu organisieren und im Rahmen der begrenzten Möglichkeiten umfassend zu bewaffnen.[217] Dazu muss er, im Gegensatz zu Udo, der hauptsächlich betrunken im Bunker war, eine charismatische Persönlichkeit gewesen sein, die fast alle Untergebenen zum Selbstopfer zu motivieren und zu fanatisieren vermochte. Von den Flughafenmannschaften mobilisierte er 1000 Mann, darunter 120 Flugzeugmechaniker, 350 Mann Bodenpersonal und 580 Mann eines Okinawaer Arbeitsbataillons.[218] Dazu rekrutierte er 1500 Zivilisten unter den 5000 Einwohnern von Iejima. Major Igawa organisierte auf Iejima eine Tiefenverteidigung, die sich auf den Gusuku Yama und die an seinem Fuße liegende Stadt Ie zentrierte. Die grundsätzliche Idee war die, die Artilleriestellungen auf dem Berg, die jeden Ort der Insel beschießen konnten, so lange wie möglich zu halten, um die Nutzung der Flugbahnen zu verhindern. So wurden von 2000 Mann und Hunderten Zivilisten auf dem Berg Gusuku Tunnel gegraben und Naturhöhlen ausgeweitet, die oft drei Stockwerke umfassten, mit Ausgängen und Feuerstellungen auf jeder Ebene nach allen Seiten. Geschütze konnten auf Schienen bewegt und die Bunkeröffnungen mit Stahltüren bei Beschuss geschlossen werden. Mörser, die bekanntlich einen steilen Schusswinkel haben, wurden bis zu 7 m tief eingegraben und auf vorbestimmte Ziele (Straßen, Strände, den Flugplatz) eingeschossen. In der Stadt Ie wurden in und unter den Häusern Bunker mit Schießscharten gebaut und mit Gräben verbunden. Der Flugplatz wurde zerstört, umgepflügt und ebenso wie die Straßen und die Strände stark vermint. Die Minen reichten von Stolperfallen mit Handgranaten bis zu

[217] Belote, S. 193

[218] Sie hatten nur die Aufgabe gehabt, den Flughafen zu zerstören und waren auf der Insel gestrandet, weil es keine ungefährdeten Schiffstransporte mehr gab. Auch konnten 3000 Zivilisten nicht mehr rechtzeitig nach Okinawa, wie geplant, evakuiert werden. Appleman, S. 150

vergrabenen 250 kg-Fliegerbomben mit Zündern, die stark genug waren, einen 35 Tonnen-Sherman-Panzer auf den Rücken zu legen. Die hauptsächlichen Waffen der Verteidiger waren 75 mm-Geschütze, Flak-Geschütze, die im Bodeneinsatz eingesetzt wurden, Infanteriemörser, MGs, Bordwaffen, die aus zerstörten Flugzeugen ausgebaut wurden, Karabiner, Pistolen, Handgranaten und Bambusspeere. Da Igawa Soldaten und Zivilisten nahezu gleichwertig einsetzte, machten die GIs nach ihrer Landung auch keinen Unterschied.[219]

Die Absicht Igawas war es, die Amerikaner zur Landung an den flachen südlichen Stränden zu verführen, die von seinen gut getarnten Geschützen aus Ie und vom Gusuku Yama aus gut zu bestreichen waren. Deshalb ließ er die ersten Erkundungspatrouillen, die dort anlandeten, absichtsvoll völlig unbehelligt, während jene, die an den steileren Stränden im Südosten und Westen anlandeten, sofort auf das Mörderischste beschossen wurden. Für die Luftaufklärung schien Iejima wie eine Geisterinsel. Niemand war zu sehen. Nur Löcher und Minen auf dem Flughafen waren sichtbar. Major Igawa hatte 7000 Leute gut versteckt.

Der Stab der 77. ID hielt eine Invasion für völlig gefahrlos. Zwei Aufklärungskompanien würden genügen. Generalmajor Andrew Bruce, der Kommandeur der 77. Division, hatte eine ähnliche Kriegslist schon auf Guam erlebt. Er bestand auf seinem ursprünglichen Invasionsplan: Sein 306. Regiment sollte an der Westküste landen und den Flugplatz überrennen, das 305. Regiment an der Südostküste landen, zum Gusuku Yama und nach der Stadt Ie vorstoßen. Vor jenen ungünstigeren Stränden lauerten zahlreiche Riffe, die nur bei Flut navigiert werden konnten. Das 307. Regiment sollte als Reserve auf den Schiffen bleiben und möglichst nicht zum Einsatz kommen.

Vor dem Landungstermin am 16. April wurden die Bombardierungen und die Beschießungen noch gesteigert, vor allem von dem Schlachtschiff Texas und von den neuen Batterien auf Minnajima. Insgesamt waren zwei Schlachtschiffe, sieben Zerstörer, 17 Mörserschiffe und zehn Kanonenboote im Einsatz. Bei einem Kamikaze-Angriff wurden der Zerstörer Pringle versenkt und vier Zerstörer, ein Begleitschiff, ein Öltanker, ein Minenräumer und drei Landungsschiffe beschädigt. Die US-Flotte erlitt 102 Tote, 52 Vermisste und 140 Verwundete. Die Japaner verloren 298 Flugzeuge.[220]

---

[219] Belote, S. 193
[220] Nichols, Shaw, S. 114

An jenem „W-Tag“ des 16. April wurde die Insel, um die Landung zu unterstützen, von Raketen, Napalmbomben und Tausenden von Artilleriegranaten eingedeckt. Munitionsdepots und Treibstoffvorräte explodierten. Ganz Iejima war vom Rauch umhüllt. Um 6.50 Uhr fand die Invasion bei ruhigem Wasser und klarem Wetter statt. Als zunächst die Schwimmpanzer anlandeten, gefolgt von Schwimmtraktoren, wurde das Feuer weiter ins Landesinnere verlegt.[221]

Die Angreifer wurden von der Fernartillerie vom Gusuku und von MG- und Mörserfeuer aus Ie empfangen. Ein Amphtrack wurde abgeschossen. Vor Ort gab es vereinzelte Schießereien aus verschanzten Stellungen. Auch wollte sich ein alter Mann mit einem Speer auf die Invasoren stürzen, bevor er niedergemacht wurde. Die größte Gefahr drohte von Minen. So wurde ein Jeep mit Verwundeten in die Luft gesprengt. Alle fünf Insassen starben, darunter zwei Leutnants. Eine Corsair wurde von der eigenen Artillerie abgeschossen. Schon am Spätabend des 16. April unternahmen zwei Hundertschaften von regulären und Hilfstruppen einen Selbstmordangriff auf die in Zelten und Schützenlöchern kampierenden Amerikaner. Viele trugen Mörsergranaten in Holzkisten, mit denen sie sich und die Invasoren in die Luft sprengen wollten. Wie so oft fehlte es den Angreifern an der nötigen Kaltblütigkeit und Durchsetzungsfähigkeit. Als die Amerikaner das Feuer massiv erwiderten, wurden viele unschlüssig und sprengten sich dann lieber selbst in die Luft. Am anderen Morgen zählte man 152 tote Japaner und nur sieben verwundete Amerikaner. Einem war von einem herumfliegenden japanischen Bein der Arm gebrochen worden.[222]

Schon am ersten Tag war es gelungen, zwei Drittel der Insel zu besetzen, den kaum verteidigten flachen westlichen Teil, auf dem sich die begehrten Flugfelder befanden. Allerdings wurden wegen der Vielzahl der raffiniert versteckten und konstruierten Minen die meisten Entschärfungstrupps bald ausgelöscht.[223] Wegen des Feindfeuers, der ungünstigen Landeplätze und der Kamikaze-Angriffe tauchten außerdem bald Nachschubprobleme auf, verursacht natürlich durch den enorm hohen Munitionsverbrauch der US-Truppen, die aus Panzern, Geschützen und Infanteriewaffen einfach schossen, was das Zeug hielt – ganz im Gegensatz zu den Japanern, die sauber zielen und haushalten und wegen des Gegenfeuers nach ein paar Salven wieder in ihren Höhlen und Bunkern verschwinden mussten. Die japanische Seite hatte auch keine

---

[221] Appleman, S. 157

[222] Belote, S. 196

[223] Astor, S. 274

schweren Waffen, nur PAK, Mörser, schwere und leichte MG- sowie die Waffen des armen Mannes: Sprengstoffbeutel, Handgranaten und selbstgefertigte Speere. Die einzigen beiden schweren 150 mm-Geschütze, die ihnen hätten helfen können, auf Motobu stationiert und auf Iejima gerichtet, waren von den 6. Marines entdeckt und unschädlich gemacht worden. Wären die Amerikaner (was strategisch eher sinnvoll gewesen wäre) zuerst nach Iejima statt in das Hinterland von Motobu gegangen, hätten sie ernsthafte Verluste erlitten.[224]

Nach der schnellen Besetzung des kaum verteidigten Flugfeldes im Westen hatte sich der Angriff einmal mehr festgelaufen. In der Nacht des 19. April gab es erneut einen Nachtangriff, diesmal auf ein Biwak der Feldartillerie in Stadtnähe. 30 Japaner griffen mit Speeren, Totschlägern, Messern, MGs und Sprengsätzen an. Angeblich waren auch mit Speeren bewaffnete Frauen, die Säuglinge auf dem Rücken trugen, unter den Angreifern.[225] Am Ende waren 25 Japaner tot und wiederum nur sieben Amerikaner verwundet.

Schon am Folgetag entschloss sich Generalmajor Bruce, das 307. Regiment einzusetzen, das eigentlich in Reserve hätte bleiben sollen. Doch schon am Abend des 17. April hatte es sich auf der Linie des Südstrands bis zum Regierungsgebäude auf dem Bloody Ridge in der Stadt Ie festgelaufen. Jenes die Anhöhe (Ridge) der Stadt beherrschende Gebäude war dreistöckig aus Stahlbeton gebaut und hatte allen Bomben, Granaten und Raketen bislang getrotzt. In der Kleinstadt begann ein Häuserkampf, Straße um Straße, Bunker um Bunker, Mann gegen Mann. Bei der engen Umklammerung der Gegner war der Einsatz der US-Artillerie nicht mehr möglich. Die Amerikaner nannten es etwas überdramatisch „Klein-Stalingrad“. Bei Selbstmordattacken auf Panzer schleuderten Soldaten Sprengsätze mit Haftmagneten auf die Panzer, bei deren Explosion sie dann selbst umkamen. Gelegentlich waren diese Angriffe erfolgreich.[226] Wenn amerikanische Verwundete von Sanitätern versorgt wurden, warteten die Japaner meist, bis sie vorsorgt auf der Bahre lagen und eröffneten dann beim Abtransport das Feuer.[227]

An diesem Tag kam Ernie Pyle auf die Insel. Er war der wohl populärste Kriegskorrespondent der Amerikaner, der die Realitäten des Krieges aus Sicht der Frontsoldaten beschrieb und nicht wie die meisten anderen in der sicheren Etappe Propagandastücke mit Lobhudeleien für

---

224 Belote, S. 192
225 Astor, S. 277
226 Astor, S. 267
227 Astor, S. 269

die Generäle produzierte. 300 Zeitungen brachten seine nahezu täglichen Berichte. Seine gesammelten Reportagen waren als kriegskritische Bücher Bestseller. 1944 erhielt er den Pulitzer-Preis. Pyle war 45 Jahre alt, hatte im Ersten Weltkrieg bei der Marine gedient, war dann mit den amerikanischen Streitkräften in Nordafrika, Italien und in Nordfrankreich gewesen. Nachdem der Krieg in Europa sich seinem bitteren Ende zuneigte, ging er nach Okinawa, zuerst zu den 1. Marines an die Ostküste, wo er ihre Plünderungen beschrieb, dann recht seekrank zur 77. Division nach Iejima. Nachdem er zunächst mit GIs plauderte und ihnen Autogramme gab, fuhr er am 18. April um 10 Uhr früh mit Oberstleutnant Joseph Cooledge, dem neuen Kommandeur des 305. Regiments, auf einer bereits von Minen geräumten und sicher geglaubten Straße im Süden, als der Jeep, der durch seine Antennen als Stabsfahrzeug deutlich sichtbar war, unter MG-Feuer aus einem Korallenhügel geriet. Die fünf Insassen tauchten in einen Straßengraben, während der Jeep und seine Reifen zersiebt wurden. Nach einer Weile streckte Pyle seinen Kopf aus der Deckung und erhielt prompt einen Kopfschuss. Er wurde neben anderen in einem Sarg, der aus dem Holz von Transportkisten gezimmert war, an Ort und Stelle beerdigt und später nach Hawaii überführt. Noch heute erinnert ein Denkmal der 77. Division an seinen Sterbeort.

Am 20. April schossen die Amerikaner bis 8.50 Uhr in der Frühe Sperrfeuer, hielten dann 10 Minuten inne, um die Japaner aus ihrer Deckung zu locken (ein alter Trick aus dem Ersten Weltkrieg) und schossen dann 15 Minuten weiter Sperrfeuer. Dann griffen Sturmtrupps aller drei Regimenter mit Flammenwerfern, Handgranaten, Sprengsätzen und Bajonetten an, während die Artillerie weiter höherliegende Ziele beschoss. Die Minenfelder um den Berg wurden mit Artilleriefeuer gesprengt. Durch ihre Schneisen konnten Panzer und Grenadiere vorrücken. Panzer und Panzerabwehrkanonen wurden gegen Bunker eingesetzt. Die unteren Höhlen wurden unter Feuerdeckung von Infanterie und Pionieren mit Flammenwerfern und Handgranaten angegriffen. Bei den als Sturmkolonnen eingesetzten Kompanien wuchsen die Verluste rasch. Als schließlich das Regierungsgebäude, dessen Ruinen die Stadt Ie beherrschten, von zwei Bataillonen des 307. Regiments gestürmt wurde, nutzten die GIs sein noch begehbares 2. Stockwerk als MG-Stellung. Nach dem Fall der völlig zerstörten Stadt wurde der Berg von allen Seiten mit kombinierten Panzer- und Grenadierangriffen gestürmt, indem Sprengsätze in alle Höhlen und Bunkeröffnungen geworfen wurden. Die höheren Höhlen konnten erst nach abenteuerlichen Kletterpartien aus der Höhe von oben mit Flammenwerfern und Sprengstoff bezwungen werden.[228] Oft schafften es die Insassen anfangs, die Zünder noch rechtzeitig herauszuschrauben, worauf die Amerikaner ihre Sprengsätze mit einer Vielzahl von Zündern versahen, die nicht mehr bewältigt werden konnten. Bei Nachtanbruch war die Nordseite des Gusuku bezwungen. Eine Patrouille zündete auf dem Gipfel eine farbige Rauchgranate, um der anderen Seite zu zeigen, dass sie angekommen waren.

Am Folgetag, dem 21. April, erfolgte um 5.30 Uhr in der Frühe ein japanischer Gegenangriff von 500 Mann auf den von ihnen angenommenen schwächsten Punkt. Nach heftigem Mörserbeschuss wurde ein Zug überrannt und ein Bataillonsgefechtsstand angegriffen. Die Japaner schafften nahezu einen Durchbruch, wurden dann aber von zwei MG-Schützen, die beide am Ende fielen, in letzter Minute aufgehalten und zurückgeworfen. 280 tote Angreifer wurden gezählt, unter ihnen auch acht Frauen, die mit Speeren und Säbeln bewaffnet waren. Auch fand man viele Offiziere und Unteroffiziere, die anscheinend aus Igawas Hauptquartier stammten. Der Major selbst war am Vortag gefallen.[229]

Am Morgen des 21. April wurde das Sternenbanner auf dem Gusuku gehisst – ein wenig an Iwojima erinnernd – und Iejima nach sechstägigen schweren Kämpfen als sicher erklärt. Doch schon beim Abstieg wurde der Trupp beschossen. Unter Einsatz eines japanischen Übersetzers wurden die Überlebenden zur Übergabe aufgefordert. Doch gab es so gut wie keine Reaktion. Nun begann eine fünftägige gnadenlose „Aufräumaktion" („mopping up"), bei der Hunderte von Japanern erschossen, alle Höhlen- und Bunkeröffnungen gesprengt und verschlossen wurden und die darin Verschütteten dem Tode geweiht wurden. In der Nacht des 22. April fand aus den Höhlen des Gusuku der letzte Gegenangriff japanischer Soldaten und Zivilisten statt. Sie wurden alle ohne eigene Verluste niedergeschossen: „Wir töteten Frauen, die Uniform trugen, und Soldaten, die als Frauen verkleidet waren."[230] Insgesamt wurden nur 150 japanische Soldaten und „einige hundert" Zivilisten gefangen. Offiziell wurde verkündet, 4700 Japaner seien getötet worden. Diese Menschen – sowie die ganze Infrastruktur der Insel – wurden geopfert, um die Nutzung der Flugfelder um wenige Wochen zu verzögern. Einmal mehr drängt sich der Eindruck auf, dieses Opfer wäre nur dann sinnvoll gewesen, wenn die gewonnene Zeit für Friedensverhandlungen und eine dauerhafte Vermeidung von Bomben-

[228] Appelman, S. 177
[229] Belote, S. 203
[230] Astor, S. 287

kriegsopfern genutzt worden wäre. Das war aber bekanntlich leider nicht der Fall. Wie immer gibt es bei Zahlen in der Schlacht von Okinawa Diskrepanzen. Bei 2000 Soldaten und Hilfstruppen und 5000 Zivilisten sollten auf jener überschaubaren Insel eigentlich mindestens 2300 Menschen überlebt haben. Natürlich weiß niemand, wie viele in den verschütteten Höhlen ums Leben kamen und wer von der Artillerie und den Bomben pulverisiert wurde.

Doch auch bei den eigenen Verlusten sind sich die Quellen uneins. Astor spricht von 239 Gefallenen und 19 Vermissten, Leckie von 258 Gefallenen (die Toten und Vermissten addierend), Appleman und die Belotes von 172 Toten und 46 Vermissten der 77. Division. Einig sind sich alle über die Zahl der 900 Verwundeten der Schlacht. Schon vier Tage nach den Kämpfen, am 24. April, wurde die 77. ID zum neuen Einsatz nach Okinawa abtransportiert.

Die überlebenden Zivilisten wurden sämtlich nach den Keramas deportiert und die gesamte Insel in einen US-Luftwaffenstützpunkt umgewandelt. Mitte Mai waren sämtliche Minen geräumt und alle Bombenkrater und Sprengtrichter der Landebahnen mit den Trümmern der abgeräumten Stadt Ie aufgefüllt worden. Ab dem 14. Juni begannen von Iejima aus, einem nunmehr unsinkbaren Flugzeugträger der Amerikaner, vier Geschwader von Kampffliegern und Nachtjägern in die Umgebung zu starten, danach Bombergeschwader Richtung japanische Hauptinseln. Die Insel wurde zu einer weiteren Fußnote der Kriegsgeschichte, als die japanische Delegation am 19. August, auf dem Hin- und Rückweg zu den Waffenstillstandsverhandlungen mit MacArthur in den Philippinen, hier zwischenlanden musste.

Ab 1972 wurde der Großteil der Insel an die Zivilbevölkerung zurückgegeben. Ein Teil des US-Militärflughafens wird heute zivil genutzt. Doch unterhalten die Marines hier weiter einen großen Hilfsflughafen für alle Fälle, der für die Inselbewohner unzugänglich ist. Heute hat Iejima 4600 Einwohner, die zumeist in dem wiederaufgebauten Dorf Ie leben. Sie leben vom Tourismus – die Lilienblüte im Frühling gilt als Attraktion – und dem Anbau von Erdnüssen.

Nach dem Ende der Kämpfe im Norden

Hinter den Kampflinien begann vor allem im Mittelteil Okinawas sogleich eine lebhafte Bau- und Nachschubtätigkeit, die weniger mit den Kämpfen selbst als mit der möglichst zügigen Umwandlung der Insel in ein Logistikzentrum und einen Luftwaffenstützpunkt für die für den

Spätherbst geplante Invasion Kyushus („Operation Olympic“) zu tun hatte. Planierraupen ebneten den Grund ein, gleich ob es sich um Korallenfelsen, Ortschaften, Terrassenfelder oder Grabanlagen handelte und verwandelten jeden geeigneten Platz in Materiallager für Ölfässer, Munitionsstapel, Baumaterial, Ersatzteile und Geräteparks, in Fahrzeug- und Panzergaragen, Zeltstädte, Barackenlager, Feldlazarette und Lagerhäuser für die Unterbringung und Versorgung eines Millionenheers. Achtzehn geeignete Flächen für Flugplätze hatte man auf Okinawa entdeckt (und vier weitere auf Iejima), die beiden besten, Yomitan und Kadena, waren bereits im vollen Flugbetrieb. Allerdings wurden ihre Start- und Landebahnen sowie die Flugzeughallen massiv ausgeweitet – und nicht wie bei den Japanern in Handarbeit mit Schaufel, Hacke und Flechtkörben, sondern mit Planierraupen, die in breiter Front parallel vorgingen wie Mähdrescher in einer Vorzeigekolchose. Schließlich sollte die gesamte in England befindliche US-Bomberflotte, nachdem sie bis kurz vor Kriegsende noch die letzten unbesetzten deutschen Städte in Schutt und Asche gelegt hatte, angesichts des absehbaren Endes des Dritten Reiches dort ab dem 8. Mai arbeitslos werdend, allesamt zu neuen Taten nach Okinawa verlegt werden.[231] Immerhin machten die Arbeiten und Kapazitätsausweitungen so schnelle Fortschritte, dass Admiral Nimitz bereits Ende April entscheiden konnte, die eigentlich geplante Invasion der südlich gelegenen Insel Miyako könne unterbleiben. Die dortige Bevölkerung und die dort stationierte Armeedivision konnten den Krieg damit also einigermaßen unbeschadet überleben.

Für die kleinwüchsigen, barfüßigen und unterernährten Zivilisten, die für GIs und Marines nur „Okis“ waren, war in den eroberten Gebieten die Sektion „Militärregierung“ des Inselkommandos Okinawa zuständig. Ihr Chef war der Brigadegeneral William Crist. Er war oberster Chef der Internierungslager („concentration camps“), in die alle Zivilisten, derer man habhaft wurde, ausnahmslos eingesperrt wurden. Schon am 18. April waren 100000 Menschen, Ende April bereits 127000 und, nachdem der Vormarsch im Süden sich deutlich verlangsamt hatte (und dort entsprechend mehr Zivilisten starben), im Juni 144000 hinter Stacheldraht. Männer im Alter von 17 bis 45 Jahren wurden separat interniert. Jedes Lager unterstand einem US-Hauptmann, der einen japanischstämmigen Übersetzer hatte. Außerdem fanden sich immer Okinawaer, die auf Hawaii gearbeitet hatten und etwas Englisch sprachen. Zur Überraschung der Amerikaner, die angenommen hatten, die Okinawaer

---

231 Belote, S. 204

würden zum Fanatismus und Massenselbstmord neigen, stellten sich ihre Häftlinge jedoch als bemerkenswert friedfertig und freundlich heraus.[232] Die meisten Frauen wurden in jenen Sommermonaten zu Erntearbeiten auf den verlassenen Feldern eingesetzt. Die wenigen Männer im arbeitsfähigen Alter mussten Entwässerungsgräben ausheben und in Feldlazaretten Hilfsdienste leisten. Die US-Armee bezahlte diese Dienste mit einem Yen pro Tag (damals 18 Cent). Mit großzügigen Dosen von DDT wurde versucht, das bald überhand nehmende Ungeziefer auszurotten. US-Truppenärzte kümmerten sich um die Verwundeten sowie die Hauptkrankheiten Tuberkulose und Ruhr.

Gleichzeitig musste im Norden weiter wegen versprengter japanischer Soldaten und des angekündigten Guerillakampfes patrouilliert werden. Zuerst von den 6. Marines, später von der 27. ID. Tatsächlich stellte jene „Guerilla" trotz vereinzelter Scharmützel nie eine ernsthafte Gefahr für die vielen Munitionslager dar, die natürlich verwundbar waren. Japanische Soldaten ebenso wie die zivilen Flüchtlinge waren in der unwegsamen Urwaldwildnis des Nordens völlig mit dem nackten Überleben beschäftigt, ständig vor den Patrouillen auf der Flucht und lebten ohne Obdach eher schlecht als recht von Zuckerrohr und Süßkartoffeln.

Trotz der teilweise heftigen Kämpfe im Norden mit hohen japanischen Verlusten auf Motobu und Iejima waren dort jedoch nur etwa 5 % ihrer Truppen aufgerieben worden. 95 % der Truppenstärke befand sich im Süden. Mit ihnen hatten sich im April 1945 ausschließlich die beiden Heeresdivisionen befasst.

---

[232] Belote, S. 207

8. Gefechtserfahrungen und die Realität des Schlachtfeldes

Auf einen Mann an der Front kamen bei den Amerikanern 19 Mann in der Etappe (bei den Japanern kamen alle mehr oder minder gut ausgebildet und ausgerüstet an die Front, und dort meist ums Leben). Der Fronteinsatz war für den US-Soldaten vorne ein meist kurzfristiges, meist nur zwei Wochen bis zur Ablöse dauerndes, enorm intensives außergewöhnliches Minderheitenerlebnis, das, sofern unverwundet geblieben, nach einigen Tagen „rest and recreation" in der Etappe wieder aufgenommen wurde. Auch für jene, die als „Veteranen" Kampfeinsätze auf den Pazifikinseln mitgemacht hatten, war die Kampferfahrung mit einigen Tagen oder höchstens Wochen meist nur eine recht kurzfristige gewesen, mit den langjährigen Fronterfahrungen der europäischen Kriegsschauplätze beider Weltkriege nicht zu vergleichen. Vor allem der jugendliche Ersatz, der 18 bis 19 Jahre alt, als „grüne" Rekruten frisch aus den Ausbildungslagern aus den Staaten nach Okinawa geschickt und dort ohne weitere Vorbereitungen umstandslos in Fronteinheiten eingegliedert wurde[233] (sinnvollerweise hätte die Ausbildung, Einübung und Eingliederung im rückwärtigen Hinterland während der Erholungs- und Auffrischungszeiten von „rest and recreation" erfolgen müssen), einschließlich der frisch ausgebildeten Zugführer, die keine Karten lesen konnten, ging an der Front so schnell zugrunde, dass die länger Dienenden kaum ihre Namen kennenlernten, geschweige denn sie vernünftig hätten einweisen und anleiten können. Sie konnten ihre Gewehre nicht richtig laden, wussten nicht, wie man Deckung nahm und wann man zu stürmen hatte, konnten Minen und Sprengfallen nicht erkennen und streckten bei Feuer aus Neugierde den Kopf aus dem Schützenloch.[234] Die unerfahrenen Neulinge schufen oft mehr Probleme als Nutzen für die Fronttruppen, zumal diese kaum Gelegenheit hatten, ihre neuen Kameraden kennenzulernen. Natürlich fehlte der in Kampfsituationen unabdingbare Gemeinschafts- und Kameradschaftsgeist mit den „Neuen".[235] Denn mehr als den Tod fürchtete man, vor den Augen

---

233 Astor, S. 328

234 Feifer, S. 277, Astor, S. 431

235 Sloan, S. 203

der eigenen Kameraden zu versagen. Das Problem war nicht bloß theoretisch. Im Mai 1945 wurden allein bei den 1. Marines (die im April nicht sonderlich belastet worden waren) 180 Offiziere und 4060 Mannschaften aufgefrischt, d. h. gut ein Viertel der Truppe während des Einsatzes ausgetauscht. Als vermehrt Truppenoffiziere und Unteroffiziere ausfielen, kamen völlig unerfahrene Etappenoffiziere als Ersatz an die Front, die oft auch mehr Schaden als Nutzen stifteten und von den Mannschaften nicht akzeptiert wurden, zumal viele der seelischen und körperlichen Belastung nicht gewachsen waren.[236] Viele Neuankömmlinge waren auch völlig undiszipliniert und nur an der wegen japanischer Sprengfallen nicht risikolosen Souvenirjagd interessiert. Absolute Bestseller waren japanische Flaggen und Offiziersschwerter (die allesamt „Samurai-Schwerter“ genannt wurden). Aber selbst Nambu-Maschinenpistolen brachten es auf $ 50 bis $ 500 bei Marine-, Luftwaffen- und Etappenleuten, die den direkten Zugang zu diesen Schätzen nicht hatten.[237]

Waren die Fronttruppen einmal zehn Tage zur Erholung in der Etappe (oder die nicht allzu schwer Verwundeten im Lazarett), glaubten sie sich wie die 96. ID bei Yontan im Paradies: außerhalb der Reichweite der feindlichen Artillerie oder Infiltratoren, in Zelten auf Pritschen mit Bettbezug lang ausschlafen, frisch geduscht in sauberen Uniformen warme Mahlzeiten einnehmen, Musik, Filmvorführungen, Zeitungen, Bibliotheken und die ersten Feldbordelle genießen, Briefe schreiben zu können und nicht zuletzt die Möglichkeit, die Souvenir-Beute gewinnträchtig zu veräußern. Nach der Schlacht galt eine Stationierung auf Okinawa als Inbegriff der öden Langeweile. Es war ja außer Armeelagern nichts mehr übrig.[238] Wer frisch von der Front kam, sah dies natürlich anders.

In der amerikanischen Armee waren während des Zweiten Weltkriegs von 11 Millionen Mann nur 5 % in Infanteriekampfeinheiten und von diesen waren nur 60 % im Fronteinsatz.[239] Von jenen wiederum schoss laut dem Militärhistoriker S.L.A. Marshall nur ein Viertel zurück. Der Rest blieb in sicherer Deckung. Das waren sozusagen die Normal-

---

236 Astor, S. 435

237 Astor, S. 57

238 Inspirierend mag vielleicht der seinerzeitige unfreiwillige Besuch des Autors in solchen US-Einrichtungen wie den Truppenübungsplätzen Grafenwöhr, Baumholder und Hohenfels gewesen sein.

239 Im Vergleich dazu waren in einem deutschen Infanterieregiment des Ersten Weltkriegs 95 % im rotierenden Fronteinsatz; Rothacher, S. 217ff

soldaten, die ihren Vorgesetzten brav gehorchten und vor ihnen wie vor dem Feind genauso viel Angst hatten und sich duckten. Dagegen waren viele der dekorierten Helden positive Psychopathen, denen jene Angst fremd war, und die von Hass oder Wahn getrieben Wundertaten vollbrachten, um später im Zivilleben als gescheiterte Existenzen in Irrenhäusern, Gefängnissen oder in der Gosse zu landen.[240] Der Marine Eugene Sledge beschrieb den Unterschied zwischen Etappe und Front so: „Für den Nicht-Kämpfer und jene, die an der Peripherie blieben, bedeutete der Krieg nur Langweile und gelegentliche Aufregung, aber für jene, die in den Fleischwolf selbst eintraten, war der Krieg eine Halbwelt des Schreckens, von dem ein Entkommen immer weniger in dem Maße wahrscheinlich schien, in dem die Verluste anstiegen und die Kämpfe immer länger andauerten. Die Zeit hatte keine Bedeutung mehr, Leben hatte keine Bedeutung mehr. Der brutale Kampf ums Überleben … hatte die dünne Zivilisationsschicht abgeschliffen und aus uns allen Wilde gemacht."[241]

Schon 300 Meter hinter der Front, also außerhalb der Reichweite des Infanteriefeuers, war die Realität vorne nicht vorstellbar. Sie war der Etappe auch nicht kommunizierbar. Auch Artilleristen sahen so gut wie nie das Ergebnis ihres Feuers und machten kaum jenes Fronterlebnis des Kampfes ums Überleben unter den Bedingungen eines gewaltsamen Todes, der Angst, der Spannung, der Erschöpfung und des Drecks. Zunächst war die Existenz an der Front auf das Minimum der Primärbedürfnisse reduziert: essen, trinken, graben, schlafen, kämpfen, überleben. Die Soldaten wussten nicht, wo sie waren („irgendwo vor Naha"). Auf einen befestigen Hügel folgte der nächste[242]: „Da war immer noch ein Hügel mehr. Dir wurde immer gesagt, der nächste wäre entscheidend, bis Du ihn genommen hast. Und dann gab es den nächsten."[243] Die Dörfer waren nur rauchende, namenlose Trümmerhaufen. Die Soldaten hatten keine Ahnung von einem Gefechtsplan, zumal es wohl auch keinen gab, außer stürmen, eingraben, Feuer bestellen, Verwundete rausholen, Verstärkung anfordern, erneut stürmen. Die Heimat erfuhr von alledem nichts. Natürlich gab es auch eine Briefzensur. Die Kriegsberichterstatter saßen hinten in der Etappe und ließen sich von den Presseoffizieren der Divisionsstäbe erbauliche Moritaten erzählen. Eine Ausnahme war Ernie Pyle, der mit nach vorne ging und dafür auf

---

240 Feifer, S. XIV und S. 292
241 Sledge, S. 177ff
242 Feifer, S. 286
243 Feifer, S. 308

Iejima auch mit dem Leben bezahlte. So aber bestand die Kriegsberichterstattung laut Donald Keene, der als Leutnant auf Okinawa diente, aus „idiotischen Geschichten völlig uninformierter Leute", und das Publikum zuhause war gezwungen, sie zu schlucken.[244] John Steinbeck schrieb danach: „Wer nicht mitmachte, wurde zuhause nicht gedruckt und von der Militärführung aus dem Kampfgebiet verbannt. Wir waren alle Teil der Kriegsführung".[245] Tatsächlich bot die offizielle Kriegspropaganda eine groteske Entstellung des japanischen Gegners und schilderte nichts vom Grauen der Angst, von zerschossenen Gesichtern, abgeschossenen Geschlechtsteilen oder aufgeschlitzten Bäuchen der eigenen Landser. Und ebenfalls nichts von der grauenvollen Realität der Schlachtfelder, vor allem jener im Süden. Sein Kraterland war mit Müll, abgeschossenen Panzern, zerstörtem Gerät, Kartuschen, Körperteilen und Exkrementen übersät. Die Leichen lagen aufgebläht herum, von dicken Schmeißfliegen umschwärmt und von Ratten und Maden angenagt. Sie gaben einen bestialischen Gestank ab, der natürlich auch heute selbst in realistischen filmischen Dokumentationen nicht zu vermitteln ist.

Im Regen liefen die Schützenlöcher oft bis zur Brust voll mit Wasser. Häufig ließen sie sich auch kaum graben, weil der Matsch zu dünnflüssig geworden war. Die Landser schliefen im Wasser, waren nie trocken, hatten deshalb geschwollene Füße. Wochenlang gab es keinen Wäschewechsel und so gut wie keine Hygiene. Ebenso wie die Japaner in ihren wasserlosen Höhlen stanken sie notgedrungen wie die Pest. Ein Marine, Edgar Sledge, beschrieb seine Erfahrung, als er in einem halbgefüllten Abfallgraben ein Schützenloch graben musste. Dabei stieß er auf ein Madennest, aus dem immer mehr Tiere krabbelten. Beim Weitergraben traf er auf eine japanische Leiche, die einen ungeheuren Gestank verbreitete.[246] Da die meisten durch die seelische Anspannung und die unhygienische Ernährung unter typhusartigem Durchfall litten, sahen sie sich meist vor der Alternative, entweder das schützende Loch zu verlassen und sich tagsüber dem Feindfeuer und nachts dem Feuer der eigenen Kameraden auszusetzten, oder sich in die Hosen oder, sofern räumlich möglich, in irgendwelche leeren Kisten, Kartuschen oder Kartons zu entleeren, deren Inhalt dann ausgeworfen wurde. Zudem bestand stets die Angst (eher imaginär denn real), dass die tödliche Habu-Schlange ins Loch kriechen würde. So mussten die Infanteristen wo-

---

[244] Zitiert in: Feifer, S. 295
[245] Zitiert in: Feifer, S. 297
[246] Feifer, S. 306

chenlang in Löchern hausen, die am Boden mit Wasser, Exkrementen und Körperteilen gefüllt waren. Nachts verunmöglichte das dauernde Artilleriefeuer den Schlaf. Normalerweise galt in jenen Zwei-Mann-Löchern die Regel „vier Stunden Wache und vier Stunden Schlaf".[247] Doch wenn beide dann im Loch aus Übermüdung zusammen einschliefen, riskierten sie, von einem Infiltrationstrupp mit dem Bajonett abgestochen zu werden. Und dies alles im Dauerregen, in schmutzigen, stinkenden und nassen Uniformen, im Umfeld verwesender Leichen. Kein Wunder, dass frische Leutnants aus der Etappe, die in sauber gebügelten Uniformen die gefallenen oder verwundeten Frontoffiziere vorne ersetzen sollten und die natürlich alles besser wussten, aus tiefster Seele gehasst wurden. Sie blieben auch oft nicht lange, zumal japanische Scharfschützen es auf sie abgesehen hatten.

In den Schützenlöchern, in die sich, wie die Marines spotteten, die GIs besonders tief eingruben (vorausgesetzt der Korallenfels machte dies möglich), war es mangels vernünftiger Brüstung und Deckung schwierig, das Gewehr handzuhaben, ohne Kopf und Oberkörper der Feindsicht auszusetzen. So war die schussbereite Pistole, der Colt 45, die beliebteste Waffe. Normalerweise gruben sich die Amerikaner am späten Nachmittag für die Nacht ein, möglichst auf höherem Grund. Beliebt war die Nutzung von Gräbern oder Häuserruinen, die mehr Schutz boten. Drei Infanteriezüge, eine Kompanie also, lagen auf einer Stellung zusammen, mit einem MG-Trupp auf der besten Feuerposition und den Mörsern einige Meter dahinter. Dazu war immer ein Funker für die Feuerleitung und den Kontakt zum Bataillon dabei. Er trug sein Gerät auf dem Rücken und war interessanterweise meist ein Navajo, der mit seinen Stammesbrüdern, die ebenfalls Funker waren, unverschlüsselt sprechen konnte. Denn die Wahrscheinlichkeit, dass irgendein Japaner Navajo-Indianisch verstehen könnte, tendierte gegen Null.

Vor den Stellungen waren Stolperdrähte gespannt, bei deren Berührung Leuchtpatronen abgefeuert wurden. Dann setzten stets Feuerwerke ein, denn wenn einer schoss, schossen alle. Wenn jene Leuchtgranaten hochgingen, blieben die Japaner zunächst geschockt stehen. Das war meist genug, um sie abzuschießen. Überdies mussten japanische Handgranaten nach dem Abzug des Sicherungsbügels noch durch einen Schlag an den Stahlhelm scharf gemacht werden. Auch dieses Geräusch war ein Alarmsignal, auf das ins Dunkel blindwütig geschossen wurde.

---

[247] Bei der Bundeswehr zu Friedenszeiten waren dies zwei Stunden Wache und vier Stunden Schlaf und während der Wache konnte man wenigstens Streife gehen. Das war nachts eigentlich unangenehm genug.

Gelegentlich wurden auch die eigenen Meldegänger oder Munitionsholer erschossen, die nicht rechtzeitig die Parole (die immer so gewählt war, dass Japaner sie nicht aussprechen konnten) brüllten.[248] Einmal fiel ein Mann über die Stolperdrähte, dass ihm die Signalpatrone den Kopf abriss.

Als ab Juni die Monsunregen aufhörten, gab es ein massives Staubproblem. Wie in allen Stellungskriegen wurden die Frontsoldaten bald von Läusen und Flöhen heimgesucht. Die Flöhe waren auf den einheimischen Ziegen verbreitet und daher schon in den Dörfern, Häusern und Stränden überall vorhanden. Sie fanden sich deshalb auch bald in allen Schützenlöchern und Bunkern ein und befielen Freund wie Feind gleichermaßen. Als am schlimmsten wurden schwarze und blaugrüne Schmeißfliegen empfunden, die sich auf den Schlachtfeldern von den Exkrementen, dem Müll und den Kadavern mästeten und zu riesigen Schwärmen vermehrten, und die dann auch über das Essen und die Getränke herfielen.

Wie in allen Gefechtsfeldsituationen hatten die Soldaten kaum Hunger. Ohnehin stellte in der US-Armee beim ersten Schusswechsel die Feldküche ihren Betrieb ein. Die Köche wurden dann entweder den Sanitätern oder der kämpfenden Truppe zugeteilt. Weil die Feldessbestecke klapperten, wurden sie bald weggeworfen. Es gab also nur kalte Rationen vorne. K-Rationen und C-Rationen. Aus japanischer (und damaliger deutscher) Sicht enthielten sie absolute Delikatessen, die man dem gefallenen Gegner gern aus dem Tornister nahm. Nur den Käse warfen die Japaner als ungenießbar weg. Die kleinere K-Ration enthielt eine Dose mit grob pürierten Kartoffeln („hash“) mit Käse oder mit Schinken und Eiern, Kaffee- und Limonadenpulver und einige Hartkekse. Die größere C-Ration enthielt eine größere und besser schmeckende Dose mit Schweinefleisch und Bohnen, hatte aber ein größeres Gewicht. Beide enthielten Zigaretten, die auch sonst gratis verteilt wurden, und Fruchtschokoriegel, die den unmittelbaren Hunger stillten. Die meisten Soldaten verloren zwischen 8 und 14 Kilo an Körpergewicht. Sexuelle Interessen wurden bei Frontsoldaten (nicht bei jenen in der Etappe!) erst nach dem Ende der Kämpfe wieder wach. Vorher überlagerten die Todesangst und der Überlebenstrieb, also nackte Primärbedürfnisse, alles. Einen seelischen Ausgleich bot das sogenannte „Buddy“-System, bei der sich gleichgesinnte Soldaten in Zweierteams kameradschaftlich gleichsam paarten, ihr Essen zusammen einnahmen, die

[248] Astor, S. 45

Zukunft besprachen und sich bei Gefahr und Verwundungen gegenseitig halfen. Wie es einer ausdrückte: „Du brauchtest Deine Buddies, weil sie das einzige Ding zwischen Dir und der Hölle waren.“[249] Es war ein totaler Zusammenhalt, jenseits kleinlicher Alltagsbanalitäten, und oft für viele der letzte menschliche Kontakt. Oft riskierten sie ihr Leben, um dem Buddy Feuerschutz zu geben, oder ihn verwundet oder tot zu bergen. Wenn sie überlebten, blieben oft lebenslange Freundschaften. Gelegentlich wird auch berichtet, der Buddy habe die Witwe eines gefallenen Kameraden nach der Rückkehr geheiratet.

Ein Veteran: „Wer von der Front zurückkam, hatte normalerweise ein Samurai-Schwert im Gepäck. Aber die Leute sahen anders aus. Sie hatten ausdruckslose Augen, die die Anspannung, das Elend, den Schrecken und die Schlaflosigkeit zeigten, und die absolute Gleichgültigkeit junger Männer, die ihre Jugend verloren hatten und es niemals vergessen werden.“[250]

Gegenüber ihrem japanischen Gegner fühlten sich die Amerikaner überlegen. Sie waren 12 bis 18 cm größer und 15 bis 25 kg schwerer und damit im Kampf Mann gegen Mann überlegen.[251] Ein Zitat: „Die japanischen Soldaten waren gut, aber nicht so reaktionsfreudig wie der amerikanische GI. Immerhin hatten wir sie auf allen Inseln von Guadalcanal bis Okinawa geschlagen. Wir erkannten jedoch ihren Respekt für den Tod und ihre fanatische Einstellung zum Kampf an.“[252]

Vorbildlich war sicher das US-Sanitätswesen, obwohl die Sanitäter (im Widerspruch zur Genfer Konvention) bewaffnet waren und durchaus gelegentlich mitkämpften. Einer war in jedem Zug dabei, um mit Verbandszeug, Morphiumspritzen, Branntwein und Plasma erste Hilfe zu leisten. Oft wurden Panzer eingesetzt, um Verwundete aus der Feuerlinie zu bergen, denn die Japaner hatten die Angewohnheit, der Versorgung der Verwundeten ruhig zuzusehen und erst bei ihrem Abtransport auf den ganzen Trupp das Feuer zu eröffnen. 200 bis 300 Meter hinter der Front, also außerhalb der Reichweite von Infanteriegeschossen befand sich ein recht elementares Bataillons-Feldlazarett, ein Zelt mit besser ausgestatteten Sanitätern oder gelegentlich auch Ärzten. Seine eigentliche Aufgabe war es, Soldaten mit leichteren Verwundungen oder Erkrankungen zu versorgen und an die Front zurückzuschicken. Alle schweren Fälle mussten so schnell wie möglich, das heißt binnen weni-

---

[249] Feifer, S. 347
[250] Feifer, S. 298
[251] Leckie, S. 148
[252] Astor, S. 334

ger Stunden, vom Schlachtfeld ins Divisionslazarett mit chirurgischen Möglichkeiten 4 bis 6 km hinter der Front oder mit besonders ausgebauten Landungsschiffen zu den vor der Küste kreuzenden weißen Lazarettschiffen mit so netten Namen wie „Hope“ (Hoffnung), „Relief“ (Entspannung) oder „Solace“ (Tröstung) mit Hunderten von Betten transportiert werden. Von dort wurden sie nach Guam und Saipan gebracht, um ab da per Lufttransport nach Hawaii oder den Staaten geflogen zu werden: auf Nimmerwiedersehen mit Okinawa und dem Krieg. Insgesamt wurden 31 000 Mann, also 80 % der schwerer Verwundeten auf diese Weise evakuiert.

In den Divisionslazaretten wie auf den Schiffen gab es Spezialisten für die Behandlung von Verbrennungen, für Innere Medizin und Chirurgen für Gehirn-, Brust- und die anderen üblichen Verwundungen. Gefrorene Blutkonserven, die besser als Plasma für jene waren, die unter dem Schock des Blutverlustes standen, waren erst seit Iwojima erhältlich. 50 000 Liter waren aus den Staaten eingeflogen worden. Auch wirkten Penizillin und ein neuer Sulfa-Puder gegen Wundinfizierungen Wunder. So gelang es, die Todesrate der Verwundeten gegenüber den bisherigen Pazifikschlachten zu halbieren. 97 % der verwundeten Amerikaner überlebten[253] – im Gegensatz zu den Japanern, wo der Prozentsatz eher umgekehrt war. Dennoch blieben die unvermeidlichen Schrecken des Kriegs: Einem Hauptfeldwebel, der auf eine Mine trat, mussten beide Beine und Arme amputiert werden. Er konnte überleben, aber in welchem Zustand!

Psychische Zusammenbrüche

Psychische Zusammenbrüche trafen nicht nur den frischen Ersatz, der in der Hoffnung auf Abenteuer und Souvenirs einem langweiligen Alltagsjob und den Einschränkungen in der Provinz entrinnend sich plötzlich unvermutet und unverdient in der Hölle wiederfand, sondern auch gefechtserfahrene, altgediente dekorierte Dienstgrade, die schon alles mitgemacht hatten. Niemand war davon gefeit. Sie traten vereinzelt schon am Love Day auf, blieben aber zunächst ein Randphänomen, auch bei den meist wenig intensiven Gefechten im Norden. Vor der ersten Riegelstellung im Süden stiegen die Zahlen aufgrund der intensiven Feindartillerie erstmals steil an, so dass ein ganzes Feldlazarett für sie

[253] Feifer, S. 314

nötig wurde. Dann wurden in der wochenlangen Schlacht vor dem Shuri-Riegel, vor allem unter dem Eindruck der damals noch machtvollen und zielsicheren japanischen Artillerie, die Fälle epidemisch. Vor allem die 6. Marines traf es, als ihr Kommandeur, Generalmajor Lemuel Shepherd, ein abgekämpftes Regiment zwang, Sugar Hill zu nehmen, koste es, was es wolle. Als sich sein Kommandeur, ein Oberst, weigerte, weil es schon mehr als 30 % Ausfälle hatte, mit denen eine Einheit normalerweise, nach amerikanischen Maßstäben jedenfalls, nicht mehr einsatzfähig ist, wurde er sofort abgesetzt.[254] Der Befehl kostete die Leute nicht nur hundertfach ihr Leben, sondern auch tausendfach ihre physische und psychische Gesundheit. So erwischte der „Shell Shock“ bei Sugarloaf Hill 1290 Marines. Das entsprach etwa 50 % der Gefallenen und Verwundeten. Vor der Shuri-Linie waren es 14000 Mann, die so ausfielen, und bei der 10. Armee insgesamt während der ganzen Schlacht 26000 Mann, die als „Nicht-Gefechtsverluste“ galten. Die meisten waren psychiatrisch bedingt. Es war in Summe also eine ganze Division ausgefallen. Es war dies keine Feigheit, obwohl gelegentlich auch von Simulanten berichtet wird. So heißt es in einem offiziellen US-Nachkriegsbericht: „Es ist nicht möglich, ‚an den Kampf gewöhnt zu werden‘. Jeder Moment des Gefechts schafft so starke Anspannungen, dass Männer im direkten Verhältnis zu ihrem Einsatz und seiner Dauer zusammenbrechen.“[255] Immer in der Nässe und im Freien, mit zu wenig Essen, nie genug Schlaf und mit körperlicher Erschöpfung, war die Belastung für das Nervensystem unvermeidlich. Eine Woche konnten junge, gesunde Männer das aushalten, aber nach Wochen kam es zu einer kumulativen Überanstrengung. Neben den nervlichen Belastungen durch den Artilleriebeschuss, der Trauer über verlorene Kameraden, dem Schlafmangel und sinnlosen Einsätzen kamen häufig körperliche Krankheiten wie Fieber, Lungenentzündung, Malaria und verschiedene Atmungserkrankungen wegen des Daueraufenthaltes im regennassen Freien hinzu.[256] Zumeist folgte der psychische Zusammenbruch erst auf den physischen, bei denen die Grenzen menschlichen Durchhaltens erreicht und überschritten wurden.[257] Die psychotische Erkrankung der Kampferschöpfung („Battle Fatigue“) oder der Schlachtfeldpsychose („Shell Shock“) wuchs, wie erwähnt, je nach Intensität und Aussetzung zum Feindfeuer. 45 Tage nach dem Love Day der Invasion wurden jene Nervenzusam-

---

[254] Feifer, S. 317
[255] Zitiert in: Feifer, S. 320
[256] Sloan, S. 198
[257] Sloan, S. 195ff

menbrüche endemisch. Die logische Folgerung war natürlich, dass die Truppen höchstens zwei Wochen an der Front sein sollten, um dort von anderen erholten Einheiten in einem Rotationssystem abgelöst zu werden.[258] Die 1. Marines hatten 5000 solcher Fälle. Sie waren im Süden zwei Monate lang nie abgelöst worden.[259]

Bei den Marines wurde als Argument gegen ein Rotationssystem angeführt, dass sie im Gegensatz zur Army mit vier Divisionen nur zwei Divisionen auf Okinawa hatten. Dieses Argument ist etwas dünn, da immer nur einzelnen Kompanien und Bataillonen der Sturm befohlen wurde, d. h. maximal 1000 Mann von 25000 wirklich vorne im aktiven tödlichen Kampfeinsatz waren. Der Rest grub sich ein und rührte sich nicht. Viele andere konnten sich auf administrativen oder logistischen Druckposten im Hinterland weiter amüsieren.

Insgesamt erwischten psychische Erkrankungen einen von zehn Soldaten im Fronteinsatz. Ein Veteran erinnert sich: „Viele trugen mit aufgerissenen Augen den Ausdruck von Schrecken und Angst. Andere, die ich von früher kannte, doch kaum noch wieder erkennen konnte, machten den Eindruck von Idioten und Einfaltspinseln, die zu zusammengehauen waren, um noch Angst zu haben. Die Explosion einer Granate hatte sie buchstäblich in einen anderen Bewusstseinsstand geworfen, der anders als der unsrige war.“[260] Im Ersten Weltkrieg hatten die Briten den Ausdruck des „1000 Mile Stare“ für Soldaten erfunden, die nach Artilleriebeschuss nicht mehr ansprechbar waren, sondern nur noch mit weit aufgerissenen Augen ins Weite starrten. Andere reagierten aggressiv, steigerten sich jähzornig in eine manische Wut, meuterten dann oder unternahmen Wahnsinnsangriffe auf feindliche Stellungen. Wieder andere halluzinierten, gerieten in eine unkontrollierbare Panik, wurden unzusammenhängend, zitterten, weinten, machten in die Hose, schrien oder unternahmen sinnlose Fluchten. Aber die meisten wurden einfach dysfunktional als Soldaten, wurden völlig apathisch und depressiv und

---

[258] An der Westfront des Ersten Weltkriegs, wo die Verhältnisse ähnlich waren, praktizierte das Kaiserliche Heer ein Rotationssystem: drei Tage Front, drei Tage in Reserve dahinter, drei Tage im frontnahen Hinterland. Waren sie völlig abgekämpft, d. h. mit bis zu 50 % Verlusten, kamen die Regimenter zwei bis drei Monate in die Etappe, um die Auffrischungen einzugliedern. Doch gab es auch hier, vor allem bei den artillerieintensiven Großschlachten von Verdun bis Ypern zu Nervenzusammenbrüchen, den sogenannten „Kriegszitterern“. Rothacher, S. 139ff

[259] Hallas, James H. *Killing Ground on Okinawa. The Battle for Sugar Loaf Hill*. Westport, CT 1996, S. 203

[260] Feifer, S. 320

benahmen sich jenseits des normalen Stresses irrsinnig. Manche wiederum brachen erst nach der Okinawa-Kampagne zusammen – sowie zahlreiche Afghanistan- und Irak-Veteranen aller Länder heute, deren posttraumatische Stresserfahrungen in der Heimat niemand versteht und die oft niemanden interessieren.

Anfangs genügten oft ein bis zwei Tage Ruhe und gutes Essen. Aber mit zunehmender Dauer der Kämpfe wurden die Krankheitsbilder hartnäckiger. Doch erholten sich die meisten (80 %) nach zehn Tagen bis einigen Wochen in den Lazaretten im Hinterland und wurden dann in der Etappe bei logistischen und Pionierarbeiten eingesetzt.[261] Oft hatten sie starke Schuldgefühle. Eine der wichtigsten Aufgaben der behandelnden Ärzte war, ihnen ihre Würde wiederzugeben.[262] Doch andere erholten sich nie und waren verdammt, in einem mentalen Nichts zu bleiben. Sie verbrachten den Rest ihres verlorenen Lebens als „lebende Tote" in einem Veteranenhospiz in den Staaten. Von ihnen hat die US-Kriegspropaganda bisher nichts berichtet.

Das zweite große Problem von Truppen in verzweifelten Situationen ist das der Selbstverstümmelung. Vor Kakazu Ridge, der ersten großen Barriere, schossen sich in einem Regiment, dem 383., mindestens 20 Mann nach dem zweiten vergeblichen Sturm in den Fuß. Sie wurden mit dem Kriegsgericht bedroht. Doch nichts passierte. So wurden sie humpelnd in die Staaten zurückgeschickt.[263]

Das dritte Problem ist das der Gehorsamsverweigerungen. Auch hier erklärten Soldaten ihren „grünen" jungen Ersatzoffizieren an der Front, keine Angst vor dem Kriegsgericht zu haben. Und dabei blieb es denn auch.[264]

Ein viertes Problem war die Kriminalität in den US-Truppen. Nachdem sich auch die höhere Führung an der Plünderung von okinawaischem Eigentum, von der Glocke von Shuri bis zum letzten Schützen, beteiligt hatte, wurden nicht nur sämtliche japanischen Leichen und okinawaischen Gräber geplündert und geschändet, es bestahlen sich die Kameraden auch gegenseitig um ihre Souvenirs und nahmen auch den eigenen Gefallenen ohne Skrupel die Armbanduhren und den Geldbeutel ab.[265]

Da die US-Truppen auf Okinawa fast ausschließlich aus Weißen bestanden, und Schwarze (weil sie von der Militärführung damals als min-

---

261 Appleman, S. 415
262 Hallas, S. 203
263 Astor, S. 331
264 Astor, S. 427
265 Feifer, S. 348

derwertige Kämpfer eingeschätzt wurden) nur in subalternen Logistikfunktionen wie dem Nachschub und der Wäscherei in Sondereinheiten im Hinterland eingesetzt wurden,[266] gab es wirkliche Konflikte der US-Streitkräfte untereinander nur zwischen Marines und der Armee. Die unterschiedlichen militärischen Taktiken der aggressiveren Marine-Landetruppen und des behäbigeren und vorsichtigeren Heers wurden ja bereits erörtert.

Drei Zitate aus Sicht der Marines: „Die Armee bekam das beste Essen, die beste Ausrüstung, die besten Waffen, die beste Artillerie. Die Marines bekamen den übriggebliebenen Müll. Manchmal war die einzige Möglichkeit, an Ersatzteile und Munition heranzukommen, in Armeelager hineinzugehen und das Zeug praktisch zu klauen. Und sie haben sich auf dieses gewaltige Material verlassen, weil sie ihr eigenes Leben nicht riskieren wollten. Und wenn sie damit scheiterten, dann mussten die Marines hinein und den Feind säubern."

„Wir kamen an der 27. ID bei der Ablösung vorbei. Jeder von uns fühlte, der einzige Grund, warum wir in den Süden mussten und sie nach Norden gingen, war, weil sie wieder verschissen hatten."

„Wir haben die Armee bei dieser Operation wirklich verachtet. Jedes Mal, wenn eine Granate einschlug, haben sie sich tiefer eingegraben. Man hätte glauben können, sie hätten sich eingetunnelt anstelle der Japsen."[267]

Tatsächlich gibt es Geschichten, wie Marines, die nur von Trockenrationen lebten, zu einer wohlriechenden Armeekantine kamen und sich dort mit vorgehaltener Waffe ein warmes Essen abholten und gleichzeitig ein paar herumhängende Maschinenpistolen mitnahmen.[268] Besonders empörte es die 6. Marines, dass die von allen verachtete 27. ID, nachdem sie in den sicheren Norden gezogen war, sofort ihr Feldbordell auf Motobu schloss. Eher ins Reich der Legende zählt vermutlich die Geschichte, dass Marines zwei Armeeoffiziere, die auf Souvenirsuche waren, in die Feuerlinie japanischer Scharfschützen schickten, wo sie dann – sofern wahr – umkamen.[269] Auch gibt es die Moritat, dass bei einem Streit um den Nachschub die Marines den Fahrer eines Armeelasters so zusammenschlugen, dass er starb.[270] Ernsthafter war sicher, dass sich die höhere Marineführung weigerte, beim Vorstoß nach Kiya-

[266] Feifer, S. 343
[267] Zitiert in: Feifer, S. 244
[268] Feifer, S. 247
[269] Feifer, S. 245
[270] Astor, S. 468

mu eine gefährdete Armeeflanke militärisch zu unterstützen. Nach drei Monaten „Waffenkameradschaft" war dies ein Armutszeugnis sowohl für die Führung der Marines wie für General Buckner, der den Oberbefehl über beide Truppen hatte. Ursächlich für die Spannungen scheint hauptsächlich der Überlegenheitshype der Marines zu sein, zumal zwei Armeedivisionen, wie die 27. und die 77., eher überhastet aufgestellt worden waren und ein nur zweifelhaft qualifiziertes Offizierskorps besaßen. Doch erreichten die beiden eingesetzten Marines und Heeresdivisionen gleichzeitig ihr Ziel im Süden. Die Verlustzahlen sind in Bezug auf die höhere Anzahl von Heeressoldaten annähernd vergleichbar, und die Statistiken der wegen schwerer neuropsychiatrischer Störungen erkrankter Soldaten mit 6300 Marines und 7800 GIs sind es auch, auch wenn man die vier Armeedivisionen und die zwei Marinedivisionen in Vergleich setzt.[271] Psychologisch vielleicht verständlich ist der Überlegenheitswahn der Marines gegenüber den GIs auf Okinawa empirisch nicht nachvollziehbar, genauso wenig wie jener des japanischen Heers gegenüber den Marinesoldaten und den einheimischen Boeitai.

Die japanische Erfahrung

Auf japanischer Seite ist die Evidenz ihrer Schlachtfeldexistenz viel dünner, zumal so wenige, knapp 7 % von 100 000 Mann, von ihnen überlebten, und die meisten von ihnen die Gefangennahme als persönliche Schande empfanden und sich weiterhin in Schweigen hüllten. Im Gegensatz zu den siegreichen Amerikanern gab es für viele Jahre keine Veteranenzusammenkünfte, die die Veröffentlichung ihrer Memoiren hätte ermutigen können. So sind denn die Hauptquellen zur japanischen Befindlichkeit jene Tagebücher (denn der Briefverkehr zu den Hauptinseln war längst abgebrochen), die die Amerikaner ihren gefallenen Gegnern abnahmen. Oberst Yahara, der seine Erinnerungen schließlich veröffentlichte, saß meist – außer zwei schrecklichen Tagen der Flucht von Shuri in den Süden – während der Schlacht in sicheren Führungsbunkern. Doch auch für fast alle japanischen Soldaten bestand die Existenz in einem monatelangen unnatürlichen Leben im Untergrund, ohne Aussicht auf Überleben. Am Ende war der wahre Schrecken, in all jenen

---

[271] Ende Mai war die 96. ID 50 Tage an der Front, die 7. ID 49 Tage, die 77. ID 32 Tage, die 1. Marines 31 Tage und die 6. Marines mehr als drei Wochen. Für die Japaner gab es keine Ablösung vorne. Sie kämpften solange, bis sie getötet wurden und sie wussten dies. Appleman, S. 384

zusammengewürfelten Einheiten den Zusammenhalt und die letzten Kameraden zu verlieren. Oft klammerte man sich an offiziell gestreute Gerüchte: Die 9. Division sei aus Taiwan im Süden gelandet, neue Geheimwaffen würden eingesetzt, (längst nicht mehr vorhandene) U-Boote und Selbstmordschiffe würden die US-Flotte versenken. All jene Propagandamythen wurden in den Bunkern und Höhlen mit Jubel empfangen.[272]

Zwar priesen die Amerikaner das japanische Bunkersystem als „defensive Meisterwerke". Doch war das Leben in jenen Höhlen unter Dauerbeschuss, der Erdbeben gleichkam, die Hölle. Sie waren in der Regel überfüllt und voller Schmutz und Gestank. Es mangelte an Wasser, Hygiene und an Sauerstoff. Die Telefonverbindungen waren oft zerstört und es fehlte den Soldaten in ihren Höhlen wegen des fehlenden Ausblicks an jeglicher Orientierung. Sie fühlten sich zu Recht eingesperrt und dem Wahnsinn nahe.[273] Zu essen gab es nur Hartkekse und schmutzige Reisbälle, zumal die eingelagerten Reissäcke immer mehr in der Feuchtigkeit und Sommerhitze verrotteten. Durchfallkrankheiten nahmen zu. Essen und Wasser konnte nur nachts aus 3–4 km Entfernung herbeigeschafft werden. Die Truppen waren enorm erschöpft, sie schliefen teilweise unter Feindbeschuss ein und erlitten dauernd Verluste. Nur nachts konnten die Stellungen repariert, Verwundete zu Feldlazaretten getragen und Munition und Wasser in die Höhlen gebracht werden, denn die US-Marine hörte stets pünktlich um 17.00 Uhr mit ihrer Beschießung auf, und das meiste Artilleriefeuer und die Bombardierungen endeten mit der Dämmerung.

Selbst der Führungsbunker von Shuri stank nach Desinfektionsmitteln, und weil das Licht Tag und Nacht brannte, nahmen die Desorientierungen zu. Dennoch gab es bei den Japanern – im Gegensatz zu ihren amerikanischen Gegnern – keine Fälle von Nervenzusammenbrüchen, solange die Einheiten, obwohl dezimiert, intakt blieben.[274] Erst nach der Auflösung und Zerschlagung der meisten Truppen Ende Juni 1945 wurden manche zu marodierenden Mördern, Plünderern und Vergewaltigern, die das elende Leben ihrer zivilen Mitflüchtlinge in den Höhlen zur Hölle machten.

Ein japanischer Soldat schrieb: „Wir verlieren Grund, langsam aber sicher. Der amerikanische Vorstoß war nicht schnell, aber kam mit erschreckender Sicherheit. Zuerst kamen massive Bombardierungen und

---

[272] Feifer, S. 367
[273] Feifer, S. 371
[274] Feifer, S. 381

Beschießungen, die die Vorwärtsstellungen ausschalteten. Dann kam die Infanterie, geführt von Panzern. Es war nicht länger ein ruhmreicher Kampf von Mann gegen Mann, sondern ein grotesk einzigartiger Vorgang, indem ein gigantischer eiserner Mechanismus das menschliche Fleisch zerquetschte und pulverisierte."[275] Die eigene Propaganda versuchte, ein anderes Bild zu vermitteln. So eine Infanterieinstruktion: „Die Westler sind feige und feminin. Sie hassen es, im Regen, Nebel oder in der Dunkelheit zu kämpfen. Obwohl gut zum Tanzen, glauben sie nicht, dass die Nacht eine Zeit zum Kämpfen ist. Darin liegt unsere große Chance."[276] Dabei kamen die US-Angriffe wegen ihrer umfangreichen logistischen Vorbereitungen nie überraschend.

Das Schicksal der Verwundeten

Die Lage der japanischen Verwundeten war absolut grauenvoll. Ein Zitat: „Es waren 90 Mann in der Höhle, die auf dem Boden in völliger Dunkelheit lagen, außer wenn ein Arzt oder Sanitäter mit einem Licht kam. Arzneimittel gab es kaum. Deshalb konnten die Verwundeten nicht versorgt werden. Männer starben wie die Fliegen. Der Schmutz nahm massiv zu. Bei schwerem Regen lief die Höhle voll Wasser. Die Verwundeten ertranken fast. Der Gestank war so schlimm, dass man kaum atmen konnte."[277] Operationen wurden ohne Betäubung durchgeführt. Wenn die Höhlen überfüllt waren, lagerten die Verwundeten auch schutzlos im Freien. Die meisten litten unter Bomben- und Granatsplittern. Gegen die zahlreichen durch Napalm und Phosphorgranaten verursachten Brandwunden hatten die Japaner ohnehin keine Behandlungsmittel. Dazu gab es in den feuchten Höhlen viele Tuberkulose-, Typhus-, Malaria- und Dysenteriefälle. Zu den tragischsten und am häufigsten publizierten Geschichten zählt das Schicksal von 155 Mädchen der Himeyuri-Oberschule und Lehrerbildungsanstalt. Sie entstammten den führenden Familien Okinawas und waren als Krankenschwestern eingezogen worden, wo sie selbstlos ihren grauenvollen Dienst verrichten mussten, bis sie schließlich im Chaos der Auflösung der 32. Armee aus ihrer letzten Höhle verstoßen dem US-Artilleriefeuer ausgesetzt wurden, dem schließlich die meisten zum Opfer fielen.

---

[275] Zitiert in: Feifer, S. 379
[276] Feifer, S. 328
[277] Nichols, Shaw, S. 209

Das Leiden der Zivilbevölkerung

Am schlimmsten war sicher das Schicksal der Zivilisten. Völlig unvorbereitet standen sie der Invasion fassungslos, desorientiert und schockiert gegenüber. Die Feuerwalze, die das US-Militär über jene schutzlosen Menschen ausbreitete, machte die japanische Kriegspropaganda überzeugend, die Amerikaner seien gekommen, um sie auszurotten.[278] Viele Amerikaner sahen ihr Dilemma ziemlich mitleidlos. Ein Zitat von der 96. ID: „Da war ein Haufen Zivilisten in der Ecke einer Hütte, alte Leute, Frauen, Kinder. Eine Teekanne ging herum, als wir warteten. Innerhalb von Minuten waren sie alle tot. Selbstmord durch Gift. Ihre Köpfe waren schon von den Japs vergiftet worden."[279] Die meisten Zivilisten bewegten sich aus Angst vor US-Bomben und der Artillerie nur nachts. Und wenn sie sich US-Stellungen näherten, wurden sie sofort bei jedem Geräusch beschossen. Die meisten hatten, wie erwähnt, im Süden die Evakuierungsanweisung der Präfekturregierung ignoriert, in den Norden oder nach Chinen zu gehen. Sie versuchten weiter, in ihren Hütten und bei ihren Feldern zu leben. Insgesamt waren bei den Bombardierungen der Invasionszeit Anfang April nur 38000 Menschen in den Norden geflohen. Mit geringen Vorräten und Habseligkeiten hatten sie keinerlei Unterkünfte.

In der Schlussphase im Süden blieb dann nur die Flucht von Hütte zu Hütte, von Höhle zu Höhle, immer in der Furcht vor US-Patrouillen und japanischen Versprengten, die mit der Waffe Essen erpressten. Die Verpflegung bestand nur aus dem, was die Felder hergaben: Süßkartoffeln, Zuckerrohr und Palmsprossen oder gelegentliche US-Rationen. Ende Mai 1945 waren etwa 100000 Zivilisten südlich der Shuri-Linie. Die meisten davon kamen ums Leben.[280] Zwar warfen die US-Truppen meist eher Rauchgranaten als tödlich brennende Phosphorgranaten in die Gräberanlagen und Höhlen, um die Insassen herauszuzwingen. Doch fühlten sie oft, die vom japanischen Militär an die Zivilbevölkerung verteilten Handgranaten seien für sie bestimmt. Die zu Tode erschrockene, vom Dauerbombardement und Artilleriefeuer traumatisierte Bevölkerung reagierte natürlich nicht immer rational. Im Zweifelsfall wurde auf sie eher geschossen, als dass man sie gefragt hätte. Auch entsprach die US-Kriegsfüh-

---

[278] Feifer, S. 169
[279] Astor, S. 217
[280] Slough, S. 305

rung, die die ganze Insel verwüstete und fast alle Häuser zerstörte, dem Propagandabild der japanischen Militärindoktrination. Das motivierte in der chaotischen Schlussphase viele Selbstmorde von Menschen, die völlig desorientiert und verstört waren.

Kriegsverbrechen

Es gibt vereinzelt Berichte über die Hinrichtung gefangener US-Piloten.[281] Oberst Yahara hat in seinen Verhören davon jede Kenntnis abgestritten. Genauso wenig wie die Führung der 10. US-Armee war die Führung der 32. Japanischen Armee auf die Idee gekommen, den Befehl auszugeben, Gefangene menschlich zu behandeln. Wenn die Amerikaner Kenntnis von solchen Verbrechen erhielten, wie auf Ishigaki, wo drei US-Piloten ermordet wurden, zögerten sie mit ihrer Siegerjustiz nicht, 41 angeblich Beteiligte kurzerhand aufzuhängen.[282] Ihre eigenen Verbrechen blieben natürlich ungesühnt.

Einige Zitate: „Die Japsen ergaben sich den Marines nicht. Wenn sie sich ergeben wollten, gingen sie zur Armee.[283] 99 % aller Marines würden sie erschießen, ich eingeschlossen. Weißt Du warum? Du hasstest sie für das, was sie Deinen Kameraden angetan haben, so vielen davon. Außerdem machten sie so viele schmutzige Tricks mit den erhobenen Händen. Da konntest Du ihnen niemals trauen." Ein weiterer Marine: „Niemand wollte Gefangene machen, von Anfang an nicht. Niemand, dem ein Kamerad getötet wurde, und das war fast jeder. Warum das Risiko? Als sie anfingen, sich zu ergeben, haben wir so viele wie möglich erschossen." Und weiter: „Ich schoss einem in den Rücken, der zu fliehen versuchte. Eines Tags erschoss ich auch einen, der sich ergeben wollte." Und: „Es gab auch Barbaren unter uns. Wenn Du ein Armband aus japanischen Zähnen machst, musst Du sie erst aus ihren Schädeln brechen." „Einige Leute waren richtige Sadisten. Ich habe nur einmal eine richtige Folter erlebt. Einer hielt einem schwitzenden Jap das Messer an die Kehle, als er ihn verhörte, und dann hat er einfach durchgestochen." Ein Infanterist berichtet: „Dein Kompaniechef würde sagen, nimm diese Leute zum Regimentsgefechtsstab und sei in fünf Minuten

---

[281] Feifer, S. 389

[282] Ota, S. 37

[283] Das ist insofern Unsinn, als die Armee genauso wenig Gefangene machte. Außerdem hatte ein japanischer Soldat keine Wahl, welchem Truppenteil er sich gerade ergeben wollte.

zurück. Der Regimentsstab war aber 30 Minuten entfernt. Er befahl uns also, sie los zu werden.“ Und noch einmal: „Wir ermutigten die Gefangenen zu fliehen, damit wir sie umlegen konnten. Niemand wollte sie 500 Meter durch gefährliches Gelände eskortieren, wo man sein Leben riskierte.“[284]

[284] Feifer, S. 485

9. Die Schlachten im Süden

Die Vorfestungen: Die Kämpfe um Pinnacle und Cactus Ridge

Schon am 2. April hatte die US-Armee in Gestalt der 7. ID südlich des Flusses Bishi, der die Grenze des Einsatzbereiches zwischen Armee und Marines bildete, die Landungszone ohne größere Probleme nach Süden und Südosten bis zur Nakagusuku-Bucht ausweiten und auch ihrerseits zur Teilung der Insel beitragen können. Auf zwei flachen Straßen mit nur wenigen Minen und Straßensperren stießen die Truppen an meist unbemannten Bunkern bis zur Küste vor. Die einzig schmerzlichen Verluste entstanden durch einen Fliegerangriff auf eine eigene Kompagnieführerstelle mit vier Toten und 17 Verwundeten.[285] Später wurden sie dann von japanischen Mörsern beschossen. Zur gleichen Zeit erreichte die 96. ID nach einem 3 km-Vorstoß in wesentlich schwierigerem Gelände Futenma[286] in Zentralokinawa. Verlassene Bunker und Höhlenstellungen mussten vorsichtig untersucht werden. In einer erschoss ein Feldwebel fünf schlafende Japaner mit seiner Maschinenpistole. Am Folgetag nahm ein Bataillon eine Straßenkreuzung und tötete angeblich 214 Gegner. Aus Bunkerstellungen auf Red Hill wurden von 15 Panzern drei abgeschossen. Die begleitenden Infanteristen waren mit MG- und Artilleriefeuer vertrieben worden. Dann wurden die Panzer aus der Nähe mit Sprengladungen und die Panzerleute mit Bajonetten angegriffen, wenn sie zu entkommen suchten, die verlassenen Panzer anschließend von den Japanern als Bunker genutzt. Der Widerstand versteifte sich langsam. Mit MGs hielt das 12. Bataillon weiter einen Frontvorsprung in und um die Stadt Tobaru. Fast eingeschlossen, weigerten die japanischen Verteidiger sich zurückzuziehen und zwangen die Angreifer, sich für die Nacht einzugraben.[287] Die japanische Fernartillerie schoss jetzt sehr präzise auf Ziele der Invasionsfront. So wurde der Kontrollturm in Kadena aus 7 km Entfernung zerstört. Treffer auf einen Bataillonsgefechtstand und ein Feldlazarett in

---

[285] Belote, S. 77

[286] Heute Sitz des wohl umstrittensten Militärflughafens der US-Besatzer.

[287] Belote, S. 78

sicherer Entfernung von der Front endeten mit 41 Verlusten.[288] Allerdings konnte die japanische Artillerie wegen der Verstreuung der Geschütze in Einzelbunkern und der fehlenden Kommunikation zwischen den Batterien kein konzentriertes Feuer leisten[289]. Am 4. April wurde der US-Nachschub durch einen Sturm mit drei Meter hohen Wellen behindert, der die Kräne und Pontonbrücken beschädigte und die Versorgungsschiffe auf Riffe warf.

Während jener hinhaltenden Vorfeldgefechte war sich die Führung der Japanischen 32. Armee uneins über das weitere Vorgehen. Die hauptsächliche Befürchtung von Oberst Yahara war nicht die außerordentlich schnelle Besetzung des Mittelteils der Hauptinsel und das Versagen ihrer ohnehin abgeschriebenen wenigen Verteidiger, sondern die Furcht, Buckner könne mit einem massiven Panzerangriff an der Ostküste nördlich Yonabaru durchbrechen und die schwer befestigte Shuri-Linie im Westen umflanken. Generalleutnant Cho dagegen wollte mit Unterstützung von Generalleutnant Takeo Fujioka, dem Kommandeur der 62. Division, die die Front hielt, eine Gegenoffensive starten. Die ständigen Verluste an Menschen und Material, die viel höher waren als jene der Amerikaner, die ihre Verluste stets zu ersetzen wussten, zehrten an seinen Nerven, wie an jenen der traditionellen Divisionskommandeure. Im Kampf Mann gegen Mann würde Japan seine überlegene Kampfausbildung und Moral ausspielen können und die Artillerie- und Luftüberlegenheit der Amerikaner neutralisieren. Yahara wies demgegenüber darauf hin, dass es keine vorbereiteten Stellungen zum Schutz der japanischen Infanterie nach einem Durchbruch gebe. Außerdem bestehe das Risiko einer zweiten Landung im Rücken der Front im Südosten. General Ushijima stimmte Chos Ideen zunächst zu und befahl die Vorbereitung der Planungen. Er widerrief sie jedoch am Folgetag, dem 4. April, als große Schiffskonzentrationen an der Küste sichtbar wurden.

Auf der amerikanischen Seite stand die 96. Infanteriedivision („Deadeyes“) auf der westlichen Seite sowie in der Mitte der Front und die 7. Division („Hourglass“) im Osten. Kommandeur aller vier Infanteriedivisionen, d. h. auch der 77. Division, die auf den Keramas und später auf Iejima zum Einsatz kam und der 27. Division, als der zunächst schwimmenden Reserve in der Nakagusuku-Bucht, war Generalmajor John Hodge. Für den 4. April um 8 Uhr früh befahl er einen Angriff auf breiter Front, mit dem Ziel, mit der Infanterie durch die Shuri-Höhen

---

[288] Appleman, S. 129

[289] Appleman, S. 111

zum Hafen Naha durchzustoßen und den Süden ebenso in Rekordzeit aufzurollen, wie dies die Marines im Norden sich gerade zu tun anschickten.[290] Die 96. Division sollte zuerst die Urasoe-Mura-Höhe im Westen nehmen und die 7. Division den Hügel 178 an der Ostküste nahe Ouki. Das Massiv von Urasoe-Mura beherrschte als Querriegel die Zufahrtsstraßen im Westen, einschließlich der Küstenstadt Machinato, während östlich davon der Hügel 178[291] die umliegenden niedrigeren Hügel bis zur Ostküste dominierte. Alle drei Straßen in den Süden wurden also von jener Riegelstellung blockiert, die die Amerikaner nehmen mussten, um ihren Vormarsch fortzusetzen.

Die japanische Front wurde von drei Infanteriebataillonen der 62. Division unter Generalleutnant Fujioka gehalten: das 13. im Westen, das 14. in der Mitte und das 11. im Osten. Das 12. Bataillon war in den Rückzugskämpfen der Vortage bereits zur Hälfte dezimiert und hielt nur noch Vorposten. Sie standen gegen zwei voll ausgerüstete US-Divisionen, die numerisch mehr als doppelt sowie artilleristisch um ein Vielfaches überlegen waren, zuzüglich der massiven Unterstützung aus der Luft und durch die Schiffsgeschütze. Die Stärke der Japaner bestand darin, dass ihre Stellungen sorgfältig eingegraben und getarnt waren und über akribisch geplante überlappende Schussfelder verfügten. Ein Sturm auf eine Stellung würde sogleich das gezielte Feuer aus den Nachbarstellungen auslösen. Jedes Bataillon bestand aus fünf Infanteriekompanien, die neben der normalen Standardbewaffnung über je neun leichte Nambu-Maschinengewehre und neun sogenannte Kniemörser verfügten, ein leichter Granatwerfer, dessen Grundplatte auf dem Boden ruhte. Dazu hatte die MG-Kompanie jedes Bataillons zehn schwere Hotchkiss-MGs und seine Artilleriekompanie zwei 70 mm-Infanteriehaubitzen. Weiter waren auf den rückwärtigen Hängen zur Front gesonderte Züge mit schweren Mörsern disloziert. Noch weiter hinter der Front waren zu ihrem Schutz jeweils in Einzelbunkerstellungen die schweren Geschütze der Fernartillerie eingegraben. Jedes Bataillon hatte 900 Mann, die von 300 Okinawaern, Rekruten und Reservisten, verstärkt wurden. Alle waren indoktriniert, bis zum Tode zu kämpfen und meist auch dazu bereit. Das galt auch für die Okinawaer in diesem frühen Stadium der Schlacht. Zumindest machten die Amerikaner von beiden, regulären japanischen Truppen wie einheimischen Hilfstruppen, genauso wenige Gefangene.

---

[290] Belote, S. 86

[291] Im Militär werden namenlose Berge nach ihren Höhenmetern, in diesem Fall Yards, was keinen großen Unterschied macht, benannt.

Der Angriff am 4. April durch die Sturmkompanien beider Divisionen kam zunächst gut voran. Doch schon beim Niederkämpfen der Vorposten gab es massive Verluste. Bei einem Panzerangriff der 96. Division erzielte eine gut getarnte 47 mm-PAK Volltreffer an drei Sherman-Panzern, die in Flammen aufgingen, und zwang die anderen zur Umkehr. Im Osten tobten die Kämpfe um die alte Burgruine Nakagusuku, die im frühen 15. Jahrhundert gebaut worden war, um die Küstenebene an der Nakagusuku-Bucht zu beherrschen. Sie wurde von einer Kompanie des japanischen 14. Bataillons verteidigt und von drei Kompanien der 7. Division angegriffen. Sie überrannten den Vorhof der Burg, schafften es aber nicht, die steilen, sieben Meter breiten Steinmauern der Burg selbst im Feindfeuer zu erklimmen. Schließlich wurden zwei Kompanien auf einen Nachbarhügel geschickt, um Flankenfeuer zu geben. Dabei wurde ein Kompaniechef von einem Scharfschützen erschossen, als er die Lage erkunden wollte.[292] Weil die Burg[293] teilweise eingekesselt war, zogen sich die Japaner nachts zurück. Die Amerikaner rückten am Folgetag nach, bis sie nach drei Kilometern aus einer Felsenfestung einer Hügelkette erneut unter schweres MG-Feuer kamen. Das Ganze war aber nur ein Vorspiel für die folgenden noch härteren Kämpfe.

Am 5. und 6. April lief die 96. Division im Westen von Cactus Ridge, einer langgestreckten befestigten Hügelkette, fest, und im Osten die 7. Division vor einem Steinkegel, den die Amerikaner Pinnacle (Felsnadel) nannten. Dort war eine japanische Infanteriekompanie verschanzt, die den Befehl hatte, den Amerikanern den Besitz dieses strategischen Aussichtspostens solange wie möglich zu verweigern. Sie hatten zehn MGs und sieben Kniemörser. Ein Rückzug war ihnen verboten.

Zwei Kompanien wurde der Befehl gegeben, am 5. April Pinnacle zu stürmen. Der Angriff brach zusammen, weil die Soldaten von einem eigenen Marineflieger irrtümlich beschossen wurden, der einen von ihnen tötete, elf verwundete und den Rest zerstreute. Am nächsten Morgen griffen die beiden Kompanien nach einer zehnminütigen Artillerievorbereitung erneut an. Zunächst tat dies eine Kompanie frontal. Es waren drei Anläufe nötig, bis sie schließlich den Fuß des Steilberges erreichte, wo sie sich wegen des Granat- und Mörserfeuers, das auf sie herabregnete, jedoch nicht halten konnte. Ihr Opfer lenkte die Verteidiger so ab, dass sie das Vorgehen der zweiten Kompanie in ihrer Flanke und schließlich in ihrem Rücken nicht bemerkten, der so der Aufstieg auf den Berg ohne

---

[292] Belote, S. 89

[293] Heute ein Weltkulturerbe der UNESCO, an dem von Kriegsschäden nichts mehr zu sehen ist.

Verluste gelang. Von dort bearbeiteten sie alle Bunkereingänge mit Sprengladungen und Flammenwerfern. Wer von den Japanern zu entkommen suchte, wurde mit Schnellfeuergewehren („BAR" – Browning Automatic Rifles) zusammengeschossen. Die japanische Artillerieunterstützung kam für sie zu spät. Letztlich entkamen nur 20 Mann. Die amerikanischen Verluste waren mit einem Gefallenen und zehn Verwundeten gering. Jene Eroberung war relativ einfach gewesen, weil Pinnacle eine isolierte Erhebung war, die umgangen werden konnte.

Das war beim Cactus Ridge im Westen ganz anders. Er war durch Minenfelder, einen Panzergraben und Stacheldrahtverhaue im Vorfeld geschützt. Die GIs der 96. Division brauchten einen ganzen Tag, um sich durch das Mörser- und Gewehrfeuer überhaupt an die 500 m breite Hügelkette heranarbeiten zu können. Am Morgen des 6. April bombardierten Marineflieger massiv die feindlichen Feuerstellungen, ohne allerdings deren Feuer merklich reduzieren zu können. Die nächsten Angriffe konzentrierten sich auf den leichter bezwingbar erscheinenden Nordflügel des Cactus Ridge. Wiederum griffen als Sturmkompanien ausgewählte Einheiten an und kämpften sich Bunker um Bunker vor. Schließlich stürmten zwei Kompanien auf den Gipfel des Hügels und überrannten die feindlichen Stellungen mit Dauerfeuer und Handgranaten.

Die überlebenden Japaner des 13. Bataillons zogen sich zurück, außer einigen, die es vorzogen, sich selbst in die Luft zu sprengen. Fünfzehn Bunker und noch mehr Mörserstellungen waren ausgeschaltet worden. Etwa 150 Japaner waren gefallen. Die amerikanischen Verluste betrugen dreißig Tote und Verwundete. Nachts unternahm das 13. Bataillon einen Gegenangriff, der ihn weitere 58 Mann kostete. Den Rest der Nacht wurden die Angriffskompanien auf dem Cactus Ridge von der Artillerie aus Shuri beschossen.

Zwischen dem Cactus Ridge und dem Pinnacle als den härtesten Widerständen an beiden Flanken lag eine durchgehende Reihe ähnlich befestigter, zerklüfteter Hügel, die sich auf Luftaufnahmen und im Feldstecher aus der Ferne nicht als besonders eindrucksvoll ausnahmen, doch – hartnäckig mit gegenseitiger Feuerunterstützung verteidigt – zu ihrer Bezwingung zwischen dem 4. bis 6. April vergleichbare Anstrengungen und Opfer forderten. Vereinzelte Vorposten wie bei Arakachi am 6. April wurden in Kompaniestärke auch in aussichtsloser Lage hartnäckig verteidigt. Am 7. April wurden westlich Minami Uebaru sechs Panzer abgeschossen oder von Panzerjägern zerstört.[294]

---

[294] Shaw, Nichols, S. 119

Nach dem Brechen des ersten Verteidigungsriegels war der amerikanischen Führung klar, dass die Bezwingung Okinawas im Gegensatz zur Euphorie der ersten Tage des Love Days opferreich sein würde, zumal sich aus ihrer Sicht keine Flanken zur Umgehung und Einkreisung des Feindes boten. So blieben aus Sicht der Generäle Buckner und Hodges nur Frontalangriffe im Stil des Ersten Weltkriegs. Allerdings hatten die Amerikaner doch etwas gelernt. Statt der Massenangriffe, die die Alliierten an der Westfront bis 1918 durchführten (und die Deutschen anfangs vor Langemarck und bei Diksmuide 1914), wo ganze Regimenter stürmten und niedergemäht wurden, praktizierten sie das deutsche System der Sturmtruppen in Gestalt – nach welchen Kriterien auch immer – ausgewählter Infanteriekompanien, die gezielte Schneisen in die feindliche Verteidigung erkämpfen mussten, bis Panzer oder andere Truppen als Verstärkung nachkommen konnten, und die dafür einen entsprechend hohen Blutzoll zahlen mussten. Acht Tage lang hatten einige Bataillone zwei US-Divisionen in jenen Vorfesten und Vorposten aufgehalten. Die US-Truppen erlitten 1500 Verluste und die Japaner geschätzte 4500. Die Amerikaner machten 13 Gefangene. Doch gab es bereits jetzt ungezählte zivile Opfer, die vor der Front flüchteten oder nachts durch sie hindurch wollten. So erzählt ein GI, er habe nachts zwei Frauen mit zwei kleinen Kindern erschossen, die vor seiner Stellung auftauchten, und so ein lebenslanges Trauma erlitten.[295]

Wie viele Verteidigungslinien die 32. Armee jedoch ausgebaut hatte, das freilich entzog sich noch der Kenntnis der Amerikaner. Vielleicht hatten sie zu viele Gefangene erschossen, die ihnen hätten erzählen können, dass sie sich an der härtesten Stelle der Front die Zähne ausbeißen würden. Noch hoffte man auf einen schnellen Durchbruch zum Hafen von Naha, der nach der Besetzung der Flugfelder das zweite große strategische Ziel darstellte, um Okinawa zum logistischen Vorposten und Stützpunkt für die Invasion Kyushus zu nutzen.

Kakazu Ridge

Nur 300 m weiter südlich lag eine unansehnliche Hügelkette namens Kakazu, die sich ab der westlichen Küstenebene von Nordwest bis Südost ins Binnenland erstreckte. Sie bestand wie ein flacher Sattel-

---

[295] Sloan, S. 82f

berg aus zwei verbundenen Hügeln, einem größeren, der 90 m hoch war, und einem zweiten Kakazu West, der geringfügig kleiner war. Südlich, das heißt hinter dem Sattel aus Sicht der Angreifer, lag der Weiler Kakazu. Ein Kilometer dahinter befand sich wesentlich bedrohlicher die Riegelstellung Urasoe-Mura mit ihren Steilhängen. Die Amerikaner gingen davon aus, dass es sich bei Kakazu lediglich um eine Vorpostenstellung handle, die von dem täglichen Beschuss durch die USS Colorado mit ihren 950 kg-Granaten bereits weitgehend ausgeschaltet sein musste. Der Vormarsch auf Kakazu war von der Schiffsartillerie der New York begleitet worden. Dennoch erhielten die Truppen aus den Bunkern und Höhlen eines Bergrückens oberhalb von Kaniku und Nishibaru weiterhin akkurates Artilleriefeuer.

Tatsächlich hatte das 13. Bataillon in den vorhergehenden Monaten mit der Hilfe von Zivilarbeitern den Hügel zu einer massiven Festung ausgebaut, mit Höhlen, Querverbindungen und Tunneln, die längs und quer alle Feuerstellungen des Hügels verbanden. Die schweren Verluste, die das Bataillon zuvor auf dem Cactus Ridge hatte erleiden müssen, waren durch gut bewaffnete Teile von anderen MG-, Mörser- und Artilleriebataillonen aufgefüllt worden. Die Bunkerstellungen waren im Prinzip nicht anders als die bisher erfahrenen. Doch waren sie zahlreicher, ihre Tarnung wesentlich besser, die sich gegenseitig unterstützenden Feuerfelder dichter und die Bewaffnung stärker. Dazu waren die Stellungen so tief in die Korallenfelsen gehauen, dass auch die schwere Schiffsartillerie der Colorado weitgehend wirkungslos blieb.

Der Bataillonskommandeur, Oberst Hara, hatte seinen Gefechtsstab in einem ausgedehnten Raum einer Naturhöhle im Süden eingerichtet. Sein einziges Problem war das Nachrichtenwesen. Zwar waren die meisten Stellungen mit Telefonleitungen verkabelt, doch mussten isolierte Außenposten auf dem Gipfel und in Grabanlagen des Nordhanges mit Meldegängern erreicht werden, die der amerikanischen Artillerie ausgesetzt waren. Vor Panzern brauchten sich die Verteidiger nicht zu fürchten, denn vor der gesamten Hügelkette lag eine tiefe Schlucht, die ein schmaler Bach durch den Korallenfelsen gegraben hatte und der wie ein unüberwindlicher Panzergraben wirkte. Die Flanken links und rechts waren so mit Panzerabwehrkanonen und Artillerie bestückt, dass auch dort an ein Durchkommen nicht zu denken war. Auf den südlichen rückwärtigen Hängen lagen Mörserstellungen, die von der flach schießenden US-Artillerie unerreichbar waren und dank ihres steilen Geschosswinkels die auf den Nordhängen angreifenden Amerikaner problemlos treffen konnten.[296]

Eine besondere Waffe war ein monströser 320 mm-Flügelmörser, der größte und schwerste seiner Art, den die Amerikaner hier zum ersten Mal kennenlernen sollten. Mit seinem ungeheuren Lärm beim Abschuss verursachte er zunächst Angst und Schrecken. Doch stellte sich bald heraus, dass er wegen seines Gewichts nur eine geringe Sprengkraft hatte. Meist war die Flugbahn vorhersehbar und man konnte ihm mit Glück sogar ausweichen. Wegen seiner Unförmigkeit und schwarzen Farbe von den GIs „fliegender Ascheneimer" genannt, schlug er Granatlöcher von 3 m Tiefe und 1,2 m Breite und forderte außer einigen unglücklichen Volltreffern (von denen keine Spuren blieben) fast keine Opfer.

Der Angriffsbefehl wurde von Oberst May, dem Kommandeur des 383. Regiments, für den 9. April um 6.30 Uhr in der Frühe gegeben: vor Anbruch des Tageslichts – ganz nach japanischer Art. Auf Artillerievorbereitung wurde verzichtet, um den Gegner zu überraschen. Normalerweise sind Katastrophen vorprogrammiert, wenn Infanteriestürme auf unbeschädigte, befestigte Stellungen unternommen werden. Doch hatte der Artilleriebeschuss – außer einigen Zufallstreffern – bei den tiefen Bunkersystemen bislang ohnehin recht wenig gebracht. Je zwei Kompanien zweier Bataillone sollten angreifen: zwei gegen Kakazu Ridge und zwei gegen Kakazu West. Bis zum Tagesanbruch sollte die Hügelkette genommen werden. Eine Kompanie fing verspätet an, wurde auf dem Marsch vom Tagesanbruch überrascht und blieb im Feindfeuer liegen. Die anderen kletterten nach Plan in die Schlucht und auf der anderen Seite wieder hoch. Als sie eine Stunde nach dem Aufbruch ihren Aufstieg begannen und etliche japanische Posten bajonettiert hatten (und es schien recht häufig vorzukommen, dass die Japaner auf ihren Posten schliefen), waren die Verteidiger auch dann noch nicht alarmiert, als die Vortrupps der angreifenden Kompanien sich bereits dem Kamm näherten. Als ein Feldwebel auf Kakazu West einen überraschten Japaner erschoss, wurden die Verteidiger endlich wach und die wenigen Angreifer mussten am Hang nach Deckung suchen[297]. Da ein Rückzug angesichts der feindlichen MG-Nester zunächst ausgeschlossen war, mussten sie Gegenangriffe oft im Nahkampf mit knapp werdender Munition abwehren. Versprochene Verstärkungen – eine weitere

---

[296] Belote, S. 135
[297] Belote, S. 137

Kompanie – blieben im Feindfeuer stecken. Die Kompaniechefs auf dem Ridge baten per Funk angesichts der zunehmend aussichtsloser werdenden Lage mit wachsenden Verlusten im deckungsarmen Gelände um die Genehmigung des Rückzugs. Zunächst lehnte der Bataillonskommandeur ab. Als er schließlich zustimmen wollte, weil die Verstärkung nicht durchkam, lehnte der Regimentskommandeur ab. Die Stellungen seien zu halten, koste es was es wolle – und versprach eine weitere Kompanie.[298] Der Rückzug würde ebenso viele Leute kosten wie das Verharren. Außerdem brauchte das Regiment Kakazu als Startpunkt für den Angriff auf die südlich gelegenen Urasoe-Mura-Linie. Am Ende forderten die verwundeten Chefs der drei Kompanien Rauchgranaten an und begannen unter jenem Vorhang eigenmächtig mit ihren Verwundeten den Rückzug. Als sie mit noch 46 einsatzfähigen Leuten – von ursprünglich 300 Mann der beiden Kompanien – auf dem Ridge in der Schlucht ankamen, wurde dem 1. Bataillon ein erneuter Angriff auf Kakazu befohlen, der nach sieben Toten nach wenigen Minuten wieder abgebrochen werden musste. Die Überlebenden waren mit ihren Verwundeten jetzt in der Schlucht gefangen, denn beide Abhänge wurden von japanischem MG- und Mörserfeuer bestrichen. Im Zuge eines massiven Luftangriffes auf die japanischen Stellungen entkamen dann die meisten, die Verwundeten mittragend. Bei jener auf Kakazu West liegenden Kompanie war der Rückzug unproblematischer. Doch waren von ursprünglich 89 Mann nur noch drei unverwundet. 17 waren gefallen oder vermisst. 37 Verwundete mussten getragen werden.

Für das 303. Regiment war der 9. April nach amerikanischen Maßstäben ein Desaster. Es erlitt 23 Gefallene, 47 Vermisste und 256 Verwundete.[299] Das 1. Bataillon galt als nicht länger einsatzfähig. Der Bataillonskommandeur, Oberstleutnant King, wurde wegen seiner wiederholten Bitte um einen Rückzug abgelöst. Die US-Feindaufklärung (G 2) schätzte die japanischen Verluste des gescheiterten Angriffs auf 420 Mann – sicherlich eine der üblichen Übertreibungen.[300] Ohne Zweifel aber hatte das 13. Bataillon der Verteidiger bei seinen Gegenangriffen einmal mehr weit höhere Verluste erlitten als die Angreifer. Erbeutete Unterlagen zeigten, dass das 13. Bataillon am 10. April nur noch 600 Mann umfasste, angeblich die Hälfte seiner ursprünglichen Stärke.

---

[298] Belote, S. 141
[299] Shaw, Nichols, S. 121
[300] Belote, S. 145

Der neue Angriffsplan der Führung der 96. Division sah nunmehr vor – der Überraschungsmoment war ein für allemal dahin –, die Verteidiger so massiv mit Schiffs- und Feldartillerie und Bombenteppichen einzudecken, dass sie in ihren Bunkern verschüttet wurden. Acht Artilleriebataillone mit 105 mm- und 150 mm-Geschützen sowie die Marine mit ihrem Schlachtschiff New York schossen sich auf die Stellungen ein. Dann sollten je zwei Bataillone des 383. Regiments den Ridge angreifen und zwei des 281. IR Kakazu West. Panzerunterstützung musste einmal mehr unterbleiben. Man hatte in seiner primitiven Schlichtheit bei jenem Frontalangriff eigentlich nur den Menschen- und Materialeinsatz vervielfacht. Statt drei Kompanien waren es jetzt vier Bataillone, die ein angeschlagenes japanisches Bataillon ausheben sollten. Das war in Miniaturformat die alliierte Strategie vor Ypern, an der Somme und am Chemin des Dames von 1915–17. Der Angriff wurde persönlich vom stellvertretenden Divisionskommandeur, General Easley, geleitet.

Es geschah, was kommen musste. Nach dem Angriffsbefehl am 10. April um 7.15 Uhr durchquerten zwei Kompanien die Schlucht unter heftigem Mörserfeuer, das durch die vorherigen mörderischen Artillerieschläge keinesfalls beeinträchtigt war, und bestiegen in Schützenketten den nördlichen Hang von Kakazu West, nachdem zwei MG-Nester mit Handgranaten ausgeschaltet worden waren. Bald lagen sie am gleichen Ort wie ihre Vorgängerkompanie am Vortag fest und mussten sogleich eine Reservekompanie zur Verstärkung rufen. Am Kakazu Ridge selbst erlitten das 2. und 3. Bataillon ebenfalls das Schicksal des 1. Bataillons vom Vortag. Das 2. Bataillon wurde von MG-, Mörser- und Artilleriefeuer so zusammengeschossen, dass es den Kamm nicht einmal erreichte, sondern am Osthang in Deckung gehen musste. Das allein vorrückende 3. Bataillon erlitt dann so schwere Verluste, dass es bei einem japanischen Gegenangriff um Verstärkung rief. Drei weitere Kompanien wurden vorgeschickt, die es unbehelligt nach oben schafften. Gemeinsam gelang es, den Gegenangriff abzuschlagen. In der Nacht mussten sich die Truppen auf dem Kakazu in strömendem Regen (der auch alle Luftangriffe während des Tages verunmöglicht hatte) eingraben, während der Nachschub an Essen und Munition nach oben und die Verwundeten nach unten getragen wurden. Am nächsten Tag gab es wieder einen amerikanischen Angriff und zwei japanische Gegenangriffe, als deren Folge sich die Amerikaner wieder auf ihre Ausgangsstellung in der Vornacht zurückziehen mussten. Kein Meter war gewonnen worden.

Die US-Schlachtengeschichtsschreibung überliefert von jenem Kampftag die üblichen Moritaten (wie regelmäßig von jeder anderen gestürmten Hügelfestung). Deshalb sei eine pars pro toto geschildert: Ein Halbindianer vom Stamme der Sioux (leider kein Apache) macht mit Sturmgewehr, Handgranaten, Bajonett und Kampfmesser eigenhändig zwei MG-Besatzungen nieder, wobei er insgesamt 28 Japaner ins Jenseits befördert.[301] Angesichts dieser und der Unzahl ähnlich ablaufender Heldentaten, die immer einen unwahrscheinlichen heroischen Einzeltäter mit einer inflationierten Zahl japanischer Opfer schildern, fragt sich der erstaunte Laie, warum die Amerikaner nicht einfach durchspazierten und warum sie vor jenem Hügel mit der Speerspitze ihrer Offensive nach Naha vier Tage lang festlagen.

Nachts lagen die Angreifer wieder unter Mörserbeschuss. Diesmal löste der Treffer einer jener Riesen-Flügelmörser einen Bergrutsch aus, der durch einen bösen Zufall eine Höhle verschüttete, die als Verbandsplatz des 381. Regiments genutzt wurde. 13 Mann wurden getötet und 9 erneut verwundet. Am Morgen des 12. April befahl General Easley erneute schwere Luftangriffe auf die Gipfel und die rückwärtigen Südhänge von Kakazu. Doch auch diese Bombardierungen waren so wirkungslos, dass ein erneuter Angriff der Amerikaner in einem stundenlangen schweren Mörserfeuer und dem Verlust von weiteren 45 Mann zusammenbrach.

Östlich von Kakazu lag Tumbstone Ridge – auf halber Strecke zwischen der Ost- und Westküste befindlich –, an dem sich das 382. Regiment der 96. Division die Zähne ausbiss: von geringerer Bedeutung, aber ebenso stark befestigt wie Kakazu. Hier ließ das Regiment von weiteren Angriffen ab und säuberte lieber das Hinterland von Versprengten.

An der östlichen Front entlang der Nakagusuku-Bucht befand sich der einzige Ort, an dem die Amerikaner mit der 7. Division in der Zeit vom 9. bis 12. April beim Vormarsch auf das Dorf Ouki, das etwa 5 km südlich des Pinnacle liegt, etwas vorankamen. In Ouki selbst wurde das 32. Regiment nach der Besetzung des Ortes nach einem Gegenangriff wieder zurückgeworfen. In der Nacht des 12. April lag die 7. Division ein paar hundert Meter südlich des Hügels 178 fest, der eine hochaufragende Artilleriestellung darstellte, die das Umland beherrschte.

Während jener vier Kampftage beliefen sich die Verluste der 7. und 96. ID auf 451 Gefallene, 241 Vermisste und 2198 Verwundete – vor allem bei der 96. Division, die durch die rapide steigenden Ausfälle und

---

[301] Belote, S. 147

die nach den als sinnlos empfundenen Stürmen zusehends an Kampfgeist verlor.[302] Doch auch beim Gegner war das 13. Bataillon nahezu aufgerieben und das 14. Bataillon der 62. Division schwer angeschlagen.

Am 9. April hatten die Amerikaner eine japanische Karte erbeutet, die ihre Verteidigungsstellungen detailliert und mit Truppenstärken darstellte. Damit wurde dem Korpskommandeur, General Hodge, erstmals das Ausmaß der japanischen Verteidigungsriegel vor Shuri klar, die alle bisher erlebten Festungen im Pazifikkrieg in den Schatten stellten. Für eine neue Offensive gegen solche Befestigungen war jedoch die Artilleriemunition, die man für den täglichen Dauerbeschuss überreichlich brauchte, zu knapp. Zudem hatten die Kamikaze gerade zwei Munitionsschiffe versenkt. Es musste also noch etwas abgewartet werden, bis jene Vorräte, die ständig auf dem Pazifik unterwegs waren, in ausreichender Zahl auf Okinawa angelandet worden waren. Obwohl die 62. ID bis zum 14. April geschätzte 6900 Gefallene erlitten hatte, musste die US-Führung die verbliebene japanische Truppenstärke von 65000 auf 72000 Mann nach oben korrigieren.[303] Und dennoch meinte Hodge zu den versammelten Kriegsberichterstattern, man werde die Japaner mit Artillerie wegsprengen und dann nach Naha spazieren.[304]

Generalleutnant Chos erste Gegenoffensive

Für Generalleutnant Cho und andere Traditionalisten in Ushijimas Hauptquartier war der Gedanke an einen langwierigen Abnutzungskampf, bei dem die 32. Armee langsam aber sicher Kilometer um Kilometer, Bataillon um Bataillon bis zur unvermeidlichen Niederlage zurückgedrängt wurde, unerträglich und unvereinbar mit dem Bushido-Geist, der auch in hoffnungsloser Lage die Offensive bevorzugte. Dazu fühlten sie sich von einem der raren telegraphischen Befehle des Kaiserlichen Armeehauptquartiers ermutigt, der der 32. Armee anordnete, die Flugfelder von Yomitan und Kadena zu überrennen, obwohl jenes Schreiben die Irrationalität des dortigen Denkens und Planens für alle Beteiligten einmal mehr bekundete. Ähnlich informierte das Marineoberkommando, die Tengo-Offensive der Kamikaze sei so erfolgreich gewesen, dass alle Truppen – auch jene der Marine – auf Okinawa

302 Belote, S. 149
303 Shaw, Nichols, S. 124
304 Sloan, S. 131

Angriffsoperationen zur Verfolgung des schwer angeschlagenen Feindes beginnen sollten.[305] Es handelt sich dabei wohlgemerkt um eine interne Anweisung, nicht etwa um eine Propagandaübung für die Öffentlichkeit. Für Cho war die sichtbare Verminderung der amerikanischen Schiffe vor den Landungsstellen und die reduzierte Fliegertätigkeit am 10. April ein Zeichen, dass die Kamikaze gegen die Flugzeugträger erfolgreich gewesen waren. Tatsächlich aber hatte schlechtes Flugwetter zur Einstellung der geplanten Bombenangriffe geführt. Die Transportschiffe hingegen hatten ausgeladen und waren zur Wiederbeladung auf der Heimfahrt.

Chos Plan sah in der Nacht vom 12. auf den 13. April eine Masseninfiltration fast der ganzen amerikanischen Front vor. Das 22. Regiment der bisher in Reserve gehaltenen 24. Division sollte im Bereich der 7. Division im Osten durchbrechen und die drei Bataillone der 62. Division bei der ihnen gegenüberliegenden geschwächten 92. Division. Sie sollten sich im Rücken der US-Front 6 km südöstlich von Kadena treffen, dort in Höhlen und Gräbern Unterschlupf finden und in den Morgenstunden über die Etappe der 10. Armee herfallen. Mit der hoffnungslosen Vermengung der Kombattanten würde die Feuerkraft von US-Luftwaffe und Marine gelähmt werden. Während im Norden die Etappe massakriert würde, sollten die verbliebenen Fronttruppen die in Verwirrung gestürzten zwei US-Divisionen dezimieren und in die Flucht schlagen. Dieser Plan ist an phantasmischem Wahn, dem Triumph von Wunsch und Wille über die widrige Wirklichkeit nur mit dem Todesbefehl an die Yamato vergleichbar. Er wurde von Ushijima schließlich auch nur auf Druck der höheren Truppenführer gegen den Widerstand Yaharas gebilligt.

Dazu sollte die Offensive durch Bomben- und Kamikaze-Angriffe massiv unterstützt werden. Tatsächlich richteten japanische Bomben auf Yontan nur oberflächliche Schäden an. Den Kamikaze gelang es, den Zerstörer Lifde und ein Landungsschiff zu versenken. Wie stets für das Kampfgeschehen irrelevante Nadelstiche. Cho hatte nach den Ergebnissen der zweiten Kamikaze-Welle, die den Zerstörer Abele und ein Frachtschiff versenkt und 13 Schiffe beschädigt hatte, aufgrund übertriebener Erfolgsmeldungen damals noch an den Plan geglaubt.[306]

Doch gelang es Yahara, der unnötige frühe Verluste und eine zweite Landung der Amerikaner im Rücken der japanischen Front bei Yonabaru an der Ostküste fürchtete (eine durchaus vernünftige Stra-

---

[305] Belote, S. 151
[306] Shaw, Nichols, S. 123

tegie, die auch viele US-Offiziere forderten, die von General Buckner jedoch stets rundheraus abgelehnt wurde), in letzter Minute, in eigenmächtiger Abänderung des Angriffsbefehls die beiden Divisionskommandeure zu überzeugen, ihre Angriffskräfte von je drei auf zwei Bataillone zu reduzieren. Die praktischen Probleme, die Chos Plan souverän ignoriert hatte, begannen mit dem Anmarsch des 22. Regiments von der Halbinsel Oroku im Süden Nahas – im Südwesten also – quer durch das dauernd bombardierte und beschossene Hinterland an die Front im Osten. Die Männer mussten zwei Nächte lang in Gewaltmärschen ihre gesamte Ausrüstung, Munition und Verpflegung – insgesamt 55 kg pro Mann – im strömenden Regen tragen und sich tagsüber in Zuckerrohrfeldern vor US-Flugzeugen und Schiffsgeschützen verstecken.

Am 12. April um 19 Uhr begann der bisher stärkste japanische Artillerieangriff auf die amerikanischen Frontstellungen. Allein im Bereich der 96. Division wurden 2200 Einschläge gezählt. Aber weil sich die Soldaten in ihren Schützenlöchern tief eingegraben hatten, blieben ihre Verluste gering. Im Bereich der 7. Division erfolgte der Angriff des vom Marsch erschöpften 22. Regimentes so schwach und unkoordiniert in Kleingruppen von maximal Zugstärke, dass die Amerikaner dies für eine normale Nachtinfiltration hielten und nicht für den Beginn eines Großangriffes. Die Offiziere und Mannschaften des Regiments waren unzureichend vorbereitet, kannten das Gelände nicht und verliefen sich oft ziellos in der Dunkelheit. Ein Bataillon wurde bereits vor Mitternacht beim Versuch, einen Hügel zu erklimmen, vom MG-Feuer zersprengt und dann in seinen Verstecken bis zum Morgen mit Mörserfeuer belegt. Im Bereich der 96. Division war der japanische Angriff stärker, nachhaltiger und besser organisiert. Er begann um 22.30 Uhr. Eine Marschkolonne wurde in Doppelreihe entlang der Highway 5 östlich von Kakazu in den Norden geschickt, um die Amerikaner abzulenken. Zunächst ließ der US-Posten an der Frontlinie die Truppe im Dunkeln passieren, weil er sie für eigene Leute hielt. Dann brach eine allgemeine Schießerei aus und am anderen Morgen zählte man 54 tote Japaner, sechs leichte Nambu-MG und einen Kniemörser. Wenn das eine Kriegslist gewesen sein sollte, so war sie teuer erkauft. Weiter westlich ging das 13. Bataillon gegen die Amerikaner vor, die bekanntlich noch jenseits der Schlucht von Kakazu eingegraben auf ihre Artilleriemunition warteten. Der Angriff wurde abgeschlagen. Auch er sollte der Ablenkung dienen. In den frühen Morgenstunden begann der Hauptangriff eines frischen Bataillons, des 272. Mit einer sorgfältigen Artillerievorbereitung ihres Angriffspfads griffen sie über den Kamm zwischen Kakazu Ridge und Kakazu West hinweg an. Jeder Mann trug Munition und Verpflegung für etliche Tage. Um 3 Uhr früh wurde mit dem Vormarsch der Truppe das japanische Artilleriefeuer weiter ins Hinterland verlegt. Eine der Sturmkolonnen traf auf einen stark bewaffneten US-Zug an der Front, der sie mit Mörsern und Handgranaten zerschlug. 25 Gefallene blieben zurück. Einer zweiten Truppe gelang zwar an der Front der unbemerkte Durchbruch ins Hinterland. Doch dort wurde sie nach den ersten Schießereien von der amerikanischen Artillerie und Mörserfeuer niedergemacht. Statt, wie von Cho erwartet, bei der engen Vermengung der Kombattanten Schießhemmungen zu haben, war die US-Artillerie davon ausgegangen, dass die GIs in ihren Schützenlöchern bleiben würden und die Japaner ungeschützt im Freien waren und hatte damit Recht gehabt. Die wenigen, die jenem nächtlichen Inferno entkommen konnten, wurden zumeist als Rückkämpfer von US-Schützen niedergemacht. Das 272. Bataillon war damit in wenigen Stunden so gut wie ausgelöscht. Lediglich in dem strategisch nachrangigen zentralen Frontabschnitt vor Tombstone Ridge, wo die amerikanischen Linien sehr dünn waren, war es einem Bataillon gelungen, erfolgreich durchzusickern und in die Gegend von Ginowan vorzurücken. Allerdings stellte sein Kommandeur bei Tageslicht fest, dass seine Truppen zu schwach, zu verstreut und ohne Anschluss zu isoliert waren, um mit Aussicht auf Erfolg die amerikanische Etappe anzugreifen. Die Männer versteckten sich den ganzen Tag. Gut der Hälfte gelang es, sich in den nächsten Nächten wieder zu den japanischen Linien durchzuschlagen. Nach zwei weiteren kleinen Angriffen in der Nacht vom 13. auf den 14. April ließ Ushijima Chos Offensive abbrechen.

Ihr Scheitern war absehbar gewesen. Nur in gesicherten Bunker- und Höhlenstellungen hatten die Japaner eine Chance gegen die amerikanischen Angreifer, die gezwungen waren, sich über offenes Gelände zu nähern und dabei hohe Verluste zu erleiden. Wurden die Verhältnisse umgekehrt, mit den Amerikanern in Deckung und den Japanern ohne dergleichen, da mussten sie – Bushido hin oder her – sofort zu chancenlosen Opfern der US-Feuerkraft zu Wasser, zu Lande und aus der Luft werden. Mit Chos Offensive im April verlor die 32. Armee vier ihrer besten Bataillone – mit 1600 Gefallenen und vier Gefangenen – und vergeudete einen Gutteil ihrer Artilleriemunition, die sämtlich (im Gegensatz zu den US-Verlusten) nicht mehr ersetzt werden konnte. Mit dieser Schwächung beschleunigte sie nur ihre Niederlage. Lernte General Cho aus seinem selbstverschuldeten

Desaster? Mitnichten. Binnen Monatsfrist sollte er einen erneuten Plan einer noch größenwahnsinnigeren Gegenoffensive ausbrüten und dank seiner charismatischen Persönlichkeit durchsetzen, mit noch verheerenderen Folgen ....

Roosevelts Tod

In den frühen Morgenstunden des 13. April 1945 – die Kämpfe auf Motobu und Chos Offensive waren noch im Gange – wurde von Schiffslautsprechern und mit hektographierten Sonderdepeschen den US-Truppen der Tod Präsident Roosevelts bekanntgegeben. Für viele der jungen GIs und Marines war ihr Oberkommandierender in seiner 4. Amtszeit, der trotz eines Friedenswahlkampfes 1940 alles dafür getan hatte, um die ursprünglich neutralen USA mit ihrer kriegsunwilligen Öffentlichkeit in den Krieg gegen die Achsenmächte zu führen, der einzige Präsident, den sie je gekannt hatten. Auf den Schiffen und in der Etappe wurden allenthalben Gedenkgottesdienste abgehalten. Für viele war die Trauer tiefempfunden, zumal sein Nachfolger, Harry Truman, so gut wie unbekannt geblieben war (auch deshalb, weil der Machtpolitiker Roosevelt ihn aus allen Kriegsentscheidungen und -beratungen systematisch ausgeschlossen hatte).

Für die kämpfende Truppe an der Front war jene Nachricht aus der fernen Heimat völlig unerheblich. Das eigene Überleben und die Auslöschung des Gegners hatten absoluten Vorrang.[307]

Die Nachricht von Deutschlands Kapitulation vom 8. Mai sollte die Fronttruppen ebenso völlig desinteressiert lassen. Während die Schiffe nach dem Eintreffen der Siegesnachricht am Morgen des 9. Mai Salven verfeuerten, sahen sie darin keinen Einfluss auf ihre Lage.[308]

Im Hauptquartier der 32. Armee in den Bunkern von Shuri löste die Nachricht vom Ableben Roosevelts Jubel aus,[309] in den Ushijima freilich nicht einstimmte. Er kondolierte seinem Gegenspieler Buckner.

---

307 Sloan, S. 127

308 Shaw, Nichols, S. 154

309 Yahara, S. 45

Die amerikanische Offensive auf die Hauptlinie Shuri – Yonabaru

Zwischen dem 14. und 19. April war die Front weitgehend statisch geblieben. Aus dem Grund wurden auf US-Seite nur Patrouillenunternehmen durchgeführt, um feindliche Stellungen zu erkunden, die dann mit Artillerie, Schiffsgeschützen und Luftangriffen eingedeckt wurden. Es blieb also nicht sonderlich ruhig an der Front.

Am 18. April verlegte General Buckner, der Kommandeur der 10. Armee, sein Hauptquartier vom Schlachtschiff Eldorado nach Uchi, einem 3,5 km südöstlich von Kadena gelegenen kleinen Dorf, um die kommenden Operationen besser vorbereiten zu können. Nordokinawa war weitgehend besetzt, Chos Offensive gescheitert und Iejima stand vor dem Fall. Die 96. und 7. Division waren mit frischem Ersatz aufgefüllt und wurden von der mittlerweile gelandeten 27. Division, die zuvor schwimmende Reserve war, verstärkt. Der amerikanische Angriffsplan war einmal mehr der gleiche: Ein Frontalangriff mit noch mehr Artillerie, Bomben und Truppen. Beim Angriff am 19. April sollte nach einem massiven Beschuss durch alle verfügbaren Geschütze die Infanterie die Verteidigungslinien überrennen und in das Tal, das zwischen Naha im Westen und Yonabaru im Osten liegt, einbrechen. Die Stärke der japanischen Befestigungen mit ihren dreifachen Riegelstellungen vor Shuri war mittlerweile bekannt. Die Alternative wäre gewesen, wie von Yahara befürchtet, den Schwerpunkt des Angriffs auf die topografisch einfachere und weniger befestigte Ostküste zu verlegen und mit einem massiven Panzerangriff die Shuri-Festungen zu flanken. Auch vor Minatoga an der Ostküste wurde einmal mehr nur eine Scheinlandung zur Verwirrung der Japaner geprobt. An eine ernsthafte Landung im Rücken der japanischen Front, die diese von hinten hätte aufrollen können (denn alle japanischen Verteidigungsstellungen waren, wie die Amerikaner bisher sattsam hatten erfahren können, ausschließlich nach Norden ausgerichtet), dachte Buckner weiterhin nicht[310], auch wenn sein Heereskollege Hodge und etliche Divisionskommandeure dies befürworteten. Buckner wäre lieber langsamer mit der Taktik des Dauereinsatzes überlegener Kräfte vorgegangen. Weil dies weniger Infanterie-, doch höhere Marineverluste gebracht hätte, stand er unter starkem Druck seines obersten Vorgesetzten, des Flottenadmirals Chester Nimitz und Chef des Pazifischen Kriegsschauplatzes, der seine Schiffe aus der Gefahrenzone bringen und Oki-

310 Belote, S. 213

nawa möglichst bald als Invasionsbasis für Japan nützen wollte, um den Einsatz zu beschleunigen. Nimitz übte Druck auf Admiral Turner auf, der als Chef aller US-Landetruppen Buckners unmittelbarer Vorgesetzter war, und bedrohte ihn mit seiner Ablösung, falls er nicht beschleunige. Buckner gab den Druck an seine Divisions- und Regimentskommandeure weiter.[311] Am 23. April flog Nimitz selbst nach Okinawa und zwang Buckner direkt, seine Soldaten weiter in den „Fleischwolf" zu schieben. Der Verlust von eineinhalb Schiffen pro Tag durch die Kamikaze war ihm unerträglich.[312] Generalmajor Lemuel Shepherd, Kommandeur der 6. Marines, schlug deshalb einen brutalen, den Feind desorientierenden Durchbruch anstelle der methodischen Frontalangriffe vor.[313]

Buckner und Hodge, der kommandierende General des 24. Korps, d. h. der drei an der Front stehenden Heeresdivisionen, setzten weiter auf Materialüberlegenheit (die bislang alle US-Siege im Pazifik entschieden hatte). Hodge verkündete, der Angriff würde zu 90 % aus Logistik und zu 10 % aus Kampf bestehen[314]. Unablässig wurden Straßen mit Planierraupen gebaut und verbreitert. Tag und Nacht rollten Lkw-Kolonnen den Nachschub an die Front. Diesmal würde der Einsatz der Artillerie alles bisher Gesehene im Pazifikkrieg in den Schatten stellen und dann die Front Meter um Meter aufrollen. Es war in anderen Worten nichts anderes als eine Miniaturausgabe des britischen Angriffs an der Somme[315] vom 1. Juli 1916, der freilich als ihr schwärzester Tag in die britische Militärgeschichte eingehen sollte. Es war geplant, den Artillerieschlag im Osten und im Mittelsektor beginnen zu lassen und dann nach fünfzig Minuten

---

311 Sloan, S. 146. Man sieht, dass die US-Kommandostruktur auf Okinawa viel komplexer war als die der Japaner. Ushijima, von Tokyo abgeschrieben, hatte im Wesentlichen nur zwei Divisionskommandeure, einen Brigadekommandeur, einen Vizeadmiral und seinen Generalstab unter sich. Buckner dagegen hatte das ganze Pazifische Kommando der Marine über sich, unter sich zwei Korpskommandeure – die der vier Armeedivisionen und der zwei Marines-Divisionen. Dann erst kamen die Divisionskommandeure. Alle Entscheidungen mussten auch mit den Admirälen der jeweiligen Marine Task Forces abgesprochen werden, die Okinawa umschwammen, beschossen und belieferten. Entsprechend komplizierter, bürokratischer und intrigenreicher kann man sich die Entscheidungsfindungen vorstellen – ganz im Gegensatz zum gängigen Klischee der US-Informalität. Hollywood und John Wayne lassen grüßen.

312 Feifer, S. 243

313 Feifer, S. 239. Shepherd wurde nach dem Krieg kommandierender General des gesamten Marinekorps.

314 Appleman, S. 188

315 Belote, S. 213

auf Kakazu umzuschwenken. Derweil würde als Überraschungsmanöver die 27. Division mit zwei Regimentern an der Westküste die kleine Bucht von Machinato queren und nordwestlich der nächsten Verteidigungslinie, der Urasoe-Mura-Höhen, an Land gehen und Kakazu damit umgehen.

Die japanische Seite, die Angst vor einem Durchbruch an ihrer verletzlichen Front vor Yonabaru im Osten hatte, beobachtete zu ihrer Beruhigung, dass sich die US-Artillerie erneut gegenüber Kakazu im Westen eingrub, ein sicheres Zeichen, dass der Feind es hier erneut – einigermaßen unbelehrbar – zum dritten Mal probieren würde. Entsprechend wurde die 62. Division durch Reserven aufgefrischt, die die bisherigen Verluste an der Front nahezu ausglichen.

Die neu zum Einsatz kommende 27. Division, die 1944 auf Saipan schwere Verluste gehabt hatte, war bisher nur in Bataillonsstärke auf Inseln der Ostküste in Erscheinung getreten. Sie war eigentlich als künftige Besatzungstruppe gedacht gewesen. Ihr Kommandeur, Generalmajor George Griner, plante als Überraschung einen Nachtangriff, den die Amerikaner – wie die Japaner wussten – nur sehr selten unternahmen. So sollte sein 106. Regiment die Machinato-Bucht entlang der westlichen Küstenstraße (Highway 1) nach Süden vorstoßen und das westliche Ende der Urasoe-Mura-Hügelstellung, gleichsam im Rücken von Kakazu, angreifen, während das 105. Regiment Kakazu Ridge einmal mehr frontal angreifen würde. Da die Front hier schon seit Tagen statisch war, wurde das Vorgehen der 27. Division mit Routineaktivitäten getarnt: Planierraupen, die die Straßen im US-Hinterland ausbauten, vereinzeltes Artilleriefeuer, Patrouillen, die sich hinter der Front ablösten. Am Nachmittag des 18. April rückte eine Kompanie des 106. Regiments aus, gab sich dabei wie eine gelangweilte Patrouille und überquerte dann auf einer noch intakten Wasserleitung die nur 50 m breite Machinato-Bucht, um auf dem anderen Ufer unbemerkt einen japanischen Vorposten in Zugstärke auszuschalten. Das ermöglichte den amerikanischen Pionieren, nachts bei völliger Ruhe aus vorgefertigten Stahlteilen zwei Bailly-Behelfsbrücken und einen Fußgängersteg über die Bucht zu errichten anstelle der von den Japanern gesprengten Straßenbrücke. Schon um zwei Uhr in der Nacht konnte die erste Kompanie die Bucht überqueren. Sie erklomm am anderen Ufer einen Hügel, hinter der sie in den frühen Morgenstunden eine ganze japanische Kompanie beim Frühstück überraschte und niedermachte. Die eigenen Verluste bei der Errichtung dieses Brückenkopfs betrugen nur zwei Tote und sieben Verwundete.

Während jener Operation an der Westküste brach am 19. April um sechs Uhr früh das Artilleriefeuer von 324 Geschützen aller Kaliber auf die japanischen Stellungen los, von denen jedes 150 bis 200 Granaten verfeuerte. Insgesamt wurden 480 Tonnen an Bomben, 3400 Raketen und 700000 Granaten auf die japanischen Stellungen verfeuert. Sechs Schlachtschiffe, sechs Kreuzer, neun Zerstörer, 650 Kampfflieger und Bomber und das 27. Artilleriebataillon waren im Einsatz. Auf sieben Kilometern Front gab es alle 30 m einen Einschlag. Ein Veteran: „Es schien, als ob niemand die massive Vorbereitung überleben könnte. Aber leider taten dies fast alle Japaner".[316] Die Feuerwalze ging dann zehn Minuten lang für 500 m weiter ins Hinterland. Während dieser Zeit unternahm die US-Infanterie einen Scheinangriff, um die Japaner aus ihren Unterständen zu locken. Dann schoss die US-Artillerie auf jene vorgeschobenen Stellungen wieder Schrapnellgranaten mit Zeitzündern, die in der Luft (und nicht erst beim Aufschlag) explodierten und Soldaten ohne Deckung mit Schrapnellkugeln trafen. Diesen Fehler machten jedoch nur wenige. Insgesamt wurden 19000 Salven allein auf Kakazu gefeuert. So hatte der führende US-Artillerist, Brigadegeneral Sheetz, beim post mortem[317] Zweifel, ob jene trickreiche Feuerwalze wie behauptet 190 Japaner getötet hätte – das wären gerade einmal einer pro 100 abgefeuerter Granaten gewesen. Mit jenem überhöhen Munitionsverbrauch kam natürlich auch der Nachschub nicht nach. Ursächlich für jenen verschwenderischen Materialeinsatz war die fehlerhafte US-Militäraufklärung. Nicht nur auf Okinawa überschätzte sie die Schäden und ihre Wirkung und unterschätzte systematisch die Feindstärke und die gegnerische Kampfmoral.[318]

Zur Ablenkung wurde eine erneute Scheinlandung vor Minatoga mit einem schweren Bombardement der Strände unternommen. Fünf Schlachtschiffe, zwei Kreuzer und vier Zerstörer machten bei jenem nutzlosen Feuerwerk mit, das die Japaner diesmal nicht länger beeindruckte. Schon am 20. April wurde ihre 24. Division an die Front nach Norden geschickt,[319] wo sie am 22. April von der überdehnten 62. ID den Ostteil der Front übernahm. Es blieben auf der Chinen-Halbinsel mit ihren Artilleriebunkern nur noch eine gemischte Heimwehr (Boeitai), Nachschub- und Pioniereinheiten, die den Befehl hatten, sich bei einer US-Landung kämpfend in Richtung Shuri zurückzuziehen, wo es zu einem letzten Stand kommen würde.[320] Spätestens jetzt wäre die vom Generalstab der 32. Armee so lange befürchtete Landung bei Minatoga

[316] Shaw, Nichols, S. 125

[317] Die Lagenachbesprechung.

[318] Feifer, S. 240

[319] Appleman, S. 125

[320] Shaw, Nichols, S. 143

im Rücken der japanischen Front risikolos möglich gewesen. Und die Amerikaner hätten dies wissen können, wenn sie Gefangene der 24. ID gemacht hätten, die ihnen das alles hätten erzählen können.

Die 7. und die 96. Division hatten 1100 Mann aus Saipan für ihre Verluste als Auffrischung erhalten, waren aber beide noch nicht wieder in voller Mannschaftsstärke. Die 96. Division sollte in der Inselmitte die südöstlich von Kakazu liegenden Hügelketten Tombstone, Nishibaru und Tanabaru nehmen und dann die 7. Division an der Ostküste die Hügel 178 und Skyline Ridge. Beide Divisionen setzten erstmals eine diabolische Waffe ein: den Flammenwerferpanzer, nach dem Feuerzeug „Zippo" genannt (dessen Entwicklung für den europäischen Kriegsschauplatz gottlob zu spät kam, zumal das Deutsche Reich nach dem Bruch des Westwalls über keine weiteren nennenswerten Festungsanlagen im Inneren mehr verfügte). Es war ein Sherman-Panzer, der, statt Granaten zu verschießen, durch sein Geschützrohr einen Schlauch führte, aus dem ein Gemisch aus Napalm, das an den Menschen kleben bleiben sollte, und Benzin, das in Brand gesetzt wurde, gespien wurde und das bei den Getroffenen so wie bei den amerikanischen Phosphorbomben unlöschbar bis auf die Knochen durchbrannte. Napalm war eine enorme „Verbesserung" für die Flammenwerfer. Es konnte auf 100 m akkurat treffen und entzündete sich erst im Ziel. Die „Zippos" konnten 60 m hohe Stellungen in Klippen von unten ausräuchern.[321] Jedes Bataillon hatte neun jener Flammenwerferpanzer, die Marines von Anfang an auf Okinawa, die Armee erst nach drei Wochen, wo sie jetzt an der Kakazu-Front von ihr erstmals eingesetzt wurden. Es war in der Tat die einzige Waffe, die die im Inferno der eingeengten und mit dem bevorstehenden Tod bedrohten Bunkerbesatzungen der Japaner zur heillosen Flucht trieb. Allem anderen hielten sie stand: stundenlangem Artilleriebeschuss, Bombardierungen, Sprengstoff- und Panzerattacken, infanteriegetragenen Flammenwerfern und MG-Feuer. Doch jene flammenspeienden Panzer waren eine Ausgeburt der Hölle, die keine menschliche Seele aushalten konnte. Wurden die Panzerbesatzungen dagegen gelegentlich von Selbstmordkommandos gesprengt oder von PAKs abgeschossen, wurden sie ihrerseits von ihren Napalm/Benzinvorräten genauso lebendig bis zur Unkenntlichkeit verbrannt. Beim Angriff der 7. Division um sieben Uhr früh kämpfte das 11. Bataillon der Japaner an Skyline Ridge mit hinhaltendem Widerstand – außer dort, wo sie von den drei eingesetzten Flammenwerferpanzern mit ihren orangefarbigen

---

[321] Astor, S. 305

Auswürfen „frittiert“ wurden. Am Hügel 178 wurde der amerikanische Angriff mit Artillerie, Mörsern und MG-Feuer abgeschlagen.[322] Zwischen den Abschnitten der 7. und 96. Division lagen zwei Korallenhügel (Rocky Crags), die nur knapp 15 m hoch und damit wenig eindrucksvoll waren. Dennoch stellten sie enorme Hindernisse auf dem Weg zum Hügel 178 dar, solange sie in feindlicher Hand waren. Auch sie waren Kleinfestungen mit vielfachen Feuerstellungen und Tunneln. Am 18. April griff eine Kompanie mit Panzerunterstützung an. In der Nacht zum 19. April war klar, dass die 7. Division bei allen Angriffen nicht über das Vorfeld hinausgekommen war. Skyline Ridge, Ouki Hill, Hügel 178 und die Rocky Crags blieben weiter in den Händen des 11. Bataillons.

Auch die Angriffe der 96. Division im Mittelbereich der Front brachten keine Gewinne. Vielmehr trat man nach schweren Verlusten einen Teilrückzug an, weil es nicht gelungen war, die rückwärtigen Stellungen der Hügel zu erobern, von denen die Männer, die auf den Vorderhängen die Bunkeröffnungen auf Hügel 178 und Skyline Ridge mit Sprengsätzen und Flammenwerfern traktierten, mit ständigem Mörserfeuer belegt wurden. Ein angreifendes Bataillon verlor bei jenem vergeblichen Versuch 80 Mann an Toten und Verwundeten.[323] Beim Frontalangriff des 105. Regiments der 27. Division auf Kakazu wiederholten sich die dreifach zehn Tage zuvor erlittenen Erfahrungen der 96. Division erneut. Der Plan war gewesen, mit der Infanterie über Kakazu Ridge ins Dorf Kakazu vorzustoßen, sich dort mit den Panzern zu vereinigen, die über die somit befreite Highway 5 vorrücken konnten, gemeinsam den Rücken des Hügels aufzurollen und dann gegen das südliche Hauptziel, den nächsten Querriegel von Urasoe-Mura vorzugehen. Die beiden angreifenden Infanteriebataillone wurden jedoch schon beim Versuch, die Schlucht zu verlassen, so zusammengeschossen – ein Kommandeur erlitt vier MG-Schusswunden und überlebte schwer verwundet –, dass der Infanterieangriff abgebrochen werden musste.

Schließlich wurde zwischen den zwei Hügeln hindurch doch ein Panzerangriff versucht. Sie schafften zwar den Durchbruch bis jenseits des Dorfes Kakazu. Bei ihrem Rückzug schossen sie drei Stunden lang das Dorf komplett in Trümmer[324], die von den Flammenwerferpanzern zusätzlich abgefackelt wurden. Tatsächlich waren sie in einer Falle. Binnen kurzem wurden 14 Panzer durch Minen, Panzerjäger, PAK, Artillerie- und Mörserfeuer abgeschossen. Einem Panzerabwehrgeschütz ge-

---

322 Belote, S. 218

323 Belote, S. 220

324 Appleman, S. 203

lang es, mit sechs Schüssen fünf Panzer abzuschießen. Nur acht US-Panzern glückte die Flucht. Die anderen waren zerstört oder bewegungsunfähig. 19 Panzerleute fielen. Der Rest grub sich unter ihren Maschinen ein und schaffte es, die nächsten drei Tage zu überleben. Sechs weitere Panzer wurden bei Kakazu-Nishibaru von Panzerjägern zerstört, die 11 kg Sprengstoffbeutel an die dünne Unterplatte warfen. Die meisten Panzerbesatzungen lebten noch, nachdem ihre Panzer bewegungsunfähig gemacht worden waren. Doch viele wurden getötet, wenn feindliche Trupps die Panzerluke aufzwangen und Handgranaten hineinwarfen. Jener Verlust von 22 Panzern an einem einzigen Gefechtstag, dem 19. April, war der größte, den die US-Armee je erleiden musste. Bei ihrem Vorstoß zwischen den beiden Hügeln waren sie so unter MG-, Mörser- und Artilleriefeuer geraten, dass die Infanterie ihnen nicht folgen konnte. Ohne jede Grenadierbegleitung waren sie entsprechend verwundbar. Die Japaner hatten einen solchen Angriff erwartet und waren entsprechend gut vorbereitet. Ohnehin trafen die Amerikaner stets umfangreiche logistische Vorbereitungen, dass sie zu Überraschungsangriffen so gut wie nie fähig waren.

Beim Versuch, eine Umgehung mit einer gepanzerten Planierraupe zu schaffen, wurden ein Oberstleutnant, der seine eigenen Ideen an der Front durchsetzen wollte, mit seiner Besatzung abgeschossen und getötet. Bei nächtlichen Gegenangriffen überrannten die Japaner zwei MG-Stellungen und richteten die Waffen gegen die desorganisierten Amerikaner. Dann stürmte die 27. ID nur noch in Zugstärke, ein Patrouillenkrieg also. Darauf entließ General Griner in Frustration einen Regimentskommandeur wegen angeblich verwirrter Dispositionen. In der Tat waren am 20. April vor Kakazu zwei seiner Kompanien eingeschlossen und zusammengeschossen worden. Eine geriet in Panik, als ihr Kompaniechef verwundet und sein Funkgerät zerschossen worden war. Beide erlitten 50 Gefallene und 43 Verwundete.[325] Insgesamt verlor die 27. ID, bekanntlich keine Elitetruppe, an diesem Tag 506 Mann, der größte Tagesverlust einer Division auf Okinawa, und war keinen Meter vorangekommen. Es war dies auch der einzige Tag, an dem die US-Verluste die japanischen übertrafen.

Kakazu wurde nach dem Scheitern der Offensive vom 19. und 20. April halb umgangen und blieb als Vorsprung eine potentiell kritische Bedrohung der amerikanischen Front. Nur am extrem rechten Flügel hatte die 27. Division dank ihres Nachtangriffes an der Küste in die vorderen Stel-

---

[325] Appelman, S. 238

lungen des Feindes eindringen können. Nachdem die 27. ID im Westen festlag, versuchten am 20. April die 7. Division im Osten und die 96. Division im Mittelbereich die japanische Festungslinie zu knacken. Der 96. ID gelang es, mit Flammenwerferpanzern den Ouki-Hügel zu nehmen, während die benachbarte Hügelkette von Skyline Ridge mit Nebelgranaten eingedeckt wurde, um den dortigen Mörsermannschaften die Sicht zu nehmen. Als Stürme der 7. ID auf die beiden Korallenfelsen Rocky Crags wiederholt abgewiesen worden waren, wurden 155 mm-Haubitzen eingesetzt, in deren 50 kg Granaten betonzerstörende Sprengsätze eingeschraubt wurden. Diese wurden im Direktbeschuss mit nur 800 Meter Entfernung, d. h. auf Sicht, in Stellung gebracht. Während der nächsten zwei Tage wurden die Korallenfelsen buchstäblich in Stücke geschossen, bis sie schließlich zusammenstürzten. In jenem Inferno hielten die japanischen Verteidiger jedoch noch weitere drei Tage kombinierten Infanterie-, Artillerie- und Flammenwerferangriffen stand und setzten sich erst dann ab, als kein Nachschub mehr durchkam.

Auf Skyline Ridge wurde schließlich in einem Überraschungsangriff die Gipfellinie gestürmt. Nur zwei Mann fielen und elf wurden verwundet. In den nächsten zwei Tagen wurden von Trupps auf der Rückseite der Hügel systematisch alle Bunker- und Höhleneingänge gesprengt. Angeblich fand man 400 Tote, die meisten Opfer von US-Artilleriefeuer. Der benachbarte Hügel 178 war nach dem Fall von Skyline Ridge unhaltbar geworden. In der Nacht zum 23. April zogen sich deshalb die 300 Überlebenden des 11. Bataillons auf einen weiter östlich liegenden Stützpunkt der Urasoe-Mura-Linie zurück. Der linke Flügel der ersten großen Hauptkampflinie war damit geknackt. Jedoch kam dahinter gleich die nächste. Wegen der Dichte der Befestigungen im Westen konnte jener Durchbruch auch nicht für ein Aufrollen oder gar eine Umfassung genutzt werden. Sie bildeten insgesamt einen Komplex, der, Tanabaru-Nishibaru-Tombstone Ridge genannt, von der 96. Division berannt wurde. Es gelang ihr nach Tagen, Tombstone zu stürmen und mit einigen Kompanien den Gipfel von Nishibaru zu erreichen. Nach der Abwehr heftiger nächtlicher Gegenangriffe mit für beide Seiten verlustreichen Nahkämpfen wurde nach stundenlangen Handgranatenduellen dann auch der Weg nach Tanabaru freigekämpft. Insgesamt erlitt die 96. Division in jenen fünftägigen Kämpfen 99 Gefallene, 19 Vermisste und 660 Verwundete. Bis auf Kakazu war die erste Verteidigungslinie der Japaner gefallen. Was ursprünglich als die Operation des Morgens des 19. April geplant war, vermochten stattdessen fünf Tage lang drei japanische Bataillone im Kampf gegen zwei überlegen gerüstete US-Divisionen in mörderischen Kämpfen aufzuhalten.

Item Pocket

An der Westküste wollte die 27. Division ihren Halt am Westende der Urasoe-Mura-Kette ausbauen und gleichzeitig möglichst zügig das weiter südlich liegende Machinato-Flugfeld an der Küste besetzen. Tatsächlich blockierte jedoch eine gut getarnte Festung vor dem Ort Gusukuma ihren Vormarsch. Monatelang hatten hier gut eintausend Kämpfer, darunter mehrere hundert Okinawaer, die sternförmig von einem Zentrum auslaufenden Korallen- und Tuffsteinanhöhen ausgehöhlt und ausgebaut. Die Bunker waren mit Mörsern, MG, PAK, Artillerie, Munition, Nahrung und Wasser gut ausgerüstet – einige Tunnel waren sogar mit einer Kleinbahn verbunden –, konnten also im Prinzip einer längeren Belagerung widerstehen. Sie blockierten sowohl die Küste und den einzigen Zugang zum Flugfeld Machinato von Norden, die Highway 1, die die Amerikaner auch für den Marsch nach Naha benutzen mussten. Zwei gesprengte Brücken verhinderten den Einsatz von Panzern. Ohnehin gab es keinen sicheren Zugang zu jenem Item Pocket (nach dem Buchstaben „I“ auf einer taktischen Militärkarte benannt). Zur Küste hin lag unergründliches Sumpfland. Alle anderen Himmelsrichtungen waren MG- und Mörserfeuer ausgesetzt.

Von 20. bis 25. April wurde die Festung jeweils in Kompaniestärke berannt. Alle Stürme wurden blutig abgeschlagen. Schließlich schaffte es ein Hauptmann mit zwei Zügen, den Kamm einer Schlüsselhöhe zu bezwingen. Trotz heftiger Gegenwehr konnten sie sich dort mit der Unterstützung anderer Kompanien halten, die Höhe säubern und Richtung Meer aufrollen. Der Widerstand der Verteidiger zog sich noch bis zum 29. April hin. Erst dann, nach neun Tagen heftigster Kämpfe, konnte die Highway 1 in diesem Abschnitt benutzt werden. Sprengtrupps waren jedoch noch tagelang beschäftigt, die letzten verschanzten Verteidiger zu vernichten.[326]

Östlich von Item Pocket bemühte sich am 20. April die 27. Division, ihre eroberte Stellung auf dem Westteil von Urasoe-Mura auszuweiten, wie erwähnt mit hohen Opfern und wenig Erfolg. Nach drei weiteren schweren Kampftagen konnten zwei große feindliche Stützpunkte am Westende der Hügelkette – d. h. etwa ein Drittel der Anlage bis zum Dorf Nakama – zerstört werden. Der östliche Rest, darunter Kakazu Ridge, blieb weiter in japanischer Hand. Dort zog Brigadegeneral Bradford vier Bataillone aus allen drei Heeresdivisionen an der Front zusam-

[326] Belote, S. 228

men, um die Festung durch einen neuerlichen Frontalangriff endgültig auszulöschen. Als die Truppen dann am 24. April um 7.20 Uhr sehr vorsichtig und nach den bisherigen Erfahrungen voller Befürchtungen angriffen, fanden sie zu ihrer freudigen Erleichterung so gut wie keine Verteidiger mehr vor. Diese hatten sich in der Nacht im Schutze von Artilleriefeuer auf die nächste Verteidigungslinie im Süden, den Ostteil von Urasoe-Mura und andere Hügel im Osten zurückgezogen. An jenem 24. April waren die 96. und 7. Division, wie erwähnt, im Mittel- und Ostteil der Front jeweils eintausend Meter vorgerückt.

Vierzehn Tage lang hatte jene erste Verteidigungslinie den amerikanischen Dauerangriffen standhalten können. Dabei hatten die Endlosverluste die Zahl der Verteidiger so stark reduziert, dass die Stellungen unhaltbar geworden waren. Wie zu erwarten, hatte auch ein neuer Kamizake-Angriff am 22. April, bei dem der Minensucher Swallow und ein Landungsschiff versenkt und vier Zerstörer beschädigt wurden, daran nichts ändern können.[327]

Die zweite Verteidigungslinie vor der Festung Shuri

Doch schon am Folgetag, dem 25. April, war der Vormarsch vor der zweiten Verteidigungslinie, die vom Item Pocket im Westen über Urasoe-Mura bis zum Conical Hill und Kochi im Osten führte, nach 600 bis 1000 Metern wieder festgelaufen. Wieder hatten die Japaner ihre wenig verwundbaren rückwärtigen südlichen Stellungen besser ausgebaut als die vorderen, die nach Norden zeigten. Dazu waren die Verteidiger zahlreicher. General Ushijima hatte die 24. Division, die er bisher gegen eine befürchtete zweiten Invasion im Rücken im Süden in Reserve gehalten hatte, in die Front eingegliedert. Sie wurde, wie erwähnt, im Osten eingesetzt, wo die Japaner wegen des relativ flacheren Terrains und schwächerer Befestigungen am ehesten einen Durchbruch befürchteten, während die stark dezimierte 62. Division sich auf den Westen, d. h. zunächst auf Urasoe-Mura, konzentrierte. Hinter ihr, d. h. in den Bergen vor Shuri, gingen die Überreste der 44. Brigade in Stellung.

Am 26. April blieb das 24. Korps weiter offensiv. Zwei Regimenter, das 105. und das 106. der 27. Division, versuchten nach wie vor, ihren Bereich in der Westhälfte von Urasoe-Mura auszuweiten. Doch kam man bis zum 1. Mai kaum vorwärts, wobei die Verluste unaufhaltsam stiegen

[327] Shaw, Nichols, S. 130

und die Reihen sich bedrohlich lichteten. Gleichzeitig säuberte das 165. Regiment noch das Item Pocket, bevor es ihm gelang, das Flugfeld von Machinato (noch heute ein US-Stützpunkt an der Westküste) zu besetzen.

An der Ostfront schaffte es das 17. Regiment der 7. Division relativ leicht, auf den Mittelabschnitt der Vorderseite des Kochi-Hügels vorzudringen. Doch jeder Versuch, den Kamm zu erreichen oder den linken oder rechten Flügel des 500 Meter breiten Hügels auszuweiten, wurde durch ein ausgeklügeltes System von verschränkten Feuerfeldern erstickt. Das Regiment musste in jener exponierten Lage auf Kochi Ridge vom 26. April bis zum 3. Mai – acht Tage lang – ausharren.[328] 12 bis 14 Mörser feuerten auf die Angreifer. Eine Kompanie erhielt 12 105 mm-Granaten eigenen Feuers auf ihre Stellungen. 5 Mann fielen, 18 wurden verwundet. Mit 18 Fällen von Schock und Erschöpfung waren in jener Kompanie nur noch 27 Mann einsatzfähig. Die Nachbarkompanie wurde von einem Corsair unter Feuer genommen, mit 6 Toten und 19 Verwundeten. In drei Tagen hatte das 17. IR mehr als 60 Mann Verluste durch „freundliches“ Feuer erlitten.[329] Das benachbarte 32. Regiment der 7. Division machte ebenfalls nur mühsame Fortschritte im komplizierten befestigten Hügelland vor Conical Hill und scheiterte bei dem Versuch, Kochi Ridge aus der Flanke zu nehmen.

Nach vier Wochen schwerer Kämpfe musste auch General Buckner neue Entscheidungen treffen. Die beiden Divisionen der Marines hatten den Norden mittlerweile weitgehend befriedet. Sodann war da noch die 77. Heeresdivision, die die blutige Kampagne auf Iejima gerade hinter sich gebracht hatte. Ihr Kommandeur, Generalmajor Andrew Bruce, schlug vor, seine Division solle im Rücken der japanischen Front – wie von Yahara befürchtet – bei Minatoga an der Ostküste landen und so die Verteidigungslinien von Shuri von hinten aufrollen. Buckner lehnte ab und berief sich auf die Befürchtungen seines obersten Nachschuboffiziers. Die Korallenriffe vor Minatoga seien zu gefährlich. Man habe nicht genug Landungsschiffe und könne die benötigte Munition weder entbehren noch anlanden. Zum beabsichtigten Zeitpunkt war die japanische 24. Division bereits an der Front und die Landungszone weitgehend unverteidigt gewesen. So hatte die 77. Division dann das zweifelhafte Vergnügen, die abgekämpfte 96. Division vor Urasoe-Mura abzulösen und anstelle eines eleganten Flankenmanövers mit Überraschungsmoment stumpfsinnige Frontalangriffe durchzuführen. Die 1. Marines, die es bisher am leichtesten gehabt hatten, sollten die 27. Di-

[328] Belote, S. 236

[329] Appleman, S. 272

vision an der härtesten Frontstelle, am rechten Flügel an der Westküste, ablösen. An ihrem linken Flügel anschließend sollten die 6. Marines kämpfen. Als benachbarte Einheiten standen beide Divisionen als 3. Landungskorps unter dem Befehl von Generalmajor Roy Geiger, dem ranghöchsten Marine auf Okinawa, der seinerseits ebenso wie General Hodge, der Korpskommandeur der vier Heeresdivisionen, seine Befehle von Buckner erhielt. Die nach zwölf Tagen Einsatz abgekämpfte 27. Division sollte weiter im Norden eingesetzt werden, um dort gemäß ihrem ursprünglichen Auftrag als künftige Besatzungstruppe und ehemalige New Yorker Nationalgarde die Gegend endgültig zu befrieden.

Zwischen den Marines und der US-Armee gab es – ähnlich wie zwischen der japanischen Marine und dem Heer – legendäre Spannungen, Vorbehalte und Rivalitäten. Das fing damit an, dass sich Heeres- und Marineangehörige auf den Truppenschiffen gegenseitig schikanierten. Man stahl sich – gelegentlich auch mit vorgehaltener Waffe – gegenseitig Ausrüstungsgegenstände, Munition und Verpflegung, zumal jene der Marine an Bord (im Gegensatz zu den Marines an Land) wesentlich besser war als die des Heeres. So gelten die Marines als Landungstruppen als wesentlich draufgängerischer, härter und verlustresistenter als das langsamer, erst nach gründlicher Artillerie- und Bombenvorbereitung vorrückende Heer, das seine Verluste so mit einem hohen Material- und Zeitaufwand zu minimieren suchte. Klassische Beispiele sind das langsame und unglaublich zerstörerische Vorrücken der US-Streitkräfte in Italien und Frankreich 1944/45, die trotz ihrer massiven Überlegenheit für die Strecke von der Normandie bis zur deutschen Reichsgrenze sechs Monate brauchten, während die damals keinesfalls überlegene Wehrmacht in umgekehrter Richtung vier Jahre zuvor gerade einmal vier Wochen benötigte. Auf der banalen Ebene galten die Heeresangehörigen für die Marines als feige Hunde, weswegen die 6. Marines auf ihren Lkws auf dem Weg zur Front die abgekämpften zurückflutenden Soldaten der 27. Division, die bislang auf Okinawa viel härtere Kämpfe erlebt hatten, bei der Ablösung mit lautem Hundegebell „begrüßten". Allerdings waren jene ungeregelt zurückflutenden Soldaten so demoralisiert, dass viele ihre Waffen weggeworfen hatten.[330] Die Division hatte von Kakazu Ridge bis Item Pocket 2600 Verluste erlitten, davon 320 Gefallene, und angeblich 5000 Gegner getötet.[331] Die 6. Marines, die nach ihrer Eroberung des Nordens in zwanzig Tagen schon geglaubt hatten, der Krieg auf Okinawa sei für sie vorbei, waren dennoch erbost,

---

[330] Astor, S. 314

[331] Shaw, Nichols, S. 136

ausgerechnet die 27. ID im Süden ablösen zu müssen, die sie schon auf Saipan zu verachten und hassen gelernt hatten.[332] Als aber die 6. Marines an die Front kamen, bemerkten sie schnell, dass die Erfahrungen hier anders sein würden als im Norden. Vier von fünf Panzern wurden gleich abgeschossen, als sie das Dorf Ahacha verlassen wollten.

Als die 27. Division in den Norden kam, befahl ihre Divisionsführung sogleich die Schließung des von den Marines eröffneten Militärbordells in Nago. Wie alle ähnlichen Institute auf Okinawa wurde es hinfort unter privater Verwaltung fortgeführt – was dem US-Militär in politisch korrekten Zeiten heute viel Ärger erspart.

Für die 96. Division brachte der Einschub der Marines in die Westfront der Insel nichts Neues. Sie sollte einmal mehr Urasoe-Mura in der Inselmitte berennen. Die Verteidiger der südlichen Hälfte der Festung bestanden aus den Überbleibseln der 62. Division zusammen mit dem frischen 32. Regiment der 24. Division. Sie unterhielten eine große Untergrundfestung. Die Naturhöhlen unter der Hügelkette waren geräumig genug, um ganze Kompanien aufzunehmen. Sie waren untereinander mit Tunneln verbunden. Viele Feuerstellungen und Schießgänge führten nach der Vorder- und Rückseite. Dahinter lag die Kleinstadt Maeda mit einem benachbarten Komplex von Schulgebäuden aus Beton. In Maeda, auf dem Schulgelände und auf den niedrigeren Hügeln des Südens waren Mörser-, MG- und Artilleriestellungen eingegraben, die auf den Gipfel von Urasoe-Mura und die benachbarten Hügel weiter östlich eingeschossen waren.

Beim Angriff vom 26. April gelang nur einer Kompanie ein überraschender Vorstoß durch die östlichen Hügel in die Stadt Maeda, wo sie sich allerdings nicht halten konnte. Die plötzliche Besetzung löste jedoch einen Schock in Ushijimas Hauptquartier aus, der sofort ein weiteres Regiment zur Verteidigung der Gegend vor der Hauptfestung Shuri befahl. Auf Urasoe-Mura erreichte die 96. Division zwar den Kamm, wurde von starkem Artilleriefeuer jedoch wieder zurückgetrieben.[333] Am Folgetag gelang es einem Hauptmann und zwei Mann, durch einen unbesetzten Höhleneingang in das Verteidigungssystem einzudringen. Durch einen Tunnel konnten sie unbemerkt ins Innere der Festung vordringen und bemerkten in einem vertikalen Schacht mindestens drei Etagen von Tunnelanlagen unter ihnen, aus denen japanische Stimmen zu hören waren. Beim Rückweg bemerkten sie einen weiteren Tunnel, der zu einem horizontalen Schlitz im Fels führte, der eine Aussicht nach Norden gewährte.

---

[332] Hallas, S. 15
[333] Belote, S. 237

Von hier aus konnte man die Strände von Haguchi ebenso sehen wie alle Zufahrtsstraßen des 24. Korps zur Front. Auf dem Rückweg nahmen sie das herumliegende Teleskop und Ferngläser mit. Am 1. Mai ließ ein Granattreffer ein Munitionslager der 96. ID explodieren. Fünf Mann starben. Stundenlang war der Nachschub unterbrochen.[334]

Am 29. April war es der 96. Division immer noch nicht gelungen, den Ostteil von Urasoe-Mura zu reduzieren, noch Maeda und die Schulgebäude dauerhaft zu besetzen. Die Divisionsführung glaubte zwar, etwa 2500 Japaner seit dem Beginn der Offensive getötet zu haben. Doch hatte auch ihr 381. Regiment allein 536 Mann an Toten und Verwundeten verloren und musste vom 307. Regiment der 77. Division abgelöst werden. Ihr Kommandeur befahl zwei Kompanien, den Steilhang direkt mit Hilfe von vier 20 m-Leitern und fünf Frachtnetzen, die aus den Landungsschiffen stammten, zu besteigen. Eine Kompanie erreichte so den Gipfel, wo sie sofort dem Mörser- und MG-Feuer aus dem Süden und Gegenangriffen aus rückwärtigen Stellungen ausgesetzt wurde. Mit schweren Verlusten hielt sie den ganzen Tag aus. Verwundete mussten von dem einzigen Sanitäter über eine Klippe zwanzig Meter tief abgeseilt werden. Bei einem Gegenangriff in der Nacht zum 1. Mai wurden die Überlebenden zum Rückzug über die Klippe gezwungen. Viele fanden in der Dunkelheit die rettenden Netze und Seile nicht mehr. Sie stürzten oder sprangen unter Feindfeuer in die Tiefe. Aus der Schlucht wurde der Gegenangriff mit Mörserfeuer bekämpft. Am nächsten Morgen wurde die Kompanie wieder auf den Gipfel befohlen. Mit einer Menschenkette wurden auf den Leitern Handgranaten nach oben gereicht, die auf die japanischen Verteidiger der rückwärtigen Stellungen so schnell geworfen wurden, wie der Nachschub nachkam. Am nächsten Tag begann das 307. Regiment mit der systematischen Sprengung und Abfackelung der nördlichen Feindstellungen und Höhleneingänge. Sie wurden von Positionen oberhalb der Höhlen vorgenommen, die dem Feuer der Insassen entzogen war. Sie wurde von General Buckner gegenüber Kriegsberichterstattern „corkscrew“ und „blowtorch“ genannt, „Korkenzieher“ (Sprengsätze) und „Schweißflamme“ (Flammenwerfer oder Napalmbomben) also.

Keine Frage, spätestens am 25./26. April waren die drei Armeedivisionen nach der Bewältigung von Kakazu vor Urasoe-Mura im Westen (die 27. und 96. ID) und vor Conical Hill im Osten (die 7. ID) wieder

---

334 Appleman, S. 281

festgelaufen. Urasoe-Mura war ein Bergriegel von 250 m Höhe und 4,2 km Breite in West-Ost-Richtung. Die letzten 20 m vor den gezackten Gipfeln bestanden aus einer steilen Felswand. Mit Netzwerken von Tunneln war es eine veritable Untergrundfestung. Aber die US-Führung verstand noch immer nichts. Brigadier Easley, der stellvertretende Kommandeur der 96. ID, wollte einfach nur noch mehr Artillerie anfordern. Die Festung, Teil der Shuri-Verteidigungskette, war tatsächlich unverwundbar, wie Patrouillen bald herausfanden.[335]

Ende April waren die meisten GIs einen Monat lang fast ununterbrochen an der Front gewesen. Sie waren abgekämpft, schmutzig, ständig dem Regen und Schlamm ausgesetzt. Tagsüber wurden sie von feindlichem Artillerie- und Mörserfeuer und nachts von Infiltratoren gefährdet.[336] Als im Mai dann Dauerregen einsetzte, wurde der lehmige Boden glitschig. Im Matsch eingegrabene Tretminen waren als Sprengfallen dann oft nicht mehr sichtbar. Dagegen genossen die zahlreichen rückwärtigen Dienste Drei-Mann-Zelte, Feldbetten mit sauberen Laken, drei warme Mahlzeiten am Tag und Unterhaltungsprogramme aller Art. Natürlich war da die Sehnsucht nach einem Druckposten in der verachteten Etappe sehr groß, und mancher half dem unbewusst oder bewusst durch psychische Erkrankungen nach. Natürlich fragt sich auch der erstaunte Laie, warum Buckner seine Armeedivisionen sich einen Monat lang im Süden abkämpfen ließ, während sich die Marines im Norden meistenteils amüsieren konnten. Wollte er in Unterschätzung des feindlichen Widerstandes allen Ruhm für die Niederringung der 32. Armee für seine Armee einheimsen?[337] Die 6. Marines kamen gar erst am 6. Mai an die Südfront. Als beide Divisionen einmal dort waren, gab es für sie während der nächsten zwei Monate keine Ablösung, bis auch jene Truppen nach den Dauerkämpfen Auflösungserscheinungen zeigten.

Chos letzte Offensive

Am 29. April versuchte General Cho erneut, den Generalstab der 32. Armee für eine neue Offensive umzustimmen. Er fand die Aussicht auf eine langsame sichere Niederlage unerträglich. Im letzten Monat waren die Verteidigungslinien vor Shuri in 2 km Tiefe eingedrückt worden. Demgegenüber sei die gegenseitige Vernichtung der zweieinhalb japa-

[335] Sloan, S. 143
[336] Sloan, S. 151
[337] Leckie, S. 155, Sloan, S. 147

nischen und fünf US-Divisionen in offener Feldschlacht vorzuziehen. Nur Oberst Yahara widersprach. Okinawa sei nach der US-Invasion die erste Insel, in der japanische Großeinheiten, wie die 24. ID und die 44. Brigade, trotz andauerndem vierwöchigen Kampfeinsatz so lange noch intakt geblieben seien. Die Amerikaner hätten schwere Verluste erlitten und die Verteidiger könnten noch viel länger aushalten. Vor den japanischen Stellungen auf Kakazu und vor Skyline Ridge stünden die Amerikaner jetzt in höher gelegenen Stellungen. Sie zu stürmen, überstieg die verbliebenen Möglichkeiten der 32. Armee.[338] Die Entscheidung für eine Verzweiflungsoffensive ist auch der bedrückenden Atmosphäre in den Bunkertunneln unterhalb der Festung Shuri geschuldet. Pausenlose Bomben- und Artillerieangriffe erzwangen eine Dauerexistenz in stickiger Luft und Gestank (zumal wenn bei Beschuss die Generatoren und die Beleuchtung ausfielen). Unten herrschte Tag- und Nachtgleiche unter sehr beengten Bedingungen ohne jede Privatheit. Dazu kamen die notgedrungen immer schlechten Nachrichten von der Front, von aufgeriebenen Einheiten und gefallenen Offizieren, die persönlich bekannt waren, während gleichzeitig die Front langsam aber sicher immer näher kam. So erschien Chos Plan für die meisten emotional wie ein Befreiungsschlag. Und nach einer wilden Debatte und dem allseitigen Genuss von reichlich Sake folgte Ushijima in einer Mitternachtsentscheidung der Mehrheitsmeinung seiner Kommandeure und befahl den Gegenangriff für den Frühmorgen des 4. Mai. Nach einer halbstündigen Artillerievorbereitung ab 4.50 Uhr in der Frühe würde sich der Infanterieangriff über die ganze Front erstrecken. Zunächst würde das 32. Regiment der 24. ID die Osthälfte von Urasoe-Mura zurückerobern. Dann würde die 44. Brigade bei Oyama nördlich der Machinato-Bucht zum Meer durchstoßen und die 1. und 6. Marines abschneiden. Im Endkampf würden die angeschlagene 62. ID zusammen mit der 44. Brigade die Marinedivisionen vernichten, während die 24. ID die verbliebenen US-Heeresdivisionen im Osten aufreiben sollte. Im Osten würde das 89. Infanterieregiment die 7. US-ID, die die Ebenen der Ostküste kontrollierte, vertreiben. In der Inselmitte würde das 22. IR zuerst mit Feuer und Rauchteppichen die Nachbarregimenter unterstützen und dann beiderseitig von Kochi angreifen und durchstoßen. Der Schlüssel zum Erfolg lag beim 32. IR, das den Osten von Urasoe-Mura und die Stadt Maeda zurückerobern sollte, um damit den Highway 5 zu kontrollieren und so der 44. Brigade den weiteren Vorstoß zu ermöglichen. Deshalb wurden

[338] Belote, S. 241

die Angreifer vor Maeda mit einem frischen Infanteriebataillon, dem Maximum an Artillerieunterstützung und dem 27. Panzer-„Regiment", das aus je einer Kompanie leichter und mittlerer Panzer und einer Kompanie von Panzergrenadieren bestand (also bestenfalls ein Bataillon darstellte), die bislang geschont worden waren, unterstützt. General Cho hatte die Hauptbürde des Angriffs der 24. Division zugewiesen, in der überoptimistischen Annahme, die Division sei noch frisch und unverbraucht. Doch waren etliche ihrer Regimenter bereits stark durch die Kämpfe seit dem 12. April und zuletzt aufgrund Chos erster Offensive deutlich dezimiert. Etliche Bataillone lagen isoliert in den Höhlen von Urasoe-Mura und konnten eigentlich nichts tun, um den Angriff zu unterstützen. Als Vorauskommandos sollten bereits zu Mitternacht an beiden Küsten hinter den US-Linien Landeaktionen stattfinden. An der Westküste würde das 26. Schiffspionierregiment mit Ruderbooten und anderen Schiffen 700 Mann bei Oyama anlanden. An der Ostküste würde das 23. Schiffspionierregiment 500 Mann nördlich von Skyline Ride absetzen. Auf dem Rest der Front sollten während der Nacht verschiedene Angriffe in Kompanie- und Zugstärke unternommen werden, um die Front zu durchbrechen und im Rücken des Feindes Verwirrung zu stiften. Von Kyushu aus würden am Abend des 3. Mai Bomber die Flugfelder von Yomitan und Kadena bombardieren und die dortigen Corsair-Kampfflieger am Boden zerstören. Später würden japanische Bomber das Hinterland bombardieren und die Kamikaze US-Transport- und -Frachtschiffe in einem Großangriff versenken. Drei bis vier Tage nach dem Angriffsbeginn würde die 32. Armee die Front auf die Höhe von Futenma nach Norden verschoben haben.

Tatsächlich wurde die US-Führung von Chos Offensive überrascht, war doch die bisherige defensive Strategie Yaharas aus US-Sicht für die Japaner relativ erfolgreich verlaufen. Ihr militärischer Geheimdienst hielt die Truppenbewegungen für Rückzugsmanöver, und General Buckner hielt angesichts ihrer rigiden Defensivtaktik offensive Bewegungen für unmöglich.[339] Jedoch brachte selbst der Überraschungsmoment wenig für den japanischen Gegenangriff. Die nächtlichen Artillerieangriffe leisteten kaum mehr, als den US-Fronttruppen den Schlaf zu rauben und gelegentlich das Trommelfell zu schädigen. Lediglich ein Zufallstreffer auf ein Feldlazarett kostete 13 Tote und 36 erneut Verwundete. Doch auch die vereinzelten Bombenabwürfe auf die Flugfel-

[339] Appleman, S. 286

der und die US-Etappe blieben zu schwach, um Schaden anzurichten. Kurz vor Mitternacht stachen die beiden Flottillen entlang der Küsten in See, während die letzten zwanzig Selbstmord-Sturmboote US-Schiffe in der Nakagusuku-Bucht angriffen. Aber schon Minuten später wurden sie von der US-Marine entdeckt, die die Bucht taghell erleuchtete und unter ihnen ein Schlachtfest anrichtete. Vom 23. Schiffspionierregiment erreichten nur wenige Truppen das Ufer im Osten, wo sie entdeckt und von Artilleriefeuer bereits in den frühen Morgenstunden vernichtet wurden. Nur ein Mann überlebte als Kriegsgefangener. Im Westen landete das 26. Schiffspionierregiment statt in Oyama viel südlicher, nämlich genau vor Schwimmpanzereinheiten der US-Marine, die das Machinato-Flugfeld und die dortige Küste bewachten. Das Kriegsgeschrei der Landungstruppen half ihnen in der Dunkelheit, die meisten auf einem Riff zu lokalisieren und sie dort mit MG- und Infanteriefeuer zusammenzuschießen. Dort kamen 200 Mann um. Anderen gelang die Flucht in den Süden. Dort lagen etwa 150 Mann am Morgen des 4. Mai am südlichen Zipfel des Flugfeldes bei Kuwan fest. Die meisten von ihnen wurden im Lauf des Tages von den 1. Marines getötet. Nur 65 Mann landeten nahe dem vorgesehenen Zielort bei dem Dorf Isa. Bis auf ein Dutzend, das entkommen konnte, wurden die meisten von Patrouillen der 96. ID erschossen. So kam jene dilettantisch geplante und ausgeführte Aktion der beiden Schiffspionierregimenter mit dem Verlust von mehr als eintausend Mann, sämtlichem verbliebenen Schiffsraum ohne US-Verluste zu ihrem traurigen Ende. In den Trümmern der Schiffe fanden die Amerikaner eine Brieftaube. Sie wurde mit der Botschaft zurückgeschickt: „Wir schicken Eure Brieftaube zurück. Tut uns leid, dass wir Eure Pioniere nicht zurückschicken können".[340]

Auch die Infiltrationsangriffe der Nacht scheiterten wie gewöhnlich. Trupps, denen der Durchbruch gelang, wurden von der eigenen Artillerie beschossen und von US-Patrouillen hinter der Front ausgeschaltet. Die geplante Verwirrung der US-Etappe blieb aus.[341] Als dann um 4.30 Uhr in der Frühe kurz vor dem japanischen Angriff schweres Artilleriefeuer auf die tief eingegrabenen US-Truppen einsetzte, lag der Effekt eher im Erschrecken als in tatsächlichen Verlusten. Um fünf Uhr lief der japanische Infanterieangriff an. In der Gegend von Unaha drangen 150 Mann so nah vor den US-Stellungen in drei zerstörte Dörfer ein, dass die US-Artillerie nicht mehr benutzt werden konnte. Dagegen waren die beiden Angriffsbataillone des 89. IR von Transportproblemen aufgehal-

---

340 Shaw, Nichols, S. 147

341 Belote, S. 246

ten worden. Ein US-Artilleriebeobachter sah jene 2000 Mann in vollem Morgenlicht deckungslos marschieren – für ihn „perfektes Artilleriefleisch“[342] – und befahl direktes Feuer. Eine US-Patrouille tötet „mehr als 100 Japse“, bei einem eigenen Gefallenen und vier Verwundeten. Eine Kompanie behauptet, 800 Japaner getötet und sechs Panzer abgeschossen zu haben.[343] In wenigen Stunden war jene Speerspitze des Angriffs fast völlig vernichtet. Vor Maeda gelang es den japanischen Angreifern genauso wenig, bis zum Morgengrauen so weit zur US-Front aufzuschließen, um dem US-Artilleriefeuer zu entkommen. Jene Einheiten hatten in Bataillonsstärke ohne Deckung und meist ziellos angegriffen. Da sie den Befehl bekommen hatten „bis zum letzten Mann vorzurücken“, kam für sie der Gedanke an einen Rückzug nicht in Frage. Mit schweren Waffen wurden sie dann „wie Enten“ niedergemacht.[344] Weil die japanischen Feldgeschütze wegen der neuen Ziele und eines besseren Feuerfeldes nun erstmals im Freien waren, konnten die meisten an ihrem Mündungsfeuer und durch Aufklärungsflugzeuge rasch erkannt werden. 59 von ihnen wurden im Gegenfeuer zerstört.

Am Morgen des 4. Mai setzten massive US-Luft- und Artillerieangriffe auf die japanischen Stellungen und Truppenkonzentrationen ein. 134 Flugzeuge waren im Einsatz, das 16. Artilleriebataillon und die Schlachtschiffe New York und Colorado.

Die meisten der wenigen Panzer des 27. Panzerregimentes wurden beim Vormarsch auf Ishimmi von Panzerfäusten (Bazookas) und Artilleriefeuer in ungünstiger Lage bewegungsunfähig geschossen. Als es sich einnebelte, legten die Amerikaner einfach massives Artilleriefeuer auf das ganze Nebelfeld. Die Besatzungen starben im Feuer von Mörsern und BAR-Schnellfeuergewehren. Schon um 7.30 Uhr war Chos zweite Offensive schneller gescheitert als seine erste. Nur einen feindlichen Vorposten musste die 77. Division danach noch mit Panzerunterstützung ausschalten.

Der Generalstab der 32. Armee verfolgte die Entwicklung seiner Offensive durch den Rauch des Schlachtfeldes von den Ruinen der Burg

---

342 Belote, S. 247

343 Sloan, S. 160f. Zu den wenig plausiblen Moritaten, die immer weiter nacherzählt und publiziert werden, bis sie schließlich geglaubt werden, zählt auch diese: In der Verwirrung des Vormarsches habe ein japanischer Offizier im Dunklen einen US-Posten gefragt: „Are you Japanese?“. Darauf erledigte der GI ihn und die zehn anderen, die im Gänsemarsch folgten, mit einem Feuerstoß und antwortete „No“. Belote, S. 257

344 Appleman, S. 291

Shuri aus mit Ferngläsern. Die ersten Berichte der 24. Division waren noch recht positiv. Zunächst ließen sie sich wegen der dichten Rauchentwicklung nicht verifizieren. Doch dann ließ sich die Dezimierung des 89. IR und das Scheitern des Durchbruchsversuchs des 32. IR vor Maeda nicht lange verheimlichen. Da befahl Ushijima der 44. Brigade, mit ihrem Angriff zu warten. Sie hatte bereits 70 Mann an Toten und Verwundeten verloren, als sie nachts in ihre Ausgangsstellungen für den Angriff rückte. Zuerst sollten zwei Bataillone des 32. IR bei einem Nachtangriff die Front vor Maeda südöstlich von Urasoe-Mura aufreißen. Ziel war die Rückeroberung der Hügelkette von Tanabaru, die die Japaner am 23. April aufgegeben hatten und die jetzt 1,5 km hinter der US-Front lag. Danach sollten ein weiteres Bataillon und die Reste des Panzerregimentes amerikanische Hügelstellungen bei Maeda überrennen und am nächsten Morgen dann die 44. Brigade durchbrechen. Das erste Bataillon kam unbehindert truppweise durch die US-Linie, wo sie in der Dunkelheit von US-Posten für Amerikaner gehalten wurden, erreichte die Hügel von Tanabaru nahezu unbehelligt, besetzte einen Teil des Ortes und umzingelte den Nachschub- und Kfz-Park des 17. IR der 7. Division.

Im Rücken jenes Bataillons brachen nun heftige Kämpfe zwischen einer umgangenen US-Kompanie und zwei panzerunterstützten japanischen Bataillonen aus. Jener Nachtangriff wurde im Mörser- und MG-Feuer abgeschlagen. Die Japaner hatten 248 Gefallene, die Amerikaner acht Verwundete. Weitere japanische Angriffe wurden von Vorposten abgewehrt, oft kleine Trupps von fünf Mann, die sich ganzen Kompanien gegenüber sahen. In der Zwischenzeit wurde das japanische 1. Bataillon von Hauptmann Koichi Ito auf Tanabaru abgeschnitten und nach und nach mit seinen 600 Mann eingekreist. Jener einzige Durchbruch bei Tanabaru wurde zur Todesfalle mit mehr als 400 Gefallenen. Das bei Tanabaru eingekreiste 1. Bataillon wurde durch dauernde Mörser und die Säuberung des Dorfes weiter eingeengt und dezimiert. In den frühen Morgenstunden des 7. Mai schlugen sich die 230 Überlebenden mit Hauptmann Ito zu den japanischen Linien durch. Beim Rückkampf zu den eigenen Linien wurden die Überlebenden „systematisch niedergejagt".[345] Die Amerikaner erbeuteten auf dem Schlachtfeld ein 75 mm-Geschütz, zwei schwere MG, sechs leichte MG, zwei Kniemörser, drei Magnetminen und an US-Waffen: ein leichtes MG, zwei BAR-MPs, drei Karabiner und ein Tommy Gun.[346]

---

[345] Shaw, Nichols, S. 149

[346] Appleman, S. 301

Mit Tränen in den Augen brach Ushijima um 18 Uhr die Offensive ab. Er untersagte auch alle Arten von Banzai-Angriffen und befahl, mit den verbliebenen Kräften künftig hauszuhalten, um bis zum letzten Mann kämpfen zu können. Cho stimmte zögerlich zu und entschuldigte sich. General Ushijima versprach Yahara, sich künftig an seine Empfehlungen zu halten.[347]

Bei Chos letzter Offensive fielen etwa 5000 Mann. Besonders das 89. und 32. IR waren stark dezimiert worden. Die 24. Division hatte damit zwei Drittel ihrer ursprünglichen Kampfstärke verloren. Die Seekräfte der Verteidiger waren vernichtet, die meisten der ohnehin wenigen Panzer zerstört und die Artillerie durch Gegenfeuer stark geschwächt worden. Die Artilleriemunition war so stark aufgebraucht, dass sie bis Ende Mai auf zehn Schuss pro Tag und Geschütz rationiert werden musste. Die sechs verbliebenen Panzer wurden nur noch stationär eingegraben nordwestlich von Shuri verwendet. Das 24. US-Korps nahm später an, jene sinnlosen Angriffe und Verluste hätten die Dauer des japanischen Widerstandes um zwei Wochen verkürzt.[348] Yahara selbst spricht von „einem Monat“, der „Tausende von Leben (auf dem japanischen Festland, nicht auf Okinawa, AR) hätte retten können“.[349]

Während die 7. und 77. Heeresdivisionen am 4. und 5. Mai Chos Gegenoffensive in der Mitte und im Osten zurückschlugen, rückten die 1. Marines im gleichen Schneckentempo wie die von ihnen verachteten Heeressoldaten gegen die bereits schwer angeschlagene 62. Division an der Westküste vor. Es ging wieder um untertunnelte Korallenhügel, Steilhänge und Dorfruinen. Die Vorderseite der Hänge war stets relativ leicht zu bezwingen. Aber sich einige Stunden auf dem Kamm zu halten, kostete die Sturmkompanien oft die Hälfte ihrer Kämpfer. Während der minimalen Fortschritte am 4. und 5. Mai hatten die 1. Marines mit 650 Toten, Vermissten und Verwundeten fast ebenso hohe Verluste wie die 7. und 77. Divisionen zusammengenommen, die in dieser Zeit bei der Abwehr des japanischen Angriffs 690 Mann verloren hatten.

So bekam das 2. Bataillon des 1. Marineregiments den Befehl, den Hügel 60 und Nan Hill, zwei unbedeutende Erhebungen aus Korallenfels südöstlich des Machinato-Flugfeldes und des Dorfes Yafuso nördlich des Asa-Flusses zu nehmen. Der nördlichere Hügel 60 konnte von benachbarten Befestigungen völlig mit dem Feuer der Verteidiger eingedeckt werden. Das einzig mögliche Vorgehen war, im feindlichen

347 Yahara, S. 41
348 Belote, S. 258
349 Yahara, S. 43

Feuer mit Dutzenden von Verlusten vorzurücken und nach Tausenden von Mörser- und Artilleriegranaten Bunkerscharte um Bunkerscharte, Höhleneingang um Höhleneingang mit Napalm, Benzin und Sprengsätzen einzudecken. Denn selbst wenn die Marines außen den Hügel besetzt hielten, gaben die Japaner im Innern nicht auf. Jeder Stolleneingang und jede Schießscharte wurde mit Flammenwerfern ausgeräuchert und dann mit Sprengstoffpaketen gesprengt. Wer nicht verbrannte, wurde verschüttet und erstickt.

An der Ostküste dagegen war das japanische 89. Regiment so geschwächt, dass die 7. Division relativ leicht nach Gaja Ridge vorstoßen konnte. Doch ab dem 8. Mai wurde auch hier der Widerstand härter. Weiter nordwestlich auf Kochi Ridge hielt das japanische 22. Regiment vier Tage lang durch, bis das 17. IR der 7. Division am 9. Mai den Kamm besetzen konnte. Nach Gegenangriffen trat es jedoch abgekämpft und kampfesmüde den Rückzug an. Die 7. Division wurde deshalb zur Erholung und personellen Auffrischung in die Etappe zurückgeschickt und durch die 96. ID, die die letzten zehn Tage dort verbracht hatte, ersetzt. In der Mitte der Insel wäre die 77. ID nach der Zerschlagung des japanischen Angriffs eigentlich angesichts der Schwäche des Feindes in der Lage gewesen, südlich von Maeda vorzustoßen. Doch bestanden an den ungesicherten Flanken zu hohe Risiken. Zu diesem Zeitpunkt hatte weder die 96. ID im Osten Kochi Ridge geknackt, noch hatten die 1. Marines im Westen den Stützpunkt Ahacha ausschalten können. Mit ungesicherten Flanken bestand bei einem Vorstoß stets das Risiko, umfasst und abgeschnürt zu werden. Zudem war eines ihrer Regimenter, das 307. IR, mit 87 Gefallenen, 3 Vermissten, 413 Verwundeten und 112 sogenannten „Nichtgefechtsverlusten“ (d. h. normal erkrankter oder durch den Gefechtsstress durchgedrehter oder zusammengebrochener Soldaten), die es in der Woche zwischen 29. April und 5. Mai erlitt, so abgekämpft, dass es von dem frischen 305. Regiment abgelöst werden musste.

Die an der Front eingesetzten Kompanien hatten nur noch eine Handvoll einsatzfähiger Männer. Während die Amerikaner in der Etappe ihre angeschlagenen Truppen mit frisch ausgebildeten Rekruten, Rekonvaleszenten und Reservisten, die per Schiff ständig neu anlandeten, relativ unproblematisch auffrischen konnten, war das Problem für die ausgebluteten japanischen Einheiten, die vom Nachschub an Menschen und Material abgeschnitten waren, fundamental schwieriger. In der Etappe wurden die letzten einsatzfähigen Männer und Jugendlichen in rückwärtigen Diensten (Stäbe, Fernmelder, Nachschub, Instandsetzung, Bausoldaten, Boeitai) ausgekämmt und mit nur minimaler Einweisung in Fronteinheiten eingegliedert. So wurden die nahezu aufgeriebenen 32. und 89. Regimenter der 24. ID wieder voll aufgefüllt, neue Offiziere ernannt und erschienen zumindest in Papierform wieder in voller Kriegsstärke. Dennoch waren trotz weiterhin hoher Kampfmoral der Ausbildungsstand, die Erfahrungen und der körperliche Zustand der Neuankömmlinge nicht zu vergleichen mit den Erfahrung und dem Zustand der gefallenen kampferprobten Infanteristen und Artilleristen, die sie ersetzten.

Der „erfolgreichste" Teil von Chos zweiter Offensive war am 4. Mai das Begleitprogramm der Kamikaze gewesen. Vier krachten in den Zerstörer Morrison, der in acht Minuten mit 154 Verlusten sank. Bald folgten der Zerstörer Luce und zwei Landungsschiffe. Eine Baka-Bombe, d.h. ein Flugtorpedo, traf den Minenleger Shea, dessen Bug geflutet wurde, mit der Folge von 25 Toten. Ein Kamikaze stürzte in den Geschützturm des Kreuzers Birmingham. Sein Motor durchschlug drei Decks und seine 125 kg-Bombe explodierte im Sanitätsbereich: 25 Toten, 17 Vermisste und 60 Verwundete. Als der Begleitflugzeugträger Saugamon getroffen wurde, wurden 21 Flugzeuge auf dem Oberdeck, das Unterdeck, die beiden Aufzüge und der Radar durch Feuer zerstört. Insgesamt wurden 17 Schiffe versenkt oder beschädigt. Die Amerikaner erlitten 91 Gefallene, 283 Vermisste und 280 Verwundete als Verluste. 95 bis 130 japanische Flugzeuge wurden abgeschossen.[350]

Die amerikanische Mai-Offensive

Nach den empfindlichen Verlusten der US-Marine nach der 5. Kikusui-Angriffswelle der Kamikaze drängte Admiral Turner einmal mehr auf einen schnellen Abschluss der Kämpfe auf Okinawa, um seine Flotte, in diesem Fall die Task Force 58, aus der Reichweite der Kamikaze abziehen zu können. Allerdings wollte sein Untergebener, General Buckner, wie alle seine Offizierskollegen auf Okinawa, keine zusätzlichen Opfer durch eine aus seiner Sicht unnötige Beschleunigung des Vormarsches. Denn eine schnelle Eroberung der Hauptinsel würde sie nicht automatisch in den Vorwärtsstützpunkt für die Invasion Kyushus verwandeln. Dafür war die Ankunft von Pioniertruppen und Material nötig, die in Europa erst nach der deutschen Kapitulation frei wurden oder aus den USA geschickt wurden. Von Kakazu (wo sich die GIs wochenlang die Zähne ausbissen) bis Nan Hill (wo die Ledernacken daran glauben

[350] Appleman, S. 296; Shaw, Nichols, S. 145

mussten) war es seine Erfahrung, dass ein Mehr an infanteristischem Einsatz – d. h. statt Sturmkompanien und -zügen ganze Bataillone einzusetzen (oder wie Briten und Franzosen im Ersten Weltkrieg ganze Regimenter abschlachten zu lassen) – den Erfolg nicht beschleunigte, sondern nur die Opferzahlen in die Höhe trieb. Es blieb bei der Taktik, nach einem Maximum an Feuerkraft Meter um Meter mit Sturmkompanien die Vorderseiten und Kämme zu nehmen, um dann mit Sprengsätzen und Flammenwerfern die rückwärtigen Stellungen rittlings von oben nach unten auszuräuchern und zu sprengen. Aus Buckners Sicht gab es keine Abkürzung, bis der japanische Feind bis zum letzten Mann und zur letzten Patrone in der letzten Höhle zur Strecke gebracht wurde.[351] Oder wie es ein Oberst Nist vor der Shuri-Front formulierte: „Die Japsen waren absolut bereit, ihre völlige Vernichtung zu erleiden, anstatt auch nur einen Fußbreit freiwillig zu räumen. Dieses Verhalten änderte sich nie.“[352] Als Erfolge zählten nur noch japanische Todeszahlen, nicht mehr genommene Meter.[353]

Auf Druck Turners befahl Buckner dann doch für den 11. Mai eine Offensive an der ganzen Front – mit genau der gleichen Taktik wie bisher. Dazu forderte er die 2. Marines-Division, die nutzlos auf Guam herumsaß, als eine zusätzliche Reservedivision an. Nach einer halbstündigen Artillerievorbereitung sollten vier Divisionen um 7 Uhr früh die drei Vorfestungen vor Shuri angreifen: die 96. ID im Osten Conical Hill, die 77. ID in der Mitte Shuri selbst, die 1. Marines weiter rechts Wana Draw und schließlich die neu eingeschobenen 6. Marines an der Westküste Sugarloaf. Die 6. Marines sollten den Asa-Fluss überqueren, dann die ziemlich flache Küstenebene bis zur Asato-Bucht vor Naha durchstoßen, dort das ausgebombte und verbrannte Naha rechts liegen lassen und über den Asato-Fluss (der heute als größerer Bach kanalisiert quer in Ost-West-Richtung durch die Innenstadt Nahas fließt) in die Kokuba-Hügel, die südlich von Shuri liegen, in den Rücken der Festung Shuri vorstoßen. Die 1. Marines dagegen sollten frontal über Dakeshi Ridge (den sie am 10. Mai erreicht hatten) angreifen. Das nächste tödliche Hindernis wurde Wana Ridge, gefolgt von dem schmalen abschüssigen Tal Wana Draw[354] mit dem Asa-Fluss. Diese Stellungen waren das Herzstück der japanischen Befestigungen vor Shuri. Ihre Verteidiger,

---

351 Belote, S. 268
352 Zitiert in: Appleman, S. 351
353 Shaw, Nichols, S. 154
354 „Draw“ hier im Sinne von: Rinne, Geländevertiefung

die 62. ID und die 44. Brigade, hatten Befehl erhalten, sie unter allen Umständen zu halten.

Die 77. Division sollte in der Inselmitte durch flacheres Gelände vorstoßen, das jedoch gleichfalls von unregelmäßigen Hügel- und Schluchtenformationen gekennzeichnet war. Einer davon war ein konischer Hügel, der wegen seiner Form „Chocolate drop" (ein Schokoladenplätzchen der Firma Hershey) genannt wurde. Jene Hügel wurden vom Artilleriefeuer von einem weiter östlich liegenden, 250 m breiten Hügel namens Flattop Hill bestrichen. Danach sollte sie sich nach ihrem Durchbruch der Burg Shuri und des darunterliegenden Hauptquartiers Ushijimas bemächtigen. Dies entsprach einer schwer befestigten Strecke von 3,5 km Länge voller tödlicher Hindernisse. An der Ostküste erhielt die 96. ID den Befehl, die Stellungen der 89. und 22. Regimenter zu zerschlagen und den knapp 200 m hohen Conical Hill (Utanamori), der die schmale Küstenebene vor Yonabaru, dem Hauptort an der Nakagusuku-Bucht, beherrschte, zu stürmen.

Sogar mehr als sechs Wochen nach Beginn der Schlacht zeigte Buckners Plan der fortgesetzten Frontalangriffe, dass die amerikanische Führung eigentlich nichts gelernt hatte. Wenn man schon eine Umfassung plant, sollten alle Kräfte in jene Umfassung gehen und nicht gleichzeitig in Frontalangriffe gegen einen eingebunkerten Feind verzettelt werden, dessen mögliche Ausfälle, wie Chos zwei Offensiven zeigten, mühelos ausgelöscht werden konnten. Von den Sake-gefüllten leidenschaftlichen Strategie-Debatten, wie sie im Generalstab der 32. Armee üblich waren, wurde nichts bekannt. Stattdessen herrschte der sture Kommisskopf: breiter Angriff auf der ganzen Front. Dass nach den geplanten Durchbrüchen an allen Stellen nette Umfassungspläne auf die Karten eingestrichelt wurden, war schon im Ersten Weltkrieg an der Westfront gängige Praxis gewesen, und blieb da wie dort papierene Fiktion. Mittlerweile war – nach den bisherigen leidvollen Kampferfahrungen, den erbeuteten Feindkarten wie von der Topographie her – offenkundig klar, dass sich die weitaus stärksten Befestigungen an der Westküste befanden, die Buckner weiter von vorne berennen lassen wollte – anstatt sie rechts liegen zu lassen. Da er diese ebenso sinnlose wie grauenhafte Aufgabe den Marines übertragen hatte, dürfte dies das ohnehin angespannte Verhältnis zwischen beiden Truppengattungen nicht gerade verbessert haben. Er überschätzte weiter unverdrossen die Effektivität der eigenen massiv überlegenen Feuerkraft und unterschätzte in allen Zeit- und Einsatzplanungen fortgesetzt den Kampfes- und Opferwillen des Feindes. Seit Wochen schon bot sich an, im schwächeren Osten massiv anzugreifen, unterstützt mit einer Landung bei Minatoga im Rücken und dann mit starken Panzerverbänden (Panzer wurden auf Okinawa fast ausschließlich zur Infanterieunterstützung eingesetzt) über das flachere Terrain südlich der zentralen Hügelketten von Machinato-Yonabaru von Süden her nach Naha vorzustoßen, den Shuri-Komplex abzuschneiden und einzukesseln, um ihn dann entweder bis zur Kapitulation auszuhungern oder – sofern nötig – die gegen Frontalangriffe ungesicherten Rückhänge nach Norden aufzurollen. Diese schnellere Strategie hätte die dicht besiedelte Kiyan-Halbinsel unzerstört gelassen und durch die Abkürzung der Schlacht die Zahl der zivilen Opfer, die vor allem in der Schlussphase der Kampfeswochen exponentiell in die Höhe schnellten, bei einem Bruchteil der tatsächlichen Todeszahlen belassen können. Nicht nur auf Okinawa will es scheinen, als seien die Amerikaner mit einem einzigartig untalentierten Feldherrn gestraft gewesen. Aber nur auf Okinawa musste ein Feldherr dafür mit seinem Leben bezahlen. Interessant ist, dass die japanische Seite in Gestalt von Oberst Yahara – sicher nicht zuletzt wegen seiner vorherigen US-Erfahrungen – das amerikanische Vorgehen genau vorhergesehen und monatelang minutiös vorbereitet hatte.

Alle japanischen Fronteinheiten, die 44. Brigade, die sich im Westen gegen die beiden Marinedivisionen verteidigen musste, und die 24. Division, die im Mittel- und Ostsektor von der 77. und 96. ID bedrängt wurde, waren mit rückwärtigen Einheiten bis zur Soll-Stärke aufgefüllt worden. In der 62. Division, von deren ursprünglicher Besetzung nur 600 Mann überlebt hatten, war dank diverser Auffüllungen eine Papierstärke von 6000 Mann vorhanden.

Der Angriff, den die 6. Marines am 11. Mai führen mussten, ähnelte in vieler Hinsicht jenem der 27. Division am 19. April 10 km weiter nördlich an der Machinato-Bucht. Diesmal mussten die Marines den Fluss Asa an der Mündung überqueren, einen Brückenkopf errichten und dann 3 km auf Flachland unter Feindfeuer vorrücken, bevor sie vor einer Kette von verbundenen Hügelfestungen – der letzten vor Naha-Shuri – ankamen. Sie wurden von ihnen wie immer nach der äußeren Form diesmal Sugarloaf (Zuckerhut), Half Moon (Halbmond) und Horseshoe (Hufeisen) genannt. Am 11. Mai überquerten um 7.30 Uhr früh die Panzer der 6. Marines über eine Bailey-Stahlbrücke, die vom 6. Pionierbataillon gebaut worden war, wie befohlen den Asa-Fluss. Bis zum Anbruch der Nacht hatten die Panzer und ihre Grenadiere („Infantry-tank teams“) das Mündungsgebiet des Asato-Flusses gegenüber Naha erreicht. Die zerbombte Präfekturhauptstadt und ihr begehrter Tiefseehafen waren also zum Greifen nah. Dabei stürmte eine Kompanie des 22. Marineregiments unter dem Feuer eines Schweren Kreuzers einen untertunnelten Hügel, der von einem Bataillon der 44. Brigade gehalten wurde, und sprengte seine Eingänge und Schießscharten. Mutmaßlich entkamen die meisten Verteidiger durch die Tunnelsysteme in die östlichen Hügel.[355]

Ansonsten waren die Ergebnisse des ersten Tages, wie zu erwarten, eher bescheiden. Die 1. Marinedivision erreichte Dakeshi Ridge, die Vorfestung für das dahinterliegende Wana Ridge als Hauptfestung vor Shuri, und lag dort vor der härtesten Nuss, die zu knacken war, frontal prompt fest. In der Mitte rückte die 77. ID dank des massiven Einsatzes von napalmspeienden Flammenwerferpanzern 500 Meter vor. Am linken Flügel marschierte die 96. ID 600 Meter bis zum Fuß des gefürchteten Conical Hill. Die US-Truppen hatten damit die vorletzte Verteidigungslinie vor Shuri erreicht.

Sugarloaf Hill

Am 12. Mai wurde der Angriff fortgesetzt. Die 6. Marines hätten wahrscheinlich jenseits des Asato die kaum besetzten Ruinen von Naha unschwer besetzen können. Stattdessen mussten sie links schwenkend befehlsgemäß versuchen, den Oberlauf des Asato zwischen Naha und Shuri zu queren, um von dort weiter bis zum südlich liegenden Kokuba-Fluss vorzustoßen und dann weiter in Richtung Osten in Richtung Yonabaru zur Umzingelung von Shuri. Bevor die 6. Marines den Asato jedoch überqueren konnten, trafen sie auf jene drei bereits erwähnten verbundenen Hügelfestungen: zunächst Sugarloaf (Zuckerhut, auf Japanisch eigentlich Teil der Amekudai-Hügelkette), gefolgt von Horseshoe und Half Moon. Sie alle verfügten über die üblichen unterirdischen Tunnelsysteme, Betonbunker an den Vorder- und Rückhängen, eingegrabene Mörser-, PAK- und MG-Stellungen. Alle deckungslosen Zugänge konnten durch Artillerie- und Mörserfeuer aus der Shuri-Festung belegt und geschützt werden. Jeder Versuch, die drei Hügelfestungen zu umflanken, konnte durch Artilleriefeuer von den Hügeln wie von Shuri selbst unterbunden werden. Insgesamt stellten sie einen „Irrgarten der Verteidigung“ dar.[356] Die Verteidiger waren ein frisches Regiment, das im Vorjahr aus Tokyo eingeflogene 15. IR der 44. Brigade, das zusammen mit Okinawaer Hilfstruppen 2000 Mann umfasste. Es war nach

---

[355] Belote, S. 271

[356] Sloan, S. 177

dem Abbruch der gescheiterten zweiten Cho-Offensive in jene Stellungen rechtzeitig zurückgekehrt.

Während des 12. und 13. Mai unternahm ein Bataillon der 6. Marines Sondierungsangriffe auf den Sugarloaf Hill, der äußerlich noch weniger eindrucksvoll wirkte als die Erhebung von Kakazu (und der heute gänzlich überbaut in einer nördlichen Vorstadt von Naha kaum noch auffindbar ist[357]), und griff dann am 14. Mai massiv an. Doch gelang es nur, einzelne Vorposten auszuschalten. Die meisten Panzer wurden schnell von der Artillerie von Shuri aus mit 47 mm-PAK abgeschossen. Das treffsichere Feuer zwang die anderen schnell zum Rückzug. Erst um 19 Uhr abends kurz vor Sonnenuntergang erreichte eine freiwillige Sturmkolonne mit nur noch 44 Mann, die von dem stellvertretenden Bataillonskommandeur, einem Major namens Harry Courtney, geführt wurde, den Fuß von Sugarloaf Hill. Da er in dieser prekären Situation fürchten musste, von einem nächtlichen Gegenangriff geworfen zu werden, entschloss sich Courtney seinerseits zu einem Verzweiflungsangriff. Nachdem er um Mörserunterstützung telefoniert hatte, schafften es die Überbleibsel der Truppe bis 23 Uhr über den Steilhang zum Gipfel und überrannten die japanische Truppe, die sich zum Gegenangriff gerade vorbereitete, mit Handgranaten. Major Courtney fiel durch einen Granatentreffer. 25 Mann, die es schafften, gruben sich auf dem Gipfel in strömendem Regen ein. Am nächsten Morgen um 11.30 Uhr mussten sich die letzten elf Überlebenden nach einem erneuten japanischen Gegenangriff zurückziehen. Sie hatten bei jenem ebenso heroischen wie wahnsinnigen Sturm über 100 Mann verloren. Dazu waren drei Sherman-Panzer abgeschossen worden. In den folgenden Kämpfen verlor das 22. Regiment der 6. Marines in nur drei Tagen bis zum 15. Mai über 400 Mann. Das entsprach einem vollen Bataillon oder einem Drittel der Soll-Stärke des Regiments.

Auf japanischer Seite waren die Verluste ähnlich hoch. Um die Verluste von Oberst Mitas 15. Regiment auszugleichen, erhielt er in jener Nacht ein „provisorisches Regiment" unter Befehl von Major Kaoru mit drei Bataillonen. Sie waren die letzten Reserven der 32. Armee an gut ausgebildeter Infanterie. Sugarloaf Hill, der geografisch und strategisch gesehen genau zwischen dem damaligen Naha und Shuri lag, musste so lang wie möglich gehalten werden. Zwei weitere Tage lagen die Marines im Feindfeuer vor dem Hügel und wurden für jede Bewegung abge-

[357] Wie ein Marine es etwas drastisch formulierte: „Es war kein Berg, es war kein Hügel, es war ein Haufen Scheiße", zitiert in: Hallas, S. 50

straft. Dennoch machte sich auf japanischer Seite der Mangel an Artilleriegranaten, die in Chos Offensiven verpulvert worden waren, nun schmerzhaft bemerkbar.[358]

Bereits am 16. Mai war das 22. Marine-Regiment so abgekämpft, dass seine Kampfkraft auf 40 % gesunken war und es am Folgetag vom 29. Regiment für den Hauptangriff abgelöst werden musste. Drei Bataillone wurden von je einer Panzerkompanie unterstützt sowie den üblichen Schiffsgeschützen und 500 kg-Bomben. Erneut wurde der Hügel erklommen. 160 Mann fielen. Nachts wurde der Rückzug befohlen. Abends wurden japanische Truppen entdeckt, die über offenes Gelände die Festung verstärken sollten. Sie wurden vom Artilleriefeuer völlig vernichtet.[359]

Am 18. Mai schließlich gelang der Einsatz von Panzern an der Flanke, obwohl sechs von ihnen abgeschossen wurden. Ein Zug von 80 Mann schaffte es, schließlich den Kamm zu stürmen und wie immer, wenn es gelang, sich dort festzusetzen, die entscheidende todbringende Taktik, die rückwärtigen Eingänge von oben (wohin die Verteidiger nicht schießen konnten) mit Handgranaten und der üblichen Methode „corkscrew“ und „blowtorch“ zu bearbeiten. Das Vorrücken der Panzer wurde von Grenadieren gegen die Selbstmordattacken japanischer Panzerjäger mit ihren Sprengstoffpaketen geschützt. Wenn sie auftauchten, wurden sie mit MG-Feuer niedergemacht. Gleichzeitig schossen die Panzer in alle sichtbaren Bunker- und Höhlenöffnungen. Dank jenes Panzereinsatzes konnte Sugarloaf Hill schließlich geknackt werden. Am Spätabend des 18. Mai wurde aus dem Sturm eine blutige „Säuberungsaktion“.[360]

Die Japaner hatten in Sugarloaf im Gegensatz zu den Angreifern nur noch von Trockenkeksen und in 72 Stunden Dauerbeschuss ohne Schlaf gelebt. 585 Tote wurden gezählt, und geschätzte weitere 450 starben durch Einschluss (Ersticken) oder verbrannten bis zur Unkenntlichkeit.[361]

Am 19. Mai wurden auch Horseshoe und Half Moon geknackt. Horseshoe nach dem klassischen Rezept: Panzer nahmen alle Höhleneingänge unter Feuer, die dann von Flammenwerfern und Infanteristen mit Sprengstoffpaketen bearbeitet wurden. Vor Half Moon wurde ein nächtlicher japanischer Gegenangriff frischer Truppen –

---

[358] Yahara, S. 58

[359] Nichols, Shaw, S. 180

[360] Belote, S. 275

[361] Nichols, Shaw, S. 178

darunter viele Marinesoldaten – im gespenstischen Licht der Leuchtmunition der Schiffe abgewiesen. Am anderen Morgen zählte man 500 Tote.[362]

Nachdem die 6. Marines den Asa-Fluss gequert hatten, betrug der Verlust in jenen zehn Tagen 2660 Mann an Gefallenen und Verwundeten. 11 von 18 Kompaniechefs waren tot oder verwundet. Dazu gab es 1300 Ausfälle durch Krankheit oder hauptsächlich Gefechtspsychosen. Angesichts dieser Verluste und nach 11 Gipfelstürmungen (von denen 10 vergeblich waren) ist eigentlich den meisten Beobachtern offensichtlich, das Sugarloaf geflankt und nicht frontal hätte gestürmt werden müssen.[363] Und die entscheidende Flanke befand sich an der Ost- und nicht an der Westküste.

Dabei hatten es Artillerie und Scharfschützen bekanntlich hauptsächlich auf Offiziere abgesehen (was deren Unwillen, ihren Untergebenen das Massakrieren von Gefangenen zu untersagen, vielleicht verständlich macht). So hatte Bataillonskommandeur Major Myers eine Besprechung mit seinen Kompaniechefs in einem ziegelgedeckten Haus, das von einer einzigen Mörsergranate getroffen wurde. Er, ein Kompaniechef und ein Adjutant waren tot, die drei anderen Kompaniechefs verwundet.[364] Ein Oberstleutnant namens Moreau wurde auf seinem Beobachtungsposten von einer Artilleriegranate schwer verwundet. Wie alle japanischen Geschütze waren auch die 150 mm-Geschütze auf Shuri voll eingeschossen. Sie trafen beim ersten Schuss. Das galt auch für die Scharfschützen. Sie trafen immer durch den Kopf oder in die Brust: „Diese Leutnants kommen und gehen wie eine Rolle Toilettenpapier. Man konnte sich an ihre Namen nie erinnern. Sie blieben etwa 15 Minuten und dann waren sie tot oder weg.“[365] Aber es erwischte bei den 6. Marines auch höhere Dienstgrade. So wurde am 30. Mai ein Oberstleutnant Woodhouse bei Naha von Scharfschützen erschossen und am 18. Juni Oberst Robert vom 22. Marine-Regiment. Selbst das Ablegen von Rangabzeichen, Feldstechern, Pistolen und Karten hatte wenig geholfen.

Die Truppen und ihre Führung verbitterten und verrohten schnell. Als im Dorf Amike nördlich von Naha ein Sherman-Panzer abgeschossen wurde, „befahl das Regiment die Zerstörung des Dorfes. Panzer und Truppen machten es dem Erdboden gleich. Etwa 75 Verteidiger wurden

---

[362] Nichols, Shaw, S. 183
[363] Feifer, S. 275
[364] Hallas, S. 102
[365] Hallas, S. 123

getötet."[366] Ein Veteran berichtet, sein Buddy habe einen verwundeten Japaner vor den US-Linien mit zwei Pistolenschüssen ermordet. Er habe etwa 15 Jahre alt ausgesehen. Da habe er die Leiche ausgeplündert, ein paar Fotos und einen Geldbetrag eingesteckt, den er später in Japan in einem Hurenhaus ausgegeben habe.[367] Dazu gab es noch wie in der Armee auch bei den Marines die üblichen Goldzahnsammler.[368] Mit internationalen Normen wie der Genfer Konvention nahm man es auch nicht so genau (genauso wenig wie die Japaner, die Verwundetentransporte beschossen): Die Sanitäter waren bewaffnet und benutzten ihre Karabiner auch.

„Wir hatten eine grundsätzliche Marine Corps Regel für den Pazifischen Kriegsschauplatz: Wenn sich etwas bewegt, erschieße es. Denn jeder, der sich nachts bewegte, war ein Japs."[369] Deshalb wurden nachts oder in der Dämmerung sogar viele Sanitäter, Krankenträger, Fernsprechsoldaten und Nachschubträger von den eigenen Leuten erschossen.

Wana Ridge und Wana Draw

Nach dem Fall von Sugarloaf Hill und der Vernichtung des 15. Regimentes der 44. Brigade konnte General Ushijima nur noch unerfahrene Marinesoldaten an die Front werfen, um die gefährdete Linie zwischen der Mündung des Kokuba-Flusses und den Höhen von Shuri noch zu halten.

Parallel zu den 6. Marines schaffte es auch das 7. Regiment der 1. Marine-Division Dakeshi Ridge zu stürmen und die Reste der 62. Division, so schien es, fast völlig zu vernichten. Dabei eroberten sie auch die Höhle eines Brigadekommandeurs, Generalmajor Suichi Akikawa, der selbst in die Handgranatenduelle mit den unterirdisch angreifenden Marines eingriff. Doch zogen er und die überlebenden Truppen sich in der Nacht zum 13. Mai auf Befehl Ushijimas in Richtung Shuri zurück, um

---

366 Zitiert in: Hallas, S. 59. Man beachte, mit welcher Nonchalance Kriegsverbrechen hier berichtet werden, die Deutschland von Lidice bis Oradour noch 70 Jahre post factum angekreidet werden, reflexive Sühnegesten auslösen und wo die letzten Verdächtigen noch als 90-Jährige längst nicht mehr haftfähige Greise vor den Kadi zitiert werden.

367 Hallas, S. 192

368 Hallas, S. 126

369 Hallas, S. 39

dort aus allen möglichen Truppenteilen die 62. ID wiedererstehen zu lassen.

Trotz dieser Erfolge scheiterte am 14. Mai der entscheidende Durchbruchsversuch bei Wana Ridge, der letzten Riegelstellung vor Shuri. Der erste Panzerangriff am 14. Mai brach im Feuer von sorgsam positionierten und getarnten 47 mm-PAK zusammen. Zwei Panzer wurden abgeschossen, einer fuhr auf eine Mine. Zur Unterstützung jenes Panzerangriffs wurden 5000 75 mm-Granaten, 175000 Schuss MG-Munition und 600 Fässer Napalm verfeuert. Dennoch kam man keinen Meter weiter. Am nächsten Tag griffen drei Sherman- und ein Flammenwerfer-Panzer das Dorf Wana an, zerschossen und brannten es nieder, bis zwei Panzer abgeschossen wurden. Wiederum musste der Rückzug unter schwerem Feuer von zwei Seiten angetreten werden.[370] Erkannte Höhleneingänge und die Feuerstellungen der PAK wurden von der USS Colorado unter Feuer genommen und durch ihren massiven Einsatz ausgeschaltet. Mit frischen Reserven ging der Kampf weiter Meter um Meter. Doch nachts war meistens wieder ein Rückzug nötig.

Am 19. Mai erfolgte eine neuerliche intensive Artillerievorbereitung, um das Feindfeuer gegen das Vorrücken der Panzer, Flammenwerfer und Sturmzüge zu neutralisieren. Zwei Züge schleppten drei 200 Liter-Fässer von Napalm auf den Hügel und ließen sie auf der anderen Seite auf die rückwärtigen Stellungen der Japaner herunterrollen. Sie blieben aber nach 50 Metern stecken. Sie mit Phosphorgranaten in Brand zu schießen, half auch nichts. Zudem konnten sich die Truppen auf dem Gipfel wegen des harten Korallenfelses nicht eingraben, so dass die Verluste durch feindliches Mörser- und Artilleriefeuer sehr hoch waren. Als dann noch der Regen einsetzte, wurde Wana Ridge ein für Panzer nicht mehr passierbarer Sumpf.[371] Es gab unter den Marines von Wana Ridge jedoch auch eine Spezies von Polittouristen. Einer war der damals 50jährige künftige US-Senator für Illinois, Paul Douglas, der mit Unterstützung von Roosevelt binnen Kürze vom Schützen zum Major aufgestiegen war und dessen zwei Assistenten hier verwundet wurden.[372]

Bei der 1. Marinedivision ging es gleichfalls nur in einem engen Verbund von Panzern und Grenadieren voran. Als sie am 21. Mai die Trümmer der ehemaligen Königsstadt Shuri erreichten, hatte ihr 7. Regiment

---

[370] Nichols, Shaw, S. 187

[371] Nichols, Shaw, S. 190

[372] Sloan, S. 208

1174 Mann Verluste erlitten, d. h. es existierte faktisch auch nur noch auf dem Papier.

Das Vorrücken der Marines war ohne die ständige stündliche und tägliche Feuerunterstützung durch die vor der Küste unangefochten patrouillierenden Schlachtschiffe, Kreuzer und Zerstörer unmöglich gewesen. Die Koordinierung der Feuerleitung lief von den Frontbataillonen (die die Ziele definierten und die nötigen Kaliber anfragten) über eine gemeinsame Marine/Heeresstelle namens „Jascos". Insgesamt wurden von den Kriegsschiffen in jenen drei Monaten knapp 600000 Granaten der schweren Artillerie (d. h. mit mehr als 15 cm Durchmesser) verfeuert. Das entsprach sechs für jeden japanischen Soldaten auf der Insel, wobei jede Granate bei einem Volltreffer mindestens zwanzig hätte umbringen können. Die Munitionsverschwendung war also ungeheuer und die Verheerungen auf der Insel entsprechend. Nachts konnten sich Schlachtschiffe und Kreuzer wieder auf die hohe See zurückziehen. Die Zerstörer mussten aber weiter in Küstennähe bleiben, um andauernd Leuchtgranaten abzuschießen, die per Fallschirm wie helle Feuerwerkskörper langsam auf die Schlachtfelder absanken, um dort mögliche japanische Infiltrationen zu beleuchten und zum Abschuss freizugeben. Zwar waren die Matrosen vor japanischen Angriffen (abgesehen von vereinzelten Kamikaze) sicher, doch machten der ständige Geschützlärm und Seegang auf den knapp dimensionierten Zerstörern das Leben sehr mühsam. Zusätzlich mussten sie zweimal die Woche Nachschub und Munition von den Landeplätzen der Ozeanschiffe auf den Kerama-Inseln zu den Landestegen an den Haguchi-Stränden bringen.

Am 18. Mai lief einer jener Zerstörer, die USS Longshaw, bei einem Artillerieauftrag auf einer Korallenbank 2,5 km südlich vor Naha vor dem japanisch gehaltenen Ufer auf. Die japanische Küstenartillerie wartete geduldig, bis eine Schleppbarkasse auftauchte, um den havarierten Zerstörer abzuschleppen. Nach fünf Treffern, auch auf die Brücke und in das Munitionsmagazin, explodierte die Longshaw. Dann wurde der Schlepper unter Beschuss genommen. Insgesamt fielen 77 Seeleute und 100 wurden bei jener einzigen Schiffsversenkung durch eine japanische Küstenbatterie auf Okinawa verwundet.[373]

---

[373] Belote, S. 280

Die Inselmitte: Chocolate Drop und Flattop Hill

In der Mitte der Insel stand es um den Angriff der 77. ID in den zehn Tagen nach dem 11. Mai ähnlich trostlos. Dem 107. Regiment war befohlen worden, vom Hügel 187 südlich von Maeda weiter in Richtung Highway 5 vor Shuri vorzustoßen. Das Gelände war völlig zerschossen und verbrannt, eine restlos verwüstete und verkohlte Trümmerlandschaft voller Trichter und Kriegsabfall ohne jedes Leben. Es gab auch keinen Pflanzenwuchs mehr. Das langsame Vorrücken des Regiments war ebenso methodisch wie das ständige Ansteigen seiner Verluste. Am 15. Mai war seine Kampfstärke auf ein Viertel geschmolzen. Am 21. Mai war sie nicht mehr vorhanden.

Auf der gegenüberliegenden Seite des Tals mussten die Regimenter 306 und 307 gegen die Hügelstellungen Chocolate Drop (Schokoladenplätzchen), Wart Hill (Warzenhügel) und Flattop Hill ankämpfen. Wieder verhinderten große Minenfelder und geschickt platzierte 47mm-PAK den Einsatz von Panzern, so dass die Infanterie zunächst ohne Schutz gegen die Mörser- und MG-Stellungen mit entsprechend hohen Verlusten vorrücken musste. Ein Regiment schmolz schnell zu Bataillonsstärke zusammen und musste abgelöst werden. Erst als eine Straße mit Bajonetten und Sprengungen von Minen gesäubert worden war, konnten Kampf- und Flammenwerfer-Panzer, von denen drei abgeschossen wurden, in den Rücken der Hügel vorstoßen und die dortigen Höhlen- und Bunkereingänge beschießen und ausräuchern. Nach zehntägigen Kämpfen waren die Hügel am Abend des 21. Mai gefallen. Der Weg nach Shuri war frei. Die verbliebenen Höhlenöffnungen wurden mittels Sprengungen mit Felsen zugesperrt. Nur einer Handvoll Überlebender gelang es, sich aus den Höhlen auszugraben und sich zur japanischen Front nach Shuri durchzuschlagen. Gelegentlich wurden von den Amerikanern auch Zivilisten und versprengte japanische Soldaten noch lebend aus ihren Höhlenverstecken geholt.[374] Allerdings versank nach dem Durchbruch die ganze Wüstenei bei Dauerregen im grundlosen Matsch.[375]

---

[374] Belote, S. 282

[375] Nichols, Shaw, S. 192

Vor Yonabaru

An der Ostküste beherrschte ein 180 Meter hoher Steilkegel namens Untamamui, den die Amerikaner Conical Hill nannten, die Küstenebene vor Yonabaru. Hinter ihm lag noch eine zweite ähnliche Festungsstellung, Sugar Hill, und dahinter lockten die Ruinen von Yonabaru, vormals die drittgrößte Stadt Okinawas, mit einer Straßenverbindung nach Naha im Westen. Wenn den GIs hier der Durchbruch gelang, dann könnten sie in einer Umfassungsbewegung sich im Rücken mit den im Westen befindlichen Marines treffen und die Schlacht von Okinawa damit endlich entscheidend verkürzen. Die strategische Bedeutung der beiden Hügelfestungen war der japanischen Führung nur allzu geläufig. 1000 gut ausgebildete und ausgerüstete Soldaten des aufgefrischten 89. IR und das 27. Infanteriebataillon waren in den Tunneln der Hügel, ihren Hinterhängen und hauptsächlich in den zugänglicheren Westhängen eingegraben, gegen die die Japaner den Hauptstoß des amerikanischen Angriffs vermuteten. Ursprünglich hatte Kommandeur Oberst May tatsächlich den einladenderen Weg über die Westflanke nehmen wollen. Doch kam dort das am 11. Mai angreifende Bataillon keinen Meter vorwärts. Ihm gelangen auch in den nächsten zehn Tagen keine weiteren Fortschritte. Im Gegensatz dazu kam das den steilen Nordhang von Conical Hill angreifende Bataillon viel leichter voran. Durch schweres Schiffsfeuer aus der Nakagusuku-Bucht wurden die Verteidiger in rückwärtige Stellungen gezwungen.[376] Auch die Ferngeschütze auf Burg Ozato wurden zerstört, und die Reste eines Schiffspionierregiments, die den Hügel Amagoimui südlich von Yonabaru hielten, fast alle getötet.

Der Schlachtplan für Conical Hill wurde entsprechend geändert. Von Panzern wurde zwei Tage lang jede erkannte Öffnung und Stellung auf dem Nordhang unter Feuer genommen. In Gegenwart von General Buckner wurde dann zwei Infanteriekompanien der direkte Angriff befohlen. Eine blieb zunächst stecken, doch zwei Zügen der zweiten Kompanie gelang es auf Anhieb, den Hügel bis zur Hälfte zu erklimmen, wo sie unter Felsen etwas Deckung fanden, um es schließlich bis kurz unter den von allen Seiten schwer beschossenen Gipfel zu schaffen, wo sie sich eingruben. Die japanischen Verteidiger hatten, um dem Panzerbeschuss zu entgehen, sich von ihren Vorwärtsstellungen ins Hügelinnere zurückgezogen. Dann begannen die japanischen Gegenangriffe in

---

[376] Yahara, S. 75

Kompaniestärke auf die vorgeschobenen US-Stellungen, die im Kampf Mann gegen Mann zurückgeschlagen werden konnten. Die Panzer mussten sich unter Feuer zurückziehen, da ihnen die Munition ausgegangen war.[377] Nach und nach kamen zwei weitere Kompanien zu den Gipfelstellungen durch. Drei Tage lang, vom 14. bis 16. Mai, tobten die Kämpfe um die Hügelspitze des Conical Hill. Gleichzeitig griffen frische Truppen der 96. ID den südlicheren Sugar Hill an. Nach viertägigen Kämpfen fiel er am 21. Mai, zu einem Zeitpunkt, als die Japaner noch den rückwärtigen Hang von Conical Hill hielten. Da seine Nord- und Ostflanken jedoch genommen waren, hatten sie keine Möglichkeit mehr, die Ostküstenstraße nach Yonabaru zu beschießen. Am Abend des 22. Mai war die japanische Ostflanke auf Okinawa damit offen. Im nächsten Morgengrauen wurde ein Sattelberg westlich von Yonabaru besetzt. Die mittlerweile wieder ausgeruhte 7. Division sollte nun Yonabaru nehmen, das von einem schwachen Marinebataillon besetzt war, und dann endlich rechts in Richtung Naha schwenken, um der 32. Armee den Rückzug in den Süden abzuschneiden. General Ushijima konnte dagegen, so schien es, wenig tun. Seine letzten Reserven im Osten – Munitionssoldaten und Matrosen – hatte er auf Sugar Hill verheizt. Am 21. Mai hatten die Amerikaner also an der ganzen Front von West bis Ost in zehn Tagen heftigster Kämpfe fast die gesamte restliche Riegelstellung vor Shuri geknackt. Die beiden Armeedivisionen, die 77. und die 96. ID, die an der Mittel- und Ostfront kämpften, hatten in jener Zeit 377 Gefallene, 25 Vermisste und 2271 Verwundete. Für die Japaner kam es nun darauf an, den befürchteten Vorstoß der Amerikaner auf Tsukazan in ihrem Rücken solange hinhaltend kämpfend aufzuhalten, bis sie ihren Rückmarsch nach Kiyan abgeschlossen hatten.[378]

Die Erlebnisse des Feldwebels Mclaughlin

In der US-Literatur gibt es genügend „oral history"-Berichte, die in den 1960er bis 1980er Jahren von Veteranen der Schlacht gesammelt wurden und die ein deutlich unterschiedliches, nämlich wesentlich grausameres und nüchternes Bild der Schlacht geben (und die ich deshalb gern als Zitate verwendet habe) als jenes häufig glorifizierende der offiziellen Militärhistorie (Appleman et al., Nichols/Shaw), die natürlich in der Schilderung der strategischen Zusammenhänge stärker sind, die dem

[377] Nichols, Shaw, S. 193
[378] Yahara, S. 76

einzelnen Marine oder GI notgedrungen fremd blieben. Vielleicht sollten deshalb hier die bislang andernorts nicht ausgewerteten Kriegserinnerungen eines unbekannten GIs, der mit der 7. ID im Osten vor Yonabaru kämpfte, als Primärquelle – er hat sie als 80-Jähriger im Selbstverlag veröffentlicht – eingeschoben werden. Mclaughlin wurde im Juli 1944 eingezogen, erhielt in Kalifornien seine Infanteriegefechtsausbildung mit Karabinern, Maschinenpistolen („BAR") und Mörsern. Von Seattle aus wurden die für gefechtstauglich erklärten Rekruten über stürmische See nach Oahu verschifft und von dort aus weiter nach Saipan, wo das neun Monate alte Schlachtfeld noch sehr unaufgeräumt aussah, japanische Leichen noch überall unbestattet herumlagen und überlebende Japaner ihnen das Essen zu stehlen versuchten[379]. In einem Konvoi, der von Zerstörern gegen japanische Sturzbomber und Kamikaze verteidigt wurde, erreichte die Invasionsflotte schließlich Okinawa. Aus dem Truppentransporter kletterten sie über Frachtnetze in die Landungsboote, die eigentlich für Lkws und Panzer benutzt wurden. Als Teil der 7. ID wurde er ihrem 184. Regiment, Kompanie K, 3. Zug zugeteilt. Die Gasmasken warfen sie gleich weg. An der Front mussten sie Schützenlöcher ausheben und Munition, Wasser, Nahrung und Handgranaten vom Versorgungspunkt der Kompanie abholen – so weit, wie sich die Lkws vorwagten. Jede Nahrungsmittelkiste enthielt je 12 „trockene Dosen" mit Keksen, Süßigkeiten, Zigaretten und Klopapier, und eine „nasse Dose" mit einem vorgekochten Essen, das allgemein unbeliebt war. Dies entsprach dem Tagesbedarf eines Trupps. Jeder Trupp sollte von einem Leutnant geführt werden. Sein Trupp hatte nur einen Feldwebel. Schon in jener Anfangsphase gab es eine Leutnantsknappheit, weil sie von den Scharfschützen als erste herausgepickt wurden. Selbst ohne Rangabzeichen waren sie leicht zu erkennen, weil sie stets saubere Uniform trugen. Jeder, der nachts außerhalb des Schützenloches war, wurde als Feind behandelt. Drei Mann teilten sich ein Loch. Leere Munitionskisten wurden als Nachttöpfe verwendet. Wer während der Wache schlief, wurde herausgeworfen. Oft endeten sie in „Camp Shaky", dem Rekonvaleszentenzentrum für „shell shock" und „battle fatigue", wo sich anscheinend noch andere Disziplinarfälle ansammelten. Stacheldrahtverhaue wurden

---

379 Robert J. Mclaughlin. *Okinawa. The last World War II Battle. Eyewitness War Stories*. New York, 2002, S. 7. Interessanterweise reproduziert der Band Fotografien japanischer Soldaten, die offensichtlich in China oder in der Mandschurei aufgenommen worden waren. Die Vermutung liegt nahe, dass der Autor sie, ebenso wie eine verkehrt herum abgebildete Fahne, gefallenen Gegnern abgenommen haben dürfte.

um die Nachtstellungen gespannt und mit Handgranatenfallen versehen. In seiner ersten Nacht wurden so eine okinawaische Frau und ihr Kind getötet. Es ging nun Hügel um Hügel, Höhle um Höhle. Sie hatten keine Ahnung, wo sie waren. Dies geschah absichtsvoll, damit sie bei Gefangennahme nichts erzählen konnten. Karten, Tagebücher und Kameras waren nicht erlaubt. Gelegentlich wurden angreifende Japaner erschossen und Sprengbeutel in die Höhlen geworfen. Sein Zug griff die bereits erwähnte Rocky Crags an. Sofort wurden drei Mann durch MG-Feuer schwer verwundet. Der Leutnant und „etliche andere" fielen einer Explosion zum Opfer. Nur durch die Rauchgranaten eines Zerstörers konnte der Zug entkommen und die Verwundeten konnten evakuiert werden. Zur Erholung zurück in der Etappe trafen sie ihre „Camp Shaky"-Kundschaft wieder. Kaum hörten sie, dass es wieder zur Front ging, drehten sie wieder durch. Mitunter gab es Fälle von Selbstverstümmelung, den Schuss in den Fuß am Tage vor dem Abmarsch.

Nach knapp zehn Monaten (!) Dienstzeit wurde der Private Mclaughlin umstandslos zum Feldwebel (Sergeant) befördert und machte den Angriff auf Gaja Hill, einem Vorhügel von Conical Hill an der Ostfront mit. Ein Leutnant fiel, zwei Artilleriebeobachter wurden erschossen. Er selbst erlitt eine Handgranatenverwundung. Nach einigen Wochen kam er zu seiner Truppe zurück, die bereits im Endkampf im Süden stand. Dort nahmen sie haufenweise japanische Verwundete gefangen sowie einen unverwundeten Militärarzt. Als der sich weigerte, seine Kameraden zu versorgen, weil er nach der Genfer Konvention als Offizier nicht arbeiten müsse, gab ihm ein Feldwebel mit der Bemerkung „Beweg Deinen Arsch" einen Tritt in den Hintern. Das tat der Arzt dann, behandelte seine Patienten aber schlecht, weil er wütend war. Ansonsten gab man sich der Souvenirjagd hin, wobei eigentlich nur die Offiziersleichen mit ihren Dienstpistolen und Schwertern „ergiebig" waren. Normale Soldaten waren zu arm für eine lohnende Beute. Die Fledderer wurden danach oft wieder von Kameraden bestohlen, die ihre Beute dann schnell an die Marine (die ihren Landurlaub auch für Plünderzüge nutzte) und die Etappe weiterverkauften. Störend war ferner auf Okinawa, dass die Amerikaner die japanischen Leichen nicht bestatteten, sondern sie verrotten ließen.[380] Das erhöhte die Fliegenplage enorm.

---

[380] Auch dies ein signifikantes Anzeichen der amerikanischen Dehumanisierung des Gegners. Auf den europäischen Kriegsschauplätzen mussten dies meist Kriegsgefangene besorgen. Diese hatten die Amerikaner mangels Masse auf Okinawa kaum. Außerdem sperrten sie sie lieber ein, als sie zu Arbeitseinsätzen zu verwenden.

Nach der japanischen Kapitulation wurde Mclaughlin nach Seoul versetzt, das er als unzerstört, doch verarmt und unterentwickelt empfand, und wo er an der Entwaffnung und Repatriierung der japanischen Kolonialmacht mitwirkte.[381]

Die versuchte Umzingelung Shuris

Am 22. Mai begann die 7. Division mit ihrem 187. IR um 2 Uhr früh den Infanterievorstoß auf Yonabaru. Gut die Hälfte der bisherigen Verluste der Division waren zwischenzeitlich aufgefüllt worden. Es waren dies 1700 junge, meist 19-jährige Rekruten, frisch aus den Ausbildungslagern aus den Staaten und 550 Rekonvaleszenten aus den Lazaretten.[382] Zunächst ging es darum, die Anhöhen um Yonabaru zu besetzen, dort potentielle Gegenangriffe zu blockieren und japanische Mörser- und Feldartilleriestellungen auszuheben. Es gelang in jenem überraschenden Nachtangriff, die verbliebenen japanischen Verteidiger vor Yonabaru – zwei zusammengewürfelte Not-Bataillone von Etappentruppen – auf breiter Front im einsetzenden Dauerregen 2 km zurückzudrängen. Generalleutnant Amamiya versprach Ushijima zwar, mit einem nächtlichen Gegenangriff Yonabaru wieder zu nehmen, aber seiner 24. ID fehlten die Truppen dazu. Zwei Versuche scheiterten. Die eingesetzten Truppen hatten auch weder die Ausbildung noch das Durchhalten der Verteidiger von Shuri.[383] Teilweise standen die US-Truppen bereits südlich von Yonabaru. Das erlaubte es dem 32. IR, zum geplanten panzergeführten Angriff auf der Highway 13 nach Naha anzusetzen. Aber dann machten Regen und Matsch einen dicken Strich durch die Rechnung. Die schweren Sherman-Panzer sanken im Gelände ebenso ein wie die schweren Lkws, Sturmgeschütze und Jeeps, die sich auf dem engen Highway, der bald eher einem versunkenen Feldweg ähnelte, stauten und in einem klebrigen Gemisch aus Lehm- und Korallenmatsch festliefen. Auch Raupenfahrzeuge konnten nicht mehr helfen.

---

[381] Jener (hier stark zusammengefasste) Bericht zeigt den Charme und die Grenzen jener „oral history" sehr schön. Anekdotisch, atmosphärisch und empirisch außerordentlich aufschlussreich – all das, was die offizielle Kriegsberichterstattung der Etappenoffiziere und -journalisten verschweigt, weil sie es nicht wissen oder wissen wollen – ist sie für das strategische Gesamtverständnis jedoch denkbar unergiebig.

[382] Belote, S. 287

[383] Appleman, S. 379

Die Truppen sanken oft bis zur Hüfte ein. Geschütze und Zelte versanken im Wasser. Alle Verpflegung und Munition musste nunmehr von den Landungsbooten in Yonabaru kilometerweit zu Fuß nach vorne gebracht werden, für die vollmotorisierten Amerikaner eine ungewohnte Leibesübung. Die Munitionskisten, zum Beispiel, waren auch nicht für den physischen Transport vorgesehen. Die 1000-Schuss-Holzkisten, die mehr als 25 kg wogen, hatten keine Griffe für die zwei Mann, die sie nun tragen sollten.[384] Die Schützenlöcher liefen sofort mit Wasser voll. Ihre Wände rutschten ab. Die Waffen wurden nass und schmutzig. Verwundete mussten auf Bahren mit acht Trägern durch den Morast zurück. Die Lage war trotz des Sieges bei Yonabaru einigermaßen demoralisierend.

Die Front bei Wana Draw verwandelte sich ebenfalls in einen großen Matsch-See, durch den ein Durchkommen selbst für die hartgesottenen Infanteristen der 1. Marines nahezu unmöglich war. Die zwei Heeresdivisionen, die 77. ID und die 96. ID, konnten militärisch bestenfalls nur noch Patrouillenunternehmen durchführen. Sie steckten buchstäblich fest. Lediglich den 6. Marines gelang gegen minimalen Widerstand das weitere Vorrücken durch die Ruinen von Naha im Osten und die Querung des vom Regen stark angeschwollenen Asato-Flusses mit Zielrichtung der südlich gelegenen Kokuba-Hügel. Weil sie dabei von der Artillerie aus Shuri dauernd beschossen wurden, waren die Verluste hoch und das Vorankommen wegen wachsender Nachschubprobleme nur im Schneckentempo möglich. Nur an der Küste konnte die Nachschublage noch einigermaßen befriedigend gelöst werden. Gleichzeitig arbeiteten die Pioniere fieberhaft, den Highway 13 zwischen Yonabaru und Naha – tatsächlich nur ein ungepflasteter Feldweg in grundlosem Morast – mit eintausend Lkw-Ladungen mit den Trümmern von Yonabaru, die auf der Fahrbahn verteilt wurden, wieder befahrbar zu machen.[385]

Jene schweren Regenstürme dauerten eine volle Woche, vom 24. bis 29. Mai, während der zugleich die artilleristische Beobachtung und die fliegerische Tätigkeit stark eingeschränkt waren. Sie verhinderten so die vorgesehene Vernichtung der japanischen Haupttruppen in Shuri. Auch die Bauarbeiten der Pioniere, deren Hauptaufgabe eigentlich der Ausbau der Insel zur Invasionsbasis war, mussten auf die Aufrechterhaltung der Flugfelder Kadena, Yomitan und Iejima sowie die ständige Reparatur des von Unterspülungen und Bergrutschen bedrohten Highway 1 an der Ostküste und Highway 5 in der Mitte der Insel be-

[384] Sloan, S. 197
[385] Sloan, S. 264

schränkt werden. Selbst für die mit allem Zivilisationskomfort im Vergleich zu den Fronttruppen und den Japanern verwöhnten Etappensoldaten wurde das Leben in ihren Zeltstädten mit den gefluteten Lagerstraßen und den dauernden Stromausfällen einigermaßen unangenehm. Statt Bomben auf japanische Stellungen zu werfen, mussten die eigenen Truppen aus der Luft mit Munition und Lebensmitteln versorgt werden. Manche Sendung segelte an den Fallschirmen auch hinter die japanischen Linien, wo sie noch mehr willkommen waren. Viele japanische Soldaten riskierten ihr Leben, um die begehrten Ladungen aus dem Niemandsland zu holen. Daher konnten auch die Generale Ushijima und Cho in ihren letzten Minuten noch „Lucky Strike" Zigaretten rauchen.

In diese Zeit, den 22. Mai, fiel auch der bereits erwähnte Kommando-Angriff auf Yontan unter Leitung von Hauptmann Okuyama, bei dem es den zehn bei der Landung überlebenden Japanern gelang, zwei Corsairs, vier C-54-Transportflugzeuge und einen Privateer zu zerstören, 26 weitere zu beschädigen und zwei Öltanks mit 70000 Fass Flugbenzin anzuzünden, bevor sie selbst getötet wurden. Zwei US-Soldaten starben und 18 wurden verwundet. In den abgeschossenen Maschinen zählte man insgesamt 69 japanische Tote. Kaum vorzustellen, was passiert wäre, wäre auch ihnen die Landung geglückt.

Ende Mai waren die Großverbände der 32. Armee, die 62. ID, die 24. ID und die 44. Brigade schwer angeschlagen, ihre besten Soldaten gefallen und die meisten Auffüllungen unzureichend bewaffnet und ausgebildet. 62550 Mann deklarierten die Amerikaner als „getötet und gezählt", 9500 weitere als „geschätzt getötet". Davon wurden 3200 in Nordokinawa getötet, 4900 auf Iejima und 64000 an den Riegelstellungen der Shuri-Front. Jene Vergleichswerte sind indikativ für die Härte der Kämpfe im Süden. Die Marines hatten 128 Gefangene gemacht, die vier Armeedivisionen dagegen nur 90 Mann, die 77. ID allein nur neun Mann. Die meisten seien schwer verwundet oder bewusstlos aufgefunden worden.[386]

Der Rückzug zur Kiyan-Halbinsel

Am 22. Mai trafen sich der Stab und die Kommandeure der 32. Armee abends in ihrem Führungsbunker unter der Burg Shuri unter Vorsitz von General Ushijima. Er ließ die letzten Vorräte von Ananas und Krabben

---

[386] Appleman, S. 383

in Dosen sowie Sake auffahren. Sie standen vor der strategischen Alternative, sich entweder in Shuri einschließen und es hier zum Endkampf kommen zu lassen oder sich auf die zehn Kilometer weiter südlich auf der Kiyan-Halbinsel befindlichen, von der 24. Division ausgebauten Verteidigungs- und Höhlenstellungen entlang der Bergkette des Yaezu Dake und Yuza Dake zurückzuziehen, wo die Division noch einige ihrer Waffen und Munition eingebunkert hatte. Ein wichtiges Argument gegen den Verbleib in Shuri war, dass der hier immer mehr eingeengte Festungsperimeter die noch verbliebenen 50000 Mann nicht mehr aufnehmen konnte, während die großen Naturhöhlen und Bunker an der Südspitze Okinawas damit keine Schwierigkeiten hatten. Zudem hatten sich die Arbeits- und Lebensumstände in dem Bunkerkomplex seit Anfang Mai dramatisch verschlechtert. Die Toiletten funktionierten nicht mehr. Der Strom, und damit Beleuchtung und Entlüftung, fiel oft aus. Das Essen wurde knapp. Wer sich, um Frischluft zu schnappen, einmal bei Feuerpausen aus den Bunkereingängen wagte, fiel oft Überraschungsangriffen zum Opfer, denn die US-Artillerie hatte sich auf ihr Hauptziel gut eingeschossen. Darum befahl Yahara bereits am 10. Mai allen Frauen, Krankenschwestern wie „Trostfrauen", in den Süden abzuziehen, um sich dort um Verwundete zu kümmern.[387] Wie viele diesen Befehl überlebten, berichtet er nicht.

Gegen den Widerstand der Generäle der 62. Division, die lieber in den von ihren Truppen errichteten Tunneln und Stellungen von Shuri sterben wollten, und der 44. Brigade, die ursprünglich auf der Chinen-Halbinsel getunnelt hatte und dort kämpfen wollte, segnete Ushijima dann Oberst Yaharas Rückzugsplan ab. Das neue Hauptquartier der 32. Armee sollte der Hügel 89, ein südlich des Dorfes Mabuni gelegener ausgebauter Naturhöhlenkomplex auf der Halbinsel Kiyan mit Blick auf den Pazifik werden. Dazu bestand die Hoffnung, die Amerikaner würden nach dem japanischen Rückzug auf die strategisch bedeutungslose Halbinsel Kiyan (oder nach Chinen) ihre Kampagne auf Okinawa einstellen. In Bougainville, Rabaul und Luzon hatten sie es auch so gehalten.[388]

Ushijima befahl, sofort mit dem Abtransport der Verwundeten und der Munition zu beginnen, gefolgt von den Fernsprech- und Nachschubtruppen. Dann sollte die Artillerie, die noch über die Hälfte ihrer Geschütze verfügte, an die Reihe kommen, gefolgt am 29. und 30. Mai von der Masse der Kampfeinheiten. Einige Truppen – insgesamt 5000

---

[387] Yahara, S. 51

[388] Yahara, S. 71

Mann – wurden zur Deckung des Rückzugs und zur Vortäuschung noch voll besetzter Stellungen als Nachhut vorgesehen. Hinsichtlich der Marinetruppen unter Konteradmiral Minoru Ota gab es jedoch bizarr anmutende Unklarheiten. Ursprünglich war angenommen worden, sie lägen in ihren Bunkern auf der Oroku-Halbinsel südlich Naha sehr gut, um die Amerikaner an der Nutzung des Hafens und Flughafens von Naha so lange wie möglich zu hindern. Dann erhielten sie am 26. Mai plötzlich einen Rückzugsbefehl nach Itoman in Südwesten und zerstörten pflichtgemäß viele ihrer Stellungen und nicht transportfähige Geschütze. Doch mussten sie nach dem Eintreffen in Itoman feststellen, dass die vorgesehenen Stellungen im Wesentlichen nur auf dem Papier bestanden.[389] Sie kehrten zwei Tage später mit der Hälfte der ursprünglich 9000 Mann nachts eigenmächtig wieder in die alten Stellungen auf Oroku zurück, die sie für den bevorstehenden Endkampf mit den Marines wieder instandsetzen mussten.[390] Interessant ist Yaharas Sicht der Dinge. Er behauptet, im Gegenteil, Ota sei eigenmächtig ohne Befehl in Richtung Kiyan abgerückt und habe auf Oroku MG- und Batteriestellungen vorher mutwillig zerstört. Dann habe ihm der Generalstab der 32. Armee wütend den Rückkehrbefehl nach Oroku gegeben.[391] Später, als Ota schon abgeschnitten war, erhielt er – Gipfel der Absurdität – von Ushijima den Befehl zum Rückzug nach Kiyan, denn, so Yahara, „Armee und Marine sollten bei der Verteidigung Kiyans gemeinsam untergehen“, und dies, obwohl die strategische Bedeutung von Oroku „viele Leben wert war“.[392]

Obwohl es zwischen Ushijima und Ota nie persönliche Schwierigkeiten gab und sich Ota stets loyal zum Kommandeur der 32. Armee verhielt, scheint jener fehlgeleitete Abmarschbefehl symptomatisch für die ständigen, oft fatalen Kommunikationsprobleme und Reibereien zwischen Heer und Marine im japanischen Militär zu sein – ähnlich wie übrigens zwischen den Marines der US-Marine und den GIs der Army, die sich gelegentlich wegen fehlender Koordinierung und Nicht-Kommunikation gegenseitig unter Feuer nahmen.

Hätte besseres Flugwetter geherrscht und hätten die Amerikaner Wind von der Operation bekommen, wäre der Rückzug der 32. Armee über weitgehend deckungsloses Ackerland mit wenigen Straßen und noch weniger intakten Brücken, vor denen sich alles staute, ein kom-

---

[389] Feifer, S. 444

[390] Appleman, S. 428

[391] Yahara, S. 97

[392] Yahara, S. 125

plettes Desaster geworden. Dennoch waren die Verluste schon allein durch die übliche routinemäßige Beschießung und Bombardierung aller rückwärtigen Verkehrswege groß. Ushijima hatte den Zivilisten – es handelte sich um die überlebenden Einwohner der Städte Naha, Shuri sowie die vor den Kämpfen in den Süden geflohenen Einwohner der Gemeinden südlich der Haguchi-Strände – befohlen, sich zur nicht verteidigten Chinen-Halbinsel an der Ostküste durchzuschlagen und dort für sich selbst zu sorgen. Viele erreichte der Befehl nicht, oder die Flüchtlinge glaubten sich in Begleitung des nach Süden abrückenden Militärs sicherer oder besser versorgt. Die Masse trottete jedenfalls gleichfalls entlang der Rückfahrtsstraßen in den Süden. Nun hatte die amerikanische Luftwaffe auf Flugblättern, die über Naha und Shuri abgeworfen worden waren, ebenfalls empfohlen, vom japanischen Militär Abstand zu halten und sich zur Ostküste durchzuschlagen. Sie versprachen, Zivilisten, die sich in weiße Kleidung hüllten, würden von Tieffliegern nicht beschossen. Da sich angeblich auch japanische Soldaten in solche Gewänder hüllten, gerieten unterschiedslos alle unter Fliegerfeuer und gaben dabei sogar noch sichtbarere Ziele ab, vor allem, als sich am 26. Mai der Himmel etwas aufklärte.

Weil die US-Aufklärung ebenfalls vereinzelt Süd-Nord-Bewegungen feststellte, hielt sie die nach Süden führenden Trecks und Kolonnen für die Evakuierung verwundeter und abgekämpfter Truppen und nicht für eine allgemeine Absetzbewegung, die man den Japanern nicht zugetraut hatte. Es rächte sich natürlich nun einmal mehr, dass man so wenige Gefangene machte, die mehr hätten erzählen können. Die US-Führung glaubte weiter fest an den japanischen Endkampf um Shuri. Weil die US-Flugaufklärung auch Truppenbewegungen in Richtung Yonabaru sah, befahl Buckner dem Kommandeur der 7. ID, Generalmajor Arnold, halt zu machen und sich auf die Abwehr jenes Angriffs vorzubereiten.[393] Tatsächlich waren die Rückzugskämpfe der Nachhuten so geschickt und vom Bodennebel und schlechten Wetter begünstigt, dass die Amerikaner tagelang über die Absichten des Gegners im Unklaren blieben.[394]

Obwohl am 29. und 30. Mai wegen Schlechtwetters keine Flüge mehr möglich waren, zählten die Japaner an den Ankunftsorten am Ende nur noch 30000 Mann. Selbst wenn man wie die Amerikaner später noch 5000 Mann als Nachhuten schätzte, müssen die Verluste jener Märsche und Transporte über 10–15 km offenen Geländes sehr schwer

[393] Yahara, S. 95
[394] Feifer, S. 435

gewesen sein. Die Amerikaner jedenfalls schätzten ihre „Erfolgszahlen“ – diesmal ausnahmsweise untertreibend – auf 500 Tote und fünf aus der Luft abgeschossene Panzer.[395] Routinemäßig beschossen das Schlachtschiff New York und der Kreuzer New Orleans die strategischen Ziele des Hinterlands. Nur schossen sie diesmal nicht wie üblich ins Leere, sondern machten überreichliche Treffer. So wurden 3000 bis 4000 Mann auf offenem Gelände beschossen.[396] Dazu bombardierten und beschossen am 26. Mai bei leicht verbessertem Wetter 50 Marinebomber die Rückzugskolonnen.[397] Überlebende berichten von herzzerreißenden Szenen, wo ganze Familien von Granaten und MG-Feuer zerfetzt am Straßenrand lagen und Kleinkinder bei ihren toten Müttern noch Schutz suchten. Die Belotes schätzen, dass neben jenen 15000 mutmaßlich gefallenen und vermissten japanischen Soldaten auch zumindest die gleiche Zahl an Zivilisten bei jener chaotischen Evakuierung ums Leben kam,[398] obgleich sich die japanische Armeeführung und ihr Planer Yahara, die wie üblich kaum einen Gedanken an die Zivilisten, ihre Versorgung, ihre Unterbringung und ihren Schutz verschwendet hatten, zu der planmäßig durchgeführten und vor dem Feind erfolgreich verheimlichten Aktion beglückwünschten. Dazu hatten sie die meisten schweren Geschütze und PAK, drei Viertel der MG und einen Großteil der Munition verloren. Die mitgenommenen Lebensmittelvorräte reichten noch für 20 Tage (natürlich nur für das Militär!). Drei Wochen wollte man noch als maximalen Zeitgewinn für Tokyo aushalten.[399] Das Ziel wurde erreicht, aber zu welchem Preis!

Yahara erklärt die Umstände seiner eigenen Flucht aus Shuri in den Süden als einigermaßen dramatisch. Immerhin hatte er bislang die Schlacht meist im Bunker oder von geschützten Ausgucken auf Shuri erlebt. Am 27. Mai standen die Gänge unter Shuri bereits knietief im Wasser. Dokumente wurden vernichtet und die Möbel aufgeräumt. Man gedachte, trotz einiger Sprengungen einen guten Eindruck zu hinterlassen.[400] Wegen Feindbeschuss konnten die Bunkereingänge nur intervallartig im Sturmlauf verlassen werden. Weil in den Höhlen von Mabuni nichts vorbereitet war (er beschreibt sie später als „miserables

---

395 Belote, S. 306

396 Nichols, Shaw, S. 203

397 Sloan, S. 266

398 Belote, S. 308

399 Sloan, S. 272

400 Das erinnert an die Bauern im deutschen Osten, die vor ihrer Flucht vor der Roten Armee 1944/45 noch das Vieh fütterten und den Hof fegten.

Loch"), wurde jeder Mann mit 60 kg Gepäck belastet. Als Zwischenstation war für die Stabssoldaten Tsukazan vorgesehen, wo die Armee ein provisorisches Hauptquartier errichtet haben wollte. Yahara wird im Durcheinander von seiner Gruppe getrennt und muss sich statt über die Ichinichi-Bashi, die nunmehrige Todesbrücke, die unter dauerndem Artilleriebeschuss liegt und wo alles voller Leichen ist, hundert Meter weiter stromaufwärts durch den Kokuba-Fluss durchschlagen, um Tsukazan zu erreichen. Da die Front vor Yonabaru bereits eingebrochen war, liegt das vermeintlich sichere Tsukazan nur noch 2 km hinter der Front. Die einstige Kleinstadt mit 3000 Einwohnern steht aus drei Himmelrichtungen unter Beschuss, von Norden von der US-Feldartillerie und von Westen und Osten von der Schiffsartillerie. Nirgendwo gibt es Deckung. Von dem völlig zerschossenen und verbrannten Städtchen stehen nur noch kaputte Ziegelmauern und verkohlte Baumstümpfe.[401] Zum ersten Mal erlebt man im Bericht des Obersten so etwas wie kursorische Anteilnahme am Schicksal der Zivilbevölkerung. Er schreibt später: „Natürlich wollten wir nicht, dass sie in feindliche Hände fielen. In unserer gegenwärtigen Situation konnten wir uns nicht auch noch um zivile Flüchtlinge kümmern. Wir mussten unsere Augen vor ihrem Schicksal schließen und sie dem Feind überlassen … Als Abschiedsgeschenk wurden Armeevorräte für sie nach der Chinen-Halbinsel geschickt."[402] In der Nacht des 29. Mai rücken die höheren Offiziere aus ihrem Bunker nach Süden mit zwei Lkws ab. Die Soldaten marschieren mit ihrem Gepäck zu Fuß. Die Yanakawa-Brücke wird von der feindlichen Artillerie beschossen. Alles ist voller Leichen und Granattrichter. Sie kommen in das zerschossene Dorf Kochinda, in dem orientierungslos Flüchtlinge mit ihren Habseligkeiten lagern. Rückwärtige Truppen werden von der Schiffsartillerie, die vor Itoman feuert, getroffen. Zerschossene, umgestürzte Lkws liegen am Straßenrand. Zur Deckung des Rückzuges wird Artillerie nordwärts bewegt, Zivilisten werden in Richtung Chinen in den Osten beordert. Der Befehl wird durch die örtlichen Polizeidienststellen, Nachbarschaftsgruppen in den Höhlen und durch die paramilitärischen „Blut und Eisen"-Hilfstruppen verbreitet. Viele Zivilisten trecken dann tatsächlich in Richtung Chinen. Amerikanische Patrouillen finden am 30. Mai Chinen tatsächlich feindfrei.[403] Doch als die Flüchtlinge die durchbrechenden Amerikaner sehen, flüchten sie nach Gushichan in den Süden zurück. Die Dörfer stehen in Flammen.

---

401 Yahara, S. 94

402 Yahara, S. 105

403 Appleman, S. 382

Von der Grundschule in Komesu steht nur noch das Schultor. Den Ort Mabuni findet Yahara – noch – intakt. Das neue Hauptquartier im Hügel 89 stellt sich als eine enge Naturhöhle heraus, voll von Stalaktiten mit tropfendem Wasser. Die Stabsquartiere sind nach einer Woche Vorbereitungszeit noch unfertig. Nach 70 Tagen in den Bunkern von Shuri ist die Öffnung zur Küste mit ihrem Sonnenschein fürs erste angenehm. Am Fuß der Klippe befindet sich eine Naturquelle, weswegen die Küche dorthin angesiedelt wird. Die Idylle hält jedoch nur so lange, wie die US-Schiffsartillerie sie noch nicht entdeckt hat.

Schon vor der Evakuierung war das Schicksal der japanischen Verwundeten schlechterdings grauenvoll. In den Höhlen waren sie wenigstens vor Beschuss sicher, doch waren diese überfüllt, ohne sanitäre Anlagen und ohne jede Hygiene, voller Schmutz und Gestank. Wer nur irgendwie konnte, kehrte mit einem Notverband zu seiner Einheit zurück. Amputationen wurden von Sanitätern ohne jede Anästhesie vorgenommen. Noch heute zeigen die Kriegsmuseen jene mittelalterlich anmutenden Sägen und Folterinstrumente. Von ihrer Evakuierung wird berichtet: „Die Straßen nach Itoman waren voller verwundeter Soldaten mit Krücken oder Stöcken, oder es krabbelten Soldaten, denen die Beine abgeschossen waren, die nach Osten oder Westen flüchteten, um in Sicherheit zu kommen.“[404] Eine Transportkompanie wurde vom US-Feuer so dezimiert, dass von 150 Lkws nur 30 ankamen. Vom 15. Regiment mit ursprünglich 5000 Mann waren bei der Ankunft nur noch 20 Mann übrig, das heißt weniger als 0,5 % der Kampfstärke. Abgesehen von den Stabseinheiten stritten sich andere Truppen um Nahrung und Unterstände im desorganisierten Ankunftsbereich. Manche Höhlen waren noch im Naturzustand, feucht, matschig und ohne Belüftung und Beleuchtung und voll spitzer Korallenfelsen. Es mangelte an Essen, Schlaf und Wasser. Die Waffen waren oft zu schmutzig, um benutzt zu werden. Gegenseitige Rücksichtslosigkeit begann sich unter den demoralisierten Truppen auszubreiten. Der einzige Lichtblick war die Erbeutung amerikanischer C- und K-Rationen.[405]

Nach jenen Verlusten, der mentalen und physischen Erschöpfung und der Zurücklassung aller Verwundeten, die nicht marschfähig waren, und dem Eintreffen mit nur den Waffen und der Munition, die am Leibe getragen wurde, machten sich erste Anzeichen von sozialer Desintegration bemerkbar. Weil die meisten erfahrenen Soldaten gefallen waren,

---

[404] Feifer, S. 433

[405] Feifer, S. 436

bestanden die Einheiten mehrheitlich aus zusammengewürfelten, schlecht ausgebildeten Neuankömmlingen aus der Etappe.[406]

Kein Zweifel besteht nach jenen Berichten: Wäre die militärische Evakuierung Shuris nach Kiyan und der Zivilbevölkerung nach Chinen vier Wochen früher geplant, und nicht ad hoc unter dem Eindruck der drohenden Umschließung am 22. Mai erst beschlossen und unter chaotischen Bedingungen durchgeführt worden, hätten Zehntausende von Leben gerettet werden können. Die Rettung von Leben auf Okinawa war jedoch keine Priorität weder der japanischen noch der amerikanischen Streitkräfte. Die Amerikaner schätzten später die zivilen Toten des Rückzuges aus Shuri auf 15 000 Menschen. Sie behaupteten, es seien auch Soldaten in Frauenkleidung unter ihnen gewesen.[407] Yahara selbst behauptet, er habe das Hauptquartier der 32. Armee schon ab 10. Mai aus der Gefahrenzone rückwärtig verlegen wollen,[408] sich aber nicht durchsetzen können. Das hätte maximal 5000 Mann betroffen und das Chaos etwas vermindert. Von der Zivilbevölkerung und den Verwundeten schreibt er nicht.

Die Besetzung von Shuri

Obwohl Panzer noch eine weitere Woche lang nicht einsatzfähig waren, nahmen die Amerikaner am 30. Mai ihre Offensive wieder auf. Die 96. Division hatte vor den bisher hartnäckig verteidigten Hügeln westlich von Conical Hill, die sie Tiger, Charlie, Oboe, Hen und Hector nannten, unterschiedliche Erlebnisse: teilweise waren sie völlig geräumt, teilweise kämpften die Nachhuten der 62. ID bis zu ihrer Auslöschung, oder, wie auf Hen und Hector, wie gehabt in voller Stärke weiter. Am Ende des Tages kamen Teile der 96. ID von Osten her bis auf 700 m an Shuri heran. Direkt von Norden kommend, nahm die 77. Division zwei kaum noch verteidigte Hügel, biss sich aber dann zwei Tage lang am Dorothy Hill fest. Zwischenzeitlich waren die Ruinen von Shuri nicht ganz nach Plan gefallen. Statt wie von General Buckner befohlen, durch einen Angriff einer Heereseinheit, der 77. ID nämlich, wurden die kaum noch verteidigten Trümmer am 29. Mai handstreichartig von einer Kompanie der 1. Marines genommen, deren Chef, ein Hauptmann namens Julius Dusenbury, weil er wie Buckner aus South Carolina stammte, dort auf

---

[406] Feifer, S. 405
[407] Sloan, S. 306
[408] Yahara, S. 54

der höchsten Erhebung sofort die Fahne der Konföderierten pflanzte (die später politisch korrekter von der Divisionsfahne ersetzt wurde).[409] Dort wurden sie beinahe von Bombern und der Artillerie angegriffen, die von der 77. ID bestellt worden waren und die von der Gegenwart der Marines, die sie bitter erzürnte, nichts gewusst haben wollte.[410] Wegen ihrer schweren Verluste, die sie zuvor im Direktangriff auf die nördlich von Shuri liegenden Festungen erlitten hatte, wurde die abgekämpfte 77. ID dann aus der Front zur Auffrischung und Erholung in die Etappe geschickt. Am 30. und 31. Mai stießen die 1. Marines schließlich durch die verlassene Wana-Gegend vor und vereinigten sich, wie ursprünglich für eine Woche zuvor geplant, südlich von Shuri mit der 96. ID zur Umfassung – nur dass diesmal der Kessel leer war. Weiter im Osten nahm die 7. Division jetzt mit starker Panzer- und Artillerieunterstützung einen isolierten Festungshügel namens Mabel Hill ein, der südwestlich von Yonabaru als einsamer Vorposten der Japaner eigentlich keinen strategischen Wert mehr besaß und der nur noch von schlecht bewaffneten Nachhuten verteidigt wurde. Alles schwere Gerät hatten die abziehenden Japaner mitgenommen. Die 6. Marines, die Naha genommen hatten und nunmehr nach Südosten schwenkten, mussten noch von japanischen Marinesoldaten und Nachhuten hartnäckig gehaltene Hügelstellungen durchbrechen, bis sie am 1. Juni das Nordufer des Kokuba-Flusses erreichten.

Als die Marines und GIs die Ruinen der zuvor 18 000 Einwohner zählenden Stadt Shuri mit ihren 5000 Häusern und ihrer Burg nach Souvenirs aus dem Zentrum der jahrhundertealten Kultur der Ryukyu durchsuchten, wurden sie bitter enttäuscht. 200 000 Artilleriegranaten und Tausende an Fliegerbomben hatten nur noch eine Mondlandschaft von Kratern und eine Wüstenei aus Häusertrümmern, verbranntem Holz, Granatsplittern, verrottenden Leichenteilen und dem üblichen Abfall von Schlachtfeldern hinterlassen. Die gesamte Vegetation war verbrannt. Von dem historischen Baumbestand existierten nur noch verkohlte Stümpfe. Tore, Tempelanlagen und Gärten waren alle zerstört. Der große konfuzianische Schrein und das Nationalmuseum waren verschwunden. Fast alle in Shuri befindlichen Kunstwerke waren zerstört oder verbrannt.[411] Unter anderem deshalb, weil die Armee nur die in allen öffentlichen Gebäuden befindlichen Kaiserportraits als schutzwürdig empfand und sie sorgsam in Bunkern versteckte, nicht aber die

---

[409] Belote, S. 309
[410] Leckie, S. 186
[411] Feifer, S. 397

autochthone Kunst und Kultur. Lediglich die große zeremonielle gusseiserne Glocke der Königsburg hatte mit einigen Schrammen überlebt. Die US-Generalität – die genauso wenig wie der geringste Infanterist von irgendwie gearteten Skrupeln bezüglich Raubkunst geplagt war – ließ sie zu den Sportplätzen ihrer Alma Mater West Point entführen, wo sie während der nächsten Jahrzehnte Sportergebnisse angongen sollte (und viel später erst wieder zurückgegeben wurde). Außer einigen Sprengungen an den Eingängen beim Rückzug war das Bunkersystem von Ushijimas Hauptquartier weitgehend intakt geblieben und von allen nutzbaren Gegenständen und Informationen gründlich leergeräumt, gleichsam besenrein hinterlassen worden. Von einem panischen Aufbruch keine Spur. Die zu Tausenden auf dem Kampffeld von Shuri herumliegenden japanischen Leichen wiesen allesamt – sofern noch erkennbar – die Treffer von Artillerie und Bomben auf, die hier während der letzten zwei Monate unablässig eingeschlagen hatten. Wie auf allen Schlachtfeldern Okinawas erfüllte ein ungeheurer Leichengestank die Luft.

Die Minatoga-Kontroverse

Auf die Idee, die Schlachten im Süden durch eine Landung im Südosten im Rücken der japanischen Front abzukürzen, wurde bereits wiederholt eingegangen. Unter den vielen problematischen Aspekten der US-Kriegsführung auf Okinawa ist sie das einzige Thema, das US-Militärhistoriker heute noch erhitzt, ging es doch – im Gegensatz etwa zur Behandlung der Kriegsgefangenen und Zivilisten – aus ihrer Sicht vorrangig um geringere US-Menschenverluste.

Schon am 29. Mai 1945 erschien von Homer Bigert ein kritischer Artikel in der New York Herald Tribune, der vom Kolumnisten David Lawrence in zwei Kolumnen dann amerikaweit verbreitet wurde. Zudem kreidete Lawrence General Buckner mangelnde Gefechtserfahrung an, zweifellos zu Recht. Diese Artikel waren wahrscheinlich von Admiral King inspiriert worden, der mit dem quälend langsamen Vorankommen der 10. Armee – die mit einer Gesamtstärke von 180.000 Mann zwischen dem 7. April und 31. Mai im Schnitt nur 130 Meter pro Tag vorgerückt war[412] – unzufrieden war. Das Gros seiner Flotte musste sich zur Versorgung und fliegerischen und artilleristischen Unterstüt-

[412] Sloan, S. 255

zung – jede Einheit hatte ihre eigene schwimmende Artilleriebatterie – allzu lange in den von den Kamikaze bedrohten Gewässern aufhalten, solange die Schlacht dauerte. Allein am Vortag des Erscheinens des ersten Artikels hatten die Kamikaze den Zerstörer Drexler angegriffen, der binnen zwei Minuten sank. Elf weitere Schiffe wurden beschädigt. 52 Mann fielen, 290 wurden vermisst und 288 verwundet. Um aus ihrer Reichweite zu kommen, drängte er, wie erwähnt, auf einen schnellen Abschluss der Kämpfe. Auch Buckners Untergebene wollten eine zweite Landung. Generalmajor John Hodge, der Korpskommandeur der vier Armeedivisionen, sah angesichts der US-See- und Lufthoheit kein Risiko.[413] Der Kommandeur der 6. Marines, Generalmajor Lemuel Shepherd, schlug seine eigene Division für die Landung vor, anstatt Sugarloaf Hill zu berennen. Sie hätten genug eigene Munition und Lebensmittel für einen Monat[414] (denn Buckner argumentierte immer mit Nachschubschwierigkeiten). Auch der Kommandeur der 77. ID, Generalmajor Andrew Bruce, dem ebenfalls vor den bevorstehenden Frontalangriffen seiner Truppe graute, bot gleichfalls seine Soldaten an. Auf Leyte hatten sie die Japaner erfolgreich im Rücken aufgerollt. Er schlug vor, von Minatoga aus entweder den Verkehrsknotenpunkt Iwa im Süden zu nehmen oder sich mit der 7. ID bei Yonabaru zu vereinigen und so die japanische Front aufzureißen. Generalmajor Pedro del Valle von den 1. Marines schlug vor, die 2. Marines, die untätig auf Guam herumsaßen und über genügend logistische Möglichkeiten verfügten, landen zu lassen. Selbst in einer Brückenkopfstellung könnten sie einen Monat lang mit ihren eigenen Vorräten aushalten und entsprechende japanische Kräfte binden.[415] Tatsächlich wurden die 2. Marines nach ihrem Scheinlandungsversuch wieder nach Saipan und Guam zurückgeschickt. Buckner hatte weiter Angst vor den Riffen und der Zweiteilung und Verwirrung des Munitionsnachschubs.[416] Es gäbe keine Artillerieunterstützung und das Terrain begünstige die Verteidiger. Eine Landung bei Minatoga sei wie „Anzio",[417] nur schlimmer. Er lehnte eine zweite Landung auch deshalb ab, weil er trotz der bisherigen Erfahrungen glaubte,

---

413 Appleman, S. 262

414 Leckie, S. 157

415 Hallas, S. 11

416 Sloan, S. 148

417 Die Allierten, die vor Monte Cassino, das sie selbst zu einer Festung zerbombt hatten, in Mittelitalien festlagen, hatten im April 1944 versucht, bei Anzio im deutschen Rücken zu landen. Dort gelang es ihnen in wochenlangen schweren Kämpfen nicht, aus ihrem Brückenkopf auszubrechen.

mit frischen Kräften – den beiden Marinedivisionen aus dem Norden und der 77. ID – könnte der Riegel vor Shuri schnell gebrochen und überrannt werden, zumal der japanische Feind im Gegensatz zu ihm kaum noch ausgebildete Reserven, frische Kämpfer und neuen Nachschub habe. Feifer nannte dies einen „Optimismus, der auf Unwissenheit beruhte".[418] Auch Admiral Turner, Kings Untergebener und Buckners Vorgesetzter, lehnte die Landung mit der Begründung ab, dazu habe er zu wenige Kriegsschiffe. Tatsächlich sollten sich die Kämpfe doch noch über den ganzen Monat Mai hinstrecken.

Doch auch der Stab der 32. Armee erwartete eine Landung im Südosten, war darauf durch Stationierung der 24. ID vorbereitet und verstand nicht, warum sie nicht erfolgte.[419] Nach seiner Meinung hätte eine Landung bei Minatoga relativ leicht und sicher ausgeführt werden können. Sie hätte die Kämpfe zu einem schnellen Ende gebracht, weil sie die 32. Armee in zwei Hälften gespalten hätte.[420]

Erst zur Vorbereitung von Chos zweiter Offensive wurden am 22. April Teile der 24. ID aus jenem Bereitstellungsraum abgezogen. Die Amerikaner bemerkten dies am 26. bis 28. April. Nachdem die zweite Scheinlandung niemanden mehr erschreckt hatte und die Verluste von Chos Offensive die Shuri-Front gefährdeten, wurde bis zum 5. Mai die gesamte 24. ID an die Front verlegt. Es blieben in den Höhlenstellungen von Chinen und vor Minatoga nur 2000 bis 3000 Nachschubsoldaten und Boeitai-Heimwehrtruppen als Nachhut, die, wie der US-Nachrichtendienst bald herausfand, die höhergelegenen Stellungen kaum noch bemannten.[421] Das Zeitfenster für eine risikofreie Landung bestand also in der Tat zwischen dem 5. Mai und dem 21. Mai. Nach dem Durchbruch bei Yonabaru an diesem Tag war natürlich eine Landung überflüssig. In Fairness zu Buckner muss man festhalten, dass, als die 7. ID nach ihrem Durchbruch in den Süden von Minatoga aus versorgt werden sollte, sich der Strand tatsächlich als ungeeignet für die Anlandung größerer Materialmengen herausstellte. Der Nachschub musste über Yonabaru herangeschafft werden.[422]

Buckners Kollegen hielten von seiner Feldherrnkunst wenig. General Stilwell, der ihn auf Okinawa inspizierte, notierte in seinem Tagebuch: „Immer nur Frontaltaktik. Die Landung der 6. Marines südlich

---

418 Feifer, S. 241

419 Appleman, S. 263

420 Sloan, Nichols, S. 136

421 Leckie, S. 157

422 Appleman, S. 263

Naha war der einzige Versuch einer Umfassung. Kein Gedanke wird verschwendet, es zu wiederholen[423] … Buckner ist ermüdend. Ich versuche ihm zu sagen, was ich [bei etlichen Frontbesuchen] gesehen habe, aber er wusste alles schon. Immer die gleichen Sprüche: ‚Der Herr sagte, es werde Matsch', etc. etc. … Buckner spielt das ‚Marine6'-Spiel. Die Zusammenarbeit ist großartig. Die Marines-Divisionen sind wunderbar. Alles ist toll. Sein eigener Stab ist perfekt. Er hat sie ja auch alle ausgesucht. Es ist alles ziemlich zum Erbrechen. Es gibt KEIN taktisches Denken, das man irgendwie ermuntern könnte."[424]

Tatsächlich hatten die Amerikaner im Pazifik auf Papua Neuguinea und den Philippinen durchaus eine bewegliche Kriegsführung mit Flankenangriffen praktiziert. Allerdings hatte sich ihr japanischer Feind dort nur halbverhungert in Blockhäusern oder Schützengräben verschanzen können, die entweder umgangen oder mit der US-Feuerkraft mit nur minimalen eigenen Verlusten leicht pulverisiert werden konnten.[425] Dagegen war die Topographie Okinawas völlig unübersichtlich mit einer verwirrenden Ansammlung kleiner Hügel, wilder Schluchten, gefluteter Reisfelder, nackter scharfkantiger Steilwände aus Korallenstein, enger Täler und spitzer Steilkegel, alle völlig unsystematisch und für das strategische Vorgehen verwirrend von der Natur angelegt. Der kommandierende US-General hat daraufhin auf jeden Ansatz eines flankierenden Bewegungskriegs verzichtet.

Noch am Todestag Buckners hatten Stilwell und MacArthur seine Ablösung diskutiert – Stilwell hat ihn dann schlussendlich doch beerbt. Mit dem Heldentod des Generals verstummte natürlich alle Kritik pietätvoll für einige Zeit. Doch MacArthur, der im Koreakrieg seinerseits im September 1950 die Wende durch eine Landung bei Inchon im feindlichen Rücken, die zur Befreiung Seouls führte, durchsetzte, war bereits im Juli 1945 in seinem „Post Battle Report" schon wieder sehr kritisch über die taktischen Entscheidungen seines Generalskollegen.[426]

---

423 Zu diesem Zeitpunkt war der Durchbruch bei Yonabaru bereits erfolgt. Eine 2. Landung wäre, wie erwähnt, nun wirklich sinnlos gewesen.

424 Nicholas Evan Sarantakes. *Allies against the Rising Sun*. Lawrence, Kansas, 2009, S. 234

425 Leckie, S. 133

426 Sarantakes, S. 285

10. Der Endkampf auf der Kiyan-Halbinsel

General Buckner war sich sicher, dass er in jenem für den Panzereinsatz geeigneten welligen Gelände südlich von Shuri die 32. Armee trotz ihres teilweise gelungenen Rückzugs überrennen würde, bevor sie sich eingraben und einschießen konnte. Am 31. Mai erklärte er vor Kriegsberichterstattern, es handle sich im Süden nur noch um die Säuberung einzelner Widerstandsnester. Erneut hatte er die Japaner unter- und die eigenen Fähigkeiten massiv überschätzt. Ein Fehler, der nicht nur sein eigenes Leben, sondern auch das Tausender japanischer Soldaten und Zivilisten und Hunderter eigener Leute kosten sollte. Denn wie immer in der Schlussphase verlorener Schlachten und Kriege stiegen die Todeszahlen im blutigen Chaos und Gemetzel exponentiell an.

Am 1. Juni stieß die 7. Division im Osten nach Süden vor, um dort die wilde und unbewohnte Chinen-Halbinsel als potentielles Rückzugsgebiet der Japaner abzuschneiden. Immerhin gelang es ihr dort, 13000 Zivilisten einzusammeln.[427] Die 96. Division besetzte die Höhen oberhalb des Straßenkreuzungspunktes Iwa im Zentrum Südokinawas, während die 1. Marines im Westen den Kokuba-Fluss überquerten, am anderen Ufer einen Brückenkopf errichteten und sich anschickten, die Oroku-Halbinsel, auf der die japanischen Marinetruppen wieder saßen, vom Rest der Insel abzuriegeln.[428] Die Amerikaner standen also kurz vor dem Erreichen ihrer strategischen Invasionsziele, nämlich alle wichtigen Teile der Hauptinsel Okinawas für die Invasion Kyushus vorbereiten zu können. Aber General Buckner bestand auf der völligen „Säuberung" der Insel. Obwohl neue schwere Regenfälle in der Nacht auf den 2. Juni das Vorankommen erneut erschwerten, schien die unzureichende Ausbildung und das schlechte Gefechtsverhalten der japanischen Ersatztruppen, nachdem die gut ausgebildete Infanterie mit erfahrenen Truppenoffizieren und Unterführern in den bisherigen Kämpfen weitgehend aufgerieben worden war, seine Annahme eines leichten weiteren Vorstoßes zunächst zu bestätigen. Jene Truppen konnten einfache infanteristische Bewegun-

[427] Sloan, S. 274

[428] Belote, S. 319

gen kaum noch ausführen. Sie nahmen falsche Stellungen ein, tarnten sich schlecht und bewahrten keine Feuerdisziplin. Sie schossen zu früh und daneben, verrieten ihre Stellungen und flüchteten dann kopflos, bis sie abgeschossen wurden.[429]

Der Fall der Oroku-Halbinsel

Die Amerikaner hielten die Eroberung der Oroku-Halbinsel (an deren Westküste sich heute der internationale Flughafen Okinawas befindet, von wo man mit der Schwebebahn bequem über Naha nach Shuri fahren kann) südlich von Naha für unabdingbar, um den Tiefseehafen Nahas wieder benutzbar zu machen, seine zerbombten Hafenmolen und Kräne wiederaufzubauen, die versenkten japanischen Schiffe zu heben und die Hafenbecken zu vertiefen. Dies konnte nur geschehen, wenn die Arbeiten außerhalb der Reichweite japanischer Geschütze vonstattengehen konnten.[430] Die US-Führung ging weiter davon aus, dass die stärksten Verteidigungsstellungen auf Oroku landeinwärts gerichtet waren. Deshalb beschlossen Buckner und sein Stab, mit den verbliebenen 72 amphibischen Traktoren und Schwimmpanzern (die meisten waren seit der Invasion bei logistischen Transporten zwischen den Landungsschiffen und der Küste verschlissen worden) das 4. Regiment der 6. Marines an zwei kleinen Stränden an der Nordspitze Orokus anzulanden. Es sollte das letzte US-Landemanöver des Zweiten Weltkriegs werden. Am Abend des 3. Juni wurden die Truppen für ihre Kurzreise eingeschifft, um am nächsten Morgen kampfbereit zu sein. Sie bekamen deshalb wie bei ähnlichen Einsätzen mit hohen Verlustwahrscheinlichkeiten statt der üblichen Dosenkost der Einsatzpackungen (C-Ration) ein richtiges Abendessen mit einer großen Fleischportion.

Ursprünglich war die Marinetruppe von Konteradmiral Ota einschließlich der Boeitai-Hilfstruppen aus Okinawa 10000 Mann stark gewesen. Sie war jedoch von der 32. Armee als Feuerwehr an allen möglichen Brennpunkten eingesetzt und verschlissen worden, so dass jetzt nur noch 2000 Mann voll einsatzfähig waren. So berichtet Yahara von einem vorherigen Einsatz von insgesamt 1500 Seeleuten als Nachtinfiltrationskommandos in über 100 Trupps von 3 bis 5 Mann. Sie seien in drei Nächten tief hinter die feindlichen Linien eingedrungen, und schließt lakonisch: „Wir erfuhren nichts über die Ergebnisse ihrer

[429] Belote, S. 320
[430] Sloan, S. 275

Angriffe, weil keiner von ihnen überlebte."[431] Das wiederholte Scheitern dieser Angriffe war für die japanische Führung jedoch kein Grund, sie einzustellen. Die Überlebenden auf Oroku waren jedoch mit 200 MGs, Flakgeschützen, die für den Bodenkampf umgeeicht worden waren, und leichten Kanonen, die aus zerstörten Flugzeugen ausgebaut worden waren, relativ gut ausgerüstet. Zum Zeitpunkt der Invasion waren die Verteidiger vom Hinterland, den Hügeln von Nagado und bei Kokuba, schon abgeschnitten worden.[432]

Am 4. Juni begannen die Landungen nach einer einstündigen Vorbereitung durch die Schiffsartillerie eines Schlachtschiffs, zweier Kreuzer und eines Zerstörers im ersten Morgenlicht um 6 Uhr früh. Die ersten „Amphtracks" liefen auf die Strände. Die Spitzenzüge der Sturmkompanien sprangen heraus und stürmten auf die niedrige Hügellandschaft. Die nächsten drei Tage vergingen mit der schnellen Besetzung des Flugfeldes von Naha recht problemlos. Dann entdeckten die Marines, dass Otas Hauptfestung in einem höheren Korallenrücken weiter östlich im Landesinnern lag. Es handelte sich um eine rechteckige Anlage, die zwischen dem Hügel 57 und dem Dorf Tomigusuku, in dessen Nähe sich sein Befehlsbunker (der heute wieder größtenteils zugänglich und museal erschlossen ist) befand, eingegraben war. Ähnlich wie das Item Pocket, an dem sich die 27. ID im Vormonat die Zähne ausgebissen hatte, war jeder Hügel und jede Bergkette durch untereinander verbundene Feuerfelder so gesichert, dass Ota bei voller Mannschaftsstärke und der Besetzung aller Stellungen die Marines sicher wochenlang hätte aufhalten können. Das gelang ihm und seinen stark unterlegenen Mannschaften immerhin noch zehn Tage lang.[433] Die Angriffstaktik war einmal mehr die Methode „Schweißflamme" und „Korkenzieher", d. h. der Einsatz von Flammenwerfern und Sprengsätzen. Dazu wurden trotz hoher Verluste aggressiv Panzer eingesetzt. Von ihnen wurden dreißig abgeschossen, obwohl Ota über keine PAK verfügte. Einer wurde durch einen Direkttreffer eines 24 cm-Küstengeschützes zerfetzt, die anderen durch Minen oder Sprengsätze von Selbstmordkommandos zerstört. Nach und nach wurde das Perimeter der Eingeschlossenen mehr und mehr auf das Höhlenhauptquartier von Ota verengt, der am 11. Juni eine letzte Botschaft an General Ushijima absetzte, in der er von einem Panzerangriff auf sein Höhlensystem berichtete und verkündete, die Marinesoldaten würden nun alle einen ruhmreichen Tod sterben und dem

[431] Yahara, S. 59
[432] Yahara, S. 125
[433] Belote, S. 321

Heer auf dem gleichen Weg viel Erfolg wünschen.[434] Einer der Offiziere, die in Oroku an den Folgen einer Verwundung umkamen, war der Kommandeur der Selbstmordboote auf den Keramas, Miike, der von dort Anfang Mai mit einem Kanu entkommen war. Auch zwei Frauen wurden erschossen. Angeblich trugen sie Sprengstofftaschen und Handgranaten.[435]

Als am 6. Juni die Marines den Hügel eingekreist hatten, begingen Ota und seine fünf höchsten Führungsoffiziere Seppuku. Der Rest seines Stabes sprengte sich mit Handgranaten – dem Selbstmord des kleinen Mannes – in den engen Bunkergängen ins Jenseits oder schloss sich dem großen Banzai-Angriff, einem Massenausfall aus dem letzten freien Bunkerausgang, mit Karabinern, Bajonetten, Handgranaten und Bambusspeeren bewaffnet, auf die amerikanischen Stellungen an. Er konnte von den Marines, wie bei solchen Gelegenheiten üblich, ohne die geringsten Schwierigkeiten und Verluste mit MG und Mörsern restlos zusammengeschossen werden. Zuvor hatten die japanischen Ärzte und Pfleger noch alle ihre Verwundeten, etwa 300 an der Zahl, die tage- und wochenlang in den engen dunklen Gängen unter grauenhaftem Gestank und widrigsten hygienischen Bedingungen eher schlecht als recht versorgt worden waren, mit Zyankali-Giftspritzen umgebracht, damit diese nicht entehrt in die Hände des grausamen Feindes fielen. Manche wehrten sich gegen ihre Ermordung, viele nicht. Manche wurden auch schlicht erschossen.[436] Letztlich haben jene Ärzte ihren amerikanischen Kollegen, die zu solch einem Massenmord mit hoher Wahrscheinlichkeit nicht in der Lage gewesen wären, viel Arbeit abgenommen. Die amerikanischen Schätzungen der japanischen Todesopfer variieren zwischen 4000 und 5000,[437] während die Zahl der japanischen Kämpfer ursprünglich auf zwischen 2000 und 4000 geschätzt worden war. Die Dunkelquote ist wegen der gesprengten und ausgebrannten Höhlen naturgemäß hoch. Sicher ist dagegen, dass mit 200 Mann erstmals in der Geschichte der Schlacht eine größere Anzahl von Gefangenen gemacht wurde und diese ihre Gefangennahme auch überlebten.

Dank des vorausgehenden ebenso tapferen wie zunächst umsichtigen Kampfes der Verteidiger erlitten die 6. Marines bei der Erstürmung Orokus in jenen zehn Tagen insgesamt 1600 Gefallene und Verwundete, den bisher höchsten Blutzoll bei ihrem Einsatz auf Okinawa.

---

[434] Belote S. 322

[435] Sloan, S. 285

[436] Feifer, S. 444

[437] Nichols, Shaw, S. 217, Sloan, S. 279

Das Ende auf der Kiyan-Halbinsel

Topologisch war die neue Riegelstellung im Süden der Kiyan-Halbinsel noch imposanter als das bisher Dagewesene. Eine steile Wand von Korallenfelsen ragte fast ununterbrochen südlich der Stadt Itoman in West-Ost-Richtung über die Halbinsel. Dahinter, im Süden, gab es freilich keinen Rückzug mehr, nur noch den tiefen blauen Ozean, auf dem US-Kriegsschiffe die Küste fest im Visier hatten. Zwei Erhebungen waren militärisch wichtig: Der Hügel 95 mit einhundert Meter hohen Steilklippen an der Ostküste, dessen gezackte unregelmäßige Ausläufer südöstlich bis Mabuni und bis zum Hügel 89 liefen und in dessen ausgebauten Naturhöhlen sich General Ushijimas neues Hauptquartier befand. Weiter östlich war ähnlich unnahbar der Yaese Dake-Bergkomplex mit dem benachbarten Yoza Dake und ihren Ausläufern über Kunishi Ridge bis zur Westküste. Die beiden Berge waren von einem engen kleinen Tal mit drei kleinen Dörfern getrennt, das somit eine natürliche Angriffsroute darstellte. Es führte zum Hügel 155 hinauf, in dem der Kommandeur der 44. Brigade, Generalmajor Shigeru Suzuki, sein neues Hauptquartier errichtet hatte. Das Tal war von Untiefen und Korallenhügeln übersät und von allen Anhöhen trefflich einsichtig, so dass es eigentlich gut zu verteidigen war. Wollte man jene Riegelstellungen des südlichen Kiyan tatsächlich stürmen (statt sie durch Aushungern oder psychologische Kriegsführung zum Aufgeben zu zwingen), so gab es keine Abkürzungen und keine Umfassungen. Der Gegner würde, buchstäblich in die Ecke getrieben, bis zum Tode kämpfen. Das war nach der bisherigen Praxis auf Okinawa auch nicht anders zu erwarten. Das Ergebnis würde die Ausrottung des Feindes bei hohen – bei der Wahl der Alternative völlig vermeidbaren – eigenen Verlusten sein. Es überrascht nach seinen bisherigen Entscheidungen nicht, dass sich General Buckner einmal mehr wie bisher für jene Methode entschied, und zwar durch frontale Angriffe. Eine wertende Kommentierung ist eigentlich überflüssig. Interessant ist jedoch, dass Oberst Yahara, der die amerikanische Strategie von der Landung auf den Haguchi-Stränden mit ihrem Nord-Süd-Hauptangriff im Großen und Ganzen immer richtig vorhergesehen hatte, überrascht war, dass die Amerikaner sich auf eine militärisch so sinnlose Aktion wie die gewaltsame Auslöschung des japanischen Widerstandes in dem strategisch marginalen Südzipfel Okinawas (von dem der Ausbau der Invasionsbasis nicht im geringsten länger behindert werden konnte) einlassen würden. Mit so viel Dummheit hatte er nicht gerechnet. Natürlich war der japanische Widerstand in dieser aussichtslosen Lage genauso sinn- und verantwortungslos. Auch die japanische Führung konnte nicht über ihren Bushido-Schatten springen.

Tatsächlich waren die japanischen Verteidiger jedoch viel stärker geschwächt, als man beim Anblick der hohen Felsfestungen und den bisherigen Gefechtserfahrungen annehmen musste. Zwar verfügte die 32. Armee noch über 30000 Mann, darunter 12000 Mann in der 24. Division, 7000 Mann in der 62. Division, 3.000 Mann in der 44. Brigade und 8000 Mann in vermischten Einheiten. Trotz dieser eindrucksvollen Papierstärke bestand die Truppe nur noch zu einem Fünftel aus erfahrenen Infanteristen und Artilleristen. 20 % der Soldaten waren verwundet. Die Masse waren Etappen- und Bausoldaten und unausgebildete Boeitai, die von japanischen Militärs meist nur mit Verachtung gestraft für schweißtreibende Hilfsarbeiten eingesetzt und als Hilfskräfte einer systematischen Ausbildung und vernünftigen Bewaffnung für unwürdig erachtet wurden. Ihre Offiziere verstanden die entsprechenden Kommandos auch nur als Bestrafungen und verhielten sich meist entsprechend verantwortungslos. Bei Lichte besehen stand in Summe nur noch eine japanische Division viereinhalb amerikanischen gegenüber. Zum zweiten war während des Transports über grundlose Straßen und zerstörte Brücken und durch die ständigen Luft- und Schiffsartillerieangriffe das Gros der schweren Geschütze und der verbliebenen Artilleriemunition verloren gegangen. Die Artillerie besaß nur noch zwei 15 cm-Kanonen, 16 Haubitzen und 10 Flakgeschütze. Alle Funkgeräte und Baumaschinen waren verloren gegangen. Die automatischen und schweren Infanteriewaffen waren auf ein Fünftel bis Zehntel des vorherigen Bestandes reduziert worden.[438] Deshalb mussten die wenigen verbliebenen ausgebildeten Artilleristen mit ihrer Munition, die immer knapper wurde und bekanntlich keinen Nachschub erhielt, sehr haushalten. Wie die japanischen Scharfschützen, die sich die in einer hierarchischen Organisation immer deutlich erkennbaren Truppenoffiziere herauspickten (und sei es an ihren Kartentaschen und Walkie-Talkies), so nahm sich die japanische Artillerie gerne die Ansammlungen höherer Offiziere vor, die an Statussymbolen (wie Panzern und Jeeps mit hohen Antennen) sowie an der ungewöhnlichen Unruhe der besuchten Untergebenen (die vor der eigenen Hierarchie oft mehr Angst zu haben schienen als vor dem Feind) für Beobachter gut erkennbar waren, und die sich nach beinahe gewonnen geglaubter Schlacht nunmehr in großer Zahl in die Nähe der Frontlinien wagten. Als erstes erwischte am 6. Juni

[438] Yahara, S. 112

eine MG-Salve Oberst Edwin May, den draufgängerischen Regimentskommandeur bei der 96. ID, tödlich. Als nächster starb Oberst Robert, Kommandeur des 22. Marine-Regiments, auf einem Beobachtungsposten durch einen Scharfschützen.[439]

Wie erwähnt, waren alle ausgebildeten Reserven bei der Verteidigung der Shuri-Linie verausgabt worden. Hilfstruppen und eingezogene Reservisten hatten Waffen und Gerät verloren und waren überwiegend eigentlich nicht gefechtsbereit. Nach dem US-Durchbruch bei Yonabaru am 24. Mai hatten die Japaner kompanieweise Truppen bei Nachtinfiltrationen verheizt: Artilleristen, Fernmelder, Schiffspioniere etc., mit vorhersehbaren Resultaten. Am 25. Mai berichtete der Verbindungsoffizier Major Nawashiro vom Scheitern der Anstrengungen: „Unausgebildete Verstärkungen liefen blind und außer Kontrolle aufs dunkle Gefechtsfeld. Sie wurden vom feindlichen Mörserfeuer zerschlagen." Bei einem zweiten Angriff das gleiche Ergebnis. Den Amerikanern blieb die schlechte Qualität ihres Gegenübers nicht verborgen. Die meisten Hügel waren unverteidigt oder wurden von Truppen gehalten, die zu früh aus der Ferne feuerten und dann über offenes Gelände flüchteten. Sie wurden leichte Opfer von US-Infanteristen und MG-Schützen.[440] Am 31. Mai verkündete Buckner, die Japaner könnten keine 3. Verteidigungslinie mehr organisieren. Sie hätten keine Transport- und Kommunikationsmittel mehr. Über die morastigen Straßen sei kein Rückzug mehr möglich. Es gelte nur noch, vereinzelte Widerstandsnester zu säubern.[441]

Die Amerikaner rückten langsam vor und konsolidierten ihre Landgewinne. Das 89. Regiment von Oberst Kaneyama konnte die Untamamui-Hügel kaum noch halten. Der Amagoimui-Hügel war schon gefallen. Undenkbar die Idee, Yonabaru je wieder zurückzuerobern.[442] Realistischer war der Befehl an die Nachhuten, zwei Tage lang durch Ausnützen natürlicher Befestigungen hinhaltenden Widerstand zu leisten und sich dann in Richtung Kiyan auf die Yaese-Yoza-Hügellinie vom Feind abzusetzen.[443]

Wie schon beim gescheiterten Versuch, Shuri einzuzingeln, waren diesmal wieder das schwere Gerät und der starke Nachschubbedarf des Materialkriegs der Amerikaner im Matsch der zerstörten Straßen und

---

439 Nichols, Shaw, S. 251

440 Appleman, S. 425

441 Appleman, S. 422

442 Yahara, S. 77

443 Yahara, S. 81

Brücken das Haupthindernis für das schnelle Nachrücken, das Buckner eigentlich geplant und angekündigt hatte. Trotz eines weitgehend verlassenen, geographisch als Wellenlandschaft nicht sonderlich anspruchsvollen Terrains erreichten die GIs der 7. und 96. Division und die 1. Marines erst nach einer Woche bei einer Distanz von 10 km Luftlinie am 6. Juni ihre neue Front, die etwa einen Kilometer vor der neuen japanischen Hauptkampflinie lag. Sie mussten bis zum 9. Juni auf einen Angriffsbefehl warten, bis der nötige Nachschub und die Panzer herangekommen waren. Man kann sich also deutlich vorstellen, dass die meisten, einschließlich der Truppenoffiziere vor Ort, bei jenem Schneckentempo kaum noch große Lust hatten, sich sonderlich zu beeilen, um in der schon gewonnenen Schlacht noch in den letzten Tagen den Heldentod zu sterben.

Die 1. Marines lagen nun nördlich des Mukuegawa, eines Flüsschens nördlich von Itoman, der letzten noch unbesetzten Kleinstadt Südokinawas. Der 7. ID wurde ein frontaler Angriff auf die Steilhänge des Hügels 95 und des Yaese Dake befohlen. Zunächst mussten die GI aber im unmittelbaren Vorfeld ein 800 Meter breites Gelände von unübersichtlichen Korallenhügeln säubern, das voller Scharfschützen und MG-Nestern steckte, die hier wunderbar Deckung fanden und durch die Härte der Felsen vor Artillerie- und Mörserfeuer im freien Gelände auch relativ gut geschützt waren.[444] Eine Kompanie allein brauchte zwei Tage, um im Kampf Fels um Fels mit zehn eigenen Gefallenen und 32 Verwundeten jenes Vorfeld zu säubern, nur um zu entdecken, dass man damit für die Erstürmung der dahinter liegenden Steilwände keinen Schritt weiter gekommen war. Schließlich gelang es einem Flammenwerferpanzer doch, unbemerkt auf einem schmalen Pfad den Hügel 95 zu erklimmen. Nach dem Ausbrennen potentieller Widerstandsnester und Höhleneingänge konnte die Infanterie nachrücken und der äußerste Ostpfeiler der letzten Verteidigungslinie genommen werden.

Vor dem Yaese Dake fanden die Angreifer keinerlei Deckung im Vorfeld. Selbst die Tortur, durch die Reisfelder, die Anfang Juni noch im matschigen Wasser standen, zu robben, funktionierte nicht. So wurde drei Kompanien ein Nachtangriff befohlen, der bei den Amerikanern sonst nicht üblich war und den die Japaner deshalb nicht erwarteten. Wegen des Überraschungsmoments unterblieb auch die Artillerievorbereitung. Allerdings wurde zuvor die Artillerie gegen die Stellungen eines möglichen Gegenangriffes eingeschossen. Um 3.30 Uhr in der Frü-

[444] Belote, S. 325

he marschierten die Kompanien in dichtem Nebel los und erreichten ihre Zielgipfel kampflos eine halbe Stunde später. Um dem Artilleriefeuer vom Tag zuvor zu entkommen, hatten die Japaner ihre Stellungen geräumt. Sie wollten am nächsten Tag vor Morgengrauen zurückkommen, um dem um 7.30 Uhr erwarteten US-Angriff zu begegnen.[445] Gegenangriffe wurden fast ohne eigene Verluste abgewehrt. Dies vor allem, weil die Verteidiger unerfahrene Hilfstruppen waren, die sich unschwer abschießen ließen. Nur die japanische Artillerie verfügte noch über eine gute Treffsicherheit. Allerdings ging ihr langsam aber sicher die Munition aus.

Die weiter westlich liegende 96. ID hatte vor dem Yoza Dake (von den Amerikanern auch Hügel 167 genannt) anfangs noch weniger Erfolg. Ein Regiment blieb im Häuserkampf im Dorf Yoza stecken. Bei einem zweiten Regiment schafften es zwei Kompanien, den Sattel zwischen Yaese Dake und Yoza Dake zu erreichen. Um dem dauernden Flankenfeuer von beiden Seiten zu entgehen, mussten sie jedoch eingenebelt werden, um sich für die Nacht für einen Verteidigungsring eingraben zu können. Am nächsten Tag lagen beide Regimenter fest und beschränkten sich darauf, umliegende Höhleneingänge zu sprengen, denn der Versuch, über den Westhang auf den Yoza Dake zu dringen, scheiterte am harten Widerstand im Dorf Ozato. Dort wurde eine neue Infanteriewaffe gegen Bunker und Höhlen zum Einsatz gebracht: leichte, rückstoßfreie 57 mm- und 75 mm-Infanteriegeschütze, die, auf Dreibeine aufgesetzt, mit ihren Granaten präzise wie Gewehrschüsse die Bunker- und Höhleneingänge treffen konnten. Die neue Waffe schlug sehr erfolgreich ein. Nur fehlte es bald an genügender Munition für die mehr als 500 Bunker- und Höhlenöffnungen oberhalb von Ozato.[446] Ushijima schickte hier seine letzten Reserven in den Kampf: sechs Kompanien von Nachschubsoldaten, Fernmeldern und von Artilleristen ohne Artillerie. Nur für die Hälfte gab es noch Karabiner. Die anderen erhielten Handgranaten und Sprengladungen. Sie sollten sich Gewehre von gefallenen Kameraden oder Feinden erbeuten.

Die 1. Marines griffen die mit zwei Regimentern der 24. Division am stärksten bemannte und bewaffnete japanische Front vor Itoman an. Ihr Ziel war es, die höher gelegenen Stellungen auf Kunishi Ridge zu nehmen und die Stadt Itoman zu besetzen. Wegen der Geländebeschaffenheit hatten die japanischen Verteidiger wieder den Vorteil des Artillerie- und Mörserkampfes aus uneinsichtigen rückwärtigen Stellungen, von

[445] Belote, S. 327
[446] Belote, S. 330

dem sie ausgiebig Gebrauch machten. Alle Straßen waren vermint und die südlichen Außenbezirke voller Höhlenstellungen. Die Marines brauchten allein zwei Tage, um bis zum 12. Juni die Vorpostenstellungen vor der japanischen Hauptkampflinie auf Kunishi Ridge auszuschalten und um Itoman zu besetzen. Dabei wurden etliche Sturmkompanien deutlich dezimiert. Eine verlor alle Offiziere und die Hälfte der Mannschaften, so dass sie vom Küchenfeldwebel geführt werden musste. Ein Bataillon der 1. Marines verlor fünf Offiziere in sieben Minuten. Auch Zivilisten, die „wie die Fliegen starben", wurden ins Kampfgeschehen verwickelt.[447] Nach der US-Version der Ereignisse (eine japanische Version gibt es mangels Überlebender nicht) liefen Okinawaer Zivilisten nach Anbruch der Dunkelheit durch die US-Front. Dann bemerkten die Marines angeblich, dass jeder Fünfte ein verkleideter japanischer Soldat war, der bewaffnet durch die amerikanischen Linien gelangen wollte. Als alle niedergeschossen waren, wurde behauptet, die Zivilisten seien gezwungen worden, bei diesem bösen Spiel mitzuspielen.[448] Auch wurden zwei Frauen erschossen, bei denen angeblich später Handgranaten und Sprengsätze gefunden wurden. Ob wahr und legitim, oder nur die infame Rechtfertigung eines Kriegsverbrechens, dies lässt sich nicht mehr feststellen. In einem Zwischenfall zwangen ausgerechnet US-Sanitäter Zivilisten in eine Strohhütte, die sie dann anzündeten und beschossen, so dass es kein Entkommen gab.[449] Auch sonst wurden unterschiedslos Häuser beschossen, die noch bewohnt waren. Es gab ohnehin weder von amerikanischer – noch sonst irgendeiner alliierter – Seite je irgendwelche Untersuchungen eigener Untaten während des Zweiten Weltkriegs, weder auf Okinawa oder sonst irgendwo auf dem asiatischen oder europäischen Kriegsschauplatz. Bei den Massenvergewaltigungen und Morden an Frauen und Mädchen, die vor allem in der Etappe – auch durch schwarze Hilfstruppen (die bekanntlich nicht an der Front eingesetzt wurden) – im Norden stattfanden, wurden von angeblich über 10000 Fällen 1946 „weniger als zehn" angezeigt und verfolgt, und dies nur dann, wenn die Körperverletzungen unübersehbar waren.[450]

Doch es gab auch humane Ansätze. So verkündete General Arnold, Kommandeur der 7. ID, an der Ostfront mit Lautsprechern einen einstündigen Waffenstillstand, während der sich die japanischen Verteidi-

---

[447] Sloan, S. 286
[448] Belote, S. 333
[449] Feifer, S. 498
[450] Feifer, S. 498

ger ergeben konnten. Nach manchen Berichten kam niemand, außer, dass ein Lautsprecher zerschossen und ein Mann dabei verwundet wurde. Arnolds Befehl war bei seinen Leuten sehr unbeliebt: Zwei Veteranenzitate: „Wir haben nicht viel von der Idee gehalten, weil, offen gesagt, es leichter war, sie umzulegen" und: „Infanteristen fanden den Befehl empörend, da sie die Japaner in ständig wachsender Zahl getötet hatten, bis sie das Feuer einstellen mussten."[451] Nach anderen Berichten sammelte die 7. ID dank Arnolds Initiative doch insgesamt 3000 Zivilisten, 106 japanische Soldaten und 240 Boeitai ein.[452]

Am 10. Juni war die japanische rechte Flanke, die auf dem Osten der Halbinsel stand, vor dem Zusammenbruch. Yahara beschreibt die Situation so: Die letzten Reserven seien dort ins Gefecht geschickt worden: Seeleute, 1500 mit Bambusspeeren bewaffnete okinawaische Rekruten, Bausoldaten, zwei Kompanien Fernmelder und zwei Kompanien Artilleristen (als Infanterie freilich), „schlecht ausgebildet". Das letzte Aufgebot wurde hier sinnlos verheizt. Wegen fehlender Panzerabwehrwaffen „wurden alle an einem Tag zerstört".[453]

Am 12. Juni sollte nun um 3.30 Uhr in der Frühe der Angriff auf Kunishi Ridge beginnen. In der Dunkelheit deshalb, um lebend über 800 Meter deckungsloses Niemandsland zum Fuße der Hügelkette zu kommen. Zwei Kompanien wurden als Sturmspitzen ausgewählt, gefolgt von zwei weiteren nach Tagesanbruch. Zunächst ging alles nach Plan. Auf dem Gipfel wurde ein Trupp Japaner beim Frühstückkochen überrascht und niedergemacht. Dann wurden die beiden Kompanien vom intensiven Feindfeuer in Deckung gezwungen und Verstärkungen abgewehrt. Das Ganze erinnerte fatal an die Erfahrungen auf Kakazu Ridge: Zwei Kompanien waren auf dem Gipfel gefangen. Sie konnten weder vorwärts noch zurück, noch konnten sie verstärkt werden. Obwohl die japanischen Verteidiger über PAK verfügten, wurde für 4 Uhr nachmittags ein Panzerangriff befohlen. Er brachte neben Nachschub einen Zug von 44 Mann nach vorn und evakuierte 22 schwer Verwundete. Wegen der gefluteten Reisfelder mussten die Panzer sich auf den Straßen bewegen, wo sie von den verbliebenen PAK und der Artillerie treffsicher beschossen werden konnten. In fünf Tagen wurden so bei den 1. Marines noch 21 Panzer abgeschossen.[454] Trotz jener Abschüsse wurde die Prozedur am Folgetag, dem 13. Juni, wiederholt. Mittlerweile

---

451 Sloan, S. 318

452 Nichols, Shaw, S. 251

453 Yahara, S. 123

454 Appleman, S. 452

hämmerte die gesamte US-Artillerie, Luftwaffe und Marine auf den rückwärtigen Bereich von Kunishi Ridge ein. Es gab immerhin nur noch sehr wenige Ziele, auf die sich ihre Feuerkraft und die gewaltigen Mengen an Geschossen und Bomben auf Okinawa hätten verwenden lassen. Das direkt in 250 Meter Entfernung vor der Südküste liegende Schlachtschiff „Idaho", zum Beispiel, beschoss jede erkannte Feindbewegung sofort mit 42 cm-Granaten. Da konnte nichts übrig bleiben. Auch in der Bunker- und Höhlenbekämpfung wurden die Amerikaner zunehmend rücksichtsloser. Statt einzelne Benzinfässer zu ordern, bestellten sie ganze Tankwagen, um die Insassen auszuräuchern. Dabei starben diese auch durch Giftgas, das durch brennende Munition im Innern freigesetzt wurde. Ferner tauchten immer mehr Planierraupen auf, um die Höhleneingänge zu verschließen und die Eingeschlossenen zu ersticken. Das macht manche japanischen Verzweiflungsangriffe verständlich, wenn sie mit Messern, Knüppeln oder Speeren angriffen, wie Tiere, die in die Ecke getrieben worden waren.[455]

Am 14. Juni gelang es zwei weiteren Kompanien, den Gipfel zu erklimmen. Doch blieben alle weiter im Feindfeuer liegen. Schließlich gelang Panzern der Durchbruch auf Kuniyoshi Ridge. Mit ihrer Hilfe knackten die Marines der beiden Regimenter langsam und methodisch eine Höhlen- und Bunkerstellung nach der anderen. Dann säuberten und besetzten sie den Weiler Kuniyoshi und feindliche Stellungen auf dem weiter südlich gelegenen Maezato Ridge. Am 18. Juni traf aus Oroku auch ein Bataillon der 6. Marines ein, um die rechte Küstenflanke des Vormarsches zu übernehmen. Am Ende des Tages war das 22. IR der 24. ID völlig vernichtet, einschließlich des Kommandeurs, seiner Bataillonskommandeure und ihrer Stäbe. Durch einen schnellen Vorstoß an der Küste wollten die Marines die Reste des 32. IR und das Hauptquartier der 24. Division, die sich weiter im Inland befanden, einkreisen und töten.[456]

Minatogawa im Osten fiel nach Artilleriebeschuss nach dem 8. Juni. Es wurde dort bald der Haupthafen für den US-Nachschub auf Kiyan. Die japanische Artillerie verfügte über keine funktionierenden Geschütze mehr, um die Schiffe dort zu beschießen. Es fehlten auch PAK, so dass die US-Panzer sich frei bewegen konnten. Die wenigen verbliebenen Geschütze hatten gerade noch zehn Granaten pro Tag. Mit dem Zusammenbruch aller Fernmelde- und Funkverbindungen brauchten Mel-

---

[455] Feifer, S. 514
[456] Belote, S. 334

degänger zwei Stunden, um Nachrichten von den Artilleriebeobachtern zu den Geschützstellungen zu bringen.[457]

Die 44. Brigade wurde Mitte Juni bei Yoza aufgerieben, obwohl sie in den letzten zehn Tagen noch 6000 Mann an Verstärkung erhalten hatte. Alle wurden verheizt, oder wie Oberst Yahara es lyrischer ausdrückte: „Sie verschwanden wie der Morgentau." Entsprechend war auch die letzte Botschaft von Generalmajor Suzuki: „Blumen sterben edel auf Hügel 109. Sie werden wieder unter den Bäumen von Kudan blühen."[458] 50 bis 60 M4-Panzer hatten ihre letzten Stellungen angegriffen, gegen die sie keine Verteidigungsmittel mehr hatten.

Das Vorgehen war einigermaßen brutal und ruchlos. Als am 16. Juni einige japanische Soldaten in dem Dorf Makabe gesichtet wurden, wurde 10 Armee- und 12 Marineartilleriebataillonen befohlen, mit ihren 264 Geschützen – gleichzeitig abgefeuert – die Soldaten, das Dorf und seine Einwohner auszulöschen. Dies geschah mit großer Gründlichkeit. Raketenschiffe waren überall in Küstennähe im Einsatz und nahmen in jenem immer beschränkter werdenden Gebiet alle japanischen Positionen unter Dauerbeschuss.

Vor Kiyoma wurden die Panzer am 14. Juni hauptsächlich für die Versorgung der Truppe mit Munition, Wasser und Plasma und für die Evakuierung Verwundeter genutzt. Dabei war die Übertragung schwer Verwundeter von ihren Bahren in die engen Panzereingänge notgedrungen schwierig. In jenem schwierigen Gelände landeten angeblich zwei Drittel der Versorgungsabwürfe beim Feind.[459]

Etwas nördlicher mussten die GIs und Marines ihre früheren Erfolge auf Hügel 95 und an der Ostflanke des Yaese Dake nach Süden erweitern. Dort warteten die befestigten Hügel 115 und 155. Im zweiten war das Hauptquartier der 44. Brigade verschanzt. Beim Vormarsch wurden von der 7. ID Flammenwerferpanzer so massiv eingesetzt, dass sie der Infanterie den Weg bis zum 17. Juni durch den Einsatz von mehr als 37000 Fässern Napalm buchstäblich freibrannten. Vier Tage hatten die Verteidiger Zeit, sich auf den Angriff vorzubereiten. Jedoch fehlte es an Waffen, um die Panzer aufhalten zu können. Allenthalben dienten die Truppen eher als Kanonenfutter. Die Kämpfe waren zwar hart, aber auf japanischer Seite zunehmend uneinheitlich und desorganisiert. Nachts waren die hungrigen Soldaten eher auf der verzweifelten Nahrungs- und

[457] Yahara, S. 121

[458] Yahara, S. 129. Damit sind die Kirschbäume des Yasukuni-Schreins im Tokyoter Stadtteil Kudanshita gemeint.

[459] Nichols, Shaw, S. 238

Wassersuche als an Nachtangriffen interessiert.[460] Die 96. ID konnte topographisch bedingt weniger Panzer einsetzen. Doch fiel für sie Yaese Dake endgültig am 14. Juni und Yoza Dake am 16. Juni. Damit war am Abend des 17. Juni die letzte japanische Verteidigungslinie auf der Kiyan-Halbinsel vollständig von West bis Ost genommen worden. Nur noch wenige hundert Meter trennten die amerikanischen Spitzen von General Ushijimas Hauptquartier in den Höhlen von Mabuni. Ein fortgesetzter Widerstand war nun genauso sinnlos geworden wie das weitere gewalttätige Vorrücken. Der verbleibende japanisch kontrollierte Zipfel einer abgelegenen Halbinsel hätte – zumal er über keinerlei Fernartillerie, geschweige denn Marine- oder Luftwaffenkapazitäten mehr verfügte – den voll anlaufenden Ausbau Okinawas zum US-Militärstützpunkt nun wirklich nicht mehr beeinträchtigen können. Mit Minen- und Stacheldrahtfeldern abgeriegelt, hätte man die Überlebenden im eigenen Saft schmoren lassen können, bis Hunger und Durst sie zur Vernunft gebracht hätten.

Bis zum 17. Juni war die 32. Armee noch nicht völlig demoralisiert. Die Einheiten hatten noch immer den Willen zum Kampf, mangels Kommunikation und Fähigkeiten wurde die Verteidigung jedoch zunehmend unzusammenhängend. Ab dem 13. Juni ähnelten die Gefechte laut dem Armeehistoriker Appleman „eher der Jagd als einem Kampf". Als die meisten Einheiten dann vier Tage später zerschlagen waren, mutierten die Reste der 32. Armee zu einem desorganisierten Haufen („a mob"). 1000 Mann wurden jetzt täglich getötet. Meist wurden sie mit Flammenwerfern aus den Höhlen gezwungen und bei der Flucht von Infanteriezügen abgeschossen.[461] Ab dem 18. Juni begannen Masseninfiltrationsversuche der eingekreisten japanischen Truppen nach Norden. Allein die 7. ID zählte 500 Tote in einer Nacht. Meistens waren es nur Fluchtversuche, bei denen die Waffen allein zum Selbstschutz eingesetzt wurden. Nach wie vor gab es jedoch weiter fanatische Soldaten, die bis zum Ende kämpfend noch so viele Feinde wie möglich ins Jenseits mitzunehmen versuchten.[462]

Die Fortsetzung der Kämpfe war also für beiden Seiten in jeder Hinsicht sinnlos. Die Amerikaner hatten ihr strategisches Ziel erreicht. Selbst ein fortgesetzter japanischer Widerstand brachte genauso wenig wie die amerikanische Fortführung der Schlacht.

---

[460] Feifer, S. 477
[461] Appleman, S. 456
[462] Appleman, S. 461

General Buckner dagegen verkündete am Abend des 17. Juni gegenüber Kriegskorrespondenten: „We are down to the final kill", als wäre er auf einem Jagdausflug.[463] Damit sprach er zugleich sein eigenes Todesurteil, und es ist in der Tat selten, dass es für Generäle bei Führungsfehlern so prompt exekutiert wird.

Der Tod von General Simon Bolivar Buckner Jr

Am 18. Juni wollte Buckner in voller Montur als Drei-Sterne-General dem Kommandeur einer frisch – und sehr spät – eintreffenden Marineeinheit, Oberst Wallace vom 8. Marineregiment der 2. Marinedivision, die bislang nur zwei unverteidigte Inseln, Iheya und Aguni, als künftige Radarstellungen genommen hatte, die Front zeigen. Eine Stunde lang beobachteten sie am Maezato Ridge aus scheinbar sicherer Entfernung das Vorrücken der Marines durch ein Tal[464], als plötzlich fünf japanische Granaten einschlugen, die zu den letzten dieser Schlacht gehörten. Sie trafen nicht direkt. Doch schlugen sie messerscharfe Korallensteine los, die durch die Gegend geschleudert wurden. Korallen und Metallsplitter trafen Buckner als einziges Opfer dieses Angriffes so massiv in Brust und Unterleib, dass er in zehn Minuten verblutete. Heute erinnert auf einem Hügel in Kuniyoshi, einem Ortsteil der Stadt Itoman, ein Gedenkstein an seinen dortigen Tod. In den drei Folgetagen ermordeten die Marines in der Nachbarschaft mindestens sechzig Zivilisten.[465]

Nach dem Ende des Krieges in Europa hatte sich die US-Presse ab dem 8. Mai 1945 auf die zuvor wenig interessante und völlig vernachlässigte Kampagne auf Okinawa konzentriert. Nun konnte sie die entsprechenden Heldengeschichten produzieren und auflagenträchtig ausschmücken. Nach dem Krieg wurde von den US-Besatzern die Nakagusuku-Bucht denkwürdigerweise in Buckner Bay umbenannt, ausgerechnet jener Teil der Ostküste, für den er die mutmaßlich schlachtenverkürzende zweite Invasion Okinawas stets abgelehnt hatte.

---

[463] Belote, S. 335
[464] Leckie, S. 201
[465] Feifer, S. 504

Himeyuri, die Höhle der Jungfrauen

Zu den tragischsten und auf Okinawa am stärksten publizierten Geschichten zählt das Schicksal von 240 Oberschülerinnen und ihrer Lehrer, die als Schwesternhelferinnen zwangsrekrutiert wurden. Sie waren Internatsschülerinnen gewesen und entstammten als talentierteste Töchter den besten Familien Okinawas, einschließlich aller Inseln. Zunächst dienten sie unter furchtbaren Bedingungen im Feldlazarett von Haebaru mit seinen 2000 Verwundeten. Bei der Evakuierung in den Süden starben die meisten. In der neuen Höhle von Himeyuri gab es weder Verbandszeug noch Arzneien mehr. Die Mädchen waren gezwungen, tagsüber die katastrophalen hygienischen Bedingungen zu lindern und nachts unter dauerndem Feindfeuer Wasser herbeizuschaffen und auf den Feldern Zuckerrohr, Süßkartoffeln und Gräser zu ernten. Am 18. Juni entschied die Armeeführung, alle Sanitätshelferinnen zu entlassen und ihrem Schicksal zu überlassen. Die meisten starben bei einem US-Phosphorgranatenangriff auf die Lazaretthöhle. Insgesamt überlebten nur 13 der 240. Noch in den letzten Tagen wurden ein Lehrer und zwei Helferinnen vom US-Feuer auf der Flucht getötet.

Während die eigentliche Höhle bis heute nicht zugänglich ist, befindet sich nun in der Nähe ein kleiner Park mit einer Gedenkstätte und einem angeschlossenen, sehr bewegenden Museum, wo das Schicksal jener Oberschülerinnen dokumentiert und einige ihrer nachgelassenen Habseligkeiten ausgestellt sind.

Das bittere Ende

Mit dem Fall der letzten Festungslinie Itoman – Hügel 95 gab es keine zusammenhängende japanische Verteidigungslinie mehr. Es existierten bald nur noch zwei isolierte Widerstandsnester: eines bei Mabuni und dem Hügel 89, wo sich die Stäbe von Ushijimas 32. Armee und die der 62. Division sowie etliche Truppenteile zerschlagener Einheiten befanden, und zum zweiten das etwas nordwestlich liegende Dorf Maehira, in dem der Stab der 24. ID und weitere Überbleibsel der Division untergekommen waren. Ansonsten gab es noch örtliche Widerstände versprengter Einheiten, deren größte die 400 Mann des 32. IR waren, die, von den 1. Marines überrannt, sich unter dem Kommando von Oberst Kikuji Hongo noch in den Höhlen unter Kuniyoshi Ridge versteckt hielten. Es gab aber keinen organisierten Abwehrkampf mehr. Dennoch benötigte die 7. Division noch drei Tage relativ heftiger, wenngleich meist einseitiger Kämpfe, um am Abend des 21. Juni Mabuni und den Hügel 89 einzunehmen. Die Verteidiger hatten den Haupteingang von innen mit Felsen verstellt, und während die Angreifer schon die oberen Partien der Hügelfestung ausbrannten und sprengten, gab Ushijima in seinen Tiefen noch aus letzten Beständen ein alkoholschwangeres Abschiedsessen für jene Mehrheit der Stabsoffiziere, denen er befohlen hatte, sich nicht selbst zu entleiben, sondern sich in den Norden durchzuschlagen (wo so gut wie niemand lebend ankam), um dort den Guerillakampf aufzunehmen. Oberst Yahara selbst bekam von General Cho den Befehl, das kaiserliche Hauptquartier zu erreichen, um dort von den Realitäten des Kampfes auf Okinawa und des Krieges im eigenen Land ungeschminkt zu berichten.

Als Traditionalisten der Bushido-Doktrin war für die Generäle Ushijima und Cho ein Weiterleben nach der verlorenen Schlacht, bei der sie allen Einheiten befohlen hatten, bis zum letzten Mann zu kämpfen, nicht vorstellbar. Eine höflich-persönliche schriftliche Aufforderung von General Buckner an Ushijima, von Infanterieoffizier zu Infanterieoffizier, von Mitte Juni, er und seine Truppen hätten ehrenvoll gekämpft und sollten ihren sinnlos gewordenen Widerstand nunmehr geschlossen aufgeben und Leben retten, hatte, nachdem sie mit einwöchiger Verspätung im Hauptquartier eingetroffen war, bei Ushijima und seinem Stab lediglich verhaltene Heiterkeit ausgelöst.[466] Die Kapitulationsaufforderung Buckners wurde nicht ernsthaft erörtert und blieb unbeantwortet.[467]

Doch warteten Ushijima und Cho bis zum letzten Moment. Es trafen in seiner Höhle noch unter hoher Lebensgefahr Meldegänger mit den Untergangsnachrichten der zusammenbrechenden Front und ihrer letzten Einheiten ein. In der Höhle sammelten sich derweil auch viele Versprengte, Deserteure und Traumatisierte.[468] Wegen des Mangels an Platz mussten die Soldaten im Schichtbetrieb schlafen. Die Telefonleitungen waren alle zerschossen, und die Funkverbindungen funktionierten kaum noch. Yahara beschreibt jene letzte Höhle von Mabuni als ein miserables Loch. Wegen der Regenzeit standen viele Gänge unter Wasser. Es gab auch keinen Verbandsplatz oder Feldlazarett mehr. Nach Yaharas Schätzungen kamen ab Ende Mai etwa 10000 japanische Verwundete mangels Behandlung, durch Mord (Zyanid) oder Selbstmord (per Handgranate) ums Leben.[469]

---

[466] Belote, S. 347

[467] Yahara, S. 215

[468] Yahara, S. 123

[469] Yahara, S. 109

Die US-Marine hatte sich nunmehr auf die Höhlen von Mabuni eingeschossen und versuchte mit schwersten Kalibern, ihre Kalkklippen an der Ozeanseite zu zerschießen. Die Treffer wirkten wie ein Erdbeben. Napalmfässer wurden aus der Luft abgeworfen. Ihr Inhalt drang durch Felsritzen ein, brannte und verursachte viele Tote und Verwundete durch Verbrennungen und Rauchvergiftungen. Von einer in einen vertikalen Schacht geworfenen US-Granate wurden in Chos Stabsbüro noch zehn Mann getötet oder verwundet. Nach zwei Wochen Gefecht war die zuvor kaum zerstörte Gegend völlig verwüstet. Ihr verbranntes Kraterland wirkte wie der Eingang zur Hölle.[470]

In der Mabuni-Höhle gab es für die normalen Insassen nur noch einen Reisball pro Tag. Aus der Nachbarschaft mussten unter dauerndem Feindfeuer Süßkartoffeln und Zuckerrohr aus den verlassenen Feldern geholt werden. Derweil schaffte es Cho, noch 30 hübsche Frauen, darunter auch Geisha aus Tsuji oder ausgebombte Flüchtlinge,[471] in den Bunker von Mabuni zu holen, die in der Höhle als Dienstmädchen für seinen Stab arbeiteten. Was aus ihnen wurde, lässt Yahara im Unklaren.

Während Cho sich amüsierte, verbrachte Ushijima seine Zeit mit Buchlektüre und dem Verfassen von Dankesschreiben.[472] Große strategische Entscheidungen waren ohnehin nicht mehr möglich. Die Höhlenausgänge zum Meer wurden jetzt dauernd von US-Patrouillenbooten beschossen. Der Gang zur Quelle wurde tödlich. Die Leitungen zum Generator waren auch bald zerschossen. Es gab auch zu wenig Kerzen und Laternen in der Höhle. Nur noch mit Schwierigkeiten waren Taipeh (Taihoku) mit der vorgesetzten 10. Armee und Tokyo per Funk erreichbar.

Die letzten Reste der Zivilverwaltung, Gouverneur Shimada und Polizeichef Arai, die in der vom Militär kommandierten Insel ohnehin nichts mehr zu melden gehabt hatten – Shimada hatte sich vergebens gegen den für die Zivilisten katastrophalen Evakuierungsplan aus Shuri gewehrt –, wurden aus Mabuni entlassen und von Ushijima zur Flucht aufgefordert.[473] Sie gingen im Orkus der Katastrophe spurenlos unter.

Die Eingeschlossenen erreichte noch ein letztes Dankestelegramm aus dem kaiserlichen Hauptquartier: Der Tod von General Buckner stelle nahezu einen Sieg dar.[474] Schon befand sich bei einem letzten Abendessen am 22. Juni die Infanterie der 7. ID bereits über den Gängen des

---

470 Yahara, S. 135

471 Yahara, S. 91

472 Yahara, S. 117

473 Yahara, S. 106

474 Yahara, S. 147

Hauptquartiers. Ushijimas Koch bereitete für 22 Uhr ein Mahl aus Reis, Dosenfleisch, Kartoffeln, frittierten Fischkuchen, Suppe, frischem Kohl sowie Ananas mit Tee, Sake und Awamori (dem einheimischen Schnaps) vor. Cho war schon von einer Flasche „King of Kings" Whisky ziemlich betrunken. Die beiden Generäle tranken auch eine angebrochene Flasche Black & White Whisky leer, während sie letzte Botschaften in Gedichtform fassten. Der letzte Befehl von Ushijima an seine Truppen lautet: „Kampf bis zum Ende für das Heil des Mutterlandes", und Cho setzte mit roter Tinte hinzu: „Erleidet nicht die Schande, gefangen zu werden. Lebt für die Ewigkeit."[475] Um 4 Uhr in der Frühe schlitzte sich zuerst Cho in dem zum Meer führenden Höhlenausgang in Richtung Kaiserpalast nach dem üblichen Ritual mit einem Kurzschwert den Bauch auf, worauf er von seinem Adjutanten enthauptet wurde. Ushijima folgte ihm sogleich. Laut Yahara fühlte sich der Generalstab nach den unerträglichen Bürden der bisherigen Wochen mit einem Gefühl der Erleichterung aller irdischen Verantwortung enthoben. An das Schicksal der Verwundeten und Zivilisten wurde kein Gedanke verschwendet.[476] Nachdem sich beide von dieser Welt verabschiedet hatten, blieben die überlebenden Soldaten der 32. Armee nun führungslos sich selbst bzw. dem amerikanischen Feuer überlassen.

Später fanden die in die Mabuni-Höhle eindringenden GIs neben den blutigen Leichnamen von Ushijima und Cho, die prompt abfotografiert und geplündert wurden, noch viele überlebende Verwundete und Halbwahnsinnige.[477]

Die Säuberungsaktionen

Für die Amerikaner war es schwerer, den Kessel von Maehira mit den dortigen Resten der 24. ID zu nehmen. Die 7. Division blockierte den Fluchtweg zur Küste und die 1. Marines dezimierten am 21. Juni zwei östliche Vorpostenstellungen, die Hügel 79 und 81. Am gleichen Tag eroberte die 96. Division das Dorf Maehira von Norden her. Noch zwei Tage länger kämpften isolierte japanische Kampfgruppen verzweifelt weiter. Schließlich gelang es, am 26. Juni die Höhle von Generalleutnant Amamiyas Hauptquartier zu identifizieren, und die US-Pioniere sprengten seinen Eingang. Nachdem der General eine Übergabe abge-

[475] Yahara, S. 134
[476] Yahara, S. 134
[477] Feifer, S. 468

lehnt hatte, gossen die Pioniere der 96. ID 1700 Fass Benzin in die Höhle und zündeten 150 kg Dynamit, die die 200 Insassen verbrannten oder erstickten und die Höhle für immer verschlossen. Nach Darstellung Yaharas hat sich General Amamiya mit dem Stab der 24. ID und 200 Mann jedoch selbst in die Luft gesprengt.[478] In jenen Endtagen fiel ein weiterer US-General, der stellvertretende Kommandeur der 96. ID, Brigadier Claudius Easley, der am 19. Juni bei einer Besichtigungstour einen MG-Schuss in den Kopf erhielt.

Am 21. Juni erklärte General Roy Geiger, der Kommandeur der Marines auf Okinawa und interimistische Nachfolger Buckners als Chef der 10. Armee, den organisierten Widerstand auf Okinawa für beendet und ließ bei einer Siegesfeier die Stars und Stripes hissen. Gleichtägig gab es einen letzten Kamikaze-Angriff auf die Kerama-Inseln. Ein Landungsschiff wurde versenkt und der Seeflugzeugträger Curtis in Brand gesteckt. Ein bereits zuvor schwer beschädigtes Schiff dümpelte als Köder herum und wurde gleichfalls versenkt.[479]

Doch begann nun eine zehntägige blutige Säuberungsaktion auf Befehl von Geigers Nachfolger General Joseph (Joe) Stilwell, bei der sich sämtliche im tiefen Süden befindlichen Kampfeinheiten der vier Divisionen langsam und systematisch nach Norden vorarbeiteten, um möglichst alle versprengten Japaner zu erschießen, alle noch sichtbaren Höhlen- und Bunkereingänge zu sprengen und die noch nutzbaren Waffen einzusammeln. 9000 Japaner wurden getötet, das Äquivalent fast einer ganzen Division, einschließlich vieler Jugendlicher. 3000 Gefangene wurden gemacht, 900 Bausoldaten (*romusha*) eingesammelt. Ein Veteran erinnert sich: „Als die Japaner in dem kleinen Kessel an der Südspitze zusammengepresst waren, begann das große Truthahnschießen. Einige alte Kämpfer aus unserem Bataillon eilten in die Gegend. Ich nehme an, es gab fast so viele US-Verluste wie japanische, mit all jenen blutdurstigen Leuten, die auf Ziele aus waren."[480] Die eigenen Verluste betrugen in jener Zeit 780 Mann an Gefallenen und Verwundeten.[481] Ein weiteres Zitat aus dieser Zeit: „Auf alle Fälle war das Ziel, die Japsen loszuwerden. Sie waren einfach zu viel zu viel fähig, zu viele üble Tricks. Wir waren professionelle Killer, die wussten, wie man kein Risiko eingeht."[482] Tatsächlich veranstalteten die Amerikaner eine Art

---

[478] Yahara, S. 215. Er war jedoch auch kein Augenzeuge.

[479] Nichols, Shaw, S. 258

[480] Feifer, S. 513

[481] Sloan, S. 326

[482] Feifer, S. 475

Hasenjagd auf die kaum noch bewaffneten, versprengten, oft verwundeten und kranken Japaner. In breiten Schützenketten durchkämmten sie von Süden nach Norden systematisch die südlichen Ebenen und schossen jeden ab, der sich bewegte. Alle Höhlen und Bunkereingänge wurden mit Flammenwerfern und Sprengstoffpaketen traktiert und verriegelt. Der letzte amerikanische Gefallene des „turkey shoots" war ein Oberst, der seine Panzerluke öffnete, um eine bessere Aussicht auf seine Beute zu haben. Da wurde er von einem verdeckten Kniemörser getroffen, der ihn vollständig in Stücke riss. Ein weiterer Panzer fuhr auf eine Mine, deren Explosion die Mannschaft tötete.[483] Wie viele Zivilisten jener Aktion zum Opfer fielen, entzieht sich jeder Kenntnis. Etwa 80000 Zivilisten wurden noch aus den Höhlen geholt, die meisten krank oder verwundet. Die Amerikaner zählten bei ihrem „body count" nur tote Soldaten. Nach dem 23. Juni wurde eine Kontrolllinie entlang der Highway 13 zwischen Shuri und Yonabaru errichtet, die sicherstellen sollte, dass niemand in den Norden entkommen würde.

Erst am 2. Juli verkündete General Joseph Stilwell, der neue Kommandeur der 10. Armee,[484] die Schlacht, die mit der Invasion auf die Kerama-Inseln am 26. März begonnen hatte, nach mehr als drei Monaten für siegreich beendet.

Die US-Militärstatistik hat ein interessantes, in ihrer Interpretation freilich etwas einseitiges Bild der japanischen Verlustentwicklung in jener chaotischen Schlussphase gezeichnet. Während in den ersten 70 Tagen der Invasion weniger als 4 Gefangene pro Tag eingebracht wurden, machten sie zwischen dem 12. und 18. Juni, also bis zum Fall der letzten zusammenhängenden Verteidigungslinie, im Schnitt 50 Gefangene pro Tag aus. Am 19. Juni wurden es plötzlich 343 und am 20. Juni 977. Dies wurde als Zeichen der Schwächung der japanischen Disziplin und des Kampfeswillens in aussichtsloser Lage interpretiert – zweifellos nur allzu nachvollziehbar. Doch war es, da sich weiter keine geschlossenen Einheiten ergaben, durch das Ende der starren Fronten für Versprengte oder kleine Trupps tendenziell leichter geworden, sich zu ergeben, wenn die Amerikaner überhaupt Gefangene annahmen (ob dies nach

---

[483] Feifer, S. 515

[484] Stilwell hatte sich zuvor als „Vinegar Joe" in China mit dem unbotmäßigen Chiang Kai-shek (den er privat am liebsten „Cash my Cheque" nannte), der seine Truppen lieber für die Abrechnung mit den Kommunisten schonen wollte, anstatt sie gegen die Japaner zu verheizen, jahrelang herumgeärgert. Siehe auch: Barbara Tuchman. *Stilwell and the American Experience in China, 1911–45*. London, 1971

wie vor wie früher eine Ausnahme war, bleibt unklar). Viel stärker jedoch schnellten die japanischen unfreiwilligen und freiwilligen Todesraten in die Höhe. Für den 19. Juni wurden sie auf 2000 geschätzt, für den 20. Juni auf 3000 und für den 21. Juni auf 4000. Die offizielle US-Militärgeschichte verbreitet die Version, versprengte Japaner seien desorientiert und mental verwirrt einfach auf US-Stellungen zugelaufen oder hätten Banzai-Attacken improvisiert (einschließlich von Scheinübergaben, bei denen sie plötzlich verdeckte Handgranaten oder Pistolen zückten) und wären deshalb in einem „turkey shoot“ ohne eigene Verluste ins Jenseits befördert worden. Wahr ist sicher, dass kein US-Soldat in jener Schlussphase der gewonnenen Schlacht sein Leben wegen der Gefangennahme der verhassten Japaner aufs Spiel setzen wollte und das Problem lieber mit einem kurzen Feuerstoß löste. Und wenn er es nicht tat, tat es sein Nachbar. Auch bei den Zivilisten machte man beim „Säubern“ nicht viel Federlesens. In alle erkennbaren Höhlen (denn andere sichere Unterstände gab es in jener Feuerzone weder für Zivilisten noch Soldaten) wurden kurzerhand Sprengsätze geworfen, ohne groß nachzufragen, wer sich darin befand und möglicherweise als Antwort schießen oder Handgranaten werfen würde. Ein GI: „Wenn sich irgendwas am Eingang einer Höhle bewegte, dann hast Du draufgeschossen, so wie nachts auf jedes Geräusch. Ich habe nicht zweimal nachgedacht, ob Soldaten oder Zivilisten drin waren. Meine Reue, dass Menschen darin erschossen wurden, verschwand schnell, denn es ging ums Überleben. Ich wollte leben. Ich wollte nach Hause. Und ich wollte kein Risiko eingehen“.[485]

Das Leiden der Zivilisten auf Kiyan

Der Field Intelligence Report der 6. Marines berichtet am 17. Juni 1945 ziemlich nüchtern: „Zivilisten wurden Vaganten, die eine zusätzliche Schwierigkeit für die Verteidiger darstellen. Sie verwirren die Kommunikation, Organisation und Moral des Feindes. Wir haben Berichte, nach denen japanische Soldaten Zivilisten erschossen haben, die sich zu ergeben versucht hatten“.[486] Ein US-Sanitäter: „Das Problem mit Phosphorgranaten ist, dass Du es nicht mehr von der Haut herunterbekommst. Es brennt einfach weiter in den Menschen. Wasser ist nutzlos. Nur Vaseline hilft. Aber die Okinawaer hatten keines oder sonst irgend-

[485] Feifer, S. 410

[486] Feifer, S. 446

was. So viele von ihnen brannten und brannten einfach. Am stärksten erinnere ich mich an brennende Frauen. Für mich sind Phosphorwaffen schmutziger als Napalm. Sie sollten verboten werden. Es ist einfach zu grausam für Zivilisten, so zu sterben."[487] Wurden Flammenwerfer eingesetzt, starben die meisten eher durch Ersticken als durch Verbrennen, denn das Napalm saugte den Sauerstoff der Höhle schnell auf. Flüchtende Japaner wurden dann wie üblich erschossen. Ein GI: „Das einzige, was dich an den Japsen interessiert, ist, dass sie schnell frittiert werden."[488] Ein weiteres Zitat: „Sobald du jemanden tötest, den ersten, wird es danach viel leichter. Als sie aus den Höhlen kamen, war es wie eine Zielübung, wie ein Truthahnschießen."[489]

Viele der Zivilisten hatten zuvor selten nur ihre Dörfer je verlassen. Jetzt irrten sie völlig orientierungslos in der allgemeinen Wüstenei und Schießerei umher. Barfuß trugen sie ihre wenigen Habseligkeiten entweder auf dem Kopf oder in Schulterbeuteln, die Frauen ihre Säuglinge auf dem Rücken. Überall lagen Tote herum, die Häuser waren entweder abgefackelt, zerbombt oder zerschossen. Ein japanischer Arzt schreibt: „Sie wanderten ziellos herum und schliefen da und dort in Berghöhlen, an Bachufern und waren verzweifelt und weinten. Sie waren dem Tode nahe, von einer ungeheuren Erschöpfung überwältigt."[490] Als erstes starben die Kleinkinder, dann die Großeltern.

Doch auch japanische Soldaten fanden nichts dabei, die eigenen Leute und sich selbst mit Handgranaten zu töten. Die nunmehr führungslose und demoralisierte Soldateska vergewaltigte und misshandelte Frauen, erschoss weinende Kinder, stahl ihr Essen und vertrieb Zivilisten aus sicheren Höhlen. Von einem Beschützerinstinkt, den die Soldaten der Wehrmacht im deutschen Osten praktizierten, keine Spur. Oft ermordeten sie auch ihre Kameraden, die sich ergeben wollten. Wie schon auf den Kerama-Inseln, sprangen auch auf Kiyan Frauen mit ihren Kindern und Angehörigen von den Klippen in den Tod. Ein Zugführer der Marines beschrieb dieses Drama sehr ungerührt: „Sie waren wie Ameisen, deren Nest aufgewühlt wurde. Eine Massenverwirrung. Zivilisten rannten hin und her und suchten nach einer Stelle, wo ihr Fall nicht aufgehalten und wo ein Felsen unten voll getroffen würde. Wir haben sie nicht beschossen. Aber wir haben auch nicht versucht, sie aufzuhalten. Den Zivilisten bei ihrem Tun da zuzusehen, ließ

---

[487] Feifer, S. 446
[488] Feifer, S. 418
[489] Feifer, S. 488
[490] Feifer, S. 449

mich völlig kalt, absolut. Vielleicht war ich damals selbst auch halb verrückt, keine Ahnung. Ich hatte bis dahin so viel Schrecken erlebt, einschließlich, wie einer meiner Leute nur wenige Stunden zuvor getötet worden war. Meine einzige Sorge war, ob eine der herumrennenden Ameisen sich plötzlich umdrehen und versuchen würde, uns in die Luft zu sprengen."[491]

Ein japanischer Soldat berichtet: „Wenn die Amerikaner zum Verlassen der Höhlen aufforderten, würden wir Handgranaten unter unseren Achseln verstecken. Draußen würden sie so nah wie möglich an die Amerikaner herankommen, die Granaten werfen und dann versuchen, wieder in die Höhlen zu flüchten. Nicht sehr vornehm, aber es gab keine andere Gegenwehr. Natürlich funktionierte eine solche Taktik nur einmal!"[492] Gelegentlich schossen auch verkleidete Soldaten aus einer Gruppe von Zivilisten heraus. Natürlich wurden sie dann alle zusammen erschossen. Angeblich warfen auch Verwundete zum Schluss noch Handgranaten nach US-Sanitätern.[493]

Nur eher glücklichen Zufällen ist es zu verdanken, wenn in jener Phase der Massaker beherzte englisch sprechende japanische Soldaten oder Zivilisten und/oder humanitär gesonnene US-Soldaten einen Trupp Zivilisten oder Soldaten aus den Höhlen in die Sicherheit des US-Gewahrsams und ihrer im Norden gelegenen Internierungslager brachten. Erst in den letzten beiden Juniwochen begannen die Amerikaner entweder mit japanisch sprechenden *Nisei*[494] oder kooperativen Gefangenen (am effektivsten waren Offiziere und Unteroffiziere, die den Höhleninsassen einfach das Herauskommen befahlen und Selbstmorde verboten) systematisch mit Anstrengungen zur Schonung der Zivilisten und dem Versuch, Militärs aus ihren Verstecken zum freiwilligen Aufgeben zu locken. Insgesamt tauchten etwa 80000 Zivilisten, halbverhungert, oft krank und zu mehr als einem Drittel von Bomben, Granaten oder Brandsätzen verwundet, in jenen späten Juniwochen aus den Höhlen Südokinawas auf. Nach dem Zusammenbruch des organisierten Widerstandes Ende Juni wurden US-Flugblätter abgeworfen, die die Zivilisten aufforderten, zu einer Sammelstelle nach Minatoga zu gehen, wo ihnen Nahrung und Medizin versprochen wurde. Soldaten sollten sich entweder bis auf die Unterhose ausgezogen barfuß den US-Posten nähern oder an der Küste zu den davor kreuzenden US-Booten schwim-

---

491 Sloan, S. 296f

492 Feifer, S. 418

493 Feifer, S. 423

494 Japaner, die in der zweiten Generation im Ausland, z.B. den USA lebten.

men, so sehr fürchtete man sich vor in letzter Sekunde gezündeten Handgranaten.

Wie viele in jener Zeit noch von der US-Artillerie getroffen, bei den nur nächtens möglichen Fluchten in den Norden von US-Posten erschossen, von fanatischen oder wahnsinnig gewordenen japanischen Soldaten noch mit Handgranaten ermordet oder bei Höhlensprengungen erstickt wurden, entzieht sich in Ermangelung von Gräbern und Identifizierungen unserer Kenntnis. Denn auf den Schlachtfeldern herrschte bald nur noch der Bulldozer, der nur vor amerikanischen Leichen abbremste. Die Zahl beläuft sich nach dem Soll/Ist-Abgleich aller Familien Okinawas jedenfalls auf zweistellige Tausenderzahlen, die in jenen letzten Wochen des „turkey shoot" die zivilen Gesamtverluste auf wahrscheinlich über 140000 schnellen ließ. Dies zuzüglich zu den etwa 20000 gefallenen Boeitai-Hilfstruppen und Bausoldaten.

Unter den 100000 japanischen Soldaten überlebten nach US-Zahlen die Schlacht als Gefangene 11000 Mann plus 3840 Bausoldaten, die fast alle dienstverpflichtete Okinawaer oder Koreaner waren. Nach japanischen Zahlen überlebten 10000 japanische Truppen und 8000 eingezogene Okinawaer die Schlacht. Die Zahlen sind insofern nicht widersprüchlich, da viele aus der zweiten Gruppe als verkleidete Zivilisten der Gefangenschaft und dem späteren Transport in Lager nach Hawaii entronnen sein dürften.

Mitte Juni 1945 war das Gros der US-Truppen jedoch nicht mit Kampfhandlungen befasst. Insgesamt 95000 Mann arbeiteten als Pioniere, Bau- und Nachschubsoldaten und Bodenmannschaften der Luftwaffe ausschließlich am technischen und logistischen Ausbau der Flugplätze Kadena, Yomitan, Iejima sowie acht weiteren kleineren Flugfeldern, an der geplanten barackenmäßigen Unterbringung von 500000 Mann, sowie für massive Nachschublager, Schuppen, Lagerhäuser und Depots für Munition, Benzin, Geräte, Waffen und Ersatzteile, am Ausbau von Naha zum Tiefseehafen sowie dem Bau der neuen Häfen „White Beach" und „Kim Bay" im Westen. Ab Juli waren eigentlich alle US-Truppen mit jenen Bauarbeiten befasst. Die Kampftruppen bereiteten sich bereits für ihren künftigen Einsatz in Japan vor, für den 40 Divisionen vorgesehen waren.[495] Anfang August waren die Flugfelder auf Okinawa so weit in Betrieb, dass sie durch das Verlegen der entsprechenden Geschwader für systematische Bombenkampagnen auf die japanischen Hauptinseln eingesetzt wurden, die bislang meist von Saipan

---

[495] Sloan, S. 327

und Guam aus geflogen wurden. Zunächst waren die Ziele vordringlich Häfen und vermutete Flughäfen auf Kyushu, auf denen man noch Kamikaze-Einheiten befürchtete. Nachdem alle sichtbaren militärischen Ziele zerstört schienen, ging die US-Luftwaffe auch von Okinawa aus dazu über, verbliebene, bislang noch unzerstörte Mittelstädte auf Japan mit Napalm und thermischen Bomben auszulöschen.[496] Insofern hatte die um mindestens zwei Monate verlängerte Verteidigung Okinawas einen wertvollen Zeitgewinn gebracht, denn jene Terrorangriffe auf die Zivilbevölkerung hätten sonst viel früher eingesetzt. Dass sie, ebenso wie das Opfer auf Iwojima, das auch dem Zeitgewinn galt, von Japans Kriegsführung angesichts unterbliebener effektiver Waffenstillstandsangebote vergeudet wurde, ist der Truppenführung vor Ort nicht anzulasten. Auch der ursprüngliche Terminkalender für die Invasion der Hauptinseln – der 1. November 1945 wurde von MacArthur später für die Invasion Ost-Kyushus bei Kumamoto und die Invasion der Kanto-Ebene an der Küste von Chiba vorgesehen – musste entsprechend verschoben werden. Insofern war die strategische Logik des defensiven Abnützungskampfes, wäre sie denn konsistent durchgehalten und im rechten Moment – als sie auf Kiyan unsinnig wurde – beendet worden, durchaus stimmig und das militärische Opfer möglicherweise gerechtfertigt.

Unter den überlebenden japanischen Soldaten hielten 400 Mann unter Oberst Hongo, dem Kommandeur des 32. Regiments der 24. Division, in den Höhlen von Itoman-Kunishi weiter aus. Es bestand dort ein unausgesprochener Waffenstillstand: Die Amerikaner blieben der Gegend fern und die zumeist kranken und physisch geschwächten Japaner griffen niemanden an. Nach der japanischen Kapitulation am 15. August 1945 wurde ein Hauptmann seiner Truppe kontaktiert, in Verbindung mit dem gefangenen Obersten Yahara gebracht und langsam überzeugt, dass jene Kapitulation echt und keine Kriegslist war. So ergaben sich schließlich auch Oberst Hongo und seine Leute am 28. August 1945. In den Höhlen von Urasoe-Mura hatte ein ebenso überrannter Hauptmann namens Tsuneo Shimura 300 Mann in tiefen, gut versorgten Tavernen versammelt und bereitete sich auf den Guerillakrieg im Norden vor, als auch er nach Kriegsende überzeugt werden konnte, für sich und seine Leute die Feindseligkeiten einzustellen. In den nächsten Monaten ergaben sich vor allem auf Nordokinawa noch viele vergessene Trupps und einzelne Versprengte.[497]

---

[496] Belote, S. 353

[497] Belote, S. 362

Die Flucht und Gefangennahme Oberst Yaharas

Am 18.6. war morgens in der Höhle des Hauptquartiers noch ein Abschiedsessen für vier höhere Offiziere gegeben worden, denen Cho auswärtige Sonderaufträge erteilt hatte. Nach der Zerschlagung der organisierten Verteidigung sollten alle Überlebenden sich durch die US-Linien durchschlagen und dort den Guerillakrieg aufnehmen. Eines der Ziele war es, die Flughäfen von Yomitan und Kadena anzugreifen, um dort Flugzeuge zu zerstören. Einer der Offiziere sollte den Angriff im Norden anführen und einer im Süden. Die beiden anderen, darunter Yahara, sollten sich bis nach Japan durchschlagen, um dort im kaiserlichen Hauptquartier aus erster Hand von den Kampferfahrungen auf Okinawa zu berichten. Die vier verkleideten sich als Zivilisten und wurden mit Lebensmitteln für zwei Tage versorgt. Yahara blieb jedoch noch bis zu den Selbstmorden seiner Kommandeure am 23. Juni in der Höhle von Mabuni. Nach dem Eindringen der US-Truppen versteckte er sich dort noch eine Weile und entkam ihren Handgranaten und Schnüffelhunden. Nachts marschierte er dann in Strandnähe, wo Hunderte toter Soldaten herumlagen, von Höhle zu Höhle, in denen auch andere Flüchtlinge und Versprengte Unterschlupf gefunden hatten. Sie waren hungrig, angsterfüllt, oft verwundet oder schon wahnsinnig geworden. Schließlich übernahm er in einer Höhle beim Nahen einer US-Patrouille die Führung einer gemischten Soldaten/Zivilisten-Gruppe von 60 Menschen und verhandelte ihre Übergabe. Die US-Soldaten schienen über den friedlichen Ausgang ihres Unternehmens froh und verteilten Schokolade und Süßigkeiten. Soldaten und Zivilisten wurden nun getrennt. Die Soldaten wurden in ein Insellager verschifft und die Zivilisten in ein Übergangslager in Baracken gesteckt, wo sie zum ersten Mal wieder Betten, den Sonnenschein, frische Luft und sauberes Wasser genießen konnten. Sie waren glücklich über ihre Rettung und die gute Behandlung. Zwei Tage später wurden sie auf Lkws entlang der Nakagusuku-Bucht, die voller US-Kriegsschiffe war, in den Norden in ein noch weitgehend intaktes Dorf gebracht. Dort mussten 30 Flüchtlinge in einem Großbauernhof leben: Mütter ohne Kinder, Kinder ohne Eltern, Kranke und Alte. Yahara gab sich als Englischlehrer aus Tottori aus, der auf dem Weg nach Taiwan schiffbrüchig geworden war. Die Zivilisten mussten Feldarbeit leisten oder wurden auf US-Stützpunkten zum Barackenbau oder für Entladungsarbeiten eingesetzt. Das brachte zusätzlich Zigaretten, Dosenfleisch, Kleidung und japanische Güter ein. Bei jenen Lkw-Transporten zur Arbeit sah Yahara die neuen Straßenbauten der Besatzer, bei denen ganze Dörfer spurlos verschwunden waren, und riesige Zeltstädte auf den alten Schlachtfeldern von Tsukazan, Shuri, Oroku und den Vororten von Naha. Überall lagen jedoch noch Kriegstrümmer und unbestattete japanische Leichen am Straßenrand herum. Bei einem Arbeitskommando, das Trümmer im Hafenbereich von Naha – der Hafen war noch immer unbenutzbar, weil voller Wracks – beseitigen soll, wurde Yahara am 15. Juli von einem japanischen Dolmetscher erkannt und verraten. Er wurde als eine wertvolle Beute von US-Offizieren verhört, äußerte sich recht offen zur japanischen Strategie auf Okinawa und half, versprengte Offizierskameraden und ihre Truppen zum Aufgeben zu überreden. Darunter befanden sich Hauptmann Ito vom 32. IR mit seinen Leuten und das Shimura-Bataillon in den Höhlen von Maeda. Japanische Soldaten, koreanische Romusha und okinawaische Boeitai wurden nun separat interniert. Anfang Januar 1946 wurden die japanischen Soldaten nach Uraga in der Bucht von Tokyo repatriiert. Yanaga meldete sich beim ehemaligen Kriegsministerium in Ichigaya (das seinerzeitige Demobilisierungsministerium, das heute Verteidigungsministerium heißt) und arbeitete ein halbes Jahr lang an der bürokratischen Abwicklung der 32. Armee. Weil er sich von seinen Offizierskameraden wegen seines Überlebens geschnitten fühlte, quittierte er seinen Dienst und ging in seine Vaterstadt zurück. 1972, 27 Jahre nach der Schlacht, brach er mit seinen militärischen Erinnerungen dann sein Schweigen.

11. Nachkriegs-Okinawa

Am 30. Juni 1945, genau 3 Monate nach dem Beginn der Invasion, erklärte General Joe Stilwell Okinawa offiziell für befriedet. Es gab jedoch weiterhin Schießereien nervöser GIs und versprengter Japaner, die im Norden vom Zusammenbruch im Süden nichts mitbekommen hatten oder ihn nicht wahrhaben wollten. Noch am 26. Juni hatte es auf der Insel Kume ein letztes japanisches Massaker an den eigenen Leuten gegeben. Hauptfeldwebel Kayama ließ 20 Inselbewohner und 9 kampfunwillige Soldaten als amerikanische Spione erschießen. Seine Begründung: er habe nur 30 Mann gehabt und hätte 10000 Insulaner unter Kontrolle halten müssen.[498] Insgesamt wurden mindestens 100 Okinawaer als Spione erschossen oder geköpft. Tatsächlich hatten die Amerikaner aber keinen einzigen jenseits der Front. Auf Tokashiki starben an Unterernährung und Krankheiten 90 % der eingesetzten koreanischen Zwangsarbeiter. Manche wurden geköpft, weil sie angeblich Lebensmittel gestohlen hatten.[499] 3 bei Shuri abgeschossene US-Piloten wurden entweder auf der Flucht erschossen oder enthauptet.[500] Auch auf der Insel Ishigaki wurden im April von der Marine 3 abgeschossene US-Piloten abgestochen.[501] Geschlagene Armeen waren auch in Europa zu ähnlichem Wahnsinn fähig gewesen – von der polnischen Armee 1939, der Roten Armee 1941 bis zu den fliegenden Standgerichten der Wehrmacht 1945. Im Wesentlichen bemühten sich die Amerikaner jedoch nun, überflüssige eigene und gegnerische Verluste zu vermeiden. Gefangene Soldaten – vor allem solche höherer Dienstgrade, die auf Offiziere und Unteroffiziere eher Einfluss hatten – wurden mit Megaphonen ausgeschickt, ihre Kameraden und Zivilisten, die in Höhlen und Waldverstecken vermutet wurden, zum Aufgeben zu überreden. Namentlich

---

[498] Masahide Ota. „Re-examining the History of the Battle of Okinawa" in: Johnson (Hg.). S. 13–37, S. 30

[499] Feifer, S. 458

[500] Feifer, S. 467. Oberst Yahara waren diese Vorfälle bei der Vernehmung durch die Amerikaner nicht erinnerlich.

[501] Als die Tat nach Kriegsende ruchbar wurde, fällte ein US-Militärgerichtshof in Yokohama 1947 gegen alle Beteiligten 41 Todesurteile. Lediglich sieben Boeitai-Hilfssoldaten wurden zu lebenslanger bzw. fünf Jahren Haft begnadigt. Ota, S. 35

im Norden gingen so etliche Hundertschaften statt in den beabsichtigten, freilich sinnlosen und unterversorgten Guerillakampf nach einigem Zögern lieber in Kriegsgefangenschaft. 1946 gab es noch immer Überlebende, die sich versteckten oder einheimische Frauen heirateten und nie entdeckt wurden. Der letzte japanische Soldat kam 1972 aus seiner Höhle, als die Insel schon wieder japanisch war.

Schon zu Beginn der Invasion hatten die Amerikaner 5000 Mann für die Militärverwaltung der Insel vorgesehen. Sie bestanden aus Pionieren für den Lagerbau, Ärzten, Sanitätern, Zivilverwaltern, Lagerwachen, *Nisei*-Übersetzern und 100 Offizieren. Ihre Aufgabe war es, die Zivilbevölkerung sämtlich zu internieren und damit die Insel ungestört von Zivilisten voll militarisiert als Invasionsstützpunkt für Kyushu vorzubereiten. Anfang Mai waren 128 000 Zivilisten in US-Gewahrsam geraten, weit weniger als erwartet. Sie wurden in stacheldrahtumzäunte Zeltlager gesteckt, die meist weniger zerstörte Siedlungen und Bauernhöfe umfassten, so dass es innerhalb dieser anfangs 12, später 16 Konzentrationslager[502] zumindest anfangs wieder den Anschein einer halbwegs zivilen Existenz gab. Die Gefangenen wurden entlaust, gesundheitlich untersucht, geimpft – und sicherlich besser versorgt und ernährt als in den Monaten zuvor. DDT wurde in der Umgebung tonnenweise gegen Insekten und Malariaerreger versprüht. Haustiere wurden eingefangen und verteilt. Ältere Frauen mussten zur Latrinenbenutzung erzogen werden. Statt in ihren zumeist zerstörten und geplünderten Häusern erlebten die Überlebenden nunmehr eine Lagerexistenz, ohne zu wissen, was aus ihren evakuierten, versprengten oder eingezogenen Angehörigen geworden war. Ältere Männer übernahmen die innere Organisation der Lager. Zusatzverdienste für Extrarationen, Alkohol oder Zigaretten gab es für Hilfsdienste in der US-Logistik und bei den massiven Erdarbeiten, bei denen die US-Besatzer die bestehenden Flughäfen, Straßen und Lager mit Bulldozern ausweiteten, um das für die Invasion der japanischen Hauptinseln nötige Kriegsmaterial heranzuschaffen und einsatzbereit zu lagern. Formal lag der Lohn für die Arbeit im Straßenbau und für Hilfsdienste in Feldküchen und Lazaretten bei einem

---

[502] Der offizielle Name war „concentration camps“ – wie für die Japaner in den USA selbst. Tatsächlich wäre wahrscheinlich der Begriff „Internierungslager“ zielführender. Die Todesraten waren jedoch gleichsam mit durchschnittlich 14–15 Menschen pro Tag in jedem Lager erschreckend hoch: das Ergebnis von Malaria, Auszehrung und zuvor erlittenen Verwundungen; siehe: *Shin Kyuan. Okinawa-ken sokoku fukki-undo shi* (Geschichte der Rückgliederungsbewegung der Präfektur Okinawa). Naha, 1964, S. 11

Yen (18 Cents) pro Tag. Schon bald gab es für begehrte Güter einen entsprechenden Schwarzmarkt. Gesunde Männer, die nicht arbeiten wollten, wurden eingesperrt. Frauen wurden zur unbezahlten Feldarbeit eingesetzt, deren Erträge dann im Lager verzehrt wurden. Für Frauen, deren Männer vermisst waren und die für ihre Kinder sorgen mussten, gab es in Gestalt von US-Feldbordellen, die bald privaten „Unternehmern“ überlassen wurden, einen möglichen Sonderverdienst. Nach dem Ende der Kämpfe Ende Juni 1945 waren die 16 Lager mit ihrer Viertelmillion Insassen jedoch hoffnungslos überfüllt und die Lebensbedingungen immer unerträglicher. Das rührte die US-Militärverwaltung jedoch nicht sonderlich. So meinte Brigadier William Crist, der stellvertretende Leiter der Militärregierung: „Wir kamen nicht hierher, um Santa Claus für die Einwohner dieser Inseln zu spielen, noch haben wir die Absicht, ihren Lebensstandard auf einen höheren als jenen der Vorkriegszeit zu heben.“[503] Nachdem die Besatzer Okinawa gründlich zerstört und die überlebenden Einwohner deplatziert hatten, hielten sie diesen Grundsatz noch lange aufrecht. Er ist heute noch fühlbar.

Derweil planierten die US-Streitkräfte, wie schon auf Saipan, Guam und Iwojima, wo immer möglich rücksichtslos die Insel ein. Statt der einspurigen Straßen gab es bald überall doppelspurige Pisten. Bereits Ende Mai waren 200 km an zweispurigen Straßen und 50 km einer Nord-Südautobahn gebaut worden. Jenes Vorkriegsprojekt sollte nach japanischen Planungen zehn Jahre dauern. Die Amerikaner schafften es in zwei Monaten, zumal sie auch auf nichts und niemanden Rücksicht nahmen. Häusertrümmer, Mauerreste und die Überbleibsel der Burg von Shuri wurden zu Straßenschotter zerkleinert. Bei späteren Sanierungsarbeiten sollte man gelegentlich historische Gedenksteine, die in Straßenböschungen gebaggert worden waren, finden. Manchmal konnten auch zugebaggerte Steingebäude wieder ausgegraben werden. Als die Zivilbevölkerung nach einigen Monaten in ihre alten Dörfer zurückkehren konnte, konnten die meisten nichts mehr wiedererkennen: Nicht nur wegen der Bomben- und Artillerieschäden und weil die GIs und Marines im Kampfgebiet grundsätzlich (wie später in Vietnam) wegen der Gefahr von Heckenschützen alle strohgedeckten Häuser kurzerhand angezündet hatten. Es war vor allem das Wüten der Bulldozer, das die meisten Dörfer, Gräber und Hügel eingeebnet hatte. Höhlen und unterirdische Befestigungen waren wegen der Gefahr von Rückkämpfern gesprengt

---

[503] Feifer, S. 165

und versiegelt worden. In die weitreichenden Areale der neuen US-Stützpunkte gab es – bis zum heutigen Tage (außer in den viel späteren Rückgabegebieten) – ohnehin keine Rückkehr. Überflüssig zu sagen, dass wir uns die Bevölkerung Okinawas damals nach der erfahrenen Brutalität durch das japanische Heer, ihrer verlogenen Kriegspropaganda, dem Horror der Kampfhandlungen, der Rücksichtslosigkeit der US-Okkupation, den massenhaften Zerstörungen sowohl der eigenen bürgerlich-bäuerlichen Existenz wie am national-religiösen Kulturerbe und den Menschenverlusten in der eigenen Familie – so gut wie jede war leidhaft betroffen – als völlig demoralisiert vorstellen müssen.[504]

Okinawa als US-Militärkolonie (1945–1972)

Mit der japanischen Kapitulation am 15. August war die Invasion natürlich abgesagt. Da die Entwicklung vorhersehbar war, waren fast alle Kampfeinheiten schon vorher abgezogen worden. Die meisten wurden in den USA demobilisiert. Geräte und Munition wurden verlegt. Manche Truppen gingen nach China zur Repatriierung der japanischen Truppen dort, viele der Offiziere aber nur zum Amüsement, Sightseeing und Souvenirsammeln, ebenso wie nach Japan. Niemand kümmerte sich mehr um Okinawa.[505]

Die ersten Nachkriegsjahre von 1945–1949 wurden verständlicherweise als „leere Zeit“ empfunden, in denen nach der Katastrophe und der Vernichtung aller sozialen Bande und historisch-familialen Identität es nur um das nackte Überleben ging. Ein US-Nachrichtenoffizier berichtet, 90 % der Häuser seien zerstört, viele der übriggebliebenen zumindest zeitweise unbewohnbar. Zerbombt seien alle Warenhäuser, Schulen und Krankenhäuser. Die meiste mobile Habe sei nach der Räumung der Höhlen verloren worden. Die Ernten seien vernichtet, die Herden geschlachtet und die Terrassenfelder von Bomben oder Planierraupen zerstört worden. Das beste Ackerland sei entweder aufgezehrt oder auf Jahrzehnte hin unbrauchbar gemacht worden.[506] In den Internierungslagern herrsche soziale Desorganisation. Von ihren Familien und Dorfgemeinschaften getrennt, ohne zu wissen, wo die zum Militär

[504] Feifer, S. 535

[505] Feifer, S. 535

[506] David Karasik. „Okinawa: A Problem in Administration and Reconstruction“. *Far East Quarterly* 8, 1948, Nr. 3, S. 254–267, S. 258ff

und zu Zwangsarbeitsdiensten eingezogenen Jugendlichen und Männer waren, ob sie noch lebten oder schon tot waren, lebten die Inselbewohner eine schmutzige, mit Fremden überfüllte Lagerexistenz. Die Zeltstädte waren trotz der reichlichen Anwendung von DDT voller Insekten – einer Mückenplage ohnegleichen –, Ratten und Schmutz. Wie meist in solch schrecklichen Fällen war allgemeine Apathie die Folge.[507] Erst Ende Oktober 1945, mehr als zwei Monate nach der japanischen Kapitulation, wurde den ersten die Rückkehr in ihre zerstörten Dörfer (sofern es sie noch gab und sie nicht für US-Stützpunkte einplaniert wurden) erlaubt. Im April 1946 wurde das letzte Lager geöffnet. Noch 1947 berichtete ein Pioniersoldat, Naha sei ein einziges Trümmerfeld, durch das Planierraupen Straßen gezogen hätten.

Dazu brach zu allem Überfluss vom 7. bis 10. Oktober 1945 der größte Taifun seit Menschengedenken über Okinawa herein. Der Taifun Louise versenkte mit je drei Zerstörern und Liberty-Schiffen, je zwei U-Bootjägern, Reparaturschiffen und Patrouillenbooten und jeweils einem Landungsschiff, Minenleger, Minensuchboot und Tankschiff fast mehr US-Kriegsschiffe, als es die Kamikaze vor Okinawa je vermocht hatten und vernichtete an Land sämtliche Zelt- und Barackenstädte, denen die traditionellen Steinmauern und schweren Ziegeldächer als Schutz natürlich fehlten.

Im Januar 1946 wird die Verwaltung Okinawas formal von der Militärverwaltung MacArthurs auf Japan getrennt. Das Pentagon setzt sich damit gegen das State Department durch. Während General MacArthur in Japan indirekt herrschte, seine Befehle von der japanischen Verwaltung ausführen ließ und bei Unbotmäßigkeit entsprechende „Säuberungen" anstellte, herrschten die US-Militärgouverneure auf Okinawa im direkten Durchgriff. Dabei war ihre Politik, was die Insel und ihre Bewohner anging, einigermaßen ziellos. Während in Japan der Wiederaufbau Vorrang hatte und in China der Bürgerkrieg tobte, interessierte die US-Militärgouverneure auf Okinawa nur der Ausbau der Militärbasen, zumal die US-Truppen auch nur in Barackenlagern hausten, die oft von Taifunen leckgeschlagen wurden. Okinawa galt für die 15000 Besatzungssoldaten als „Sibirien im Pazifik", als „der Felsen", „Niemandsland" und als Exil für missliebige oder unbrauchbare Militärs. Die schutzlose Zivilbevölkerung wurde zum Freiwild für Übergriffe. Allein während eines Halbjahrs von 1949 wurde sie zum Opfer von 29 Mor-

[507] Clellan Ford. „Occupation Experiences on Okinawa". *Annals of the American Academy of Political and Social Science* 267, 1950, Nr. 1, S. 175–182, S. 180

den, 18 Vergewaltigungen, 16 Überfällen und 33 tätlichen Angriffen der Sieger-Soldateska.[508] Geld für den Wiederaufbau gab es nicht. Die Einheimischen lebten in Hütten, die aus Trümmern und dem Holz aus Transportkisten zusammengezimmert und mit Dachpappe bedeckt waren. Sie hatten während der Bombardierungen, der Flucht und Evakuierungen allen Besitz verloren: von Eigentumstiteln und Ahnentafeln bis hin zu Postsparbüchern. Sobald die einzige Kleidung, die sie am Leibe trugen, zerschlissen war, konnten sie nur noch ausgemusterte US-Uniformstücke auftragen. Sie waren von US-Lebensmittelspenden und überzähligen K-Rationen abhängig (als deren Erbe bis heute „Spam"-Konserven, die minderwertiges püriertes fettiges Schweinefleisch enthalten, als lokale Delikatesse gelten). Nach einem Gutachten von US-Wirtschaftsexperten aus dem Jahr 1949 hatte Okinawa keine Chance, sich jemals selbst versorgen zu können,[509] zumal das beste Ackerland in Mittel- und Südokinawa mit Korallenschotter und Asphalt bedeckt für US-Militäranlagen genutzt wurde. Die ersten Neubauten der Einheimischen waren billige Betonkästen, im US-Militärstil gefertigt, dazu angeschlossene Garagen, Billigläden, Schrottplätze und Slums. Okinawa galt bald als Verbannungsort für inkompetente Offiziere, die von Zivilverwaltung nichts verstanden und auch nichts lernen wollten, weil es für die Militärkarriere nichts brachte. Die jungen Besatzungssoldaten, die lange nach der Schlacht kamen und wenig von der Inselgeschichte wussten, verachteten die Einheimischen wegen ihrer Armut. Landenteignungen ohne Entschädigungen gingen weiter, auch wenn sie vielen Familien den Lebensunterhalt entzog. Immerhin wurden nach einer gewissen Zeit Gehälter für Zivilangestellte auf den Stützpunkten gezahlt, und weiter überzählige Militärrationen an Hungernde verteilt. Die medizinische Versorgung war gegenüber der Vorkriegszeit besser, mutmaßlich weil sich die Besatzer an Epidemien und Geschlechtskrankheiten nicht anstecken wollten.

Während die meisten Einwohner das Trauma der Schlacht, den Verlust der Heimat und von nahen Angehörigen sowie die ersten Monate der Lagerexistenz noch mit anscheinend stoischer Ruhe und erstaunlich wenig psychischen Problemen bewältigt hatten, machten sich in den ersten Friedensjahren doch solche Probleme gehäuft bemerkbar. Nach Ansicht vieler Beobachter hatte dies mit der massenhaften Zerstörung ihrer Gräber zu tun. Sie hatten mit der Verbindung zu den spirituellen

---

[508] Gert Anhalt. *Okinawa zwischen Washington und Tokyo. Betrachtungen zur politischen und sozialen Entwicklung 1945–1972*. Marburg, 1991, S. 11

[509] Anhalt, S. 11

Familienwurzeln, die jetzt unwiederbringlich abgeschnitten worden waren, für emotionale Stabilität gesorgt. Mit dem Verlust der Gräber gab es für die Heimatlosen keinen Anknüpfungspunkt mehr zu den beschützenden Geistern der Vorfahren. Die Gräber waren von beiden Armeen bekanntlich als Artillerie- und MG-Stellungen, als Bunker sowie als Unterstände genutzt worden, willkommen im Dauerregen, wenn sie auch oft sehr verlaust waren. Die US-Truppen hatten wegen ihrer Nutzung durch die Japaner so viel wie möglich von ihnen zerschossen. General Stilwell beobachtete durchaus zutreffend: „Den armen Okinawaern wurden sogar die Vorfahren in Stücke geschossen".[510] Und wo sie nichts zerschossen hatten, da hatten Souvenirjäger als Grabräuber die Keramikurnen gestohlen und die Knochen weggeworfen.

Bis Juli 1947 stritten sich US-Armee und Marine um die Verwaltung der Insel, die sie gemeinsam erobert hatten, und schoben die Verantwortung für Missstände hin und her. Schließlich erhielt das Heer die alleinige Zuständigkeit – und versagte bei dem Aufbau einer Zivilverwaltung unter einheimischer Beteiligung gründlich. Am 15. August 1945, dem Tag der japanischen Kapitulation, wurden 125 Männer aus den Internierungslagern nach Ishikawa gebracht. Dort sortierten Besatzungsoffiziere 15 „Delegierte" aus, die unter Führung eines früheren Mittelschullehrers als Beratungsgremium der Besatzer fungieren sollten. Einen Monat später durfte jedes Lager einen „Bürgermeister" wählen, dessen Hauptaufgabe es war, Arbeitskräfte für die US-Basen zu stellen. Und sollte einer nicht spuren, so würde er in einen Schweinetrog geworfen, drohte ein US-Offizier. Der Militärgouverneur nannte sich hinfort in absichtsvoller Irreführung „U. S. Civil Administration of the Ryukyu Islands". Die 12 Lagerbürgermeister und 15 vom Militär ausgesuchten Berater durften sodann einen Vorschlag für einen einheimischen Gouverneur machen, der dann vom Militärgouverneur ernannt wurde. Der erste Gouverneur nach dem Krieg wurde der besagte Mittelschullehrer, Shikiya Koshin, der dem Beraterkreis vorstand. Seine Aufgabe war die Weiterreichung der US-Befehle an die Bevölkerung und an die langsam wiedererstehenden Dorfverwaltungen. In ihren internen Memoranden rechtfertigten die Militärs ihr undemokratisches Vorgehen (das weit hinter dic Standards der späten Meijizeit von 1868–1912 zurückfiel): die Okinawaer seien keine Japaner, kulturell rückständig, von japanischer Herrschaft entmündigt, nur am Ackerbau und nicht an der Zukunft interessiert, unmündig und folgsam. Tatsächlich hatten

[510] Feifer, S. 554

die Okinawaer in Eigenregie bereits Schulen in den Lagern eingerichtet und ein landesweites Einwohnerverzeichnis der Lebenden, Toten und Vermissten durch den Abgleich der Lagerinsassen mit den ehemaligen Dörfern und Städten erstellt. Ab 1946 kamen in großer Zahl Rückwanderer und Evakuierte aus den ausgebombten japanischen Städten und Kyushu zurück. Die Bevölkerungszahl der Gesamtinseln stieg deshalb von 320000 (1946) um 70% auf 550000 (1950). Die Rückwanderer brachten aus den politisch turbulenten Hauptinseln auch politische Ideen mit, so dass im Sommer 1947 die ersten Parteien wiedererstanden und trotz Verbots in Chinen eine erste Bürgerversammlung abgehalten wurde, auf der die 300 Anwesenden eine Volksvertretung und höhere Lebensmittelrationen verlangten.[511]

Unter den drei ersten Parteien verlangte die Demokratische Allianz des Berufspolitikers Genwa Nakasone, der 1942 Abgeordneter im Präfekturparlament gewesen war, eine unabhängige Republik der Ryukyu, zunächst als UN-Treuhandgebiet mit einem von den USA finanzierten Wiederaufbau. Die Okinawa Jinminto (Volkspartei) wollte zunächst Reparationen von Japan, wechselte dann aber bald zur Forderung nach baldiger Rückgliederung. Sie verlangte höhere Löhne für Stützpunktarbeiter und Entschädigungen für konfisziertes Ackerland. Als „kommunistisch" verschrien, war sie bald den Schikanen der Besatzungsmacht ausgesetzt. Schließlich gab es noch die Okinawa Shakaito (Sozialistische Partei), die eine US-Treuhandherrschaft über Okinawa zur Finanzierung des Wiederaufbaus favorisierte. Ohnehin hatten die Militärs jede Kritik und Behinderung ihrer Politik verboten. Die Parteien knüpften sich deshalb Gouverneur Shikiya vor, den sie als Laufburschen der Besatzer schmähten.[512] Die Kritik entzündete sich im August 1948 an der US-Drohung, Lebensmittellieferungen auszusetzten, falls die Hafenarbeiter in Naha nicht fleißiger arbeiteten, oder im Januar 1949 an der Vervielfachung der Reis- und Mehlpreise, die ebenfalls von den Besatzern kontrolliert wurden.

Erst im Mai 1949 entschied Präsident Truman positiv für den Wunsch der Militärs (und gegen das State Department) zugunsten des dauerhaften Verbleibs Okinawas bei den USA, zumal sich die militärische Situation in China ständig verschlechterte. Mit 1600 km Luftlinie nach Kanton und 1900 km nach Wladiwostok war seine strategische Lage einfach zu attraktiv, auch deshalb, weil US-Truppen dorthin unschwer verlegt werden könnten, falls Japan eines Tages auf ihren Abzug

---

[511] Anhalt, S. 16
[512] Anhalt, S. 18

von den Hauptinseln bestünde.[513] Erst jetzt, vier Jahre nach Kriegsende, begannen die Besatzer sich ernsthafte Gedanken über den Wiederaufbau, die Hebung des Lebensstandards und die Wirtschaftsentwicklung ihres neuen Territoriums zu machen. Im September 1950 fanden die ersten Wahlen zu den vier Inselbezirken von Amami, Okinawa, Miyako und Yaeyama statt. Diese Inselparlamente durften vier Gouverneure wählen, die mit ihren Inselregierungen jedoch weiter von den Besatzungsbehörden weisungsabhängig blieben. 1948 wurde der Yen, der von der Inflation aufgezehrt wurde, verboten und stattdessen ein „B-Yen" der neugegründeten Bank der Ryukyu eingeführt. Ab November 1948 wurden auch private Unternehmen erlaubt. Im Jahr 1950 wurden die US-Hilfsgelder auf $ 50 Millionen verdoppelt. Sie wurden für den Import von Baustoffen, Maschinen, Werkzeugen, Fahrzeugen und Dünger verwendet, die hauptsächlich für den Bau von Kraftwerken, Lagerhallen, Straßen, Kanälen und Krankenhäusern verwendet werden sollten. Zusätzlich wurden $ 75 Millionen für den Bau neuer Militäranlagen ausgegeben.[514] Die Fläche der US-Basen wurde derweil von 120 km^2 (1950) auf 170 km^2 (1953) ausgeweitet. Die Großbauten selbst wurden von amerikanischen und japanischen Baufirmen durchgeführt, während den Unternehmern und Handwerkern aus Okinawa die Zuarbeiten und Hilfsarbeiten blieben.

Bei der ersten freien Gouverneurswahl im September 1950, bei der die Erörterung der Rückgliederung Okinawas von den Besatzern verboten wurde, gewann Tatsuo Taira, ein früherer Präfekturbeamter und parteiloser Kritiker der Besatzungspolitik, der das verletzte Rechtsempfinden der Okinawaer gegen die Vertreter der Bauindustrie und der von den Amerikanern gesponserten Unabhängigkeitsbewegung artikulierte, zwei Drittel der Stimmen auf der Hauptinsel. Er gründete darauf die Sozialistische Massenpartei (Shadaito), die von Lehrern dominiert die Interessen von Bauern, Fischern, Arbeitern und Klein- und Mittelbetrieben vertrat und die Rückgliederung an Japan forderte. Dank der Übertritte von Unabhängigen erhielt sie 15 von 18 Sitzen im Inselparlament von Okinawa. Die geschlagene Demokratische Allianz ging in der Republikanischen Partei (Kyowato) mit drei Sitzen auf. Das Unabhängigkeitsthema war damit vom Tisch.

Mit einer gründlich zerstörten Industrie und einer nur noch sehr eingeschränkt möglichen Landwirtschaft und Fischerei (das beste Ackerland war zugeschottert und viele Fischereigründe für die US-Marine

---

[513] Anhalt, S. 21

[514] Anhalt, S. 24

und als Feuerzone für die Artillerie gesperrt) wurde die Wirtschaft Okinawas vor allem mit dem ausbrechenden Koreakrieg (1950–1953), bei dem es zur wichtigsten Nachschubbasis wurde, zu mehr als 50 % von der Stützpunktwirtschaft abhängig, zumal die Amerikaner und ihr militärischer Arbeitgeber als einzige über Kaufkraft verfügten. Bei den Friedensvertragsverhandlungen von San Francisco von 1951 machte Japan keine erkennbaren Anstrengungen, Okinawa zurückzuerhalten. Im November 1950 hatte die Fernostkommission des State Departments bei der Definition der US-Forderungen für den Friedensvertrag die dauerhafte Abtretung Okinawas verlangt. Dieses Papier geriet an die Öffentlichkeit und sorgte mit der Aussicht auf eine endlose Verlängerung der Besatzungszeit für eine nachdrückliche Beflügelung der Rückgliederungsbewegung auf Okinawa.[515] In San Francisco stimmte Japan dann im Prinzip der US-Treuhandschaft über die südlichen Nansei-Inselgruppen zu (neben Okinawa auch der Bonin-Inseln). Angesichts der Wahrscheinlichkeit eines russischen Vetos war ein formales UN-Mandat natürlich vorhersehbar illusorisch. Deshalb blieb die ausschließliche Gewalt (sowohl der Gesetzgebung wie der Rechtsprechung) bei den USA. Es handelte sich laut Außenminister John Foster Dulles um ein Gebiet Japans mit einer „residual sovereignty". Es blieb theoretisch zwar unter japanischer Oberhoheit und seine Bürger waren ebenso theoretisch weiter japanische Staatsbürger, doch war dies faktisch völlig irrelevant. Wie bis 1989 bei den deutschen Ostgebieten handelte es sich rechtlich um eine Verwaltungs- und nicht um eine Gebietssezession. Der Yoshida-Regierung in Tokyo war dies recht.[516] Am 8.9.1951 wurde der Friedensvertrag in der Oper von San Francisco unterschrieben.

Im Jahr 1952 ernannte die US-Besatzung das von ihr eingesetzte Beratergremium zur Ryukyu-Regierung (Ryukyu seifu) mit ihrem Vorsitzenden Shuhei Higa als Regierungschef. Die zwei Jahre zuvor gewählten Inselparlamente wurden entmachtet und missliebige Politiker ausgeschaltet. Demokratiepolitisch war dies ein deutlicher Rückschritt. Zwar gab es weiterhin eine gewählte „Gesetzeskammer", aber bis 1968 wurde der Verwaltungschef, der die US-Instruktionen auszuführen hatte, von den Besatzern ernannt. Tatsächlich bestand die Rechts-„Verfassung" Okinawas in den nächsten Jahrzehnten bis 1972 aus insgesamt 1400 Proklamationen, Direktiven und Verordnungen der Militärverwaltung.

---

515 Anhalt, S. 27

516 Anhalt, S. 28

Obwohl sich bei einer Unterschriftenaktion im Juli 1952 72 % der Okinawaer für eine Rückgliederung ausgesprochen hatten, verkündete „Regierungs“-Chef Higa in New York sie für „verfrüht“.[517] Die große Mehrheit der Okinawaer begrüße die Treuhandherrschaft der USA. Sein Kollaborationskurs führte zur Spaltung der Shadaito. Higa trat 1952 aus, gründete mit mitgenommenen Abgeordneten plus einiger Unabhängiger und den Resten der Republikanischen Partei die Minshuto (Demokratische Partei) und bildete mit 19 von 31 Sitzen den neuen „konservativen Block“, der sich mit dem Status quo und den Interessen der Bauindustrie und der Stützpunktwirtschaft arrangierte, gegenüber den „Progressiven“, die mit damals 12 Sitzen den baldigen Anschluss an Japan als Heil propagierten. Die US-Politik des „Divide et impera“ war erfolgreich gewesen. Die Okinawaer wurden gespalten und geschwächt. Jenes bis zur Stunde andauernde Schisma ihrer Politik wurde damals begründet.

Okinawa blieb ab 1952 weitere 20 Jahre lang einer US-Militärregierung unterstellt. Für das US-Militär blieb die Verwaltung Okinawas – wie schon für die japanische Präfekturverwaltung zuvor – ein karrieremäßig uninteressanter Teilzeitjob, der in Washington D. C. niemanden interessierte und für den es auch kaum Geld gab. Es zählte nur der Ausbau der Stützpunkte, des Kriegshafens von Naha und der Militärflugplätze. Wie es den Zivilsten erging und wie der Wiederaufbau vonstattenging, war nachrangig. Entsprechend chaotisch und ungeplant entwickelten sich denn auch die Barackenstädte vor den Toren und am Rande der US-Lager, wo sich Reparaturwerkstätten, Andenkenläden, Rotlichtviertel, Kneipen und die Unterkünfte des Lagerhilfspersonals drängten. Auf den Wiederaufbau der 1945 zerstörten Vorkriegsbahnen, zum Beispiel, verzichtete man gänzlich. Dennoch richtete sich die US-Besatzung ab 1952 auf einen längeren Aufenthalt ein. Zwar durften sich die Okinawaer ab 1946 im Stil einer „Schülermitverantwortung“ in örtlicher Demokratie üben, doch blieb die politische Macht eindeutig beim US-Militärgouverneur als Chef der „Zivil“-Verwaltung. So wurden Bürgermeister abgelöst, Parteien verboten und Parlamente aufgelöst, wann immer der US-Hochkommissar kommunistische Umtriebe, Eigenmächtigkeiten oder Anschlussgelüste nach Japan witterte. Grundenteignungen waren willkürlich (und sei es, um Golfplätze oder größere Parkplätze anzulegen). Einsprüche waren unzulässig, die Entschädigungen minimal und Kritik wurde als kommunistische Verhetzung denunziert. Die japanische Flagge, die Hinomaru, blieb verboten und durfte als Symbol des natio-

[517] Anhalt, S. 31

nalen Widerstandes und der Rückgliederung nur an wenigen Nationalfeiertagen gezeigt werden. Die Besatzer bemühten sich, ein separates „Ryukyu"-Bewusstsein wiedererstehen zu lassen, mit dem Ziel, die Okinawaer zu überzeugen, sie seien keine Japaner.[518] Von einigen Kollaborateuren der ersten Stunde abgesehen, durchschauten die meisten jene „Ryukyuisierung" als Propagandatrick, um die US-Okkupation zu verlängern. Aktiv waren dabei vor allem die Spionageabwehr, das „Counter Intelligence Corps" und die Sektion für Öffentlichkeitsarbeit der US-Armee. Die Nachrichten wurden in der örtlichen Sprache Uchinaaguchi ausgestrahlt. Es gab eigene Briefmarken der Ryukyu-Inseln und ab 1958 statt des B-Yen den US-Dollar als einziges Zahlungsmittel. Sicher gut gemeint, errichteten die USA 1950 die erste Universität Okinawas, die „Ryukyu Universität" mit bald 1200 Studenten, doch ausgerechnet auf den Ruinen der alten Burg Shuri, die sie gründlich zerstört und abgeräumt hatten. Sie wurde vom Personal der Michigan State University nach ausschließlich amerikanischem Muster betrieben. Geplünderte gusseiserne Tempelglocken, die aufgrund ihrer robusten Statur teilweise jedenfalls Granaten und Bomben überlebt hatten, wurden, sofern noch auf Truppenübungsplätzen und in Offizierskasinos auffindbar, nach und nach neuerrichteten Tempeln zurückerstattet.[519]

Die direkten Beziehungen nach Japan wurden so weit wie möglich erschwert. Die Okinawaer blieben faktisch staatenlos und konnten nur mit einem Sonderausweis Japan besuchen. Die Japaner der Hauptinseln wiederum konnten Okinawa nur unter Schwierigkeiten mit einem US-Visum besuchen. Wer von dort stammte, war nach 1945 ohnehin aus Okinawa ausgewiesen worden. Im Unterricht leisteten vor allem die Lehrer Widerstand und unterrichteten weiter in der japanischen Hochsprache. Immer wieder kam es zu Kundgebungen und nach ihrer Unterdrückung durch die Militärpolizei zu Krawallen für den Anschluss an Japan. Weil mit rasch steigenden Bevölkerungszahlen die ehemaligen von ihren Schollen vertriebenen Bauern kein ausreichendes Auskommen fanden, ermutigten die Besatzer ihre Auswanderung nach Bolivien und Brasilien (wohin schon in der Vorkriegszeit viele Okinawaer emigrierten), oft allerdings in völlig ungeeignete Urwaldgebiete.[520]

---

[518] Steve Rabson. „Assimilation Policy in Okinawa: Promotion, Resistance and ‚Reconstruction'" in: Johnson (Hg.). S. 133–148, S. 145

[519] Willard Hanna. „Okinawa: Ten years later". This Week in Okinawa, 5-teilige Serie. Text vom 23.12.1955. Click.Okinawa.com – Library

[520] Kozy Amemiya. „The Bolivian Connection: U. S. Bases and Okinawan Emigration" in: Johnson (Hg.). S. 53–70, S. 54

Während des Koreakrieges, der am 27.7.1953 mit dem Waffenstillstand in Panmunjeom vorläufig endete, war Okinawa eine der wichtigsten Vorwärtsbasen für die US-Truppendislozierung, aber wichtiger noch als Hauptstützpunkt für die B-29-Bomberflotten und die Marine, sowohl für Flugzeugträger wie für Zerstörer. Um etwas Druck von der Rückgabedebatte zu nehmen, die mit den Härten der intensiven Stützpunktenutzung zugenommen hatte, kündigte Außenminister Dulles im August 1953 ein „Weihnachtsgeschenk" für Japan an: die Rückgabe der Amami-Inseln, 200 km nördlich von Okinawa entfernt. Ohne Stützpunkte, strategisch unbedeutend – im Krieg waren 20000 japanische Soldaten, von gelegentlichen Luftangriffen abgesehen, dort weitgehend unbehelligt geblieben –, ein politisch unruhiges Armenhaus mit hoher Arbeitslosigkeit und einer starken Anschlussbewegung,[521] wurde die idyllische Inselgruppe Ende 1953 wieder der Präfektur Kagoshima angegliedert und hat seither in Japan mit ihren 120000 Einwohnern den zweifelhaften Ruf des korruptesten Einerwahlkreises für das Nationalparlament.

Das fundamentalste Problem der US-Okkupationspolitik war damals mit Abstand ihre Landpolitik. Skrupellos wurde brauchbares Land für Rollfelder, Treibstofflager, Kasernen und Freizeitplätze aller Art konfisziert und nur sehr begrenzt wurden offensichtlich unbrauchbare Flächen zurückgegeben. Erst im April 1951 gab es die Möglichkeit für die vormaligen Besitzer, ihr Eigentum an Grund und Boden rechtlich anerkennen zu lassen.[522] Die praktischen Schwierigkeiten, die wir auch aus der Nachwendezeit in Mitteldeutschland kennen, waren verbrannte Grundbücher und vernichtete Grenzsteine. Da ab 1952 der formale Kriegszustand beendet war, gab es keine Rechtsgrundlage für die bisher sehr locker gehandhabten entschädigungslosen Enteignungen mehr. Deshalb boten die USA nunmehr Pachtverträge über 20 Jahre mit Spottmieten an. Eine Weigerung der 76000 Landbesitzer galt als „schweigende Zustimmung". Bei den vielen neuen Beschlagnahmungen standen sie vor der Alternative, entweder einen solchen Vertrag abzuschließen oder ohne Anfechtungsmöglichkeit ihren Besitz konfiszieren zu lassen. Nach vorhersehbaren Akzeptanzproblemen bot die Zivilregierung an, die kumulierte Pacht für die nächsten 17 Jahre auf einen Schlag auszuzahlen, um von den Grundbesitzern Ruhe zu erkaufen, ihnen eine neue Klein-Existenz oder die Auswanderung zu ermöglichen.[523]

---

521 Anhalt, S. 36

522 Anhalt, S. 37

523 Anhalt, S. 39

Schon damals zeichnete sich ab, dass 99 % der Basen auf der Hauptinsel Okinawa konzentriert sein würden. Auf den südlichen, militärisch nutzlosen Miyako- und Yaeyama-Inseln gab es keinerlei Stützpunkte. Im Jahr 1970 nahmen die Stützpunkte 17000 ha auf Okinawa ein, d. h. 12 % der Gesamtfläche, die angesichts der Tatsache, dass es im gebirgigen und bewaldeten Norden weiter so gut wie keine Stützpunkte gab, 44 % des besten Ackerlands und der effektiven Siedlungsfläche beanspruchten. In manchen Orten Zentralokinawas waren zwischen 50 und 90 % des Landes betroffen. Angesichts des zivilen Widerstandes unternahm die Besatzungsmacht nächtliche Bulldozer-Angriffe, die die Häuser und Felder plattmachten. Sie wurden von einheimischen Wachmannschaften gesteuert und von US-Militärpolizei geschützt, die jeden Widerstand sofort zusammenknüppelten. Als auf Iejima Bauern auf ihren früheren Feldern noch die Ernte einbringen wollten, wurden sie bei Übungen mit scharfer Munition getötet oder verwundet.[524]

Im Widerstand gegen die US-Besatzungspolitik identifizierten sich die Okinawaer eindeutig als Japaner mit der Hinomaru als sichtbarem Symbol (auch wenn dies bei den Ereignissen vor 1945 oder nach 1972 etwas befremdlich erscheinen will). Demonstrationen, Kundgebungen, Petitionen und Landkommittees wurden in allen Gemeinden organisiert. Für die Militärbesatzer waren alle von kommunistischer Agitation aufgehetzt. Trotzdem beharrten sie bei dem eigentlich höchst unkommunistischen wichtigsten Beschwerdepunkt der Bevölkerung, den willkürlichen Landenteignungen, weiterhin auf minimalen, einseitig festgesetzten „Entschädigungen", verhielten sich also selbst nicht anders als stalinistische oder maoistische Bauernleger.

Falls es für die Besatzungsoffiziere einen Beweis für die kommunistische Unterwanderung gab, so war dies die erste 1. Maifeier 1952 auf Okinawa (sie erfolgte sechs Jahre nach der ersten in Japan!). 300 Arbeiter forderten die sofortige Rückgliederung an Japan sowie Arbeitsgesetze. Spontane Streiks folgten. Es waren die Beschwerden der Bau- und Stützpunktarbeiter (denn andere abhängig Beschäftigte gab es kaum auf Okinawa). Es ging um schlechte Unterkünfte ohne Betten, lecke Dächer, unzureichende Versorgung, die verschleppte Auszahlung der Löhne nach oft erst zwei Monaten. Dazu entlohnten die Besatzer nicht nach der Qualität der Arbeit, sondern nach der Nationalität. Da fanden sich die Okinawaer am Boden der Hierarchie. Ein amerikanischer Vertragsarbeiter erhielt für die gleiche Arbeit das zwölf- bis zwanzigfache, d. h.

524 Anhalt, S. 40

$ 1,2 bzw. $ 6,25 in der unteren bzw. oberen Lohnskala pro Stunde, während dies für den Okinawaer 10 bzw. 36 Cent pro Stunde ausmachte. Dazwischen lagen in dieser Kastenordnung die philippinischen und japanischen Lagerarbeiter. Dennoch blockierten die Besatzer jegliche Arbeitsschutzgesetzgebung und sahen alle 1. Mai-Teilnehmer summarisch als Kommunisten an.

Keine Frage: Bauern und Arbeiter waren die Träger der Massenbewegung für die Rückgliederung Okinawas an Japan. Aber wie in so vielen Nationalbewegungen unterdrückter Nationen Osteuropas im 19. Jahrhundert vom Baltikum bis Slowenien, waren die Lehrer die Kulturträger des organisierten Widerstandes, die von der Frage der Auswirkungen einer dauerhaften Besetzung durch ein fremdes Volk auf die junge Generation bewegt wurden. Der Lehrerverband hatte damals 6000 Mitglieder und führte die überparteiliche Kampagne für die Rückgliederung. Ihr Führer Chobyo Yara, ein Schulleiter, forderte die Erziehung okinawaischer Kinder auf japanische Art und Weise. Die Okkupanten reagierten auf ihre Weise: Ausreiseerlaubnisse nach Japan wurden untersagt und die Entsendung japanischer Unterrichtsmaterialen mit Schikanen sabotiert.[525]

Die konservative Minshuto strich nun die Rückgliederungsforderung aus ihrem Programm. Shadaito und Jinminto dagegen agitierten zusammen als Volksfront „gegen Militärherrschaft und für die sofortige Rückgliederung". 1954 erzielte das progressive Lager 45 % der Stimmen gegenüber 42 % der konservativen Minshuto. Diese Wahlen erfolgten vor dem emotionsgeladenen Hintergrund von Nachwahlen im Vorjahr, als das US-Militär unter fadenscheinigen Gründen die Wahl (mit 60 % der Stimmen) eines progressiven Kandidaten annullierte. Im Sommer 1954 wurden 44 Mitglieder der linken Volkspartei Jinminto verhaftet und zwei Parteiführer von Militärgerichten zu ein bzw. zwei Jahren Gefängnis verurteilt. Die Shadaito rückte daraufhin erschreckt von ihrem Volksfrontpartner ab. Einer der Jinminto-Führer namens Kamejiro Senaga wurde nach Verbüßung seiner Haft 1956 prompt zum Bürgermeister von Naha gewählt. Als die Besatzer darauf die Konten der Stadt sperrten und nach jener Blockade elf Monate später Neuwahlen fällig wurden, wurde ihm wegen der vorherigen Haftstrafe das passive Wahlrecht aberkannt.[526] Offensichtlich hatte das höhere US-Militär seine eigenen Ansichten von Demokratie und wie sie verteidigt werden sollte. Auch ihre in der US-Politik geläufigen Wahlkreiseinteilungen begüns-

---

[525] Anhalt, S. 46

[526] Anhalt, S. 48

tigten deutlich konservative Parteien und Kandidaten. Vor den Wahlen wurde Gewerbetreibenden und Händlern in den von den GIs frequentierten Rotlicht-, Restaurant- und Einkaufsvierteln stets eine klare Wahlempfehlung gegeben, mit der Botschaft, eine falsche Wahlentscheidung gefährde ihre wirtschaftliche Existenz. Anno 1958 hingen gut zwei Drittel aller Arbeitsplätze – einschließlich der meisten Tankwarte, Kinobetreiber, Souvenirhändler und Taxifahrer – von der Stützpunktwirtschaft ab.[527]

Während der Reise einer von Higa geführten Delegation nach Washington D. C. im Juni 1955 verlangten die Okinawaer die Einschaltung von Kongressabgeordneten. Einer von ihnen, Melvin Price, fuhr schließlich nach Okinawa und lieferte im Juni 1956 seinen Bericht ab, in den die Okinawaer große Hoffnungen gesetzt hatten. Sie sollten bitter enttäuscht werden. Er stellte die Landrequisitionen nicht grundsätzlich in Frage, auch die besonders verhassten Abschlagszahlungen nicht, und regte lediglich an, jene Konfiskationen auf das nötige Minimum zu beschränken und nicht benötigte Felder wieder zurückzugeben. Die nach der Veröffentlichung gefühlte Frustration der Okinawaer führte zu landesweiten Demonstrationen und Versammlungen mit Zehntausenden von Teilnehmern aller Parteien, Gewerkschaften und des Lehrerverbandes und beflügelte die Wahl des erwähnten Senaga im Dezember 1956.[528] 1958 spaltete sich die Shadaito in einen linken Flügel mit Senaga (Okinawa Shakaito) und ihrer kompromisslosen Anti-Besatzungspolitik und einem rechten Flügel, der eher im Interesse der Wählermehrheit nach Kompromissen zugunsten der Bevölkerung und ihres Lebensstandards suchte.

Die Rückgabe Okinawas

Während der Amtszeit von Premier Nobusuke Kishi (1957–60) „entdeckte“ Japan erstmals Okinawa als Problem, das mit den USA thematisiert wurde. Schon Anfang der 1950er Jahre hatte eine Gruppe von Exil-Okinawaern in Japan um den ehemaligen Bürgermeister von Shuri, Ryōkō Nakayoshi, begonnen, Petitionen an jedermann von Einfluss, einschließlich an MacArthur, zu schicken. Doch hatten diese Aktionen eine geringe Massenwirkung und stießen auf weitgehende Gleichgültigkeit. Zu gering war auch der Informationsfluss aus Okinawa. Die meis-

---

[527] Anhalt, S. 51

[528] Anhalt, S. 49

ten, einschließlich Premier Ichiro Hatoyama, hielten es, wie in vielen Schulatlanten dargestellt, für ein US-Treuhandgebiet. Eine erste Parlamentarierdelegation der SPJ war erstaunt, dass es auf Okinawa japanische Zeitungen gab.[529] Zwar war schon 1952 im Amt des Premiers ein „Verbindungsbüro für die südlichen Territorien" eröffnet worden. Es befasste sich hauptsächlich mit der Lage der japanischen Vertragsarbeiter, die in den Stützpunkten auf Okinawa arbeiteten. Auch in Japan selbst gab es in den 1950er Jahren wachsende Konflikte um die dortigen US-Stützpunkte und ihre Ausweitung. Ein Bericht der Asahi Shimbun über die auf US-Basen in Okinawa gezahlten Hungerlöhne und die dortige Rassendiskriminierung erregte deshalb einiges Aufsehen. Im Juli 1956 reiste eine neue Parlamentarierdelegation nach Okinawa. Alle Parteien setzten plötzlich Okinawa-Ausschüsse ein. Nach einer Massenkundgebung am 4. Juli 1956 im Hibiya Park in Tokyo wurden im Unterhaus zwei Okinawa-Resolutionen verabschiedet. Wie stark in kurzer Zeit der Bewusstseinswandel der japanischen Bevölkerung war, belegen zwei Umfragen. Während 1951 nur 6 % für die Rückgliederung eintraten, waren dies 1957 bereits 70 %.[530]

Der Aufstieg des Themas zum Nationalinteresse war in Washington nicht unbemerkt geblieben. Der Council on Foreign Relations konstatierte in einem Bericht von 1957, das Besatzungsregime habe die Parlamentswahlen von 1956 beeinflusst und schädige das Ansehen der USA bei den großen Parteien.[531] Im Dezember 1957 erschien in großer Aufmachung ein kritischer Artikel in der Zeitschrift Life zur Enteignung von 50 Familien für einen US-Golfplatz, gefolgt von einem kritischen Kommentar von Senator Eduard Kennedy.[532]

1957 verlangte Premier Kishi, der auf einem gleichberechtigten Verhältnis zu den USA bestand, erstmals die Rückgabe Okinawas. Bei einem Besuch in Washington im Juni 1957 diskutierte er mit Präsident Eisenhower über die Verlängerung des Sicherheitsvertrags und Okinawas Rückgabe. Ursprünglich hatte Kishi dies binnen zehn Jahren gefordert. Im gemeinsamen Kommuniqué war dann nur noch von Kishis starkem Wunsch, die Verwaltungskontrolle über Okinawa und die Bonin-Inseln zurückzuerhalten, die Rede. Eisenhower bekräftigte, Japan habe weiterhin die potentielle Souveränität über die Inseln. Doch müsse der

---

529 Anhalt, S. 53

530 Anhalt, S. 55

531 Council on Foreign Relations. *Japan between East and West.* New York, 1957, S. 10

532 Anhalt, S. 57

aktuelle Status quo beibehalten bleiben, solange die Bedrohungen und Spannungen im Fernen Osten anhielten. Bei einem späteren Treffen der Außenminister Fujiyama und Dulles im September 1958 wurde das Landproblem auf Okinawa diskutiert und es wurden gemeinsame Lösungen der wirtschaftlichen, politischen und organisatorischen Fragen auf Okinawa vereinbart. Japan war es also sehr schnell gelungen, seinen „Fuß in die Tür“[533] zu bekommen. 1958 flog die zweite Verhandlungsdelegation der Okinawaer nach Washington. Diesmal koordinierte man sich jedoch vorher mit Tokyo und besprach sich mit Kishi und Fujiyama. Inzwischen verstand man auch in Washington die Wichtigkeit der Landfrage und lenkte ein: Die neue Offerte bei Beschlagnahmungen beinhaltete zehnjährige Pachtverträge, die Versechsfachung des Pachtzinses und seine jährliche Auszahlung. Man sah plötzlich ein, dass die Stützpunkte durch eine fortgesetzte Militärherrschaft gefährdet sein könnten und bekam Angst vor einer „Okinawa-Krise“.[534] Deshalb suchte Washington den direkten Durchgriff zu sichern. War bislang der „Hohe Kommissar“ als Chef der Besatzungsbehörden vom Oberkommandierenden der Fernosttruppen ernannt worden, so wurde er dies ab Juni 1957 vom Pentagon mit Zustimmung des Präsidenten. Er war aber weiter aktiver Offizier und verfügte in Okinawa über absolute Macht. Immerhin wurde die Rechtspflege reformiert. Es gab einheimische Gerichtshöfe für Fälle, in die nur Okinawaer verwickelt waren, während Militärrichter weiter die Fälle, in die Besatzungssoldaten involviert waren, aburteilten. Das wirtschaftliche Ziel der Besatzungspolitik war nun offiziell die Hebung des Lebensstandards, dessen niedriges Niveau als Hauptgrund aller Unzufriedenheit angenommen wurde. 1958 löste deshalb der US-Dollar den B-Yen ab. Der Handel mit Japan wurde liberalisiert, so dass dank des starken Dollars und des schwachen Yen viele Verbraucherwünsche befriedigt, jedoch das einheimische Gewerbe umso mehr entmutigt wurde. Die US-Finanzhilfe wurde nun Jahr um Jahr aufgestockt: von $ 1,1 Mio. (1958) auf $ 3,2 Mio. (1959) und $ 6 Mio. (1960). Im Jahr 1959 erschien eine im Auftrag des Senats gefertigte Studie, der sogenannte „Concon Bericht“, der die bisherige Okinawa-Politik kritisierte und die baldmögliche Rückgabe an Japan forderte. Im Januar 1958 (bis zum Februar 1961) wurde General Daniel P. Booth zum neuen Hochkommissar bestellt, der als umgänglicher und kompromissbereiter galt als die meisten seiner Vorgänger. Die Okinawaer fühlten sich also zum ersten Mal in ihren Beschwerdepunkten von Washing-

533 Anhalt, S. 57
534 Anhalt, S. 58

ton verstanden. Die politische Atmosphäre entspannte sich deutlich. Und als am 30. Juni 1959 beim Absturz eines Militärflugzeuges auf eine Schule 17 Kinder starben und 120 verletzt wurden, da gab es diesmal keine politische Kampagne mehr, zumal sich die USA sofort bereit erklärten, Entschädigungen zu zahlen.[535]

Die Rückgliederungsforderung war natürlich nicht vom Tisch. Die gesamten 1960er Jahre sollten von ihr beherrscht werden. Im April 1960 wurde der „Kongress zur Rückgliederung von Okinawa an das Mutterland“ (Fukkikyo) in Naha gegründet. Sein Rückgrat war der 10000 Mitglieder starke Lehrerverband. Doch waren an ihm auch die drei progressiven Parteien Shadaito, Shakaito und Jinminto ebenso wie 14 Verbände (Gewerkschaften, Frauen-, Jugend- und Studentengruppen) beteiligt. Das Programm forderte die Gültigkeit der von den Amerikanern geschriebenen japanischen Verfassung mit ihren demokratischen Grundrechten auch in Okinawa, die Vertretung Okinawas im japanischen Parlament, das einen Sonderausschuss für Okinawa bilden solle, die freie Wahl des Gouverneurs, sowie die Rückgabe Okinawas als Kernelement der japanischen Amerika-Politik. Es folgten noch weitere linkslastige Friedens-, Abrüstungs- und antikoloniale Programmpunkte voller Widersprüche, wie es bei so einer heterogenen gemeinsamen Front nicht anders zu erwarten war. Der Tag des Inkrafttretens des Friedensvertrags von San Francisco, der 28. April (1952), der Okinawa die fortgesetzte Okkupation brachte, wurde zum wichtigsten jährlichen Agitationstag für Protestveranstaltungen. Was die friedenspolitische Kampagne besonders befeuerte, war die Tatsache, dass die USA seit 1958 an Abschussbasen für Atomraketen bauten.[536] Die der LDP nahestehende konservative Minshuto dagegen wandte sich wegen ihrer anti-amerikanischen und in der Diktion pro-sowjetischen Agitation gegen den Fukkikyo. Auch sie war natürlich für den Anschluss an Japan, allerdings in gradueller Form. Im Oktober 1959 wurde die LDP Okinawas gegründet. Sie erzielte prompt im November 1960 mit 22 von 29 Sitzen einen fulminanten Wahlsieg gegen Fukkikyo. Für die Wähler war die versprochene Verbesserung ihrer Lebensverhältnisse offensichtlich wichtiger als die illusorische sofortige Rückgliederungsforderung. Dazu konnte die örtliche LDP einigermaßen glaubwürdig bessere Kontakte zur japanischen Regierung unter Hayato Ikeda herstellen, von dessen Mutterpartei die Wahlkampfführung mutmaßlich generös finanziert wurde. Auch dürfte das einheimische Spendenaufkommen für die Kon-

---

[535] Anhalt, S. 61
[536] Anhalt, S. 70

servativen mit ihren Verbindungen zur Bauindustrie großzügiger ausgefallen sein als für die Progressiven, die sich eher mit moralischen Appellen an die Weltpolitik aufhielten, mit denen die meisten Wähler nichts anfangen konnten.[537]

Als im Juni 1960 Präsident Eisenhower – zum Zeitpunkt der großen Anpo-Demonstrationen in Tokyo – als erster US-Präsident zu Besuch nach Naha kam, ließ Fukkikyo überall die japanische Hinomaru Flagge schwenken und begrüßte ihn mit Plakaten, die „Ike go home“ und „Okinawa zurück an Japan“ aufzeigten. Die Proteste fanden ohne Minshuto-Beteiligung statt. Das US-Militär ließ die Demonstranten gewähren.

Im Februar 1962 wandte man sich dennoch in einem gemeinsamen Appell an die UN, als es dort um die Entlassung aller Kolonien in die Unabhängigkeit ging. Tokyo war peinlich berührt. Okinawa sei doch keine Kolonie, meinte Außenminister Kosaka.[538] Tatsächlich hatten die Amerikaner weiter geglaubt, mit der Hebung des Lebensstandards allein sei ihr Besatzungsproblem zu beheben. Gleichzeitig blieben die Sozialstandards und Löhne auf Okinawa immer noch weit unter dem Niveau der Hauptinseln. Noch 1969 lagen Lehrergehälter auf Okinawa um 50 % unter den japanischen Vergleichswerten. Der einzige Sozialschutz bestand in einer Arbeitslosenversicherung. Entscheidender noch war, dass das Bedürfnis der Okinawaer nach nationaler Identität, Autonomie und einer friedlichen Zukunft nach dem Schrecken der mörderischen Schlacht ignoriert wurde. Gleichzeitig wurde es ihnen, im Gegensatz zu den Einwohnern von Hawaii oder Guam, nicht erlaubt, Amerikaner zu werden.

Mit großen Erwartungen wurde die Präsidentschaft John F. Kennedys begrüßt. Er entsandte Professor Carl Kaysen von der Harvard Universität im Herbst 1961 mit einer Untersuchungskommission nach Okinawa. Ihr Bericht empfahl die Verminderung der Reibereien des Militärs mit der Zivilbevölkerung, stärkere Ryukyu-Hilfen der USA und Japans und mehr Autonomie. Es blieb bei deklaratorischen Liberalisierungen des Besatzungsregimes. Die Entscheidungen wurden weiter vom Hochkommissar gefällt. Auch ein Besuch Robert Kennedys im Februar 1962 in Japan änderte nichts. Der Präsident selbst verkündete, er sehe die Ryukyu als Teil des japanischen Mutterlandes und sehe mit Freuden dem Tag entgegen, an dem es die Sicherheitsinteressen der freien Welt zulassen würden, dass sie der vollen japanischen Souveränität zugeführt werden könnten.[539] Tatsächlich ernannte er in Gestalt des

---

[537] Anhalt, S. 75

[538] Anhalt, S. 69

neuen Hochkommissars Paul Caraway, der ab 1961 die nächsten drei Jahre über Okinawa herrschen sollte, eine Person, die durch ihre brutale Direktherrschaft sowohl die Autonomiebemühungen, japanische Direktinvestitionen und die pro-amerikanischen Kräfte auf der Insel entmutigte.[540] Als Ergebnis rutschten die Konservativen bei den Wahlen 1965 auf 47 % der Stimmen, erhielten wegen der für sie günstigen Wahlkreiseinteilung jedoch noch 19 Mandate, während die progressiven Parteien trotz gewonnener Wahlen mit 53 % der Stimmen nur auf 13 Abgeordnete kamen.

In den 1960er Jahren wurde die zuvor beherrschende Landfrage von neuen Forderungen überlagert: die Beschränkung der Zuständigkeit der US-Militärgerichtshöfe, die freie Gouverneurswahl und die Ablehnung der Übernahme des japanischen Rechts für Lehrer, die ihre politischen Rechte stark einschränken würde.

Mittlerweile waren die gegenseitigen Informationsdefizite zwischen Japan und Okinawa behoben. Ab 1960 hatten alle großen japanischen Zeitungen Korrespondenten in Naha. Zwei Drittel aller Okinawaer hatten japanische Zeitungen und Zeitschriften abonniert. Ferner konnte japanisches Fernsehen überall empfangen werden.[541] Trotz des starken öffentlichen Drucks hielt sich Premier Ikeda während seiner Amtszeit (1960–1964) in der Okinawa-Frage deutlich zurück. Angesichts seiner starken Wirtschaftsinteressen könnte eine Rolle gespielt haben, dass Okinawa für japanische Exporte in dieser devisenknappen Zeit in US $ bezahlte. Immerhin gingen 3 % der japanischen Exporte damals nach Okinawa.

Für seinen Nachfolger Eisaku Sato (1964–1972) wurde Okinawa jedoch zum deklarierten – ebenso erfolgreichen wie unbedankten – Hauptthema. Für ihn war der Schlüssel für die Rückgabe die unbeschränkte Weiterexistenz der US-Stützpunkte, die angesichts ihrer Wichtigkeit für die Sicherheit von gemeinsamem Nutzen sowohl für die USA als auch für Japan seien. Bei einem Besuch auf Okinawa im August 1965 wurde er von Pro- wie Gegendemonstranten begrüßt, die ihn des Verrats ziehen, da er damals noch keinen Zeitplan für die Rückgabe vorlegen konnte und die US-Stützpunkte, einschließlich ihrer Kernwaffen, akzeptiert habe. Die Demonstrationen wurden so tumultartig, dass Sato, statt in seinem belagerten Hotel zu logieren, lieber in ein Gästehaus in einer sicheren US-Base flüchtete. Die amerikanische Botschaft

539 Anhalt, S. 73
540 Anhalt, S. 73
541 Anhalt, S. 78

zwang ihn, in seiner öffentlichen Rede in Naha von der wichtigen Rolle, die die Ryukyu-Inseln für den Frieden und die Sicherheit in Ostasien spielten, zu sprechen. Gleichzeitig aber betonte er, ohne die Rückgabe Okinawas könne Japans Nachkriegsperiode nicht abgeschlossen sein.[542]

Im November 1968 – mehr als 23 Jahre nach Kriegsende – ließen die USA erstmals eine freie Gouverneurswahl zu, die sie aus Angst vor der Einschränkung ihrer militärischen Handlungsfreiheit bislang immer unterbunden hatten. Die Okinawaer, denen man wegen ihrer angeblichen politischen Unmündigkeit dieses Recht bislang vorenthalten hatte, beteiligten sich zu 91 % an dieser Wahl. Die LDP warnte mit dem Rückfall in die „Barfuß-Süßkartoffelwirtschaft" bei der Abschaffung der Stützpunkte. Die Linke sah die Alternative als „Kartoffeln oder Krieg". Zwar gewann Chobyo Yara, der Chef der progressiven Lehrergewerkschaft, den Gouverneursposten mit 52 %, doch hatte die LDP in der Präfekturversammlung mit 18 gegenüber 15 Sitzen der Linken wieder die Nase vorn.[543]

Während des Vietnamkriegs nahm ab 1967 die Rückgabe langsam Gestalt an. Die kriegsbedingten Belastungen der Insel waren enorm. Allein von Kadena erfolgten 10000 Starts und Landungen der B-52-Langstreckenbomber im Monat auf Ziele in Nordvietnam und den Ho-Chi-Minh-Pfad. Im Hafen von White Beach, einem Militärhafen in der nördlichen Nakagusuku-Bucht (Buckner Bay), landeten ununterbrochen Kriegs- und Frachtschiffe an. Die Straßen waren mit Militärfahrzeugen verstopft. Okinawa wurde zum Hauptzentrum der Reparatur von beschädigtem und zerschossenem US-Kriegsgerät, von Jeeps und Lkws, in sogenannten „bone yards" teilweise noch mit Blutspuren und Leichenteilen. Im Norden und Mittelteil der Insel wurden GIs und Marines in dauernden Übungen in Bataillonsstärke für den Dschungelkampf geschliffen. Bei Kriegsspielen mussten Okinawaer für $ 1 am Tag Vietnamesen in vietnamesischen Dschungeldörfern spielen. Kein Wunder, dass sich tödliche Unfälle häuften, Manöverschäden zunahmen, die Sexindustrie blühte und die Verbrechensraten – darunter (die auch in Deutschland damals sehr häufigen) Taxifahrermorde – durch die verrohte und disziplinlose Soldateska in die Höhe schnellten. Verübten US-Soldaten 1964 noch 973 Gewaltverbrechen, so waren es 1966 schon 1407, hauptsächlich Vergewaltigungen, Raubüberfälle und Morde. Während der Jahre 1965 bis 1975 wurden min-

---

542 Kyodo. „U. S. pressed Sato to soften 1965 Okinawa speech". *Japan Times* 16.1.2015

543 Anhalt, S. 91

destens 17 Okinawaer von GIs ermordet.[544] Weiterhin blieben ausschließlich US-Gerichte zuständig, die für ihre verrohte Kundschaft auf dem Weg von und nach Vietnam oft ein Übermaß an Verständnis – frei nach dem Motto: traumatisierter Kriegsheld – und Milde aufbrachten. 1968 stürzte dann auch eine B-52 nahe einem Kernwaffendepot ab.

Zwischenzeitlich gab es weitere US-Konzessionen. So wurde 1961 das Zeigen der Hinomaru erlaubt und 1964 wurden Reiseerleichterungen für Fahrten zwischen Okinawa und Japan eingeführt. Dies ermöglichte einen regen Politikertourismus, den diese für öffentliche Rückgabeforderungen nützten. Dabei ließen sie ihrer Fantasie für Anschlussszenarien vollen Lauf. So schlug Yasuhiro Nakasone damals vor, vorerst nur die südlichen, militärisch ungenutzten Yaeyama- und Miyako-Inseln anzuschließen. Andere legten Wert auf nur zivil besiedelte Gebiete ohne US-Basen, oder Teilkompetenzen wie etwa das Bildungswesen.[545] Derweil wurde 1965 die japanische Finanzhilfe auf $ 16 Millionen verdoppelt, während die USA wegen ihrer hohen Kriegsausgaben und der Dollar-Krise ihre Hilfen zurückfuhren. Die japanischen Gelder wurden hauptsächlich in das Bildungssystem gesteckt.

Auf dem Höhepunkt des Vietnamkrieges wurde zwischen Richard Nixon und Premier Sato im Jahre 1967 zuerst die Rückgabe der Bonin-Inseln und im Jahre 1969 schließlich auch die Rückgabe Okinawas für das Jahr 1972 vereinbart. Diese Verhandlungen fanden ohne die Beteiligung der Okinawaer statt. Da auch in Japan die Massenproteste gegen den US-Militäreinsatz in Vietnam immer stärker zunahmen, versuchte Nixon ihnen durch die Rückgabekonzession den Wind aus den Segeln zu nehmen. Allerdings bestanden die USA auf einer vollen uneingeschränkten weiteren Nutzung aller Stützpunkte.[546] Deshalb blieben der extraterritoriale US-Truppenstatus und die umfangreichen Ländereien der Besatzer auf Okinawa unangetastet. Damit könnten Geheimoperationen weiter durchgeführt sowie Atomwaffen stationiert werden und Atom-U-Boote des Typs Polaris die Inselstützpunkte anlaufen.[547] Selbst innerhalb der LDP war diese Konzession nicht unumstritten, zumal die USA auch auf einer verstärkten japanischen Verteidigungsleistung als Teil des Sicherheitspaktes bestanden.[548] So fand die Ratifizierung des im Juni 1970 unter-

---

[544] Jon Mitchell. „Battle Scars. Okinawa and the Vietnam War". *The Japan Times on Sunday*, 8.3.2015

[545] Anhalt, S. 84

[546] Anhalt, S. 85

[547] Chalmers Johnson. „Foreword" in: Johnson (Hg.). S. 5–9, S. 7

[548] Anhalt, S. 88

zeichneten Rückgabevertrags im Dezember 1971 denn auch nur unter großen Tumulten, begleitet von Massenprotesten, in Okinawa statt. Die Forderung der Linken (Kommunisten und JSP) nach der sofortigen Schließung aller Stützpunkte hätte die Rückgabe an Japan mit Sicherheit vereitelt. Für das Pentagon war die Rückgabe ein gutes Geschäft. Von nun an würden sie die Stützpunkte gratis nutzen können und die Japaner für alle Kosten der Landnutzung und Infrastruktur aufkommen.

Okinawa als periphere Präfektur und die Stützpunktfrage

Am 15. Mai 1972 wurde Okinawa die 47. Präfektur Japans. Zu diesem Zeitpunkt stammten bereits 80 % der Importe aus Japan. Die Betriebe der Präfektur waren angesichts ihrer Kapitalknappheit von japanischen Banken und Kapitalgebern abhängig. Bislang hatte man den einheimischen Rohrzucker mit Importzöllen von 20 % und den Awamori vor japanischem Sake mit 200 % Zoll schützen können. Nun fiel der Import billigen Reises aus Kalifornien und preisgünstigen US-Benzins weg. Ersparnisse und Preise mussten von US Dollar auf Yen umgestellt werden. Dazu ging die Angst vor der Stationierung japanischer Truppen um, die das Unheil der Kriegsjahre erst heraufbeschworen hatten. So wurden die Rückgliederungsfeierlichkeiten in Naha von der Linken weitgehend boykottiert, und das einstige Protestsymbol, die Hinomaru, verlor so stark an Symbolwert, dass sich Okinawa bald als jene Präfektur profilierte, an deren Schulen sie am wenigsten gezeigt wurde. Der seit 27 Jahren so leidenschaftlich erhoffte Tag der Wiedervereinigung war für die engagiertesten Aktivisten also einigermaßen bitter geworden. Nicht nur gab es weiterhin alle US-Stützpunkte. Man war nun angesichts der eigenen Unterwicklung auch völlig von den Finanzhilfen Tokyos abhängig geworden. Diese richteten sich jedoch nicht nach den Wünschen und Bedürfnissen der Inselbewohner, sondern nach jenen des japanischen Zentralstaates, das heißt der herrschenden Partei in Nagatacho und den bürokratischen Prämissen Kasumigasekis.

Doch es gab noch andere Erblasten, für die weder Tokyo noch die Okinawaer verantwortlich waren. In der Tat ist die ökologische Bilanz der 70jährigen ununterbrochenen US-Militärpräsenz verheerend. Weil das dioxinhaltige und stark karzinogene Entlaubungsmittel Agent Orange von Okinawa aus nach Vietnam geflogen wurde, wurden von Dow Chemical defekt gelieferte Fässer bei den großen Flughäfen wie Kadena kurzerhand vergraben. Viele endeten auch als vermeintlich hoch wirksames Herbizid über den Schwarzmarkt in der Landwirtschaft. Weil auch schwer erkrankte US-Veteranen das US-Militär derzeit verklagen, streitet das Pentagon aus prozessualen Gründen alles ab, was die Aufklärung und die Bergung der Giftfässer und die Dekontaminierung des Bodens, der nach der Rückgabe mancher Ländereien bereits wieder zivil besiedelt ist, zusätzlich erschwert. Dazu hat das US-Militär im Laufe der Jahrzehnte bedenkenlos große Mengen an Dieseltreibstoffen, Altöl und hochtoxischen PCB-Kühlungsmitteln aus Transformatoren in den Boden gekippt, der jetzt quecksilber- und bleiverseucht ist. Chemische und uranangereicherte Munition wurde entweder vergraben oder ins Meer geworfen. Darunter befinden sich große Mengen Arsen und Nervengas. So wurden auf Okinawa auch im Feldversuch chemische und biologische Waffen getestet, darunter in den 1960er Jahren ein Reispilz, der die nordvietnamesische Reisernte vernichten sollte. In verlassenen US-Anlagen fand man zu allem Überfluss auch noch jede Menge Asbest, die ihre weitere Benutzung verunmöglichte. Für die Beseitigung der Umweltschäden muss nach dem Stützpunktestatut ohnehin der japanische Steuerzahler aufkommen. Doch „hilft" es, dass sich auf Okinawa auch US-Schulen als kontaminiert herausstellten und die Mütter sich mit den Lügen, Vertuschungen und Beschwichtigungen aus Washington D. C. nicht abfinden wollen.[549] Die Stützpunktarbeiter, die jahrelang ohne Ausbildung, Warnungen und Schutzausrüstungen mit Insektiziden und Asbest hatten arbeiten müssen, warten freilich noch immer auf jegliche Entschädigung.

Verständlicherweise wurde das Verhältnis der Okinawaer zu der überpräsenten Besatzungsmacht auch von bedauerlichen Vorkommnissen geprägt, wie sie bei jener massiven Konzentration von Truppen und Kriegsmaterial in einem dicht besiedelten Gebiet wahrscheinlich nahezu unvermeidbar sind[550]:

---

549 Jon Mitchell. „Agent Orange evidence mounts, US still denies". *Japan Times* 4.6.2013; ders. „Okinawa: the junk heap of the Pacific". *Japan Times* 12.11.2013; ders. „Pollution rife on Okinawa's US returned base land". *Japan Times* 5.12.2013, ders., „Kadena moms demand truth". *Japan Times* 22.1.2014; ders. „Fears widen over Kadena toxins". *Japan Times on Sunday* 2.2.2014; ders. „US report points to Kadena toxic pollution cover up". *Japan Times* 18.3.2014; ohne Autor: „US Army tested biological weapons in Okinawa". *Japan Times* 13.1.2014

550 Schon 1949 berichtete Frank Gibney, selbst ursprünglich Besatzungsoffizier, in „Okinawa: The Forgotten Island". *Time Magazine* 28.11.1949, die dortigen US-Truppen hätten eine üblere Disziplin und Moral als in wahrscheinlich jedem anderen Ort der Welt.

1947 starben acht Einwohner der Insel Iheya nach einer Arsenvergiftung.
1955 vergewaltigte und ermordete ein US-Offizier eine Sechsjährige.
1959 stürzte ein Kampfflieger auf eine Grundschule. 17 Kinder starben, 121 wurden verletzt.
1963 wurde ein Oberschüler von einem US-Lkw tödlich überfahren.
1965 wurde ein Schulmädchen von einem herabfallenden Hubschrauberteil getötet.
1968 stürzte ein B-52-Bomber beim Abflug nach Vietnam ab.
1970 wurde ein Zivilist von einem US-Pkw verletzt. Als die Militärpolizei das Feuer eröffnete, brachen Krawalle aus.

Dazu zeichnet sich der auf Okinawa lebende missratene jugendliche Nachwuchs der Militärs schon lange durch eine außerordentliche hohe Delinquenz aus, die von der Kleinkriminalität, wie Ladendiebstählen, Graffitischmierereien und anderen Sachbeschädigungen zu Raub, Einbrüchen und Brandstiftung reicht.

Nach der Rückgabe Okinawas anno 1972 wurden insgesamt 127 Flugunfälle, 137 Geländebrände bei Militärübungen und 12 zivile Tote durch Militäreinwirkung gezählt.[551] Zu den aktuell noch am virulentesten wirkenden Zwischenfällen zählen die Vergewaltigung einer Zwölfjährigen durch drei GIs im Jahr 1995[552] und der Absturz eines Hubschraubers auf die Okinawa International University im Jahre 2004, die zwar in dem zerstörten Gebäude keinen Personenschaden anrichtete, doch ebenfalls inselweite Massenproteste auslöste.

Aus Sicht Okinawas nimmt sich die Lastenverteilung in der Stützpunktfrage mit den Hauptinseln mehr als unfair aus. So trägt es mit 0,6 % der Landfläche Japans 75 % der US-Stützpunkte und die Hälfte aller US-Soldaten, d. h. etwa 25 000 Mann. Mit der Vorwärtsdislozierung der 7. Flotte liegen auf Okinawa 14 400 Tonnen Munition, 5000 Einheiten schweres Kampfgerät und 50 Millionen Fass Treibstoff eingebunkert, die die Insel im Kriegsfall wieder zu einem erstrangigen Ziel machen würden. Ein Fünftel des besten und meist am dichtesten besiedelten Teils der Hauptinsel wird weiter militärisch

---

551 Mike Millard. „Okinawa: Then and Now“ in: Johnson (Hg.). S. 93–108, S. 98

552 Jenes Verbrechen löste eine jahrelang anhaltende Wiederbelebung der Friedensbewegung mit ihren Massenprotesten auf Okinawa aus. Für Details siehe: Gabriele Vogt. *Die Renaissance der Friedensbewegung in Okinawa. Innen- und außenpolitische Dimensionen 1995–2000*. München, 2003

genutzt und ist für die Bevölkerung, einschließlich der ehemaligen Besitzer, unzugänglich.

Seit mehr als 17 Jahren wird über die weitere Verringerung der Stützpunkte, die im US-amerikanischen Stil sehr großzügig bebaut sind und von weiträumigen Golf- und Parkplätzen gesäumt sind – im Gegensatz zur drangvollen Enge der einheimischen Siedlungen außerhalb der Stacheldrahtverhaue und Armeeposten –, im Dreieck zwischen Tokyo, Okinawa und dem Pentagon verhandelt und gestritten.

Die Position des US-Militärs ist klar: Die Vorgänger haben die Schlacht gewonnen, das Gelände gehört uns und wir brauchen es für alle Fälle bei einem nicht vorhersehbaren Konflikt, auch im Sicherheitsinteresse Japans. Ansonsten beschränkt sich das örtliche Marineoberkommando darauf, humanitäre Rettungseinsätze in ganz Asien, einschließlich bei der Katastrophe vom 11. März 2011, sowie die üblichen „community relations" wie Sport- und Musikveranstaltungen, Sprachkurse, Jugend-Austauschprogramme und wohltätige Werke der Soldatenfamilien herauszustellen.[553]

Im Rahmen einer Paketlösung haben sich die Amerikaner dann Ende 2013 mit der Abe-Regierung geeinigt, im Jahre 2024 „oder später" einige Rand- und Lagerhausflächen zwischen Naha und Kadena, darunter jener von Makimato, von Camp Zukeran, vom Flugfeld Kadena und dem Militärhafen Naha, zurückzugeben, sowie etwa 7000 Marines (von 18000) nach Guam, Australien, Hawaii und an die US-Westküste zu verlegen – vorausgesetzt, die Japaner tragen die Hauptkosten von $ 6,1 Milliarden allein für die Verlegung nach Guam (die USA würden $ 4,2 Milliarden zahlen).[554] Im Jahr 2020 soll dann der Verlagerung des kontroversen Flughafens Futenma, der inmitten der Stadt Ginowan liegt, an einen ebenso kontroversen, noch aufzuschüttenden Küstenflughafen von Henoko an der Ostküste, unweit des Camp Schwab innerhalb der Stadtgemeinde Nago zugestimmt werden. Jene zwei neuen Landebahnen an der Korallenküste sowie ein dazugehöriger neuer Marinehafen sind ebenfalls von Japan

---

553 Air Ground Team. Marine Expeditionary Force. Command Overview. Undatiert (verteilt 2015)

554 *Sentaku Magazin* vom April 2012, übersetzt in *Japan Times*, 16.4.2012. Die Umzugskosten für diesen kleinen Pazifikflug würden in der Tat $ 1,5 Millionen pro Marine ausmachen. Man mag demzufolge berechtigte Zweifel am Verstand der US-Militärbürokratie und am Verhandlungsgeschick der japanischen Diplomatie hegen. In der umgekehrten Richtung war es seinerzeit wesentlich billiger gewesen.

zu bezahlen. Falls der Deal nicht zustande kommt, bleibt alles beim Alten, so die Amerikaner.

Die Okinawaer sehen die Sachlage naturgemäß etwas anders. Zunächst bestand ein Konsens der Präfekturversammlung, der Futenma-Stützpunkt solle außerhalb Okinawas abgesiedelt werden. Man fand insgesamt 35 kaum benutzte Regionalflughäfen auf den Hauptinseln Japans, die besser geeignet sein könnten: Solche auf Kyushu seien näher an Korea gelegen und solche an der Westküste Japans hätten ein für Einsätze in Nordostasien geeigneteres Klima als das subtropische Okinawa mit seiner Taifun-Saison von Juli bis September. Doch gibt es auch auf dem japanischen Festland trotz aller Überalterungs- und Abwanderungsprobleme in der Provinz keine Freiwilligen für einen US-Luftwaffenstützpunkt. Die Absiedlungsbefürworter waren 2009 von Premier Yukio Hatoyama ermutigt worden, der als DPJ-Premier justament eine solche Lösung in Aussicht stellte, die jedoch zwei entscheidende Nachteile hatte: Sie war mit den Amerikanern nicht abgesprochen worden, und er hatte keinen Ersatzstandort in petto.[555]

So lief nolens volens nach der Wiederwahl der LDP im Dezember 2012 wieder alles auf Henoko als Ersatzstandort, auf dem die Amerikaner bestanden, hinaus. Die Abe-Regierung bestellte im Dezember 2013 die LDP-Abgeordneten aus Okinawa ein, die zögerlich zustimmten. Die Landesorganisation der LDP folgte dem. Nachdem die Regierung Gouverneur Nakaima ihr 8-Jahresbudget von 300 Milliarden Yen pro Jahr bis 2021 vorgestellt hatte (mit 346 Milliarden Yen bereits für das Fiskaljahr 2014), stimmte auch der Gouverneur zögerlich dem Henoko-Projekt und damit den von ihm abhängigen Aufschüttungsgenehmigungen für die Landgewinnungen zu. Es blieben die Bürger der betroffenen 63 000 Einwohner-Stadt Nago. Im Dezember 1997 hatten sie das Projekt Henoko in einem Referendum bereits abgelehnt, doch später einen Henoko-Befürworter zum Bürgermeister gewählt. Im Januar 2014 fanden erneute Bürgermeisterwahlen statt, wieder zwischen einem Henoko-Befürworter, der von der Bauindustrie und der LDP gestützt wurde, und einem Henoko-Gegner der politischen Linken. LDP-Generalsekretär Ishiba beehrte im Wahlkampf die verarmte Kleinstadt Nago mit einem Besuch und stellte einen Sack Geld auf den Tisch: einen $ 500 Millionen (50 Milliarden Yen)-Entwicklungshaushalt (oder $ 8000 pro Einwoh-

---

[555] Gabriele Vogt und Anne Wiemann. „Okinawa und die Außen- und Sicherheitspolitik der Hatoyama-Administration“ in: Verena Blechinger-Talcott et al. (Hg.). *Ein neues Japan?* Bern, 2013, S. 711ff

ner) für die richtige Wahl.[556] Doch funktionierte das Primitivkonzept nicht so recht. Mit 20000 gegen 14000 Stimmen wurde der Stützpunkt-Gegner Inamine gewählt. Er gelobte, er würde sofort die Benutzung der in städtischer Regie befindlichen Straßen- und Wasserwege für den Stützpunktbau sperren und eine internationale Kampagne zum Schutz der Brutgebiete der bedrohten Dudong-Seekuh und der örtlichen Meeresschildkröten im Korallengebiet starten. Eigentlich hatte die LDP im Herbst 2014 mit dem Bau (Kostenpunkt 100 Milliarden Yen) – rechtzeitig vor den Gouverneurswahlen im November – anfangen wollen.

Okinawa unter der Regierung Shinzo Abes

Es ging, wie erwähnt, nicht ganz nach Plan. 55 % der Okinawaer fühlen sich von „Yamato", d. h. „Rest-Japan", in der Stützpunktproblematik unverstanden und 29 % „überhaupt nicht". Nur etwa 10 % sehen sich etwas oder genügend verstanden[557]. Es gibt also weiter ein ernsthaftes und nachhaltiges Kommunikationsproblem zwischen Okinawa und Rest-Japan. Dies liegt zum einen in der Tatsache begründet, dass der Geschichtsunterricht in Japan so unzulänglich ist, dass auch die Mehrheit der akademisch gebildeten Japaner der Nachkriegsgenerationen nur die vagsten und schönfärberischsten Ahnungen von der Schlacht und ihren Verheerungen hat. Immerhin sind jene bitteren Wahrheiten sehr unschön zu vermitteln und deshalb unwillkommen. Von Seiten der politischen Klasse, d. h. jener der LDP-Kader im Parlament und der Ministerialbürokratie, ist die Perspektive jene der Unbotmäßigkeit und Undankbarkeit für eine mehr als 40-jährige Subventionswirtschaft, in der wie im Rest der japanischen Peripherie von Hokkaido bis Kagoshima Projekt um Projekt mehr oder meistens weniger sinnhafte Subventionsanliegen durchgeführt wurden, für die im Gegenzug dann politische Loyalität und Willfährigkeit erwartet wird. Dieser Erwartung hat jedoch Okinawa nur selten entsprochen. Für die Bewältigung und das Verständnis der Kriegsrealitäten kommt erschwerend hinzu, dass die politische Linke eher das japanische Militär schuldhaft belasten will, während die Rechte es eher zu entschuldigen, aber gleichzeitig den US-Bundesgenossen nicht zu belasten sucht. So bleibt die historische Wahr-

---

[556] *International New York Times* 21.1.2014

[557] Okinawa Prefectural Government. „Survey on Okinawa's Attitude towards Regional Security". *Regional Security Policy. Research Report 2014*. Naha, 2015, S. 45–100, S. 60

heit auf der Strecke, und wie bei allen kontroversen Themen wird in Japan alles in betretenes Schweigen gehüllt. Nach einigen Jahrzehnten weiß ohnehin niemand mehr so genau Bescheid.

Dies erklärt, warum die Abe-Regierung Ende 2014 ernstlich glaubte, sie könne mit einem milliardenschweren Subventionsprogramm, der Aussicht auf eine zweite Landebahn in Naha und „familienfreundlicher" Kasino-„Resorts" in ihren Vororten[558] die Wiederwahl des zögerlichen Henoko-Befürworters, des bisherigen Gouverneurs Hirokazu Nakaima (Jahrgang 1939), sichern. Das Hauptthema war für die Wähler Okinawas jedoch nicht die Subventionswirtschaft, sondern die Stützpunktfrage, die für 80 % der Bevölkerung ein nahezu tägliches Ärgernis und ein Grund zur dauernden Sorge ist. Sein Hauptgegner war Takeshi Onaga (Jahrgang 1950), vormalig Bürgermeister von Naha und Generalsekretär der regionalen LDP, der sich mit seiner Parteiführung jedoch überworfen hatte. Als Gegner des Henoko-Projektes hatte er die Unterstützung von KPJ und SDP. Komeito, Koalitionspartner der LDP in Tokyo, erklärte sich als neutral.[559] Unterstützten die LDP und wichtige Firmen wie Kokuba Construction und Okinawa Electric Power, deren Präsident er zuvor gewesen war, weiterhin Nakaima, so war auch die Geschäftswelt nach dem Abfall der Kariyushi-Hotelgruppe und der Baufirma Kanehide gegenüber Onaga gespalten. Zunehmend sahen auch okinawaische Industrielle die Stützpunkte, von denen nur noch 5 % des Inseleinkommens abhängt, als Wachstums- und Entwicklungsbarriere.[560] Onaga gewann schließlich mit 360000 Stimmen und einem Vorsprung von 100000 haushoch vor Nakaima.[561] Auch ein Viertel der LDP- und ein Drittel der Komeito- Wähler hatten für ihn gestimmt. Tokyo reagierte vorhersehbar sauer. Das Okinawa-Budget wurde für das Fiskaljahr 2015 um 4,6 % gekürzt.[562] Premier Shinzo Abe weigerte sich monatelang, den neuen Gouverneur zu treffen. Als zum 70. Jahrestag des Endes der Schlacht sein Besuch in Okinawa dann unvermeidlich geworden war, redeten die beiden zum Thema Henoko aneinander vor-

---

558 220 Milliarden Yen Umsatz und 54000 Arbeitsplätze wurden in entsprechenden „Studien" vorgegaukelt. *Japan News* 6.1.2015. Selbstverständlich waren die externalisierten Kosten der schönen neuen Kasinowelt nur für reiche chinesische Touristen vorgesehen. Gouverneur Onaga hat den Kasinoplänen jedoch eine deutliche Absage erteilt.

559 *Japan News* 1.11.2014

560 *Japan Times* 18.5.2015

561 *International New York Times* 18.11.2014

562 *Japan Times* 15.1.2015

bei. Vom Publikum wurde Abe als „Kriegstreiber“ bei den Gedenkfeiern ausgebuht, ein in Japan sehr unübliches Verfahren.[563] Onaga ist offenkundig sehr ungehalten, dass aus seiner Sicht Abes neue Sicherheitspolitik zugunsten der USA auf Kosten Okinawas geht. Bezüglich Henoko, wo nach dem Willen Tokyos und des Pentagons zwei 1,8 km Landebahnen und ein Tiefseehafen in die Korallenbucht gebaut werden sollen, verfolgen er und der Bürgermeister Nagos eine offensichtliche Verzögerungstaktik. Sie bemühen das Fischereirecht zum Schutz der Korallen, das Umweltrecht gegen die Sandtransporte und örtliche Genehmigungsrechte gegen Lagerplätze auf Gemeindegrund. Das ganze artet dann regelmäßig in rechtliche Haarspaltereien über die Kompetenzen der Zentralregierung gegenüber dem Gouverneur und Bürgermeister aus, bei dem die letzteren zwar in aller Regel auf dem Instanzenweg den Kürzeren ziehen, doch weiterhin nicht aufgeben.

Interessant ist, dass die öffentliche Meinung auf Okinawa sicherheits- und außenpolitisch wegen des aggressiven Kurses Chinas gegenüber den Senkaku-Inseln durchaus im realistischen Lager steht. So bekunden 19 % pro-amerikanische und 41 % etwas pro-amerikanische Gefühle, während sich die entsprechenden pro-China-Sympathien bei 1,3 % bzw. 7 % bewegen. Positiv werden Chinas Kultur und Geschichte gesehen sowie die langen historischen Beziehungen, negativ dagegen Chinas Kritik an den Geschichtsthemen, ihr „patriotisches“ Verhalten, die Hochrüstungs- und Rohstoffpolitik, der Senkaku-Konflikt, die negative Medienberichterstattung über Japan, die Verletzung internationaler Normen und die schlechten Manieren chinesischer Touristen (von denen es auf Okinawa unübersehbar viele gibt). Damit ist man auf Okinawa deutlich kritischer als in Rest-Japan.[564] Demgegenüber wird Taiwan von 17 % positiv und von 66 % etwas positiv gesehen. Einen militärischen Konflikt mit China über die Senkaku erwarten 7 % in den nächsten Jahren und 41 % irgendwann in der Zukunft. Die japanischen SDF-Streitkräfte werden von 27 % positiv und von 44 % etwas positiv gesehen. Auch der japanisch-amerikanische Sicherheitspakt wird von 59 % als positiv für Japans Frieden und Sicherheit beurteilt. Der positive Eindruck erstreckt sich jedoch nicht auf das US-Militär in Japan. Nur 7 % sehen es positiv, 26 % etwas positiv, während es 14 % negativ und 31 % etwas negativ sehen.[565] Im Gegensatz zu China, das die meisten in erster Linie aus den Medien vermittelt bekommen, kennen alle Okina-

---

563 *International New York Times* 4.7.2015

564 Okinawa Prefectural Government, S. 53

565 Okinawa Prefectural Government, S. 59

waer US-Soldaten und ihre Stützpunkte aus eigenem Augenschein. Dazu kommt die verbreitete und nicht unbegründete Furcht, Okinawa könne wieder zum Objekt feindlicher Großmachtauseinandersetzungen werden, mit denen die Insel nichts zu tun hat.[566]

Während die chinesische Forderung auf die Taiwan vorgelagerten Senkaku sehr nachdrücklich, mit militärischen Machtmitteln höchst offiziell vorgetragen wird,[567] gibt es auch Stimmen, die die Souveränität Japans über Okinawa bereits in Frage stellen. So ein Kommentar in der People's Daily, die sich am 8. Mai 2013 auf eine Studie der Chinesischen Akademie der Wissenschaften bezieht, die bekundet habe, es sei „an der Zeit, die ungelöste historische Frage der Ryukyu wieder zu untersuchen". Immerhin seien sie ein Vasallenstaat der Ming- und Qing-Dynastien gewesen.[568]

Die Entwicklungs- und Wirtschaftsproblematik

Das Dilemma von Henoko beleuchtet die Entwicklungsproblematik Okinawas schlaglichtartig. Zwar sind mittlerweile nur noch 5 % der Inselwirtschaft von den Stützpunkten abhängig, der Rest zumeist vom Fremdenverkehr und der Bauwirtschaft. Der Tourismus ist von Pauschaltouristen der großen Hotelketten aus Tokyo abhängig, die Bauwirtschaft von den öffentlichen Aufträgen der Tokyoter Ministerien, ganz im sattsam bekannten Stil des „Baustaates Japan". Von Hokkaido bis Okinawa heißt das Zauberwort „Seibi": Die Natur muss gebändigt, möglichst bürokratisch geregelt werden, durch Dämme, Planierungen, Ausholzungen, Brücken, Küstenmauern, Fernstraßen, Rastplätze, Tunnel, egal was, Hauptsache, es ist aus Beton und Asphalt. Mit den großflächigen Bodenmeliorationen und Landschaftsplanierungen des Landwirtschaftsministeriums wird wegen der häufig starken Regenstürme weiter die Bodenerosion befördert und die dünne Humusschicht in die Flüsse und ins Meer geschwemmt. Dazu gibt es neben den Hotelpalästen und Themenparks an der Küste noch jede Menge an neuer sozialer Infrastruktur, als da sind überdimensionierte Bürgermeistereien, Museen, Schulen, Feuerwehrhäuser, Straßenmeistereien etc., völlig unabhän-

---

[566] Feifer, S. 561

[567] Siehe die Dokumentation: Ministry of Foreign Affairs of Japan. *Fact Sheet: Position of Japan on the Senkaku Islands*, und: *Three Truths about the Senkaku Islands*. Tokyo February 2013

[568] Zitiert von Frank Ching in: *Japan Times* 16.5.2013

gig vom Bedarf. Hauptsache, das vorgesehene Budget wird verbaut. So gibt es zwei Fraktionen auf Okinawa: die Yamato-Politiker und die Ryukyu-Bürger. Repräsentant für die ersten ist die größte Baufirma Okinawas, die Kokuba-Gumi, die für die Stützpunkte und für Henoko ist, weil sie sich davon verständlicherweise die meisten Aufträge verspricht. Doch gibt es in jedem Dorf kleinere Baufirmen, die mitprofitieren und eine entsprechende Beschäftigung schaffen. Bis 2014 erhoffte man sich durch Botmäßigkeit gegenüber Tokyo die Lizenz für ein internationales Casino-Resort auf Okinawa, wo chinesische Milliardäre statt in Macao oder auf Singapur ihr Geld lassen würden. Diesen illusorischen Traum hat der im Dezember 2014 gewählte neue Gouverneur Takeshi Onaga jedoch mit gesunder Skepsis platzen lassen. Jetzt rittern andere japanische Städte um die Casino-Lizenz.

Schon in den 1970er Jahren wurden beim Kin Bay-Projekt für eine überdimensionierte Petrochemiezone an der Ostküste Milliarden versenkt, ebenso wie bei der Marine Expo 1975, als angefangen wurde, die Küste zuzuzementieren. Für den kurzen Yanbaru-Fluss allein wurden von 1974 bis 1997 gut ein halbes Dutzend Großdämme gebaut, die sein ökologisches Gleichgewicht völlig kippen ließen und die Flussfischerei ausmerzten. In der Tat fielen viele Wälder und Grünflächen, die das US-Militär zu Zwecken des Dschungeltrainings und der Infanterieausbildung noch intakt gelassen hatte, nach ihrer Rückgabe an Japan sofort der Motorsäge und der Planierraupe zum Opfer.[569] In aller Fairness muss man bei einem Blick auf die Karte Okinawas zugestehen, dass bei Verhältnissen, bei denen von der Stadtfläche Kadenas 83 % und Yomitans 48 % oder auf der Insel Ie 35 % von militärischen Stützpunkten dominant eingenommen werden, in den Randflächen eine vernünftige Stadt- und Regionalplanung schlechterdings unmöglich ist. Wenn dann unverhofft Flächen zurückgegeben werden, feiert die übliche, schnell improvisierende Bauentwicklung Urständ.

Die Gehälter auf Okinawa liegen bei 75 % des japanischen Durchschnitts, die Arbeitslosigkeit mit 6,8 % (2012) gut um ein Drittel darüber. 70 % der Beschäftigung erfolgt angesichts der Schwäche von Industrie und Primärsektor im Dienstleitungsbereich. Gibt es eine Alternative zur fremdbestimmten Abhängigkeit der „3K“ von Massentourismus (*kanko*), den Militärstützpunkten (*kichi*) und der staatssubventionierten Bauwirtschaft (*kōkyō jigyō*)? Oder haben vier Jahrzehnte der zentralisierten Subventionswirtschaft alle Ideen und Initiativen für eine autono-

---

[569] Gavan McCormack. „Okinawan Dilemmas: Coral Islands or Concrete Islands?“ in: Johnson (Hg.). S. 261–282, S. 270

me, ökologische Entwicklung und eigenständige Planung abgetötet?[570] Pläne für eine freistaatähnliche deregulierte Freihandelszone ähnlich dem alten Königreich wurden von Tokyo auf eine kleine Hafenzone in Naha zurechtgestutzt.[571] Tatsächlich gibt es Ideen von Pensionärskolonien in angenehmem subtropischen Klima bis zum Ökotourismus mit einer Belebung der traditionellen Handwerke wie Töpferei, Weberei, Glasmacherei, Nahrungsmittelverarbeitung und Brauereiwirtschaft.

Immerhin ist der Tourismus weiterhin im Aufwind. 7 Millionen Gäste zählte man 2014. Davon waren 900000 Ausländer, die meisten aus dem benachbarten Taiwan, Korea, China und Hongkong. Von dem von ANA seit 2009 betriebenen Frachtflughafen in Naha gehen allwöchentlich 120 Flüge abends ab, die morgens zwischen 6 und 8 Uhr in den asiatischen Großstädten eintreffen.[572] Japanische Dienstleister nützen Okinawa auch zunehmend als „Call Centers“: es gibt Subventionen, niedrige Arbeitskosten und genug Arbeitskräfte. Ohnehin ist Okinawa mit seinen 1,4 Millionen Einwohnern die einzige japanische Präfektur, die bis 2025 dank besserer Geburtenraten noch ein Bevölkerungswachstum aufzuweisen hat, bevor es auch hier bergab gehen wird.

Bunte Tourismusprospekte zum Pauschalurlaub in Okinawa werben in Japan für Spaßurlaub für die ganze Familie. Meist hält man sich in einer der Hotelburgen auf, in denen es alles gibt, vom Swimming Pool, eigenen Restaurants, Spielarkaden, Andenkenläden bis zur Hauskapelle für Trauungen, so dass man eigentlich den Hotelkomplex nicht zu verlassen braucht. Es werden jedoch stets auch organisierte Touren zu Themenparks in künstliche Folkloredörfer, zu Einkaufszentren, Höhlensystemen, Tauchstationen oder zum als Tourismusattraktion wiederaufgebauten Burgkomplex von Shuri angeboten. Die Tragödie von 1945 findet in jenen Tourismusprogrammen keine Erwähnung. Die wenigen, sehr aseptisch gehaltenen Erinnerungsstätten, wie Himeyuri (für die geopferten Oberschülerinnen), der Bunkerkomplex Tomishiro von Vizeadmiral Ota und der Friedenspark von Itoman im Süden sind deshalb auch weitgehend touristenfrei. Allerdings sind sie sämtlich von sehr informativen Museen begleitet, die, wie in Japan üblich, volkspädagogisch und anschaulich für die Unterrichtung der einheimischen Schuljugend bei Exkursionen konzipiert sind. Die Einrichtung und Konzepti-

---

[570] Masayuki Sasaki. „Sustainable Development in Okinawa for the 21st Century“ in: Johnson (Hg.). S. 247–260, S. 248

[571] Koji Taira. „Okinawa's Choice: Independence or Subordination“ in: Johnson (Hg.). S. 171–188, S. 183

[572] *Asia Wall Street Journal* 14.11.2014

on jener Museen und Gedenkstätten wurden von heftigen Geschichtskontroversen begleitet, bei der es weniger um die historische Wahrheit als um Fragen des politischen Kalküls geht. Die politische Linke auf Okinawa möchte in erster Linie die Rolle der japanischen Armee diskreditieren, die sie in erster Linie für die zivilen Verluste verantwortlich macht. Die konservative Rechte dagegen will hauptsächlich die Rolle der amerikanischen Armee nicht thematisieren, um die Stützpunktproblematik nicht zusätzlich zu belasten.[573] Die Amerikaner scheint es nicht zu stören, wenn die japanische Geschichtspolitik und die Instrumentalisierung der kollektiven Erinnerung sie von Kriegsverbrechen freispricht, so als hätten sie 1945 hier drei Monate lang nur Kaugummis verteilt.

Auch wenn das Grauen der Schlacht in Schaukästen wahrscheinlich nur sehr unvollkommen darstellbar ist, ist dies in der Tat kein Fehler. In der „Erinnerungskultur" Deutschlands, der offiziösen Anamnese für das Leiden des eigenen Volkes, findet sich nichts dergleichen.

---

[573] Julia Yonetani. „On the Battlefield of Mabuni: Struggles over Peace and the Past in Contemporary Okinawa". *East Asian History* 20, 2000, S. 145ff

KARTEN

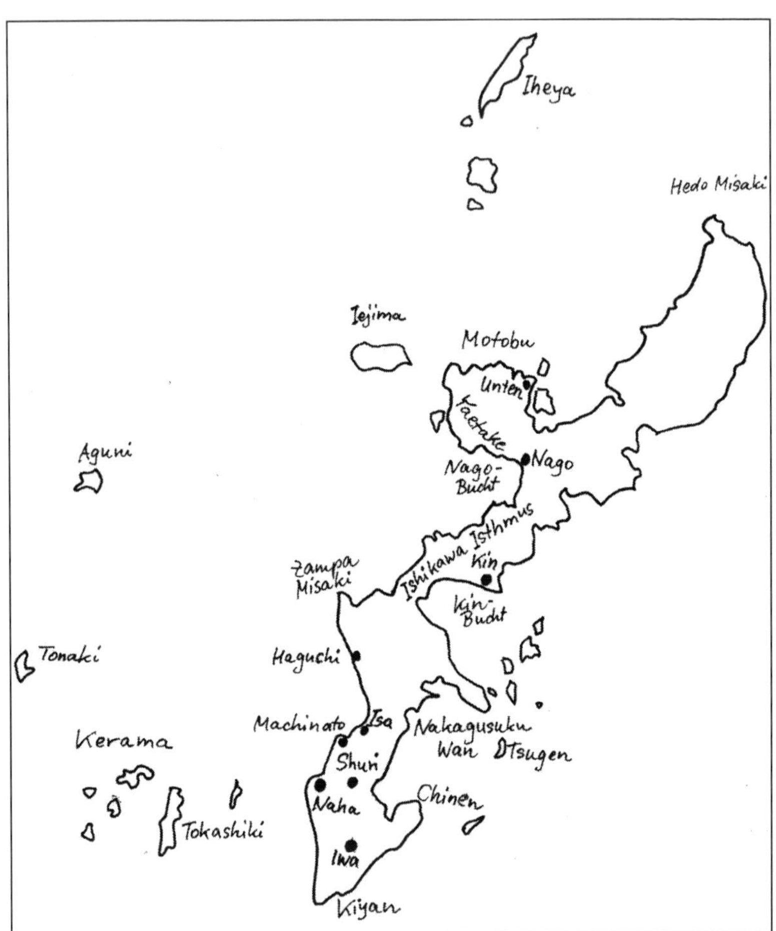

1a. Übersichtskarte

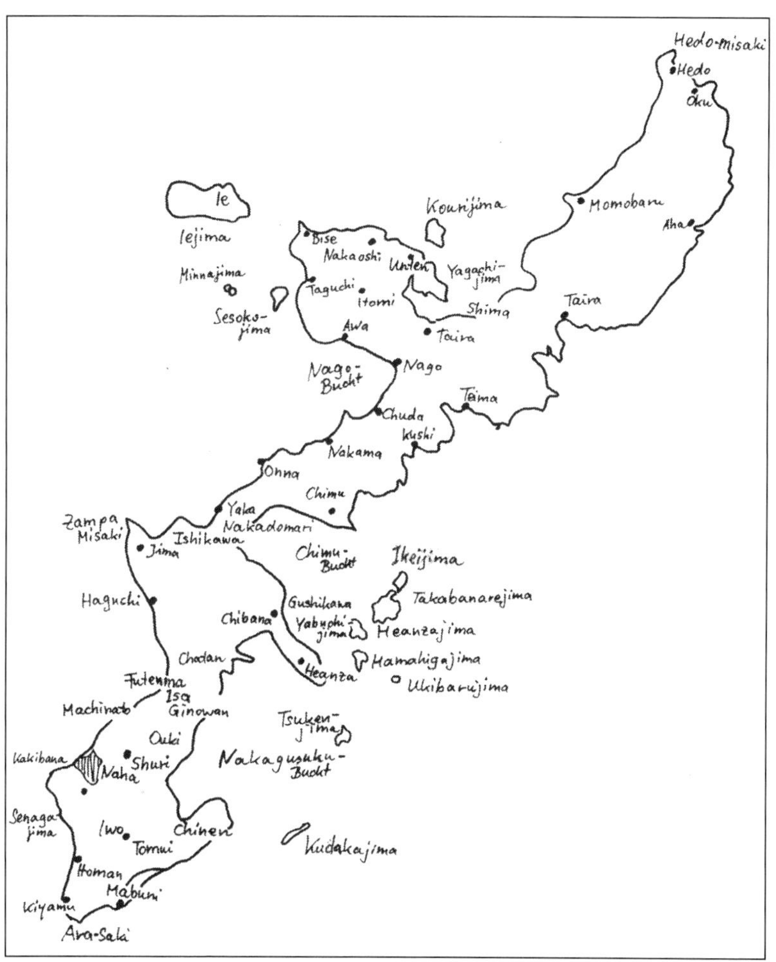

1b. Übersichtskarte

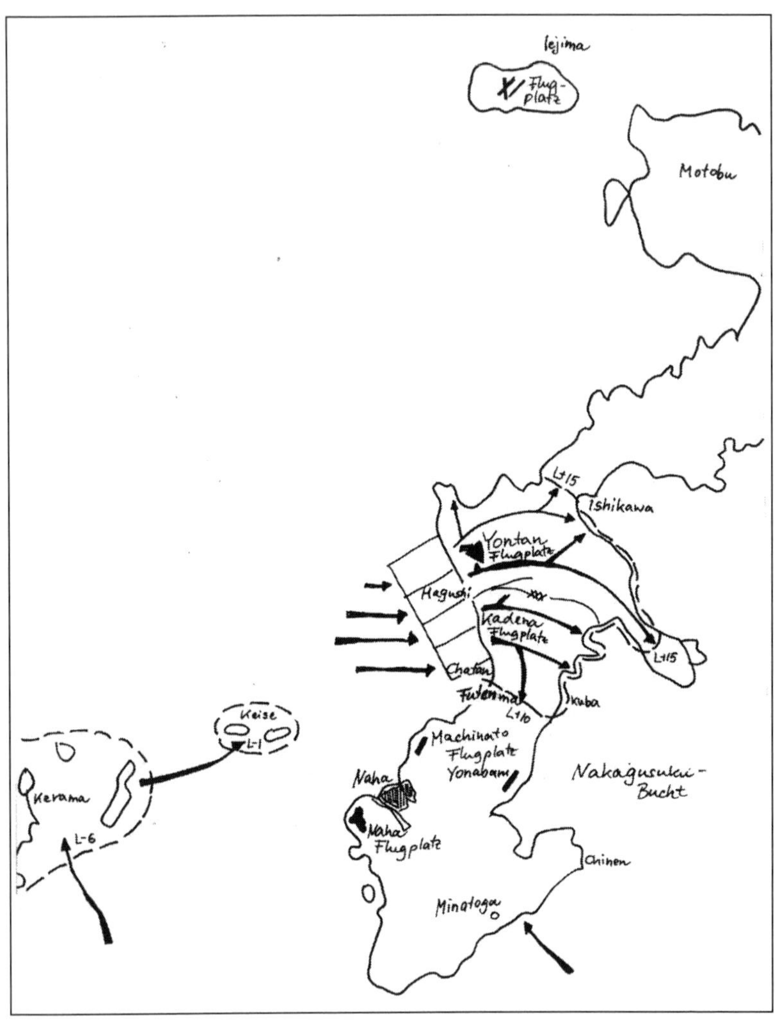

2. Landungspläne

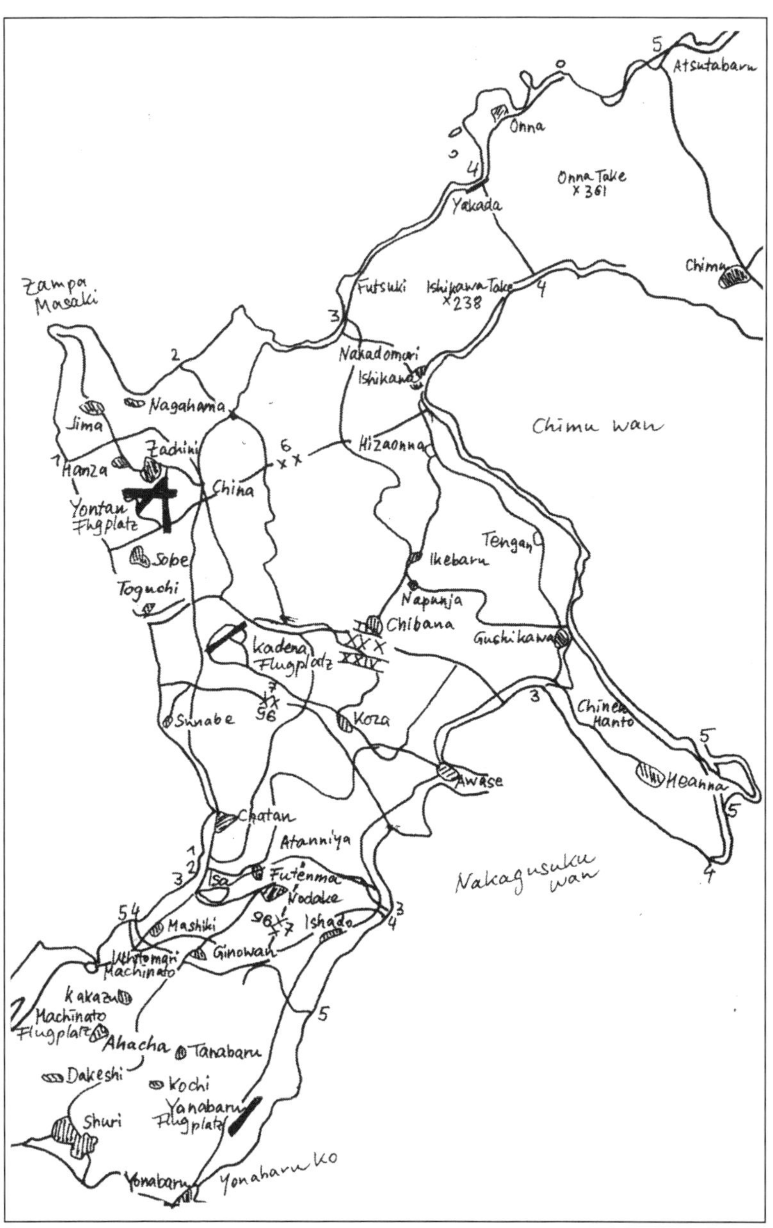

3. Die tatsächlichen Frontlinien

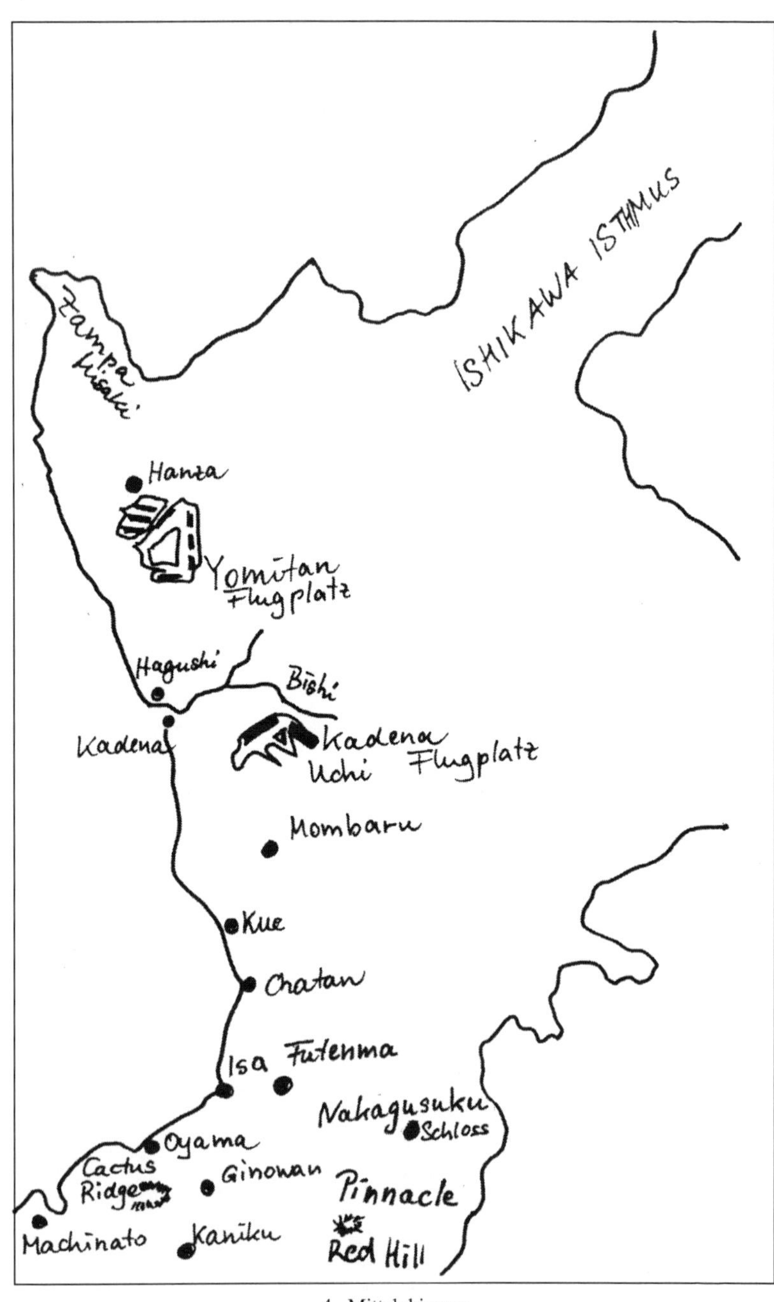

4. Mittelokinawa

5. Der Vorstoß nach Norden

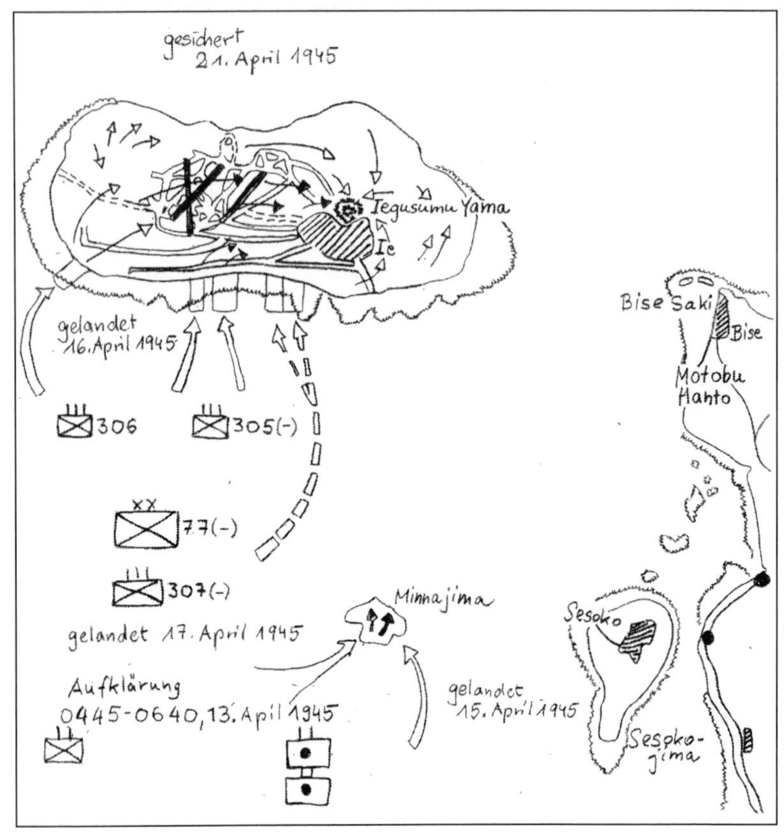

6. Der Angriff auf Iejima

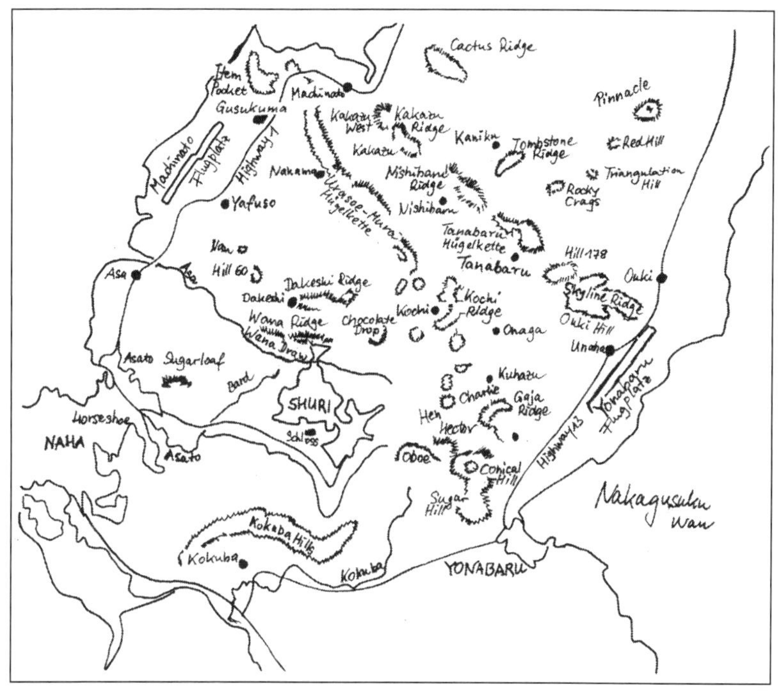

7. Die Befestigungshügel der Shuri-Linie

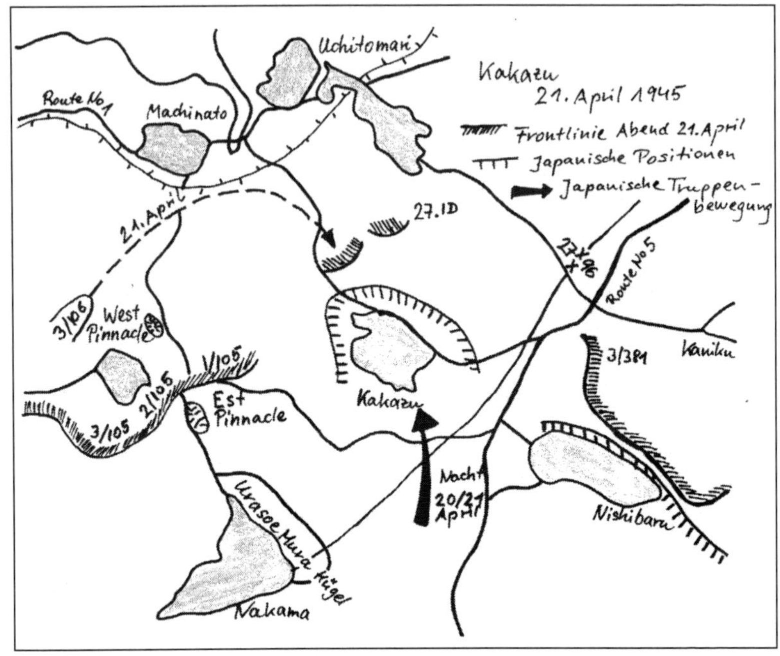

8. Der Kampf um Kakazu

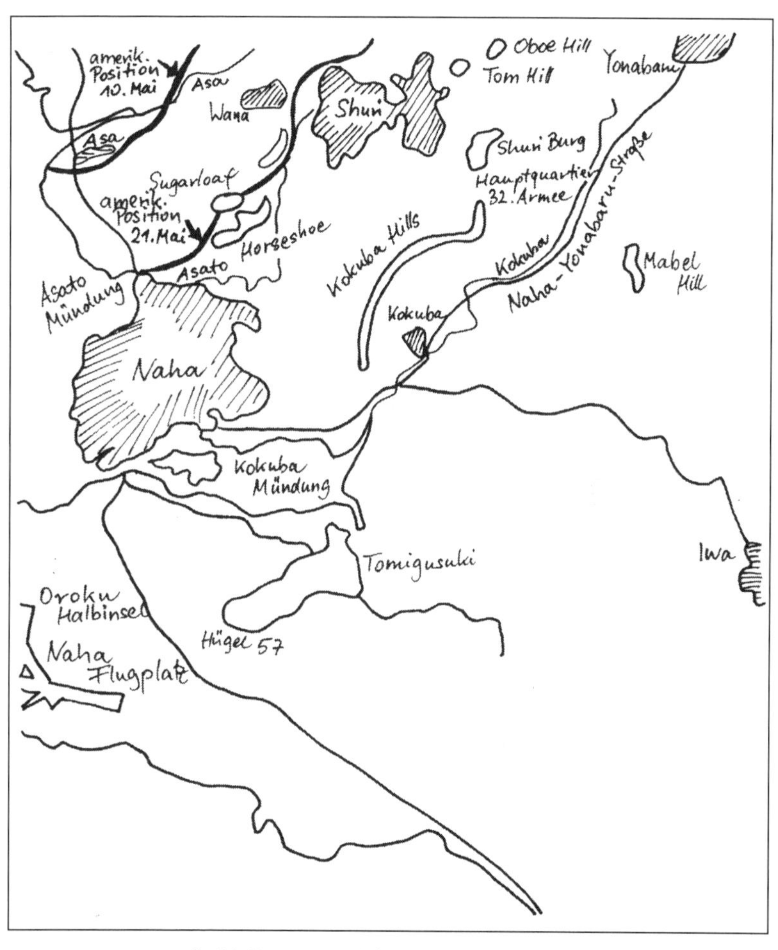

9. Die Fronten vor Naha und Shuri 10.–11. Mai

10. Übersicht Südokinawa

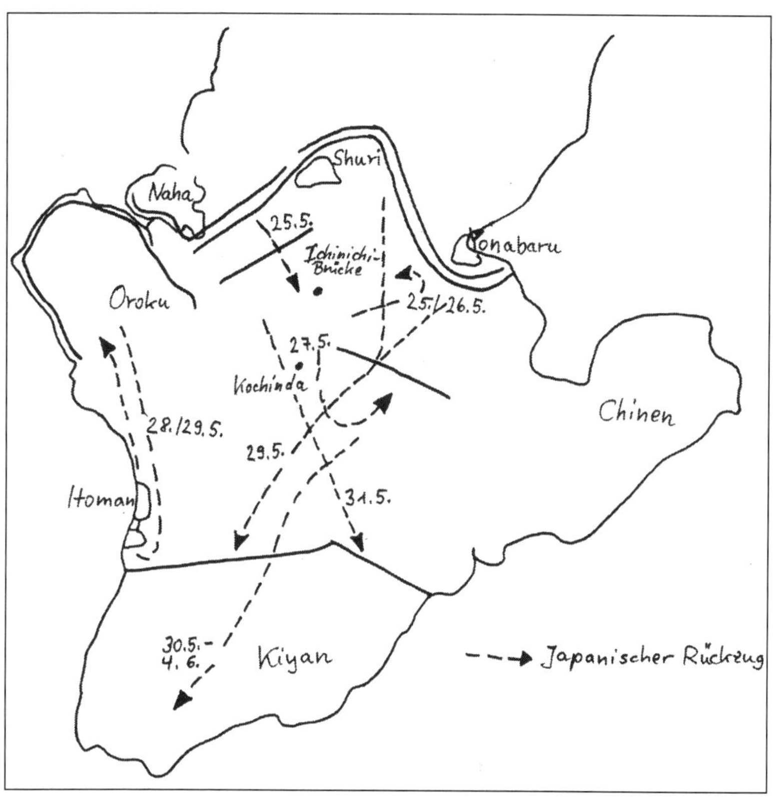

11. Der japanische Rückzug zur Kiyan-Halbinsel

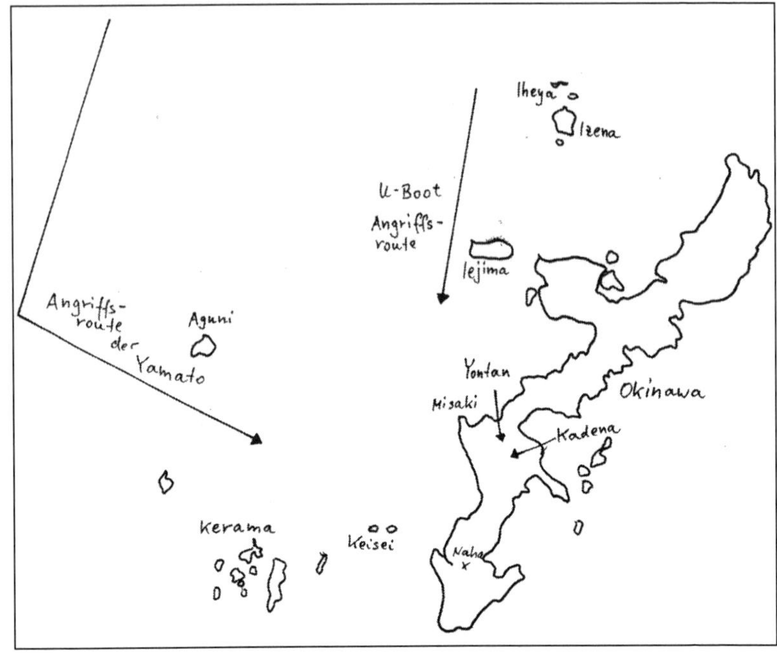

12a. Das Ende der Yamato

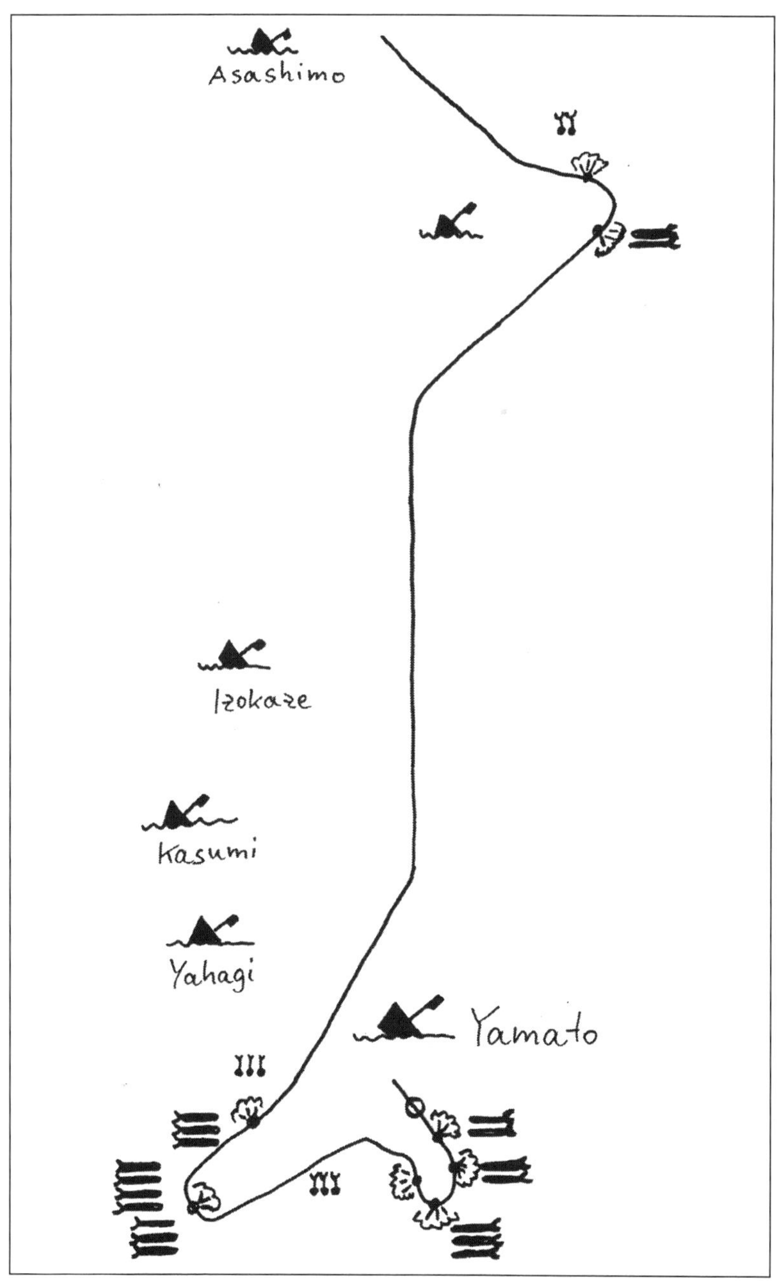

12b. Das Ende der Yamato

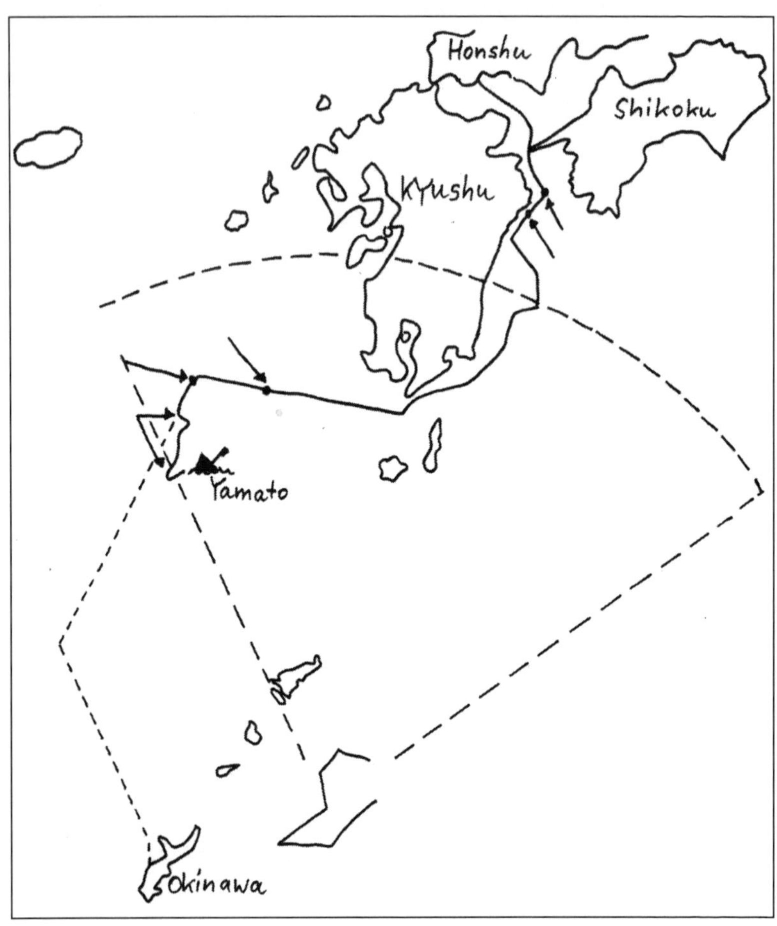

12c. Das Ende der Yamato

Bibliographie

Agawa, Hiroyuki. *Burial in the Clouds*. Tokyo (1956) 2006

Agawa, Hiroyuki. *The Reluctant Admiral. Yamamoto and the Imperial Navy*. New York (1969) 1982

Air Ground Team. Marine Expeditionary Force. Command Overview. Undatiert (verteilt 2015)

Anhalt, Gert. *Okinawa zwischen Washington und Tokyo. Betrachtungen zur politischen und sozialen Entwicklung 1945–1972*. Marburg 1991

Appleman, Roy E. et al. *Okinawa: The Last Battle WW II*. New York (1948) 1993

Asia Wall Street Journal, 14.11.2014

Astor, Gerald. *Operation Iceberg. The Invasion and Conquest of Okinawa in World War II – An Oral History*. New York 1995

Barker, LtCol A. J. *Okinawa*. New York 1981

Bavendamm, Dirk. *Roosevelts Krieg. Amerikanische Politik und Strategie 1937–1945*. München (1983) 1998

Belote, James H. und William M. *Typhoon of Steel. The Battle for Okinawa*. New York (1970) 1984

Bix, Herbert P. *Hirohito and the Making of Modern Japan*. New York 2001

Browne, Courtney. *Tojo: The Last Banzai*. New York (1967) 1998

Butow, Robert J. C. *Japan's Decision to Surrender*. Stanford, CA (1954) 1967

Cahiers du Japon. *Le Japon et la guerre*. Numero special 1984

Charmley, John. *Der Untergang des Britischen Empires*. Graz 2005

Connaughton, Richard. *Rising Sun and Tumbling Bear. Russia's War with Japan* [1904–1905]. London (1988) 2004

Council on Foreign Relations. *Japan between East and West*. New York, 1957

Crome, Peter. *Japan hinter dem Chrysanthemenvorhang. Leben und Politik des Tenno Hirohito*. München 1990

Dalloz, Jacques. *La guerre d'Indochine 1945–1954*. Paris 1987

Dower, John W. *Embracing Defeat. Japan in the Wake of World War II*. New York (1999) 2000

Dower, John W. *Empire and Aftermath. Yoshida Shigeru and the Japanese Experience 1878–1954*. Harvard University Press (1979) 1988

Dower, John W. *War without Mercy. Race and Power in the Pacific War.* New York 1986

Feifer, George. *Tennozan. The Battle of Okinawa and the Atomic Bomb.* New York 1992

Fleury, Georges. *La guerre en Indochine 1945–1954.* Paris 1994

Ford, Clellan. „Occupation Experiences on Okinawa". *Annals of the American Academy of Political and Social Science* 267, 1950, Nr. 1, S. 175–182

Franchini, Philippe. *Les guerres d'Indochine. De la conquête française à 1949.* Paris (1988) 2011

Frei, Henri P. *Guns of February. Ordinary Japanese Soldiers' Views of the Malayan Campaign and the Fall of Singapore, 1941–42.* Singapur 2004

Fuchida, Mitsuo und Masatake Okumiya. *Midway. The Battle that Doomed Japan – The Japanese Navy's Story.* Annapolis (1955) 2000

Gibney, Frank: „Okinawa: The Forgotton Island". *Time Magazine* 28.11.1949

Goldman, Stuart D. *Nomonhan, 1939. The Red Army's Victory That Shaped World War II.* Annapolis 2012

Goldschmidt, Richard. *Neu-Japan. Reisebilder aus Formosa, den Ryukyuinseln, Bonininseln, Korea und dem südmandschurischen Pachtgebiet.* Berlin 1927

Hallas, James H. *Killing Ground on Okinawa. The Battle for Sugar Loaf Hill.* Westport, CT 1996

Hanna,Willard. „Okinawa: Ten years later". This Week in Okinawa, 5-teilige Serie. Text vom 23.12.1955. Click.Okinawa.com – Library

Harmsen, Peter. *Shanghai 1937. Stalingrad on the Yangtze.* Oxford 2013

Hein, Ina und Isabelle Prochaska-Meyer (Hg.). *40 Years since Reversion. Negotiating the Okinawan Difference in Japan Today.* Wiener Beiträge zur Japanologie 44, 2015

Hersey, John. *Hiroshima.* New York (1946) 1978

Hiroshima Peace Culture Foundation. *Eyewitness Testimonies. Appeals from the A-Bomb Survivors.* Hiroshima (1990) 2009

Huber, Thomas M. *Japan's Battle of Okinawa, April – June 1945.* Leavenworth Paper 18, 1990

Inoguchi, Takashi und Lyn Jackson (Hg.). M*emories of War: The Second World War and Japanese Historical Memory in Comparative Perspective.* Tokyo 1998

International New York Times 21.1.2014, 4.7.2015

Japan News 1.11.2014, 6.1.2015

Japan Times 16.4.2012, 16.5.2013, 18.5.2015, 15.1.2015

Johnson, Chalmers. *An Instance of Treason. Ozaki Hotsumi and the Sorge Spy Ring*. Tokyo (1964) 1977

Johnson, Chalmers (Hg.). *Okinawa: Cold War Island*. Cardiff, CA 1999

Kakehashi, Kumiko. *Lettres d'Iwojima: La plus violente bataille du Pacifique racontée par les soldats japonais*. Paris (2005) 2011

Karasik, David. „Okinawa: A Problem in Administration and Reconstruction". *Far East Quarterly* 8, 1948, Nr. 3, S. 254–267

Kerr, George H. *Okinawa. The History of an Island People.* Tokyo (1958) 2000

Kershaw, Ian. *Das Ende. Kampf bis in den Untergang. NS-Deutschland 1944/45.* München 2011

Kratoska, Paul H. *The Japanese Occupation of Malaya 1941–1945*. London 1998

Krebs, Gerhard und Christian Oberländer (Hg.). *1945 in Europe and Asia: Reconsidering the End of World War II and the Change of the World Order.* München 1997

Kyodo. „U.S. pressed Sato to soften 1965 Okinawa speech". *Japan Times* 16.1.2015

Lane, Arthur. *70 Days to Hell: a day by day account of the fall of Malaya and Singapore, December 1941 to February 1942.* Stockport 2011

Leckie, Robert. *Okinawa: The Last Battle of World War II.* New York 1995

Lokowandt, Ernst. *Der Tenno: Grundlagen des modernen japanischen Kaistertums*. München 2012

MacDonald, Charles B. *Company Commander. The Classic Infantry Memoir of World War II*. Short Hills, NJ (1947) 1999

Marr, David G. *Vietnam 1945. The Quest for Power*. Oakland, CA 1995

Mclaughlin, Robert J. *Okinawa. The last World War II Battle. Eyewitness War Stories*. New York 2002

Ministry of Foreign Affairs of Japan. *Fact Sheet: Position of Japan on the Senkaku Islands,* und: *Three Truths about the Senkaku Islands*. Tokyo February 2013

Mitchell, Jon. „Agent Orange evidence mounts, US still denies". *Japan Times* 4.6.2013

Mitchell, Jon. „Battle Scars. Okinawa and the Vietnam War". *The Japan Times on Sunday*, 8.3.2015

Mitchell, Jon. „Fears widen over Kadena toxins". *Japan Times on Sunday* 2.2.2014

Mitchell, Jon. „Kadena moms demand truth". *Japan Times* 22.1.2014

Mitchell, Jon. „Okinawa: the junk heap oft the Pacific“. *Japan Times* 12.11.2013

Mitchell, Jon. „Pollution rife on Okinawa's US returned base land“. *Japan Times* 5.12.2013

Mitchell, Jon. „US report points to Kadena toxic pollution cocer up“. *Japan Times* 18.3.2014

Mitter, Rana. *China's War with Japan 1937–1945. The Struggle for Survival.* London 2013

Molasky, Michael S. *The American Occupation of Japan and Okinawa. Literature and Memory.* London 1999

Montagnon, Pierre. *L'Indochine française 1858–1954.* Paris (2004) 2016

Morgenstern, George. *Pearl Harbor. The Story of the Secret War.* New York (1947) 2001

Murayama, Masao. *Freiheit und Nation in Japan. Ausgewählte Aufsätze 1936–1949.* Band 1. München 2007

Nakanishi, Ritta. *Japanese Infantry Arms in World War II.* Tokyo (1998) 2007

Nakatsu, Yuko. *Pilgrimages to Old Battlegrounds.* Tokyo 2010

National Institute for Defense Studies. International Forum on War History. The Legacy and Implications of the Pacific War. Proceedings Tokyo, March 2013

National Institute for Defense Studies. International Forum on War History. History of the Joint and Combined Operations. Programme Tokyo 17.9.2014

Nichols, Chas S. und Henry I. Shaw. *Okinawa: Victory in the Pacific.* Washington, D. C. 1955

Ocean Exposition Commemorative Park Management Foundation. *Shurijo: The Kingdom of Ryukyu Reborn.* Naha (1996) 2006

Office of the Governor. Regional Security Research Report 2014. Okinawa in the Asia-Pacific Region. Naha 2015

Ohne Autor: „US Army tested biological weapons in Okinawa“. *Japan Times* 13.1.2014

Oka, Yoshitake. *Konoe Fumimaro. A Political Biography.* Lanham, MD (1983) 1992

Okinawa-ken sokoku fukki Kyōgikai (Hg.). *Shin Kyuan. Okinawa-ken sokoku fukki-undo shi* (Geschichte der Rückgliederungsbewegung der Präfektur Okinawa). Naha, 1964

Okinawa Prefectural Government. „Survey on Okinawa's Attitude towards Regional Security“. *Regional Security Policy. Research Report 2014.* Naha, 2015, S. 45–100

Ota, Masahide. *This was the Battle of Okinawa*. Naha 1981

Owen, Frank. *The Fall of Singapore*. (1972) London 2002

Pacific War Research Society. *Japan's Longest Day*. (1968) 2002

Pellegrino, Charles. *Le dernier train d'Hiroshima. Les survivants racontent*. Paris (2010) 2011

Rolin, Jean. *Peleliu*. Paris 2016

Rothacher, Albrecht. *Die Feldgrauen. Leben, Kämpfen und Sterben an der Westfront 1914–1918*. Beltheim-Schnellbach 2014

Rothacher, Albrecht. *Demokratie und Herrschaft in Japan. Ein Machtkartell im Umbruch*. München 2010

Rottman, Gordon L. *Okinawa 1945. The Last Battle*. Oxford 2002

Saaler, Sven. *Ein Ersatz für den Yasukuni-Schrein? Die Diskussion um eine neue Gedenkstätte für Japans Kriegsopfer*. NOAG 2004, 59–91

Sarantakes, Nicholas Evan. *Allies against the Rising Sun. The United States, the British Nations, and the Defeat of Imperial Japan*. Lawrence, Kansas 2009

Sledge, Eugene. *With the Old Breed: At Peleliu and Okinawa*. New York 1981

Sloan, Bill. *The Ultimate Battle. Okinawa 1945 – The Last Epic Struggle of World War II*. New York 2007

Spector, Ronald H. *Eagle against the Sun. The American War with Japan*. New York 1985

Spurr, Russell. *A Glorious Way to Die. The Kamikaze Mission of the Battleship Yamato, April 1945*. New York 1981

Stanzel, Volker. *Aus der Zeit gefallen. Der Tenno im 21. Jahrhundert*. Tokyo/München 2016

Tamayama, Kazuo und John Nunneley. *Tales by Japanese Soldiers*. London 2000

Tarling, Nicholas. *A Sudden Rampage. The Japanese Occupation of Southeast Asia 1941–1945*. Singapur 2001

Toland, John. *The Rising Sun. The Decline and Fall of the Japanese Empire 1936–1945*. New York (1970) 2003

Tuchman, Barbara. *Stilwell and the American Experience in China 1911–45*. London 1971

Vogt, Gabriele. „Zyklen eines Protests: Okinawa seit 1995". *Japan Aktuell* 11, 2003, 349–357

Vogt, Gabriele. *Die Renaissance der Friedensbewegung in Okinawa. Innen- und außenpolitische Dimensionen 1995–2000*. München 2003

Vogt, Gabriele und Anna Wiemann. „Okinawa und die Außen- und Sicherheitspolitik der Hatoyama-Administration" in: Verena Blechinger-Talcott et al. (Hg.). *Ein neues Japan? Politischer und sozialer Wandel seit den 1990er Jahren.* Bern 2013, 711–738

Yahara, Hiromichi. *The Battle for Okinawa*. New York 1995

Yonetani, Julia. „On the Battlefield of Mabuni: Struggles over Peace and Past in Contemporary Okinawa“. *East Asian History* 20, 2000, 145–168

Anhang

Kleine Einführung in die Militärhierarchie

Das Beispiel einer Heeresdivision. Sowohl für die japanischen, amerikanischen wie die europäischen Truppen galt im Ersten wie im Zweiten Weltkrieg das traditionelle „3–3–3–3“ Prinzip:

Drei Züge a 40–60 Mann (befehligt durch einen Feldwebel als ranghohen Unteroffizier, einen Fähnrich als Offiziersanwärter oder einen Leutnant) bilden eine Kompanie als Grundeinheit eines jeden Heeres (oder „Batterie“ im Falle der Artillerie). Der Kompaniechef jener 120 bis 180 Mann ist Oberleutnant oder Hauptmann.

Drei Kompanien, plus Stabseinheiten, bilden ein Bataillon von 500 bis 800 Mann, das von einem Major oder Oberstleutnant geführt wird.

Drei oder mehr Bataillone bilden ihrerseits ein Regiment, das mit zusätzlichen Spezialkompanien (Pioniere, Artillerie, Panzer, Panzeraufklärer, Sanität, Nachschub) verstärkt ist und 2500 bis 3000 Mann umfasst. Der Kommandeur ist in der Regel ein Oberst.

Drei Regimenter werden als Division von 10.000 bis 12.000 Mann geführt. Ihr Kommandeur ist normalerweise Generalmajor.

Hierbei handelt es sich um Friedensstärken. Im Kriegsfall können die Zahlen durch die Mobilmachung von Reservisten nahezu verdoppelt werden und variieren dann naturgemäß im Zuge der Kampfhandlungen. Traditionsregimenter von mehreren Hundert Jahren ruhmreicher Geschichte gibt es heute weiter im französischen und britischen Militär. In der Bundeswehr ist man von Anfang an auf eine schlankere Brigadestruktur von etwa 2500 Mann übergegangen, die, wie der Name sagt, von einem Brigadegeneral befehligt werden.

General ist nicht gleich General. Ein Stern: Brigadegeneral; Zwei Sterne: Generalmajor; Drei Sterne: Generalleutnant [„Leutnant“ = Stellvertreter]; Vier Sterne: General. Die höheren Generalsdienstgrade befehligen Kombinationen von Truppen, je nachdem wie viele Divisionen von der politischen Führung auf welchem Kriegsschauplatz zu Armeegruppen und Armeen zusammengefasst werden. Im Falle Okinawas befehligte Uchijima als Generalleutnant und Kommandeur der 32. Armee zwei Divisionen und eine Brigade, plus jede Menge Hilfstruppen und Tross, d. h. um die 100 000 Mann, und sein Gegenspieler Buckner, ebenfalls Generalleutnant (drei Sterne), mit sechs Divisionen in voller Kriegsstärke (4 Army, 2 Marines) und jeder Menge Pioniereinheiten und Luftwaffe gegen Ende der Kampfhandlungen fast die doppelte Kopfzahl.

Verwendete Abkürzungen

BAR	Brown Automatic Rifle
GI	General Infantry
ID	Infanterie Division
IR	Infanterie Regiment
MG	Maschinengewehr
MP	Maschinenpistole
PAK	Panzerabwehrkanone